WERNER SCHILLING

EINST KONFUZIUS – HEUTE MAO TSĒ-TUNG

WERNER SCHILLING

EINST KONFUZIUS HEUTE MAO TSĒ-TUNG

DIE MAO-FASZINATION UND IHRE HINTERGRÜNDE

OTTO WILHELM BARTH VERLAG
WEILHEIM/OBERBAYERN

1971
ISBN 3 87041 239 9

Satz und Druck: Hohenloher Druck- und Verlagshaus Gerabronn/Württ.
Bindearbeit: Großbuchbinderei Gebhardt, Ansbach

Vorwort

Das Buch bemüht sich, eine Analyse der Einflüsse des alten China auf das neue, von Mao Tsē-Tung geprägte China, zu wagen und das Wesen des Maoismus mit den Mitteln der Religionsphänomenologie zu erörtern. Die existentielle Betroffenheit aller Welt durch die Vorgänge im heutigen China und das Faszinierende, das Mao auch über die chinesischen Grenzen hinaus ausübt, gebietet es, diesen Versuch anzustellen. Die Schwierigkeit der auftauchenden Methodenfragen bedeutet freilich ein der Kritik ausgesetztes Wagnis.

In seinen Anfängen geht das Buch auf eine mit Quellenbelegen versehene Universitätsvorlesung zurück, die in Erlangen für Hörer aller Fakultäten gedacht war. Der Verfasser spricht weder als Sinologe noch als Politiker. Einst von Hans Haas und Eduard Erkes in Leipzig in die Chinakunde eingeführt, gedenke ich hier dieser beiden (ihrem Wesen nach so verschiedenen) Gelehrten in Dankbarkeit. Meine Begegnungen mit lebenden Chinesen und ihrer Religionsausübung beschränken sich auf Berührungen bei einer Asienreise 1968 in den großen Chinesenvierteln Thailands.

Im Bemühen um vertretbare Aussagen und sachgemäße Orientierung des Lesers mußte die Studie im ersten Teile notwendigerweise den Charakter einer Einführung in die Religionswelt Chinas bekommen. Das dürfte kein Schade sein, da es hier ohnehin an neueren Darstellungen fehlt.

Im Sommer 1970 — Dr. Dr. Werner Schilling

Erster Teil

Das neue China und sein Heros

Du bist die helle Sonne und Siegesfahne! Lang lebe unser ruhmreicher Mao Tsē-Tung! Glücklich sind wir, mit dir zu leben und an deinem Beispiel zu lernen. Wir folgen dir nach in eine neue Welt, in der es Freiheit und Glück für alle gibt.

(Neues Volkslied)

Die „rote Bibel"

Jedermann kennt die ein kleines rotes Büchlein schwenkenden Massen von Chinesen. Sie winken mit den »Worten des Vorsitzenden Mao Tsē-Tung«, im Pekinger »Verlag für fremdsprachige Literatur« erstmals im Jahre 1967 auch in deutscher Sprache erschienen. Auf dem Vorsatzblatt steht: »Proletarier aller Länder, vereinigt euch!« Nach dem Titelblatt folgt ein Bild Mao Tsē-Tungs in den besten Jahren. Danach, in chinesisch und deutsch, ein Aufruf des Lin Biao, der inzwischen zum zweiten Mann im Staate und Stellvertreter Maos aufgerückt ist: »Studiert die Werke des Vorsitzenden, hört auf seine Worte und handelt nach seinen Weisungen.« Das Buch wird heute von der Volksrepublik China aus in Millionen von Exemplaren mit Missionseifer über die Welt verbreitet. Format und Umfang des Buches, sowie sein inhaltlicher Anspruch auf Weltgeltung und Weltsendung mögen entfernt an das Neue Testament erinnern. Doch kann von einer »roten Bibel« natürlich nur ironisch mit einem Körnchen Salz gesprochen werden. Denn inhaltlich sind beide Bücher total verschieden und nicht vergleichbar. Auch ist offenkundig, daß die sogenannte »Mao-Bibel« mit ihren stereotypen politischen Redensarten auf den europäischen und nichtkommunistischen Leser langweilig wirkt. Aber im heutigen China haben diese aus dem eigentlichen Zusammenhang von Maos Reden herausgerissenen Aphorismen und Kernsprüche bereits den Charakter des Einmaligen, des zu Verehrenden, angenommen. [1]

Pseudoreligiös an den »Worten des Vorsitzenden« erscheint bereits der Anspruch, den sie erheben, nämlich eine Umwandlung aller Werte, eine Verwandlung aller menschlichen Motivationen, eine Neuformung der zwischenmenschlichen Beziehungen und aller kulturellen Inhalte. Die Gedanken Maos beanspruchen »der richtige Weg für alle Völker der Welt« zu sein. Er wird als der »Vater«, »Lehrer«, »Meister« und Lenker des Schicksals des einzelnen, ganz Chinas und der Welt angesehen. Seine Gedanken treten in China an die Stelle des alten kanonischen Schrifttum. Was er sagt, wird auswendig gelernt, diskutiert angeschlagen und kommentiert. Diese »Gedanken« sind bereits zu einem selbständigen dogmatischen Lehrgebäude geworden, es lebt in ihnen ein politischer Messianismus, der an Schrankenlosigkeit alles in den Schatten stellt, was die Welt an Totalitarismus je gesehen hat.

Mit dem hier verwendeten Begriffe »Rote Bibel« ist aber nicht nur jenes kleine rote Büchlein gemeint, das einen kleinen Ausschnitt des gesamten Mao-Schrifttums darstellt. Gemeint ist vielmehr das gesamte Mao-Schrifttum. Es muß in seiner Gesamtheit ins Auge gefaßt werden. Bei der Behandlung der Frage »Wer ist Mao Tsē-Tung?« wird auf einige für seinen Werdegang entscheidende kleinere Schriften mit eingegangen werden. [2]

Zur »Roten Bibel« Maos, soweit sie in deutscher Sprache vorliegt, gehören auch Gedichte. Wir stehen vor der bemerkenswerten Tatsache, daß weder Marx, noch Lenin, noch Stalin, wohl aber Mao Gedichte geschrieben hat. Es handelt sich um mehr oder weniger politisch-gesellschaftliche Aussagen in lyrischer Form. In deutscher Sprache ist ein schmales Bändchen von 37 Gedichten erschienen. [3]

Im streng wissenschaftlichen Sinne könnte nur eine Verwendung der chinesischen Originaltexte voll befriedigen. Aber nur die allerwenigsten dürften zu deren Lektüre in der Lage sein! Selbst der Fachgelehrte, der das klassische Chinesisch der kanonischen Bücher zu erlernen sich bemüht hat, hätte hier noch seine Schwierigkeiten. Denn Mao spricht und schreibt in einem neueren Chinesisch, das nicht das »Chinesische« schlechthin ist. Die lebendige Sprache des Alltags von heute ist nicht die der konfuzianischen Klassiker! Mao pflegt die heutige Umgangssprache, die sich auf der Grundlage des Nordchinesischen herausgebildet hat. Diese heutige Sprache (»kuo-ju« oder auch »Baihwa« genannt, vgl. Werke IV, 439) ist von Mao zur »Nationalsprache« erhoben worden. Es handelt sich dabei um ein Gemisch aus der klassischen Sprache, ihren Ergänzungen durch die schon in Umgangssprachen verfaßten Idiomen der großen Romane und Novellen des 14. bis 17. Jahrhunderts, sowie dem nordchinesischen Dialekt. Walker nennt sie in seinem Buche [4] eine »Kulisprache«, die »Redeweise des Proletariats«. Die Gedichte Maos verraten den klassischen Stil der chinesischen Poesie und sind nicht jedermann verständlich. Aber alles übrige ist für breiteste Leserschichten gedacht. Er redet in gemeinverständlichen Metaphern, Sprichwörtern und Gleichnissen, die das Volk ansprechen sollen, vielfach gespickt mit Zitaten aus der marxistischen Literatur und sogar klassischen konfuzianischen Anspielungen. Es begegnet sich bei ihm der Geist bäuerlicher Sprichworte mit den Zeilen klassischer Poeten.

Die Sprache, die Mao redet und schreibt, dürfte also nur im Lande selber erlernbar sein, und das stößt heute bekanntlich auf Schwierigkeiten. [5]

Es bleibt also nichts anderes übrig, als Übersetzungen zu benutzen. Im Bedarfsfalle und zum Vergleich oder zur Kontrolle könnte man notfalls Übersetzungen des angelsächsischen Sprachraums hinzunehmen. [6]

Fragt man nach dem Inhalt dieser »Roten Bibel«, so wäre kurz und bündig zu sagen:

China ist die rote Basis für die große Revolte, die Himmel und Erde auf den Kopf stellen wird. Wir leben in der Epoche dieser großen Weltrevolution. In ihr sind die Gedanken Mao Tsē-Tungs der gültige Leitfaden. Jedes Land und jedes Volk hat diesen Leitfaden auf seine Weise in die Praxis umzusetzen und in diesem Sinne auf eigenem Boden einen eigenen Krieg zu führen. Dabei sind kurzfristige Kompromisse denkbar, aber diese sind nur »summende Fliegen«, die hinweggefegt werden, wenn die Stunde da ist. Das Ziel ist unverrückbar. Auf dem Wege zu ihm hat China Pflichten. Es hat in diesem Sinne für die Menschheit jedes nationale Opfer zu bringen. Dabei sind zur Erreichung des Zieles auch Gewaltakte gerecht, und gegenüber der Konterrevolution sogar unvermeidbar. Das Gerede vom »friedlichen« Übergang ist Trug. Das letzte Ziel ist nichts anderes als die Umwandlung des Menschen, die klassenlose Gesellschaft wird nur durch Züchtung eines neuen Menschentums verwirklicht. Der wissenschaftliche Marxismus–Leninismus, interpretiert und ergänzt durch die »Gedanken Maos«, bewirkt einen bereits im Gang befindlichen und nicht aufzuhaltenden »Umbildungsprozeß«, an dessen Ende das weltliche Heil der glückhaften Gesellschaft steht.

Mao ist bereits heute bei Lebzeiten mehr ein Mythos als eine öffentliche Gestalt. Der Chinese von heute sieht ihn persönlich kaum noch. Aber sein Bild hängt in jedem Raum der öffentlichen Gebäude, und zwar als das Bild des allwissenden Führers auf allen Lebensgebieten, berufen zur Überwindung aller Sparten der menschlichen Bildung, Kunst und Gesittung. Kinder tragen zu seinen Ehren Gedichte vor, und die Rede des Universitätsprofessors endet mit: »Mao Tsē-Tung Wansui«, »lang lebe Mao Tsē-Tung«.

Welch ein Phänomen diese Ideologie darstellt, ist die zentrale Frage, um die dieses Buch sich müht. Dabei muß ein Teil der Geistes- und Religionsgeschichte Chinas in Betracht gezogen werden. Und auch dann ist noch Vorsicht in Bezug auf schnelle Urteile geboten. Vielleicht ist heute noch nicht einmal die Zeit reif, Urteile zu wagen. Spätere können sicher besser sehen. Aber uns ist das Wagnis vorläufiger Deutung heute aufgegeben. Das Buch stellt also die religionsphänomenologische Frage nach den geistigen Wurzeln des Mao Tsē-Tung im kulturellen Erbe Chinas und zugleich die Frage nach dem Wesen des Maoismus, d. h. des fast religösen Pathos seiner Ideen und der Wertung und Verehrung seiner Ideen und seiner Person durch seine Anhänger. [7]

Wer ist Mao Tsē-Tung?

Es gibt keinen Jadekaiser im Himmel,
Keinen Drachenkönig auf Erden,
Ich bin der Jadekaiser,
Ich bin der Drachenkönig.
Ich befehle den drei Bergen,
Den fünf Gipfeln:
»Macht Platz, hier komme ich!«
(Volkslied 1958)

Ein Bauernsohn wird Volksschullehrer

Mao Tsē-Tung wurde am 26. 12. 1893 in Shao- Shan (Provinz Hunan) als ältester Sohn eines mittleren Bauern geboren. Sein Vater handelte mit Reis und war strenger Konfuzianer mit Vorliebe für das konfuzianische Schrifttum, behandelte aber seine Landarbeiter und Dienstboten schlecht. Seine Mutter war eine ruhige Frau, gläubige Buddhistin, von der Mao in seiner frühen Jugend buddhistische Hymnen lernte. Der Vater soll oft Schrecken verbreitet haben, wenn die Mutter den Armen Reis spendete. Die Mutter, die der Feldarbeit wenig zugetan war und viel las, wollte den ältesten Sohn als buddhistischen Priester sehen. Mao antwortete gern dem Vater, der mit Zitaten aus den konfuzianischen Klassikern um sich warf, mit anderen, entgegengesetzten Zitaten.

Seit 1900 besuchte Mao die Grundschule und erhielt eine klassische konfuzianische Grundausbildung. Dadurch wurde er gegenüber dem Buddhismus skeptisch. Als Jüngling beeindruckte ihn (im Jahre 1906) die Tatsache, daß bei einer Hungersnot, hervorgerufen durch einen Aufstand, unschuldige Bauern mit Billigung der Monarchie hingerichtet wurden. [8]

Mao las mit Eifer die klassischen Bücher des Konfuzius, die wahrscheinlich einen größeren Einfluß auf ihn ausübten, als er heute selber zugibt. Da er dauernd Differenzen mit dem Vater hatte, teilte er das konfuzianische Ideal der »Sohnesliebe« nicht. Als Kind hat er sicher von Chinas tiefer Demütigung beim Boxer-Aufstand durch die europäischen Mächte erfahren, 1904 bis 1905 gewann er (außer durch den russisch-japanischen Krieg) tiefe Eindrücke durch die Bauern-Revolten unter Huang-Hsing aus Hunan, einem großen Mitkämpfer Sun Yatsens. Nach dem Willen seines Vaters sollte Mao Bauer werden und das väterliche Geschäft übernehmen. Aber er wollte nicht und berief sich gegenüber dem Vater darauf, daß er ein Gelehrter werden wolle wie Konfuzius. Dann würden auch die Eltern geehrt sein und im Dorfe Ruhm haben. So willigte der Vater ein, daß er eine Schule in Hsiang besuchen konnte. Da ihm der Vater weiter nichts mitgab als das Schulgeld, fiel er dort gegenüber den Söhnen reicher Leute auf, die ihn einen »dreckigen, kleinen Bauern« nannten.

Durch einen begabten Mitschüler, dessen Freundschaft er gewann (namens Hsiao San), erlernte er die ersten Kenntnisse über Europa und Amerika. Dieser Hsiao San lernte europäische Sprachen und lieh ihm Bücher über Europa. Dabei geriet Mao an ein Buch des Engländers Benjamin Kidd über die »Grundlagen der westlichen Zivilisation«. Aus diesem Buch lernte er: Der Mensch sei ein Säugetier, und ohne Kampf gebe es keinen Fortschritt; das unwandelbare Gesetz des Lebens sei, daß der Untaugliche unterliege und der Überlegene gedeihe. Der Verfasser des Buchs war, wie auch Karl Marx, offensichtlich von der Spencerschen Evolutionstheorie beeinflußt. Mao las in diesen jungen Jahren auch bereits Abhandlungen des chinesischen sozialen Reformers Liang Chih- chao, der die Idee von einem »neuen China« hatte, das die alte Idee von der »Ta-Tung«, der »Großen Gemeinsamkeit«, verwirklichen sollte. Davon wird später zu reden sein.

Im Jahre 1911 trat Mao in die Revolutionsarmee in Kanton ein. Er wurde nicht befördert und soll angeblich Putzer bei jüngeren Offizieren gewesen sein. Im Jahre 1912 trat er aus dem Heer aus und lebte in ziemlich ärmlichen Verhältnissen. Im Jahre 1913 tritt er mit 20 Jahren in die »Erste Allgemeine Schule von Hunan« in Changha ein, eine Art Lehrerseminar. Dort blieb er 6 Jahre. Diese Zeit kann als Maos »Studium« aufgefaßt werden. Dort suchte er 1915 eine »fortschrittliche Schülervereinigung« zu gründen. Im Jahre 1917 schrieb er seine erste kleine Schrift: »Über Körperertüchtigung«.

Gewiß studierte er in diesem Seminar auch die Bücher der chinesischen Klassiker. Eine besondere Zuneigung hatte er zu einem seiner Lehrer, namens Yang Chen-chi. Dieser lieh ihm Bücher, unter denen sich das eines gewissen Chiang-Kan-Fu befand mit dem Titel: »Die Entwicklung des Sozialismus in England«. Darin fand Mao zum ersten Male den Namen von Karl Marx. Später las er dann mit Hilfe des gleichen Lehrers auch das »Kommunistische Manifest« und Kautskys »Klassenkampf«. Er war begeistert! Als noch ziemlich verworrener und unreifer »Sozialist« gründet er 1917 »im Namen des Volkes« eine »Studentengemeinschaft des neuen Volks«. Auch macht er sich zu deren »Vorsitzenden«. Im Jahre 1918 besteht er ein Abschlußexamen in Peking, bekommt aber als Lehrer keine Anstellung. Durch Vermittlung seines Lehrers Yang findet er später einen ganz subalternen Posten an der Pekinger Universitätsbibliothek. Er verliebt sich in die Tochter eines Philososphieprofessors, die er heiratet.

Von größter Bedeutung war für ihn wieder die Berührung mit den archaischen Schriften seines Volkes durch die Universitätsbibliothek. Von noch größerer Bedeutung war aber die Begegnung mit dem Professor Chen-Tu-Hsiu, seinem Schwiegervater, dem späteren Führer der KPC (1880—1942) und mit Li Ta-Chao (1889—1927). Der gelehrte Chen, obwohl Dekan der Fakultät für chinesisches Schrifttum, war ein bilderstürmerischer Reformer, der am liebsten dem ganzen Konfuzianismus den Todesstoß versetzt hätte. Er wollte die »Gesetze der Naturwissenschaft« (im Sinne des europäischen Zeitgeistes!) an die Stelle des Konfuzianismus setzen. Mao war aber in dieser Zeit durchaus noch in den Gedankengängen des Konfuzius zu Hause und zunächst skeptisch gegenüber Chen. Er besuchte noch im Jahre 1919 das Grab des Konfuzius in Chufu und den heiligen T'ai Shan, den Ostberg. Er besuchte auch das Grab Meng-tzse und andere heilige Schreine.

Für kurze Zeit nach Hause zurückgekehrt, zieht ihn die »Bewegung vom 4. Mai 1919« wieder nach Peking, wo er die Studentendemonstrationen unterstützt. Durch die Studentenrevolte vom 4. Mai 1919 kam es zur Gründung einer KP in China. Unter den 12 Gründungsmitgliedern befand sich Mao. Er nimmt 1921 am 3. Kongreß der Komintern in Moskau teil. Im Oktober des gleichen Jahres finden wir ihn als »Bevollmächtigten« und »Sekretär« der Zweigorganisation der KPC in Hunan.[9] 1923 war er ein Bauernorganisator der zweiten Garnitur, ein fleißiger provinzieller Funktionär. Sein Aufstieg begann erst dadurch, daß er sich Sun Yat-sen näherte und 1924 am 1. Kongreß der Kuomingtang teilnahm. Hatte doch Sun Yat-sen im Jahre 1923 ein Bündnis mit der Sowjetunion geschlossen. Mao wurde nun zugleich Mitglied beim zentralen Exekutivkomitee der Kuomingtang. 1924/25 war er längere Zeit krank. Am 12. März 1925 starb Sun Yat-sen in Peking. Sein Nachfolger in der Leitung der Partei war Chiang-Kai-shek, der bald darauf der starke Mann in einer Nationalregierung in Nanking wurde. Chiang-Kai-shek erkannte bald, daß er mit den Russen brechen mußte. Mao gagegen geriet als Bauernorganisator immer mehr unter sowjetischen Einfluß. Noch waren Kommunisten und Kuomingtang verbündet, aber am 26. März 1927 erhob sich Chiang-Kai-Shek gegen die Kommunisten.

Mao hatte Bauernbünde in Hunan organisiert, die bereits über zwei Millionen Mitglieder hatten. Ein Herbstaufstand vom September 1927 unter der Leitung von Mao scheiterte zwar, aber er konnte sich in die Berge zurückziehen und vereinigte sich im Mai 1928 mit Aufständischen unter Chu Teh. Beide versuchten im Jahre 1929 in Kiangsi einen

Sowjetstaat zu errichten, was zunächst noch mißlang. In den Jahren 1930 und 1931 unternahm Chiang-Kai-shek vergebliche Vernichtungsfeldzüge gegen dieses Gebiet. Eine neue Lage entstand für Chiang-Kai-shek durch Japans Angriff auf die Mandschurei. Dadurch gelang Mao tatsächlich die Errichtung einer chinesischen Sowjetrepublik in Kiangsi, deren »Vorsitzender« er selber wurde. Oberbefehlshaber wurde Chuh Teh. Diese Republik erklärte Japan im Februar 1932 den Krieg.

Am 1. März 1932 erfolgte die Ausrufung des selbstständigen Kaiserreichs »Mandschukuo«, das damals von Hitler in Deutschland anerkannt wurde. Es ist eine Paradoxie der Geschichte, daß Japans Angriff auf China und der nachfolgende jahrelange Krieg, der wirtschaftliches Elend schuf, die Machtergreifung des Kommunismus in China beschleunigt, ja vielleicht erst ermöglicht hat.

Trotzdem wurden die Kommunisten im Jahre 1934 durch eine neue Taktik Chiangs gezwungen, Kiangsi zu verlassen. Sie mußten sich auf den sogenannten »Langen Marsch« begeben, d. h. auf einen Rückzug, aus dem Mao Tsē-Tung aber einen »triumphalen Vormarsch« zu machen suchte. Zugleich zeigte er eine raffinierte Taktik, indem er verkündete, seine Armee sei auf dem Marsch nach Nordwesten, um die Japaner anzugreifen. In Wirklichkeit zog er sich ins Innere Chinas nach Westen zurück. Das war für ihn keine Vorspiegelung falscher Tatsachen, denn erst mußte er seiner Ideologie nach den Kampf im Innern gewinnen, um dann wirklich den Kampf mit den Japanern aufnehmen zu können. Letzteres geschah dann auch ab 1936.

Seit der Zeit des »Langen Marsches« entwickelte Mao immer mehr Theorien des »Volkskriegs«. In diesem wird jedermann Soldat, auch Frauen und Kinder. Es gibt dabei keine Trennung der militärischen und zivilen Bereiche mehr. Das ist der »Weg der Tsching-Kan-Berge«, d. h. der Weg der Anwendung militärischer Macht zur Auslösung von Aufständen und eine fortgesetzte Serie von Bürgerkriegen. Der »Lange Marsch« wird verherrlicht und nimmt seitdem eine fast mythische Bedeutung in der Geschichte Maos an.

Im Jahre 1935 wird Mao oberster Parteichef in China. Zugleich beginnt seine schriftstellerische Tätigkeit. Angesichts der großen japanischen Gefahr fand im Jahre 1937 nochmals so etwas wie eine Versöhnung zwischen Mao und Chiang-Kai-shek statt. Dabei behielt Mao jedoch sein Gebiet im Nordwesten und seine Armeen, die im Guerillakrieg gegen die Japaner weiter geübt wurden. Während dieses Guerilla-Krieges lebte Mao zurückgezogen im entfernten Yenan und entwickelte dort in einer Reihe von Schriften seine Gedanken darüber, wie die Revolution weitergeführt und China gewonnen werden sollte.

Bald brachen wieder Meinungsverschiedenheiten zwischen der KPC und den KMT auf. Vermittlungsversuche scheiterten offenbar daran, daß Mao davon überzeugt war, von den Bauern unterstützt, ganz China erobern zu können. Im Jahre 1942 setzte Mao eine »Reinigungsbewegung« innerhalb der KPC durch, bekannt als Cheng-feng-Bewegung (»Korrektur des Arbeitsstils«). Vom April bis Juni 1945 fand der 7. Kongreß der KPC statt, bei dem ein neues Parteistatut angenommen wird, das endgültig vom Geiste Maos geprägt ist. Am 14. 8. 1945 kapitulierte Japan.

Seit Oktober 1945 kam es dann dauernd zu Zusammenstößen zwischen den von Mao geführten Kommunisten und den KMT. Es kam in Offensive und Gegenoffensive zum regelrechten Bürgerkrieg. Die Eroberung Mukdens durch Mao Tsē-Tung am 1. Oktober 1948 war der Anfang vom Ende des bürgerlichen China. Im Jahre 1949 wurden Tientsin, Peking, Nanking und Shanghai von Mao Tsē-Tung besetzt. Am 1. Juli 1949, dem Gründungstage der KPC, brachte Mao seine Verlautbarung über die »Diktatur der Volksdemokratie« heraus. Am 1. Oktober rief er in Peking die chinesische »Volksrepublik« aus. Im November 1949 besetzte er Kanton. Chiang Kai-sheks Verteidigung brach vollständig zusammen. Er floh mit einem Teil seiner Anhänger nach Taiwan (Formosa). Seit 1950 baute Mao seine Herrschaft über ganz China systematisch aus, bis er schließlich Staatspräsident und Parteichef in einer Person war.

Von den Schriften Mao Tsē-Tungs ist die über die »Diktatur der Volksdemokratie« von besonderer Wichtigkeit. Er behandelt darin u. a. auch »die Zukunft der Reaktionäre«. Darüber sagt er: »Nach dem Sturz ihres politischen Regimes wird den reaktionären Klassen und der reaktionären Clique auch Land und Arbeit und ein Lebensunterhalt gewährt werden. Sie sollen die Möglichkeit haben, sich durch Arbeit zu neuen Menschen zu erziehen, vorausgesetzt, sie rebellieren nicht und treiben keine Sabotage. Wenn sie nicht arbeiten wollen, wird der Volksstaat sie dazu zwingen«.[10] Dann fährt er fort: »Wir wenden dabei demokratische Methoden an, d. h. die Methode der Überzeugung und nicht des Zwangs. Wer gegen das Gesetz verstößt, wird bestraft, ins Gefängnis gesteckt oder zum Tode verurteilt. Aber das sind nur Einzelfälle, und sie sind grundsätzlich verschieden von der Diktatur über die reaktionäre Klasse als solche.«[11] Nicht als »Reaktionäre«, sondern auf Seiten der Regierung stehend, gelten folgende Gruppen: 1. Die Proletarier, 2. die Bauernschaft, 3. Das Kleinbürgertum (»nationalgesinnte Bourgeoisie«). Alle andern aber sind »Reaktionäre«, wobei der vieldeutigen Auslegung dieses Wortes kaum Grenzen gesetzt sind. Ein Industriearbeiter, der an »falschen Ansichten« hartnäckig festhält, kann natürlich ein »Werkzeug der Reaktion« sein.

Am 28. Juni 1950 hielt Mao auf der 8. Sitzung des »Rats der Zentralen Volksregierung« seine berühmte Rede mit dem Satz: »Alle Reaktionäre sind Papiertiger«. Er nimmt 1952 und 1953 die freundschaftlichsten und intimsten Beziehungen zu den sowjetischen Führern auf, zu Stalin, Malenkow und Molotow. 1953 gibt er eine Gedenkschrift zum Tode Stalins heraus, dem er schon am 16. Dezember 1949 in Moskau einen Besuch abgestattet hatte. Dieser dauert bis zum 4. März 1950. Was die beiden damals so lange miteinander zu tun und zu besprechen hatten, ist niemals ans Licht der Öffentlichkeit gekommen.

Ein Staatspräsident die »Hoffnung der Welt«

Mao Tsē-Tung lehrt: »Was reaktionär ist, fällt nicht, wenn man es nicht niederschlägt.« [12] Danach hat er seit 1950 bei der Befestigung und Stabilisierung seiner Macht gehandelt. Es kann keinem Zweifel unterliegen, daß Mao in sozialer Hinsicht in seinem Lande große Fortschritte zu verzeichnen hat und daß seine nationale Leistung bezüglich des Machtzuwachses Chinas und seine Bedeutung in der Welt groß sind. Leider aber ist damit die Tatsache des Gesinnungs-Terrors, des Aufkommens eines Mao-Kults seit etwa 1952 verbunden. Heute läßt sich Mao als der größte Menschheitsführer aller Zeiten herausstellen, Lin Biao aber als den zweitgrößten.

Mao als junger Bauernsohn, der mit den verknechteten Arbeitern seines Vaters auf dem Hofe diskutiert und gegen seinen Vater ihre schlimme Lage bedauert und anerkennt, kann nur Sympathie erwecken. Desgleichen der arme Volksschullehrer, der sozialistische Ideen hat und praktizieren will. Auch gegen den überzeugten Kommunisten der späteren Jahre ist vom Standorte der Toleranz her nichts einzuwenden. Das Phänomen »Mao Tsē-Tung« wird jedoch unheimlich und zur Gefahr, wo ein vom Personenkult fast schon Mythifizierter im Besitze der Macht verkündet: »Man muß die Feinde entlarven, bis sie stinken.« [13]

Die Zeit seit etwa 1953 bis heute ist dadurch gekennzeichnet, daß im chinesischen Kommunismus neben dem Gedankengut Marxens und Lenins und der anderen europäischen Kommunisten das des Mao eine immer größere Rolle zu spielen begann. Der Marxismus-Leninismus, ergänzt durch die »Gedanken« des Vorsitzenden Mao Tsē-Tung, wurde zur Quelle aller Staatsraison, ja der Weisheit überhaupt. Das mußte zwangsläufig zu einem Konflikt innerhalb des Weltkommunismus führen. Bis zum Jahre 1962/63 wurde zwischen Moskau und Peking ein mehr versteckter Streit ausgetragen. Seit 1964 wird nun eine sehr offene

Sprache gesprochen. Es kam zu dem welthistorischen Phänomen der feindlichen Brüder, zu dem »roten Schisma«, das die Welt bewegt. Da dieses Buch kein politisches ist, kann es der politischen Seite der Sache größere Aufmerksamkeiten nicht schenken. Es muß aber gesagt werden, daß vom sowjetischen Standpunkt aus der Konflikt tatsächlich unvermeidlich war, weil die »Gedanken« Mao Tsē-Tungs ein echt chinesisches Gewand tragen, so daß es zu Spannungen und zum Konflikt kommen mußte.

Spätestens seit dem Jahre 1959 gab es eine Opposition gegen Mao in China. Vor allem wurde die Behandlung der Familie durch Mao Tsē-Tung, die Abwertung der geheiligten Familienbande, die China immer so hoch gehalten hat, kritisiert, aber auch wirtschaftliche Mißerfolge wurden angeprangert, größere intellektuelle Freiheit wurde gefordert. Sogar von der Wiederherstellung bäuerlicher Einzelbewirtschaftung war in gewissen Artikeln der Tageszeitungen die Rede. Das waren rebellische Gedanken gegen Mao Tsē-Tung. Dieser aber verbündete sich mit dem Armeeführer Lin Biao, und beide setzten das ins Werk, was man die »Große Proletarische Kulturrevolution« nennt. Eine riesige Propaganda für Mao setzte plötzlich ein. Die »Roten Garden« werden gebildet, und diese wenden sich besonders gegen Intellektuelle, die die Kühnheit besessen hatten, die chinesische Vergangenheit, Konfuzius und die übrigen Klassiker zu verteidigen.

Das ganze war nichts anderes als ein gezieltes Vernichtungswerk gegen die innere Opposition. Mitleidlos und brutal vernichtete Mao alle Träger oppositioneller Ideen, alle parteifeindlichen Akademiker, jeden Einfluß des »Westens« (einschließlich der Sowjetunion), alle die zum kapitalistischen Wege zurücklenken wollten und allen »Aberglauben«. Mit Letzterem war natürlich die Religion in allen ihren Formen gemeint.

Mit Lin Biao verbündet, schlägt Mao jede Opposition nieder. Gleichzeitig mit dem Terror kommt es zu einer maßlosen Verherrlichung Maos. Seit der Zeit der »Kulturrevolution« mit ihren Unterdrückungsmaßnahmen gilt Mao als der »größte Führer aller Zeiten«, die »Hoffnung der Unterdrückten der ganzen Welt«. Der »große Mao« setzt den Völkern der Welt ein »glorreiches Exempel«. Das »neue«, revolutionäre China, verkörpert durch Mao Tsē-Tung, bringt der ganzen Welt Heil und Frieden! Auf dem Wege zu diesem Heil aber müssen alle Widerstände »niedergerissen« werden; denn wer ein Neues bauen will, muß erst das Alte niederreißen.

Nun scheint indessen wohl in Verbindung mit dem Militär eine gewisse Intelligenzschicht unter Maos Genossen diesen selbst auf eine gedämpftere Linie gedrängt zu haben, und zwar auf dem »9. Parteitag«

im April 1969. Scheinbar wird unter Lin Biao durch die Macht der Armee der utopische Maoismus und die Rücksichtslosigkeit der Roten Garden gedämpft. Es war auch eine gewisse Überraschung, daß Tschou-en-Lai zum neuen Generalsekretär der Partei berufen wurde. Liu-Schao-tschi, der Mao in der obersten Staatsleitung formell abgelöst hatte, scheint zwar endgültig erledigt zu sein, aber ein neuer Parteikader bildet sich mit Stützung der Armee, der die »Kulturrevolution« als »abgeschlossen« erklärt. Man scheint erkannt zu haben, daß die Roten Garden China, zumal auf wirtschaftlichem Gebiet, mehr geschadet als genützt haben. Die Aufputschung der Jugend scheint als ein Fehler erkannt worden zu sein, denn nach dem 9. Parteitag ist man dabei, die Jugend wieder zu dämpfen, und zwar durch Zwangsverschickungen zur Arbeit in andere Landesteile.

Erklärtes Ziel des 9. Parteitags aber blieb die Weltrevolution, mit der China unter dem Banner des Maoismus der ganzen Welt das Heil bringt: Mit Mao kommt das Licht der Welt, insofern hat sich nichts geändert, die übermenschlichen Ehren für ihn blieben.

Der Ussuri-Konflikt mit der Sowjetunion feuert den chinesischen Nationalismus, von dem später noch die Rede sein muß, an. China ist seit dem 9. Parteitag mehr denn je »die Basis der Weltrevolution«. Man glaubt, in Kreisen maoistischer Parteifunktionäre dabei sogar eine gewisse Hoffnung auf europäische Studentenbewegungen setzen zu können. Man sieht, daß hier einzelne Verblendete bei Demonstrationen das Bild Maos zur Schau tragen. Diese unsere Studenten würden schnell eines anderen belehrt werden, wenn sie zum Beispiel nur sehen könnten, wie kaltblütig junge Menschen, ihrer Freiheit beraubt, deportiert werden, um in fernen Landesteilen zur Arbeit eingesetzt zu werden. Hier zeigt sich, wie ein solches System mit dem unbequemen Teil der unruhigen Jugend fertig wird, »fortschrittlich«, ohne Rücksicht, ohne »Humanität« im »westlichen« Sinne.

Geändert hat sich durch den letzten Parteitag auch keineswegs die Verehrung der allgemeinen Lehren Maos, die als »unwiderstehliche Waffe für die Massen« gelten. Es wird immer neu die »dringende Forderung des Volkes« nach Neuauflagen der Werke Maos herausgestellt, die angeblich nach diesen Werken »wie nach Wasser schmachten«. Die »Werke« werden in prächtig geschmückten Fahrzeugen zu den Universitäten und Schulen des Landes gebracht, wo sie als Evangelium voller Dankbarkeit empfangen werden. Als den befreiten Leibeigenen von Tibet die Gedanken Maos in tibetischer Sprache übermittelt wurden, soll »ihr Glück keine Grenzen gekannt haben«. [14]

Derartige Aussprüche zeigen, daß der Person des Mao Tsē-Tung geradezu übermenschliche Kräfte zugeschrieben werden. Und dies dürfte nun keineswegs »marxistisch-leninistisch« sein, sondern typisch chinesisch, verständlich nur aus jenen Traditionen, denen es nachzuspüren gilt, weil sie zur vollen Erfassung des Wesens des Maoismus zu beachten sind.

Entstehung und Bedeutung der Frage nach den geistigen Wurzeln Mao Tsē-Tungs

Die Frage nach dem Wesen des Maoismus und den letzten geistigen Wurzeln und Triebkräften des Mao Tsē-Tung ist damit aufgebrochen. Sie entzündet sich angesichts der harten Realitäten der dargelegten Vorgänge innerhalb des größten Volkes der Erde. In einem der Gedichte Maos heißt es:

> *»Hunderte von Jahren lang haben Dämonen*
> *ihren Wirbeltanz aufgeführt.*
> *Und fünfhundert Millionen Menschen*
> *waren uneins.*
> *Doch jetzt beim Hahnenschrei*
> *wird hell die ganze Welt.*
> *Von tausend Orten tönt Musik.«*

Es erhebt sich die Frage, welcher Art das Licht ist, das »jetzt« beim Hahnenschrei die Welt zu erleuchten beginnt, und welcher Art die »Musik« ist, die uns hier vorgespielt wird.

Daß das neue Licht auch erfüllt ist von den Theorien des historischen, dialektischen Materialismus eines Marx, Engels und Lenin bedarf keines Beweises, sondern liegt klar zutage. Wohl aber entsteht die Frage, auf Grund welcher inneren Vorentscheidungen, Mao und die Maoisten die Klassiker des Kommunismus interpretieren. Die rein politisch-innermarxistischen Fragen müssen den marxistischen Theoretikern überlassen bleiben. [15] Der Interessenkreis dieses Buches beginnt mit dem Verdacht, daß Maos »Licht« anscheinend nicht nur von Marx, Engels, Lenin und Stalin herzukommen scheint und daß in seine »Musik« sich Töne der ererbten Geistes- und Religionsgeschichte Chinas zu mischen scheinen. Dem oberflächlichen Betrachter zeigt sich zunächst keine Mischung, sondern im Gegenteil die Tendenz zu radikaler Abwertung und Ausrottung des »Alten« mitsamt den Wurzeln. Doch scheint sich Mao dabei nie ganz an die marxistisch-leninistische Linie zu halten, vor allem auch bezüglich ihrer Auslegung. Jedenfalls besteht das Faktum zweier uneiniger kommunistischer Parteien in China und in der Sowjetunion, die sich beide auf die richtige Verwirklichung des Marxismus–Leninismus berufen. Versteht Mao den Marx und Lenin besser als die Russen? Ist die Differenz dadurch zu erklären, daß die Entstehungsgeschichte des Kommunismus in der Sowjetunion und in China ganz verschieden waren? Liegt es daran, daß Marx eine entwickelte kapitalistische Wirtschaft voraussetzte und sich auf das Industrieproletariat der Großstädte stützte, während Mao ein Bauernführer war und die Agrarrevolution im Auge hatte? Oder daran, daß die Russen, wie Mao behauptet, den »reinen« Marxismus–Leninismus verraten haben und den Weg des »Revisionismus«, d. h. der Verbürgerlichung gehen?

Die Verschiedenheit der beiden kommunistischen Systeme in Rußland und in China legt die Frage nahe, ob nicht die Gegensätze tiefer liegen. Es muß gefragt werden, ob der gelbe der beiden feindlichen Genossen eine Erbmasse im Blut hat, die ihn mit dem anderen nur schwer auskommen läßt. Dieser Verdacht wird in hohem Maße dadurch verstärkt, daß man heute in der Partei Chinas immer mehr die Bedeutung der »Gedanken Mao Tsē-Tungs« neben dem Marxismus–Leninismus betont. Es geht dort heute nicht nur um den Marxismus–Leninismus, sondern um diesen und die »Gedanken Mao Tsē-Tungs«, wobei letztere immer mehr zur Hauptsache werden.

Mit der Frage nach den Besonderheiten dieser »Gedanken Mao Tsē-Tungs« aber bricht unweigerlich die schwierige Problematik des gesamten Verhältnisses von Maoismus und dem konfuzianischen Erbe Chinas auf. Die allgemeine, wenig besagende aber heute weit verbreitete Rede, daß China immer schon autokratisch und despotisch regiert worden sei und daran sich bis heute nichts geändert habe, helfen hier wenig. Auch oft gehörte Meinungen, aus der hierarchischen Struktur der chinesischen Gesellschaft habe der Kommunismus profitiert und Mao sei im Grunde an die Stelle der alten Kaiser getreten, erscheinen als vorschnelle verallgemeinernde Behauptungen, von denen geprüft werden muß, ob sie tatsächlich in der Weise vertretbar sind. Dazu kommt die Frage, ob aus dem Bestehen kommunistischer Herrschaftssysteme in Ländern, die dem konfuzianischen Kulturkreis angehören (China, Korea, Vietnam), gefolgert werden kann, daß eine Affinität zwischen Konfuzianismus und den marxistisch-leninistischen Theorien, besonders ihrer Dialektik, besteht. Derartige Vermutungen tauchen in der stets anschwellenden populären China-Literatur immer zahlreicher und betonter auf. Es bedarf einer Klärung, ob und bis zu welchem Grade diesen Diktionen ein Wahrheitsgehalt zukommt. Es geht dabei im Grunde um die so wichtige Frage, ob und inwieweit etwa der Konfuzianismus, trotz des von den Kommunisten so radikal und vordergründig betonten Bruchs, doch als ein geistiger Ahnherr des Kommunismus chinesischer Prägung angesehen werden könnte. [16]

Kritisch könnte vielleicht hier eingewendet werden, man brauche sich gar nicht auf den langen und beschwerlichen Weg einer Befragung der ganzen chinesischen Religionsgeschichte zu begeben. Was hat Mao Tsē-Tung überhaupt noch mit »Religion« und Religionsgeschichte zu tun, da er sie doch so betont als auszumerzenden »Aberglauben« ansieht? Kritisch kann natürlich auch eingewendet werden, daß die grundlegenden Voraussetzungen methodischer Art für einen solchen Versuch wegen der Ungleichheit der Vergleichsfaktoren nicht gegeben wären. Inwieweit ist ein Vergleich zwischen Mao und dem Altertum wissenschaftlich möglich, da nicht einmal die Frage des Wesens des »Konfuzianismus« einheitlich geklärt ist (selbst unter Sinologen nicht) und sich hinter diesem Begriff ein weites, komplexes Phänomen verbirgt (genau so wie hinter den Begriffen: »Buddhismus«, »Islam« oder »Christentum«)? Ganz zu schweigen davon, daß auch der »Maoismus« selber noch kein abgeschlossenes, einheitliches Phänomen, sondern ein fließendes, noch im Werden befindliches Gebilde ist.

Es kann nicht bestritten werden, daß solchen Einwänden eine gewisse Berechtigung innewohnt. Diese Schwierigkeiten der vorzunehmenden Analyse sind offenkundig. Wer diese Analyse, um seine wissenschaftliche »Exaktheit« besorgt, lieber ganz unterlassen wollte, wäre deshalb nicht zu tadeln. Ist aber auf der anderen Seite derjenige zu tadeln, der es wegen der Dringlichkeit und existentiellen Bezogenheit der Sache, bei aller Vorsicht in Bezug auf vorschnelle Schlüsse wagt? Man wird einwenden, es genüge vielleicht, die Stellung Maos zum europäischen Kommunismus rein politisch und zeitgeschichtlich zu befragen, um die Eigenart seiner Position zu erkennen. Das aber muß bestritten werden, weil solche Betrachtungsweise an der Oberfläche bleiben würde. Oder: Es genüge — falls man schon tiefer bohren will — der Blick auf die Zusammenhänge Mao Tsē-Tungs mit den chinesischen Reformern um die Jahrhundertwende, auf deren Schultern er zweifellos steht. Um die Dinge bis in Winkel hinein zu durchleuchten, wird eine solche Befragung in den nächsten beiden Kapiteln zunächst vorgenommen. Es darf aber im voraus gesagt werden, daß damit das Phänomen des Maoismus nicht genügend erklärt oder auch nur erkannt werden kann. Der Gang in die Traditionen Gesamtchinas bleibt nicht erspart. Doch kann es schon hilfreich sein, zu erkennen wie sehr Mao von den Einflüssen der »Reformer« vor ihm geprägt ist. Es verbanden ihn lange Freundschaften mit Hsiao San, Hu Han-min und Chen Tu-hsiu, ferner auch mit Literaten seiner Zeit. Er kannte die Kommentare des Kang Yu-wei und die Übersetzungen des Yon Fu. Dazu kamen vor allem die Einflüsse der »Reformer«: Tseng Kuo-fan (1811–1872), Ling Ch'i-chao (1873–1929) und natürlich Sun Yat-sens (1866–1925). Daß Zeitereignisse, wie der Boxer-Aufstand (1900), der Taiping-Aufstand (1850 bis 1864), sowie andere Ereignisse (Krieg mit Japan, Erfahrungen Chinas mit den Westmächten, auch das ursprüngliche Zusammengehen mit der KMT) auf Mao einwirkten, ist eine Selbstverständlichkeit. Aber mit einer Darlegung nur dieser Dinge würde der Leser mit Recht nicht befriedigt sein, weil ja diese Reformer ihrerseits auch nur wieder – allerdings auf jeweils ganz verschiedene Weise – entweder auf das chinesische Altertum oder auf europäische Vorbilder zurückverweisen. Man kommt daher um eine ganz grundsätzliche Erörterung bestimmter Fragen nicht herum, z. B. der Frage nach einer etwaigen Kontinuität des heutigen kommunistischen Herrschaftsanspruchs Chinas über die Welt mit der alten chinesischen Theorie vom Herrschaftsanspruch der chinesischen Kaiser über die Welt: China als die »Mitte« und der Nabel der Welt heute statt vom »Sohn des Himmels« von den Ideen und Gedanken Mao Tsē-Tungs und der entsprechenden Diktatur regiert. Wie verhält sich dann dieser Nationalismus zu den Prinzipien des »brüderlichen Internationalismus« und was bedeutet er? Wie verhält sich das erklärte Ziel der »Ausrottung des Alten bis auf die Wurzeln« und das »Ausschalten aller unerwünschten Einflüsse«, sowie die Gehirnwäsche der Funktionäre, mit der erklärten Absicht, die »Geschichte zu achten« und »unter Umständen daraus zu lernen«? Wie vereinbart sich die »Umerziehung« mit den Erklärungen Maos, daß man in China den Marxismus »mit den nationalen Besonderheiten verknüpfen« müsse, daß die chinesische »Feudalgesellschaft« eine »großartige alte Kultur geschaffen« habe, [17] aus der man »den Abfall entfernen« müsse, die »Substanz« aber daraus nehmen und mit »demokratischen Wesen« erfüllen müsse? [18]

Es ist nicht zu übersehen, daß Mao Tsē-Tung seine Funktionäre auch auffordert, »von den heutigen Positionen des Marxismus–Leninismus aus« die »historische Vergangenheit Chinas konkret studieren«. [19] Er tadelt streng die Genossen, die das zu wenig tun. In Bezug hierauf trägt eine seiner Reden die Überschrift: »Laßt uns unser Studium reorganisieren.« [20] Darin führt er aus, man müsse das China »von gestern und vorgestern« kennen. [21] Gewiß eine überraschende Forderung von Seiten desselben Mao, der »das Alte« mit Stumpf und Stil aus den Herzen ausrotten will! Aber er sagt tatsächlich (im Mai 1941): »Selbst viele Gelehrte, die auf marxistisch-leninistischen Positionen stehen, bringen bei jeder Gelegenheit das Gespräch auf das antike Griechenland. Was aber unsere eigenen Vorfahren anbelangt, so haben sie diese eben vergessen.« [22] Es gibt keinen Grund anzunehmen, daß er diese Auffassung (trotz der »Kulturrevolution« vom Jahre 1967!) nicht mehr teilt.

Dem Einwand, die Behandlung der verschiedenen Phänomene erfordere unterschiedliche Forschungsmethoden und könne daher nicht von einem Autor in einem Aufriß geleistet werden, wird man die Frage entgegenhalten müssen, wo denn Gelehrte seien, die alle die verschiedenen hier einschlägigen Disziplinen wirklich bis in die letzten Voraussetzungen beherrschen? Es scheint deren wenige oder keine zu geben. Auch der Verfasser dieses Buches zählt nicht dazu. Bei den traditionellen Zielen und Methoden unserer Ausbildung kann es diesen Typhus kaum geben. Dann erhebt sich aber die weitere Frage: Soll man deshalb das drängende Problem liegen lassen und so lange warten, bis vielleicht einmal derjenige auftaucht, der das gesamte Handwerkszeug methodischer Art beisammen hätte? Hier kann man nicht auf den »Zuständigen« warten, besonders auch deshalb nicht, weil die für das Altertum Zuständigen ihrerseits wieder geneigt sind, sich nicht für politische Zeitereignisse für zuständig zu halten. Die aber für das Zeitgeschehen Zuständigen betonen ihre Unzuständigkeit für das Altertum. Aber der Versuch muß gemacht werden. Natürlich muß er bestrebt sein, von den Ergebnissen der sich kreuzenden Disziplinen zu lernen. Die meisten der auftauchenden Fragen können im Grunde nur religionsphänomenologisch einer Beantwortung näher gebracht werden. Wirken tief in der Tradition verwurzelte Tendenzen in Mao nach? Gibt es dafür konkrete Anhaltspunkte? Hat es nicht eine altchinesische Staats- und Gesellschaftsordnung gegeben, die schon immer Kontrollen und Zwang gekannt hat und dabei religionslos schien? Es tauchen noch weit mehr derartiger Fragen auf und warten auf eine Beantwortung. Wer wollte behaupten, restlos befriedigende Antworten geben zu können? Heute kann vorläufig nur erörtert werden, ob und inwieweit das Phänomen des chinesischen Kommunismus einen Bruch mit den Grundtendenzen der Vergangenheit bedeutet, oder gar einen Widerspruch. Es kann ebenso nur erörtert werden, inwieweit kein Bruch, sondern eine Art Weiterentwicklung zuvor gegebener Daseinsformen mit versteckter religiöser Relevanz vorliegt, also eine insgeheime Wandlung des altchinesischen Selbst- und Weltverständnisses. Abschließende Urteile werden aber nur Generationen nach uns fällen können. Aber eines steht fest: Wer das neue China heute sich zu verstehen bemüht, muß zuvor das alte kennen. Chinas Reigions- und

Geisteswelt greift nach uns. Daher ist es auch das Recht und die Pflicht des Religionsphänomenologen in diese nur zeitgeschichtlich-politisch anmutende Problematik einzudringen. Die Kenntnis und Erörterung der Denkweisen des alten China ist heute eine unentbehrliche bildungsmäßige Voraussetzung für jeden, der zum »Problem China« mitdenken will. Viel zu kurzschlüssig ist die naheliegende und weitverbreitete Meinung, die Gedanken Mao Tsē-Tungs seien nur durch das von Europa herüberwirkende sozialistisch-kommunistische Ideengut von Marx, Engels und Lenin bestimmt. Auch reichen die politischen Zeitereignisse um die letzte Jahrhundertwende, besonders das Verhalten der europäischen Mächte gegenüber China, zum Verständnis nicht aus. Nicht einmal eine Analyse der Reformbestrebungen des 19. und beginnenden 20. Jahrhunderts in China, aus denen Mao hervorgegangen ist, würde befriedigen können, weil diese Reformer ihrerseits auf Überkommenem gründen. Alle diese Gesichtspunkte sind am Ende nicht außer acht zu lassen, allein aber geben sie nur eine vordergründige Beleuchtung ab, die nicht weiterzuhelfen vermag. Es ist vielmehr, so weit als möglich, tiefer einzudringen, damit nicht das eigentlich Wissenswerte und Entscheidende außer Betracht bleibt, jenes Wesenhafte, das vielleicht nur dem Auge des Religionsphänomenologen hinter den wie in Prozessionen herumgetragenen und von frenetisch jubelnden Massen umgebenen Bildern der politischen Führer erscheint. Nur wer die Szenerie der Religions- und Geisteswelt Chinas im Auge hat und sich bemüht, abtastend, wägend und konfrontierend nach Divergenzen, Übereinstimmungen und Wandlungen zu suchen und dabei auch die Mühe weiter Umwege nicht scheut, kann hier bis zu einem gewissen Grade verstehen.

Zweiter Teil

Die Religions- und Geisteswelt des alten China

Das Licht des Edlen ist wahrhaftig.
(I-Ging)

China und die Chinesen im Allgemeinen

Der Name des Landes und Volkes

China und die Chinesen liegen so sehr abseits von der großen Heerstraße des normalen Bildungsganges, daß es nicht überflüssig, sondern erwünscht sein wird, einige kurze orientierende Bemerkungen voranzuschicken. Die Chinesen [23] sind bisher fast immer eine Welt für sich gewesen, eine eigene Welt, deren Zivilisation auf die Welt außer China kaum viel Einfluß ausgeübt hat. Das darf nicht dahin mißverstanden werden, als ob zwischen China und der übrigen Welt keinerlei Verbindung und Verkehr bestanden hätte und dies erst in unserer Zeit anders geworden wäre. Bereits der Name »China« erinnert an eine ferne Vergangenheit, in der das Volk mit westasiatischen Ländern Handelsbeziehungen unterhielt. Die Chinesen selber hatten nie einen Namen für ihr Land, den man mit dem bei uns üblichen Namen China in Verbindung bringen könnte. Ihnen heißt ihr Land zunächst das »Reich der Mitte«, »Tschung kuo«. Unser »China«, das englische »China«, das französische »Chine«, geht zurück auf das griechische »Thina«, das lateinische »Sina« (oder Sinae), ein Wort, das wir im Deutschen in der Bezeichnung »Sinologie« oder auch in dem Wort »Apfelsine« haben. Woher aber kommt das lateinische Sina oder Sinae?

Die Chinesen haben für ihr Land mehr Bezeichnungen als nur die genannte »Reich der Mitte«. Die Bezeichnung »Himmlisches Reich« meint das Reich, über dem eine vom Himmel eingesetzte Dynastie herrscht. Gebräuchlich ist auch das allegorisch gemeinte »Blumenreich« oder »Die hundert Familien«, oder »Das schwarzhaarige Volk«. Ebenso gebräuchlich sind Bezeichnungen wie »Männer von Han«, »die Hügel der Tang«. Das sind Bezeichnungen, die auf zwei der berühmtesten Dynastien zurückzuführen sind. So geht auch der Name »Sinae« zurück auf den Namen einer alten chinesischen Dynastie, der Dynastie Tsin, die von 255—206 v. Chr. alle Provinzen des Reiches beherrschte. Unter ihrem kurzen, aber kraftvollen Regiment war es auch zu Handelsverbindungen mit Indien, Parthien und anderen Ländern Westasiens gekommen. Diese Völker nannten nun das Reich im fernen Osten, mit dem sie Handel trieben, nach der regierenden Dynastie »Tsin«, ein Name, der sich dann bei uns erhalten hat, auch nachdem längst andere Dynastien im Reich der Mitte emporgekommen waren. Der erste Beleg dieses Namens dürfte sich bei dem Geographen Claudius Ptolemäus finden, [24] und zwar in der Form Sinae und Thinae. Sehr wahrscheinlich sind es die Araber gewesen, die diese Bezeichnung zu uns nach Europa brachten, denn sie hatten bereits in vorchristlichen Zeiten China auf dem südlichen Seewege erreicht. Es gab aber auch eine nördliche Landroute, eine Handelsstraße (oder mehrere) die durch den vorderen Orient hindurch bis nach China führte. Und das China, das man bei uns im Westen auf diesem Wege kennen lernte, nannte man »Serica«, das Land der Seres, d. h. das »Land der Seidenleute«. Denn die Seide war das wichtigste Tauschobjekt, das chinesische Händler den Syrern und Römern bieten konnten.

Abermals unter anderem Namen wurde das chinesische Reich dem europäischen Mittelalter seit den Eroberungen Dschinghis-khans bekannt, und zwar unter den Bezeichnungen Kathaz oder Kitai. So nannte man China bei uns seit dem 13. Jahrhundert, entsprechend dem Namen einer Tartarendynastie, Kidan, die sich zwischen 916 und 1123 n. Chr. vorübergehend der nördlichen Provinzen Chinas bemächtigt hatte. Daher ist es zu erklären, daß in dem berühmten Reisewerk des venezianischen Patriziers Marco Polo, der sich von 1273 bis 1291 am Hofe des Kublai Chan aufgehalten hatte, China nicht »China« sondern »Kathay« heißt.

Erste Berührungen mit Europa

Der bereits genannte Marco Polo ist nicht der einzige, der zu jener Zeit in China weilte. Mit den ersten Handelsleuten kamen auch Gesandtschaften und Missionare: 1295 nahm Johannes von Montecorvino [25] eine Missionsarbeit in Peking auf und erzielte Erfolge. Mitglieder des Dominikaner- und Franziskanerordens folgten. Von der zweiten Hälfte des 14. Jahrhunderts ab aber hörte jeder Verkehr von Europa aus mit China für die Dauer von zwei Jahrhunderten auf. Seit dem 16. Jahrhundert aber finden dann wieder Portugiesen und Spanier den Weg zur See nach China, und wieder folgen den Handelsleuten Missionare, diesmal Jesuiten und Dominikaner, die Berichte über Land und Leute gaben. Seitdem weiß man, daß dieses Land eine Zivilisation hervorgebracht hat, die sich neben der indischen und westlichen nicht zu verstecken braucht.

Frühe Erfindungen, frühe Staatswerdung und Zivilisation

Allbekannt ist, daß die Chinesen sich einer Reihe sehr früher Erfindungen rühmen können. Sie haben die Magnetnadel, den Kompaß, das Porzellan bereits Jahrhunderte vor dem Bekanntwerden in Europa gebraucht. Auch lange vor Gutenbergs Erfindung hat man in China Bücher gedruckt. Früher als bei uns, nämlich seit etwa 100 n. Chr., verstand man sich auf Papierherstellung. Auch die erste Erfindung des Schießpulvers wird den Chinesen zugeschrieben, ob ganz mit Recht, wage ich nicht zu beurteilen. Nach ihrer eigenen Überlieferung waren die Chinesen bereits beim Beginn ihrer Geschichte im Besitze einer ziemlich entwickelten Zivilisation. Wissenschaftlich dürfte nur feststehen, daß die chronologisch beglaubigte Geschichte etwa mit dem Jahre 841 v. Chr. beginnt und daß sie zu dieser Zeit bereits ein wohlorganisiertes Staatswesen, einen reich gegliederten Beamtenapparat, ein höchst kompliziertes Ritualwesen und ein eigenes Schrifttum kannten. Deshalb ist die wirkliche Geschichte beträchtlich weiter zurückzudatieren, damit auch die erwähnten Zeugnisse relativer Zivilisation. Freilich nicht etwa um Zehntausende von Jahren, wie die alte chinesische Volksüberlieferung will, aber doch mindestens um Jahrhunderte, vielleicht mehr. Ob die Chinesen ihre Zivilisation rein autochthon in China entwickelt haben oder ob Elemente von außen wirksam waren, ist in der Sinologie strittig und kaum endgültig zu klären. Der Stamm, aus dem allmählich das chinesische Volk erwachsen ist, hatte seinen ältesten Sitz im nordwestlichen Winkel des Landes und in den fruchtbaren Ländereien am Gelben Fluß.

Sprache und Schrift

Die Eigenart der chinesischen Sprache (sowohl die alte klassische als auch die neuere) ist für den Europäer verwirrend; die Schwierigkeiten und die Vieldeutigkeit der Schrift ist groß. Die verschiedenen Übersetzungen kommen oft zu ganz entgegengesetzten Deutungen. Die chinesische Sprache kennt keine grammatische Formung, wie wir sie aus anderen Sprachen kennen. Es ist nicht ohne weiteres aus der Grammatik zu erkennen, ob ein Wort als Substantiv, Adjektiv, Verbum usw. gebraucht wird. Es läßt sich nicht erkennen, ob das Zeitwort im Aktiv oder Passiv gebraucht wird. Nur aus dem Zusammenhang und der Satzkonstruktion ist das alles ersichtlich. Es werden keine Tempora, keine Modi, keine Deklinationen und Konjugationen gebildet. Es läßt sich daher denken, wie schwierig es für Nichtchinesen ist, diese Sprache zu erlernen. Das einzelne Wort hat, je nach dem Ton, mit dem es ausgesprochen wird, einen verschiedenen Sinn. Der Laut »i« zum Beispiel soll, je nach Aussprache und Betonung, bis etwa 200 verschiedene Bedeutungen haben! Dazu kommen die Dialekte. Die Schrift wurde im ganzen Reich von den Gebildeten verstanden. Heute unter Mao muß das ganze Volk möglichst lesen und schreiben können, schon um die »Worte des Vorsitzenden« lesen und lernen zu können.

Die chinesische Schrift ist eine Bilderschrift. Die einzelnen Wörter werden nicht aus den Buchstaben eines Alphabets zusammengesetzt, sondern für jeden Begriff gibt es ein besonderes Zeichen. Diese teilweise einfachen, teilweise sehr komplizierten Zeichen sind spätere Zusammensetzungen aus alten einfacheren Bildern. So ist z. B. das Zeichen für Sonne heute ein kleines Viereck mit einem Strich in der Mitte. Ursprünglich war es ein Kreis mit einem Punkt in der Mitte. Das heutige Zeichen für Mond ist ein nach unten offenes längliches Rechteck mit zwei kleinen Strichen in der Mitte. Ursprünglich war das die Abbildung der Mondsichel. Alle diese Zeichen lassen noch heute erkennen, daß sie anfangs direkte Abbildungen der betreffenden Gegenstände gewesen sind. In anderen Fällen half man sich anders. Um z. B. das Wort »Mitte« zu schreiben, zeichnete man einen Kreis, halbiert durch eine Senkrechte. Zwei Bäume bilden das Zeichen für Wald. Zwei Frauen bedeutet »Zank«. Wasser und Auge bedeutet »Tränen«, usw. Aus der alten Schrift hat man oft auch Schlüsse über die Religion ziehen wollen. Wie bei uns, so wird auch in China »Himmel« nicht nur als Bezeichnung für das Himmelsgewölbe, sondern auch für die lenkende Himmelsmacht gebraucht. Der »Himmel« wurde gedacht als die eine große Macht, die in der Höhe wohnt, und die besonders die Geschicke der Welt (vor allem des chinesischen Reiches!) lenkt. Nun ist das Schriftzeichen für »Himmel« ein interessantes Zeichengebilde, das sich zusammensetzt aus den Zeichen für »eins« und »groß«. Die ältere Form des jetzigen Zeichen kann man als anthropomorph deuten, weil ein Kopf, Arme und Beine erkennbar sind. Daraus haben verschiedene Gelehrte schließen wollen, daß der Himmel von den Chinesen des Altertums als persönliche Macht gefaßt wurde. In der Tat ist in dem alten Zeichen für Himmel, wie es sich z. B. auf Dreifüßen und Glocken befand, das Bild eines Menschen erkennbar, wie es etwa ein prähistorischer Maler zeichnen mochte. Aus dieser alten Form hat sich das spätere Zeichen entwickelt: Statt des Kopfes später eine flache Linie, die Arme erhoben. Widersprochen hat der ganzen Auffassung besonders Conrady, der kategorisch erklärte, es handele sich am alten Zeichen nicht um den Kopf eines Menschen, sondern um den Sonnenball. Wie dem auch sei, fest steht, daß die alten Chinesen den Himmel personifiziert dachten, steht doch in der Bilderschrift zur Bezeichnung des Himmels oft auch einfach das Zeichen für »Herr« oder »Herrscher«. Und »Shangti«, der höchste Herr, ist ein Name, der durchaus synonym mit »Himmel« gebraucht wird.

Sagenwelt und Anfang der Geschichte

Die mythische Urzeit bleibt wissenschaftlich unfaßbar im Dunkeln. Die legendäre Vorzeit wird in geringem Umfang durch Sagen erhellt. Der erste legendäre Herrscher ist Fu-hi, der von den Chinesen als der eigentliche Begründer ihres Staates angesehen wird. Unter ihm waren die Chinesen noch ein Jäger- und Hirtenvolk. Denn erst einer seiner Nachfolger, Shen-mung, gilt als der Erfinder der Pflugschar und lehrte den Ackerbau. Der älteste Herrscher Chinas, den Konfuzius erwähnt, ist Yao. Er soll angeblich von 2357 bis 2255 v. Chr. gelebt haben und ein wahrer Musterherrscher gewesen sein, der zu allen Einrichtungen der Kultur den Grund gelegt hat. Es erscheint sehr bemerkenswert, daß die Überlieferungen der Chinesen aus den alten Zeiten nicht von Kriegen und Siegen der Urväter erzählen, sondern von ihren kulturellen Taten, dem Aufstieg zu Gesittung, Bildung, Erwerb und Arbeit. Als Yao stirbt, hinterläßt er bezeichnenderweise das Reich nicht seinem Sohn, sondern dem tüchtigsten Beamten, Schun mit Namen, der sich durch Weisheit und Gerechtigkeit auszeichnet. Auch dieser übergibt es dann dem Würdigsten, einem gewissen Yü.

Beginn des historischen Zeitalters

Mit diesem Yü beginnt das eigentliche historische Zeitalter und die erste Dynastie. Anfänge des geschichtlichen Zeitalters, dann aber auch die Zeit des Laotsze und Konfuzius, waren bestimmt durch Machtbegierden hochkommender Adliger, die faktisch die Macht an sich rissen. Anarchische Zustände setzten damit ein, die einem edlen Geist wie Laotse so unheilbar erschienen, daß er sich von Staat und Gesellschaft ganz zurückzog. Konfuzius dagegen, ein Mann ganz anderen

Schlages, hielt sich für berufen, diesen Zuständen entgegenzuwirken. Konfuzius bot alles auf, die gesellschaftlichen Lebensordnungen wiederherzustellen, wie sie der von ihm bewunderte Gründer der Chou-Dynastie Wu-wang und dessen Bruder Chou-kung, in Anlehnung an die Überlieferungen einer noch älteren Zeit, geschaffen hatten. Ein Erfolg war ihm allerdings bei Lebzeiten nicht beschieden.

Entwicklung zum Beamtenstaat

Etwa 150 Jahre nach dem Tode des Konfuzius erwuchs diesem in dem großen Philosophen Mengtsze ein Interpret seiner Theorien, der sich geradezu zum Apostel seiner Ideen machte. Dem wachsenden Verderben aber konnte auch dieser keinen Einhalt gebieten. Die staatliche Ordnung verfiel. Einer der mächtigsten Territorialfürsten machte der Dynastie Chou definitiv ein Ende. Der zweite Herrscher der neuen Dynastie Tsin (249–206), namens Shi Huangti, war ein rücksichtsloser Realpolitiker, das genaue Gegenteil von dem, was Konfuzius sich unter einem idealen Fürsten dachte. Er beseitigte das alte Feudalwesen, indem er die Lehensfürsten beseitigte, und machte aus China einen bürokratischen Beamtenstaat mit absoluter Monarchie. Dieser Zustand blieb für etwa 2000 Jahre, bis schließlich sich China in unserem Jahrhundert als Republik konstituierte.

213 v. Chr.: Kampagne gegen die Intellektuellen und Schriftsteller

Exakte Parallelen gibt es in der Geschichte nicht, weil das Leben in solchen nicht verläuft. Aber erinnert es nicht schon an Mao Tsē-Tungs Kampfgetümmel, wenn wir von Shi Huangti den Vorwurf an die Gelehrten des Landes hören, sie erforschten nicht, was zur Gegenwart und der Bewältigung ihrer Aufgaben nötig ist, sondern studierten in schädlicher Weise nur das Altertum? Fühlt man sich nicht zwangsläufig in frappanter Weise an heutige Vorkommnisse in China erinnert, von denen später zu sprechen sein wird, wenn man hört, daß der damalige Herrscher im Jahre 213 v. Chr. eine allgemeine Bücherverbrennung anordnete und, gereizt durch ihren Widerstand, hunderte von widerstrebenden Intellektuellen hinrichten ließ? Dies geschah unter der bemerkenswerten, fast modern anmutenden Begründung, die Gelehrten würden das Neue der Jetztzeit verdammen und führten so die Massen in die Irre und in Unordnung. Es wurde von ihnen damals

»Selbstkritik« ebenso verlangt, wie sie heute von vielen Professoren, Dichtern und anderen Intellektuellen verlangt wurde, z. B. von dem über 70 Jahre alten Kuo Mo-yo, der die höchsten Ämter in Kunst, Kultur und Wissenschaft bekleidete und Präsident der chinesischen Akademie der Wissenschaften war. Kuo Mo-yo mußte in einer Rede erklären: »Alles, was ich in der Vergangenheit geschrieben habe, sollte zu Asche verbrannt werden. Ich habe die Lehren Mao Tsē-Tungs nicht richtig studiert. Wenn ich den Vorsitzenden Mao zitierte, dann war das immer nur ein leeres Lippenbekenntnis. Ich schäme mich und bedauere, mich nicht gewandelt zu haben.« [26]

Der Geist konnte nicht verbrannt werden

Mit der Verbrennung durch Shi Huangti schien das Lebenswerk des Konfuzius und der anderen Großen, denen die Redaktion des alten Schrifttums der Chinesen zu verdanken ist, für alle Zukunft vernichtet zu sein. Ebenso glaubt man heute unter Mao, das »Alte« mit der »Wurzel auszureißen« und für immer zu vernichten. Aber das schien nur so, damals jedenfalls. Schon mit Shi-Huangtis Sohn ging die Dynastie Tsin wieder zugrunde, die verbrannten Geister lebten wieder auf und eine neue Dynastie Han (202 vor Chr. bis 220 nach Chr.) schlug eine entgegengesetzte Richtung ein. Die geschaffene Grundlage des Beamtenstaates wurde zwar beibehalten. Aber die eben erst verdammten und verlorenen Literaturschätze wurden eifrigst wieder gesucht und gesammelt, und die in ihnen enthaltenen Lehren fanden nun die weiteste Verbreitung. Es kam zum goldenen Zeitalter der Gelehrten unter der Dynastie der Han, eine der glorreichsten Perioden der chinesischen Geschichte.

Erstes Eindringen des Buddhismus

In der Hanzeit erfreute sich der Konfuzianismus ganz besonderer Pflege. In diese Zeit fällt aber auch die erste Einführung einer fremden Religion in China. Unter Kaiser Mingti (58–75 n. Chr.) kamen Verkündiger der Lehre Buddhas aus Kashmir. Diese gingen daran, durch Übersetzung von buddhistischem Schrifttum (besonders den Sūtras) ins Chinesische, dem konfuzianischen Schrifttum in China eine buddhistische Literatur an die Seite zu stellen. Der Buddhismus breitete sich freilich zunächst nur sehr langsam aus, denn erst im 4. Jahrhundert erhielten auch geborene Chinesen die Erlaubnis, die Mönchstonsur zu tragen. Aber es tritt im Buddhismus jedenfalls zum ersten Mal ein fremdes Element auf, dem es gelingt, in die nach außen streng abgeschlossene und allem Fremden grundsätzlich abgeneigte chinesische Kulturwelt einzudringen, ja sogar sich in ihr einzubürgern und bis zu einem gewissen Grade mit ihr zu verschmelzen.

Aufschwung in der Zeit der Tang
Islam und Christentum vor der Tür

Mit der Zeit der Tang, die von 618 ab für etwa drei Jahrhunderte bis 906 die Regierung zu behaupten wußten, begann für China eine Zeit neuen Auflebens nach großen Kriegswirren, und zwar sowohl auf politischem wie auf geistigem Gebiet. Die Araber erschienen als Händler auf dem Seeweg nach China, auch gründeten sie in China selbst bedeutende Niederlassungen. Dadurch fand der Islam seinen Eingang, und zwar zuerst um 700 in Kanton, später auch auf dem Landwege von Mittelasien her, wo um 950 ein großes mohammedanisches Staatswesen mit der Hauptstadt Kashgar gegründet wurde. Die Mohammedaner sind seit jener Zeit aus China nie ganz verschwunden. Auch der christliche Glaube hat unter den Tang zuerst in China Wurzel gefaßt. Im Jahre 1621 stieß man zufällig bei Erdgrabungen in Tschanganfu auf ein Steinmonument, das dort Jahrhunderte im Erdboden verborgen gelegen hatte. Dieses Denkmal war, wie die Inschrift besagt, im Jahre 781 an derselben Stelle von den Nestorianern errichtet worden. Aus dieser Inschrift ist zu entnehmen, daß sich die nestorianische Kirche, die im Jahre 635 von einem Mönch namens Olopun aus Syrien dorthin verpflanzt worden war, seit 150 Jahren unter der Gunst der Tangherrscher zu einer gewissen Blüte hatte entfalten dürfen.

Die Hauptstadt der Tangkaiser, Singanfu, in der dieser Gedenkstein errichtet wurde, muß damals so etwas wie eine Rendezvous-Stätte aller möglichen Religionen gewesen sein. Denn neben dem Islam und Christentum konnten auch noch Judentum und Manichäismus ihre Anschauung verbreiten. Auch der Buddhismus, wenn auch zeitweise verfolgt, setzte sich dort fest.

China zwischen 618 und 906 n. Chr.:
Die am höchsten zivilisierte Nation der Erde

Der Hochstand der allgemeinen geistigen Kultur der Tangzeit war erstaunlich. Vor allem blühten Kunst und Literatur, weshalb man von dem »Augusteischen Zeitalter« der chinesischen Literatur gesprochen hat. Für Europa sind gerade diese Jahrhunderte dunkle Zeiten gewesen. Aber nicht nur Kunst und Literatur blühten. Auch das Rechtswesen erhielt jetzt seine bestimmten Formungen und Klassifizierungen. Eine mit neuen Instrumenten verbundene Art der Musik kam auf. Der Teegenuß erlangt in der Tangzeit erstmalig allgemeine Verbreitung. Mit dem Tee eng verbunden ist die Porzellankultur jener Zeit. Es gab bereits Markenfabrikate an Porzellan von unterschiedlicher Qualität. Wenn Tee und Porzellan später zu den Hauptexport-Artikeln Chinas wurden, so geht das auf die Errungenschaften der Tang-Zeit zurück. [27]

Chu-hi, einflußreichster Kommentator des Konfuzius

Kurzlebige Dynastien lösten nach den Tang einander ab. Bedeutend aber ist die Sung-Dynastie (690–1280). Unter ihr wirkte der als Gelehrter und Staatsmann ebenso berühmte Chu-hi. Sein Werk ist eine Zusammenfassung alles bisherigen Wissens, aller ethischen, philosophischen und sozialen Systeme. Der Konfuzianismus, so wie ihn Chu-hi als sein Kommentator verstand, wurde in der Folgezeit die Gesinnung, die jeder gute Chinese, vor allem jeder Beamte, haben mußte. Alles andere wurde zur Irrlehre erklärt. Damit wurde der Konfuzianismus zu einem starren System, fast zu einem Dogma. Man suchte damals die chinesische Eigenart zu schützen vor dem beginnenden Ansturm von außen.

Mongolenherrschaft mit religiöser Toleranz

Von 1280 bis 1367 steht China unter der Herrschaft der Mongolen. Kublai Khan (Begründer der Yüan-Dynastie), ein Enkel jenes Dschingis Khan, der die einzelnen Mongolenstämme zusammengeschlossen und das größte Weltreich begründet hatte, das je bestand, machte China mit der von ihm bei Peking errichteten Residenz Cambaluc zum Mittelpunkt dieses Reiches. Hier nahmen Goldschmiede aus Paris die Stelle der Hofjuweliere ein, deutsche Techniker bauten dem Kaiser Belagerungsmaschinen, und Araber und Perser besorgten Sternwarten. An dem Hofe hat als einflußreicher Ratgeber auch Marco Polo aus Venedig von 1273 bis 1291 gelebt. Sein Reisewerk gibt uns interessante Einblicke in jene Zeit. [28] Marco Polo hebt die angeblich großartige Toleranz des Kublai gegen die verschiedenen religiösen Systeme hervor. Die christlichen Missionare nahm er ebenso wie die mohammedanischen freundlich auf. Noch größerer Gunst erfreute sich unter ihm allerdings der Buddhismus, der sich in seiner Zeit in seiner tibetischen Form als Lamaismus über die Mongolei und Mandschurei verbreitete und auch in Nordchina Eingang fand. Dazu war Kublai außerdem ein Patron des konfuzianischen Geisteslebens. Das letztere legte ihm besonders die staatsmännische Klugheit nahe, denn der Eroberer wollte sich den Unterworfenen natürlich genehm machen. So konnte es nicht ausbleiben, daß die Mongolen, äußerlich Sieger, doch auf dem Gebiete des geistigen Lebens die Besiegten wurden. Selbst wenig gebildet, erlagen sie dem Einfluß der chinesischen Kultur.

Die chinesische Mauer

Die Fremdherrschaft der Mongolen verlor sich bald. Seit 1368 erfreute sich China wieder einer nationalen Dynastie, der der Ming, die sich bis 1643 erhielt. Sie ist es gewesen, die zum Schutze der Nordgrenze des Reichs gegen Einfälle der Mongolen und Tartaren das Riesenwerk der sogenannten chinesischen Mauer errichtete. Es handelt sich um eine Befestigung, die zum großen Teil aus einem 6 Meter breiten Steinquaderfundament bestand, auf dem sich zwei starke Ziegelmauern bis in die Höhe von 8 Meter erhoben. Der Zwischenraum war mit Lehm und Steinen ausgefüllt. Während der ganzen Dauer der Ming-Zeit wurde an der Mauer gearbeitet, deren Reste heute noch stehen. Festgestampfte Lehmwälle waren übrigens schon zur Zeit des Shi-Huangti errichtet worden. Der Begriff »Mauer« ist für den Deutschen von heute mit bestimmten Gedankenassoziationen verknüpft. Nie hat man je davon gehört, daß die chinesische Mauer eine Funktion nach innen hatte. Immer steht ihr Zweck der Abwehr der Mongolen und Tartaren von außen fest. Vor der Mauer kannte man keine Sperrzonen. In gewissen Abständen war sie mit viereckigen Türmchen versehen. Natürlich war ein solches monströses Bauwerk auf die Dauer nicht zu unterhalten. Die Mauer begann bald zu verfallen.

Neue Ankunft von Europäern

Während der Mingzeit tauchten im Jahre 1616 zum erstenmal wieder Europäer in China auf, und zwar Portugiesen. Sie sollen sich nicht sehr angenehm benommen haben. Ihr Handel wurde seit 1545 auf Makao beschränkt. Später folgten, von den Philippinen kommend, Spanier. Auf Formosa setzten sich Holländer fest. Außerdem kamen schon die Engländerschiffe der Englisch-Ostindischen Kompagnie. Im Gefolge der Kaufleute nahmen christliche Missionare, besonders Jesuiten, ihr Werk auf. Der berühmte Franz Xaver [29], der darauf brannte in China das Evangelium zu verkünden, starb auf einer Insel vor Makao, ohne den Boden des chinesischen Festlandes betreten zu haben.

Der chinesische Zopf: Nur Verbrecher ohne Zopf

Das degenerierte Kaiserhaus der Ming wurde durch die Mandschu-Tartaren gestürzt. Mit ihnen kam 1644 wieder eine fremde Dynastie zur Herrschaft, die bis in unser Jahrhundert hinein (1912) sich in China behauptet hat. Man nennt sie bei uns die Mandschu-Dynastie. Der sogenannte chinesische Zopf, also das, was bei uns als die charakteristische Äußerlichkeit des Chinesen gilt, ist dem Chinesen erst durch diese ihre Mandschu-Herrscher gewachsen. Die Mandschu-Herrscher waren darauf erpicht, den von ihnen unterworfenen Chinesen ihre eigene mandschurische Haartracht aufzuzwingen: Rasur des Vorderkopfs und Zopf. Diese Haartracht hatte es ursprünglich sehr schwer, sich bei den Chinesen einzubürgern. Wirklich durchgedrungen ist die Sitte in China erst, als Kaiser Kanghi verfügte, daß nur Verbrecher als Zeichen ihrer Schande zopflos zu sein hätten.

Kaiser Kanghi, Zeitgenosse des großen Kurfürsten

Kaiser Kanghi, ein Zeitgenosse des Großen Kurfürsten, Peters des Großen und Ludwig XIV., tat alles, um die geistigen Traditionen des Chinesentums zu pflegen. Er ließ die besten Werke der chinesischen Literatur sammeln. Auf ihn geht auch das große Wörterbuch der chinesischen Sprache zurück, das sich bis auf Mao in der Bibliothek jedes gelehrten Chinesen befand. Es umfaßt nicht weniger als 40 000 Zeichen. Direkt von ihm übersetzt ist das sogenannte »Heilige Edikt«, ein hochgeschätzter Traktat von 16 Lebensregeln, der erst von seinem Sohn herausgegeben wurde. Daß den Lebensregeln eines Kaisers eine so hohe Bedeutung zugeschrieben wurde, erklärt sich daraus, daß der Chinese damals sein Land noch immer als das »Land der Mitte« schlechthin, als »das, was unter dem Himmel ist« betrachtete. Der unumschränkte Herrscher aber über dieses unermeßliche Gebiet war der »Himmelssohn auf Erden«. Damals konnte der chinesische Kaiser nirgendwo ihm gleichgestellte Souveräne anderer Weltgegenden als gleichberechtigt anerkennen. Seine Lebensregeln waren die Lebensregeln schlechthin.

Die »Ordnung des Himmels« wankt, Zusammenstoß mit dem Westen

Der sich anbahnende Umsturz ist nicht nur auf den Zusammenstoß mit dem Westen zurückzuführen. Seit 1796, dem letzten Regierungsjahr des Kaisers Kiän-lung, folgte Unglück auf Unglück für China. Ständige Rebellionen schwächten das Reich. Sekten machten im Innern zu schaffen, besonders die sogenannte »Weißlotosgesellschaft«, eine alte religiöse Geheimsekte buddhistischen Ursprungs. Aber auch andere innere Aufstände zerissen das Land. Zu den zersetzenden inneren Faktoren kam der Zwang der Auseinandersetzung mit der abendländischen Macht und Kultur. Zwei Ereignissen kommt hierbei besondere Bedeutung zu: Der Öffnung Chinas für den fremden Handel als Folge des sogenannten Opiumkrieges und der sogenannte Taiping-Aufstand. Diese Ereignisse werden mitsamt den Zeitereignissen um die letzte Jahrhundertwende ausführlich in anderen Zusammenhängen erörtert.

Religion und Kultus im ältesten China

Der Himmel hört und sieht alles, und der Heilige nimmt sich ihn zum Muster.

(Shu-king)

Die Quellen

Die älteste chinesische Religion ist Verehrung von Naturgottheiten, unter denen der Himmel die höchste Stelle einnimmt. Mehr als sonst auf der Erde fehlen hier archäologische Quellen. [30] Mag auch das Innere der chinesischen Erde wertvolle Zeugen der religiösen Vergangenheit des Volkes in sich bergen, sie müßten erst einmal ausgegraben sein. Bis in die letzten Zeiten hinein haben gerade die religiösen Vorstellungen selber solche systematisch geleitete Ausgrabungsarbeiten oft verhindert. Nach dem Umschwung durch Mao besteht wenig Interesse an archäologischer Religionsdeutung. Wir sind im wesentlichen auf literarische Quellen angewiesen. Ich verweise hierzu auf die entsprechenden Literaturangaben dieses Buches.

Das älteste Schrifttum der Chinesen, von dem hier zunächst zu reden ist, faßt man zusammen unter der Bezeichnung Wu-king, die fünf king, d. h. Texte oder kanonische Bücher. Von diesen ist eines, das Ch'un-ch'in, ein reines Geschichtswerk. Direkte Religionsurkunden sind auch die vier übrigen nicht. Sie gelten weder als inspiriert, noch wollen sie Offenbarungsbücher sein. Sie werden aber wegen ihres hohen Alters und der Weisheit und Tugend ihrer mutmaßlichen Verfasser in Ehren gehalten und bieten die wichtigsten Quellenzeugnisse für die älteste Religionsgeschichte Chinas. Es handelt sich um:

1. Das I-Ging (geschrieben auch Yih-king, I-king)
2. Das Shu-king
3. Das Shi-king
4. Das Li-Gi (Li-Ki)

Zunächst zum I-Ging [31]: Den Namen übersetzt man mit »Buch der Wandlungen«. Es ist einfach ein Wahrsagebuch. Seinen Grundstock bilden 64 Hexagramme, die aus ganzen und gebrochenen Linien zusammengesetzt sind. Dazu kommt eine ebenso große Anzahl von textlichen Abschnitten, in denen der Sinn dieser Hexagramme gedeutet wird, freilich ohne daß sie dadurch für uns verständlicher würden. In den Orakeln dieses Buches und den Kommentaren dazu fand man in China profunde Weisheit und eine okkulte Philosophie. Das Buch war auch in Japan bekannt und geschätzt.

Mehr wissen wir mit dem Shu-king [32] anzufangen. Es heißt Buch der Annalen oder Urkunden. In diesem Werk haben wir eine Sammlung von angeblichen Reden und Erlassen alter Herrscher und Staatsmänner Chinas aus der Zeit vom (vielleicht!) 24. bis 7. Jahrhundert vor Christus. [33] Von dem dritten Werke, dem Shi-king, gibt es schon lange eine von der Sinologie sehr geschätzte Übersetzung ins Deutsche. [34] Es ist das kanonische »Buch der Lieder«, eine Sammlung von 300 Gesängen, die Konfuzius aus einer zehnmal größeren Zahl solcher Lieder als die wertvollsten ausgewählt haben soll. Sie stammen (vielleicht!) aus der Zeit vom 12. bis zum 7. Jahrhundert vor Christus. Zum Teil sind es Volkslieder vermischten Inhalts, auch Liebeslieder und Festgesänge für höfische Festlichkeiten. Direkt religiöser Natur sind nur die Lieder des letzten (vierten) Abschnitts: Oden, die den Ahnen zu Ehren bei Opferfeiern gesungen wurden.

Wichtiger als die genannten drei Werke ist nun aber religionswissenschaftlich das Li-Gi, [35] d. h. die Aufzeichnungen über die Riten. Wie es uns vorliegt, ist es erst im 2. Jahrh. n. Chr. entstanden. Aber die Texte, aus denen die Sammlung sich zusammensetzt, sind nach übereinstimmender Meinung der zuständigen Forscher doch sehr alt. Das Li-Gi enthält Regeln für die sozialen Verhältnisse und Anweisungen für das rechte Benehmen in allen Lebenslagen. Und einen nicht geringen Raum nehmen dabei auch solche für die religösen Zeremonien ein. Damit ist das Wesentlichste über das älteste chinesische Schrifttum gesagt, das die Hauptquelle für die Kenntnis der ältesten Religion ist. Wie aber sieht nun inhaltlich diese Religion aus?

Sakrale Funktion des Kaisers
Opfer an Shangti, den Himmel

Eine Äußerung des Shu-king ist charakteristisch und grundlegend für das Verständnis des ältesten religiösen Kults in China. Sie findet sich im 1. Buche des Shu-king und lautet:

»Darauf vollzog er das Sonderopfer für den Höchsten Herrn, opferte lauteren Sinnes den sechs Verehrungswürdigen, brachte den Bergen und Strömen die ihnen gebührenden Opfer dar und dehnte seine Anbetung aus auf die hundert Geister (shen).«

Das Subjekt dieser Stelle ist der alte Idealkaiser Shun, der angeblich schon im Jahre 2255 die Regierung übernommen haben soll. Die Opfer, die hier aufgezählt werden, vollzog er unmittelbar nach seiner Thronbesteigung. Dieses alte Textzeugnis ist deshalb von besonderer Wichtigkeit, weil es zeigt, daß damals bereits das Opfer einen wesentlichen Bestandteil des Kultes bildete; vor allem aber deshalb, weil sich daraus ersehen läßt, welche Gottheiten zu jener Zeit, die sich allerdings chronologisch nicht genau bestimmen läßt, kultische Verehrung genossen. Bedeutsam ist die Nennung des Namens »Shangti«, dem ein Opfer dargebracht wird. Dieses Wort bedeutet: »Der Himmel.« Er ist die Macht, die alles lenkt, sowohl in der natürlichen wie in der sittlichen Sphäre. Die Natur offenbart in allen ihren Wandlungen den Sinn der sie lenkenden Macht. Der Himmel tut seinen Willen auf natürlichem Wege kund, nicht durch Offenbarung oder Wunder. Die himmlische Macht bestimmt das Wetter ebenso, wie sie auf das Tun des Menschen achtet. Das Schicksal wird als T'ien-ming bezeichnet, Verfügung des Himmels. Treten Dürre ein, Überschwemmungen oder Epidemien, so ist im Kosmos etwas nicht mehr in Ordnung. Die Harmonie zwischen Himmel und Erde ist gestört. Es ist Sache des Kaisers, des Himmelssohnes, der zur Ausübung seines Amtes ein Mandat des Himmels hat, diese Harmonie durch rechte Ausübung des Opfers zum Nutzen der Volksgemeinschaft wieder in Ordnung zu bringen. Erfüllt ein »Himmelssohn« seine kultischen Pflichten nicht zur Zufriedenheit des Himmels, so gibt das der Himmel durch Unglück kund, das über das Volk kommt. [36] Das Volk darf daraus das Recht entnehmen, den Kaiser zu stürzen. Einige Stellen, allerdings nur wenige, sprechen nicht nur von Shangti, dem Himmel, sondern von Shangti, dem anthropomorphen Himmelsgott. Daneben tritt auch als Gottesbegriff der Name T'ien auf. Auch das heißt »Himmel«. Dieser Begriff wird ebenfalls in personenhaftem Sinne für die höchste Gottheit verwendet.

Der Unterschied zwischen Shangti und T'ien, soweit beide personifiziert gebraucht werden, ist der, daß Shangti anthropomorpher verstanden wird, während »T'ien« der Gott über alle Götter ist, der Unvorstellbare. Beide werden aber, selbst in ältester Zeit, niemals abgebildet. Beide Male ist die gemeinte Gottheit die sittliche Weltordnung, Prinzip dieser Ordnung.

Interessant ist, daß den Jesuiten, die nach China kamen, beide Ausdrücke wohl geeignet erschienen zur Bezeichnung des Gottes, den sie selber predigten. Sie hatten darüber eine Befragung mit dem großen Mandschu-Kaiser K'ang Hsi, und dieser entschied sich mehr für die Bezeichnung T'ien. Es hätte sehr wohl sein können, daß damals, angesichts der sakralen Funktionen des Kaisers, dieser zum Christentum hätte »bekehrt« werden können. Auch wenn diese Bekehrung, ebenso wie bei den Germanenstämmen des Nordens, zunächst nur eine äußerliche Annahme gewesen wäre, hätte dies ein welthistorischer Augenblick von ungeheurer Tragweite werden können. So dominierend, ja fast monarchisch die Stellung Shangtis oder des Himmels, bzw. des T'ien, auch immer war, so ist es doch nicht möglich, die altchinesische Religion als Monotheismus zu bezeichnen.

Kein ausschließlicher Monotheismus

Neben dem »Himmel«, freilich ihm nicht gleich, sondern untergeordnet stehen andere Gottheiten, und zwar von Anfang an. Nichts berechtigt zu der Annahme, daß die Verehrung von anderen Naturmächten und die Verehrung der Manen, von der noch zu reden sein wird, erst später zu dem ursprünglich nur dem Shangti erwiesenen Kult hinzugekommen wären. Neben dem Himmel kennt man schon in den ältesten Zeiten noch andere Gottheiten oder Geister. In der oben genannten, sehr alten Stelle, ist noch von den »Verehrungswürdigen« und vielen Geistern, Bergen und Strömen geredet, die verehrt werden müßten. Woran bei dem Ausdruck »liu tsung« (die 6 Verehrungswürdigen) zu denken ist, darauf hat man weder in China noch in unserer Sinologie eine einheitliche Antwort zu geben vermocht. An diesem Ratespiel haben sich viele beteiligt, hier bleibt ein »non liquet«, ein Rätsel. Seltsam ist auch, daß in der alten Shuking-Stelle gerade jene Gottheit nicht genannt ist, die sonst im ältesten Glauben der Chinesen (nächst Shangti) die Hauptrolle spielt: Die Gottheit der Erde. Wahrscheinlich ist aber die Erde, die dem Himmel an Würde am nächsten steht, in den »6 Verehrungswürdigen« einbegriffen, zu denen wohl auch Sonne, Mond, Gestirne, Wind und Regen gehören. Dazu wurden immer in China, bis in die jüngste Zeit hinein, die »hundert Geister« verehrt, d. h. eine unbestimmte Zahl aller möglichen Geister, die Himmel, Erde und Natur in Stadt und Land, Haus und Hof bevölkern. Will man systematisieren, so könnte man von drei Gruppen der zu verehrenden Geister sprechen: 1. Geister des Himmels, 2. Geister der Erde, 3. Seelen hervorragender Menschen.

Ahnenverehrung

Sehr früh bezeugt ist die kultische Verehrung der Seelen verstorbener Menschen. Nach dem Glauben der alten Chinesen gab es für diese ein Fortleben. Die Seelen der verstorbenen Herrscher dachte man sich im Himmel, neben Shangti. Wo man sich die Scharen der übrigen abgeschiedenen Seelen vorstellte, läßt sich nicht sagen. Jedenfalls aber war man davon überzeugt, daß sie lebten und von ihrer Daseinsform aus in der Lage seien, auf das Diesseits und die Geschicke seiner Bewohner günstig oder ungünstig einzuwirken. Es sind viele Versuche unternommen worden, die älteste Form der Ahnenverehrung in China darzustellen. Wahrscheinlich, wenn auch nicht beweisbar, war die chinesische Ahnentafel, wie sie bis in unsere Zeit in den Häusern in Gebrauch war und einfach ein Stück Holzbrett darstellte, ursprünglich nichts anderes als eine aus Holz geschnitzte wirkliche Darstellung des Verstorbenen. Mit dieser Behauptung aber muß man vorsichtig sein. Denn der Konfuzianismus, der es eigentlich wissen mußte, spricht davon, daß die Religion der Vorzeit kein Bild noch Gleichnis kannte und daß erst der landfremde Buddhismus die Statuenverehrung in China eingeschleppt habe. Einige Sinologen meinen, daß die Form der Ahnenverehrung, soweit sie heute noch geübt wird, oder jedenfalls bis vor kurzem geübt wurde, nicht älter als 800 bis 900 Jahre sei. Auch habe erst Konfuzius den Gedanken der kindlichen Pietät hineingelegt, während der ursprüngliche treibende Gedanke der der Schutzsuche bei den Ahnen gewesen sei. Jedenfalls wurde häusliche Verehrung der abgeschiedenen Familienangehörigen von alters her von allen Klassen ohne Unterschied des Ranges geübt. Die Vornehmen hatten dafür eigene Tempel. Das gewöhnliche Volk hatte nur Schrein, Sims oder die bloße Ahnentafel im Wohnraum. Im Ahnentempel des kaiserlichen Himmelssohnes befanden sich (nach einer Notiz des Li-ki) zur Zeit der Chou-Dynastie sieben verschiedene Schreine.

Ahnenschreine, Ahnentempel, »Totenknaben«

Der Tempel eines Vasallenfürsten hatte nur fünf Schreine. Hohe Beamte hatten drei Schreine. Untere Beamte hatten nur einen Schrein. Starb ein Kaiser, so wurde für ihn eine Seelentafel in den Tempel gestellt. Die anderen Tafeln rückten dann eine Stelle auf und die Seelentafel des Urgroßvaters wurde in einen anderen Tempel überführt, den Tempel der weiter zurückliegenden Ahnen. Die Tafel des »Großen Ahnen«, des ersten der Linie, blieb dagegen dauernd auf ihrem Platz. Ähnlich war es bei den Fürsten und hohen Beamten. Die Tafeln der Frauen wurden neben die ihrer Männer gestellt.

Wurde eine neue Stadt angelegt oder ein neuer Palast gebaut, so war vor allem eine Wohnung für die Ahnen zu besorgen. Opfer wurden in den Ahnentempeln regelmäßig an jedem Vierteljahresbeginn, dazu aus besonderen Anlässen dargebracht. Der Ahn, dem man Verehrung erweisen wollte, wurde während der Feier durch einen lebenden Nachkommen repräsentiert. Dieser wurde in das Gewand des toten Ahn gesteckt und saß so unbeweglich da. F. Rückert hat in seiner Schi-king Übersetzung für diesen Repräsentanten die nicht sehr schöne Bezeichnung »Totenknabe« eingeführt. In diesen Totenknaben ging der Ahn nach entsprechender Anrufung vorübergehend ein. Der Totenknabe genoß dann als erster von allen Gerichten der Opfermahlzeit, er nahm die an den Ahn gerichteten Gebete entgegen und gab sogar den Willen des verstorbenen Ahnen kund. Verständlicherweise räumte Kaiser Shi Huangti (gest. 210 v. Chr.) mit diesem Brauche auf. Daraufhin wurden die Seelentafeln eingeführt. Die Ahnenopfer waren Familienfeste für Lebende und Tote. Es wurde dabei nicht mit Speise und Trank gespart. Am Schlusse kündigte der Leiter die Zufriedenheit der Ahnen an und versprach deren Segen, vor allem langes Leben und gesunde Nachkommenschaft.

Konfuzius hat dem alten Brauch der Ahnenverehrung einen neuen, anderen Sinn gegeben. Durch die vorbildliche und geschichtliche Geltung seiner Persönlichkeit ist der Grund zu dem Heroenkult gelegt worden, der dann im chinesischen Religionswesen einen breiten Raum einnimmt.

Yin und Yang

Von kaum zu überschätzender Bedeutung ist die, seit der Zeit der ältesten konfuzianischen Schriften (und wohl schon vorher) bis in die Gegenwart hinein im chinesischen Volke verwurzelte, Vorstellung vom Yin und Yang. Es handelt sich hier um eine Art der Naturverehrung, aber um eine besondere Art. Denn nicht die Natur als solche wird verehrt, sondern die in der Natur und in der Geschichte und ihrem Wandel wirkenden Grundkräfte werden divinatorisch erfaßt. Vor allem sind es die beiden polaren Grundkräfte »Yin« und »Yang«, deren Gegensatz durch die ganze Welt (und auch durch den Menschen) hindurchgeht. Das Universum besteht aus Himmel und Erde, aus dem männlichen, schöpferischen, hellen Prinzip, dem Yang, und dem weiblichen, dunklen Prinzip, dem Yin. Es handelt sich hier um eine

Spannungseinheit, nicht um einen unheilbaren Gegensatz wie etwa bei den Persern oder biblischen Vorstellungen. Yin und Yang stehen in einem dialektischen Verhältnis, wobei eines das andere verdrängen kann. Beide zusammen bilden so etwas wie die Weltseele; sie wurden im Volksbewußtsein zu Repräsentanten des Weltbaus. Im Einklang mit ihnen hat der Mensch sein Leben einzurichten. Die Lehre bildete auch die Erklärung für menschliche Lebensschicksale.

Besonders im 22. Buche des Li-ki spielt die Yin-Yang-Theorie eine erhebliche Rolle. Die Theorie hatte auch Bedeutung für den Kultus, denn das Frühlings- und Sommeropfer entsprach der Bedeutung des Yang, das Herbstopfer der des Yin. Die sogenannten Yin-Yang-Philosophen (etwa um 350–300 v. Chr.) haben die Theorie in ein System zu bringen versucht. Nachwirkungen waren noch bis in die Volksreligion der Gegenwart hinein festzustellen. Daß die Yin-Yang-Theorie ursprünglich nur eine Weltentstehungslehre gewesen ist oder daß sie aus der Astrologie oder Wahrsagerei herstammt, glaube ich nicht (manche behaupten es). Es dürfte sich vielmehr um ein echtes Stück religiöser Weltansicht handeln, um numinose Apperzeption der Widersprüche, die durch die Welt gehen. [37]

Damit sind bereits die wesentlichen Phänomene der ältesten Zeiten vor Konfuzius erfaßt, und es gilt sich jetzt dieser Zentralfigur zuzuwenden.

Konfuzius

Persönlichkeit und Schrifttum

Da lese ich: »Des Reiches Schirm ist Zucht und Sitte.«
Ja, diese Inschrift meißelte ein Mann von Geist.
(Hsüan-Dsung, 685–761)

Zur Lehre

Konfuzianismus und chinesische Staatsreligion bezeichneten im Grunde ein und dieselbe Sache. Diese Bezeichnungen sind nicht chinesischer Herkunft. Die Entsprechung ist für den Chinesen: »Ju-kiao«, d. h. Lehre oder Religion der Literaten, der Gelehrten. Der hochgepriesene Meister dieser chinesischen Gelehrten aber ist Konfuzius.

Wenn diese Lehre nach Konfuzius benannt wird, so muß man sich freilich darüber im klaren sein, daß Konfuzius nicht ihr eigentlicher Schöpfer ist. Konfuzius ist kein »Religionsbegründer« wie etwa Zoroaster (Zarathustra), Buddha oder Mohammed. Das zu hören, wird manchem neu sein, weil Konfuzius bei uns oft im Zusammenhang mit Religionsbegründern genannt und gedacht wird. Was er aber tatsächlich gewollt und bewirkt hat, war nichts anderes als dies: Er wollte keine neuen Wege weisen, sondern die alten Traditionen einer ihm ehrwürdigen Vergangenheit neu zur Geltung bringen. Er hat es also keineswegs darauf abgesehen, seinem Volk neue Lehren oder gar eine neue »Offenbarung« zu verkünden. Gewiß wollte er sein Volk voranbringen, meinte das aber nicht besser tun zu können, als daß er ihm ein »Zurück« zurief, zurück zum goldenen Zeitalter chinesischer Kultur.

Das Leben

Der Name »Konfuzius« ist die von den frühen Jesuitenmissionaren vorgenommene Latinisierung des chinesischen »Kung-fu-tsze«. Üblicher noch ist die kurze Bezeichnung »Kung-tsze«, d. h. »Meister Kung«. Kung ist der Familienname des Konfuzius. Sein Rufname war

»Chung-ni«, »der Mittlere«. So nannte man ihn im Unterschied zu seinen Brüdern. Geboren wurde Konfuzius im Jahre 551 v. Chr. in dem kleinen Fürstentum Lu in der heutigen Provinz Shantung. Der Vater war bei seiner Geburt bereits 70 Jahre alt. Er hat ihn bald verloren. Von der Kindheit und Jugend ist fast nichts bekannt. Anscheinend wuchs er in dürftigen Verhältnissen auf. Nach einer Selbstäußerung von ihm hat er sich deshalb eine Menge praktischer Fertigkeiten erworben. Er heiratete mit 19 Jahren. Die Ehe scheint nicht glücklich gewesen zu sein. Sein einziger Sohn starb vor dem Vater. Konfuzius hatte zunächst untergeordnete Beamtenstellen inne, sammelte aber bereits mit 22 Jahren Schüler um sich. Als er 24 Jahre alt war, starb seine Mutter. Nach chinesischer Sitte mußte er darauf eine dreijährige Trauerzeit einhalten und durfte kein Amt bekleiden. Man nimmt an, daß er diese Zeit dazu benutzt hat, um intensive Studien zu betreiben. Gegenstand dieser Studien war das chinesische Altertum und das Ritual der Vergangenheit. Im Jahre 517 hatte er Gelegenheit als Lehrer eines hochgestellten Chinesensohnes mit diesem eine Reise in die Hauptstadt des Landes zu machen, also zu der Stätte, an der sich das ganze Ritual entfaltete.

Die folgenden Jahre waren eine Periode großer Unordnung im Staate Lu. Der Fürst war gezwungen das Land zu verlassen und beim Fürsten eines Nachbarlandes Schutz zu suchen. An diesen Hof begab sich auch Konfuzius, allerdings nicht lange. Als er merkte, daß man ihn als einen unbequemen Gast empfand, kehrte er in seinen Heimatstaat zurück und blieb hier 14 Jahre ohne öffentliche Stellung. Seinen Unterhalt verdiente er sich in dieser Zeit als Lehrer strebsamer Jugend, die sich um den Kenner des Altertums sammelte.

Als der Landesfürst wieder zurückkehrte, ließ er sich von diesem in Dienst nehmen und wurde Gouverneur einer der Städte seines Fürstentums. In dieser Stelle muß er sich sehr bewährt haben, da er einen höheren Verwaltungsposten bekam und sogar später zum Justizminister berufen wurde. Auch als solcher hat er mit großem Erfolg gewirkt. Wenn man gewissen Berichten glauben darf, sogar mit solch großem Erfolge, daß binnen kurzem überhaupt kein Strafvollzug mehr nötig war, weil es keine Verbrecher mehr gegeben habe. So sei Konfuzius der Abgott des ganzen Volkes geworden.

Auf jeden Fall hat er viel staatsmännische Klugheit gezeigt; er wußte auch die Stellung des Herrscherhauses zu unterbauen. Die Mauern von drei befestigten Städten ließ er schleifen, weil dessen mächtige Adelsfamilien dem Landesherrn immer Schwierigkeiten gemacht hatten. Konfuzius wirkte im Interesse seines Landesherrn so geschickt, daß die benachbarten Staaten auf dessen wachsende Macht aufmerksam zu werden begannen. Die Nachbarfürsten sannen deshalb nach Mitteln, um Konfuzius zu stürzen. Zu diesem Zwecke, so wird berichtet, spann man Intrigen: Man schickte z. B. dem Fürsten von Lu »80 schöne Sängerinnen und Tänzerinnen«, die den Fürsten so »umgarnten«, daß er für die Regierungsgeschäfte und die Reformen seines tüchtigen Ministers kein Interesse mehr aufbrachte. Es kam zu Differenzen zwischen dem Fürsten und Konfuzius. Dieser legte sein Amt, das er 4 Jahre geführt hatte, nieder und kehrte dem Staat den Rücken.

13 Jahre lang führte Konfuzius ein unruhiges Wanderleben, Er war ständig auf der Suche nach einem Fürsten, der geneigt war, ihm eine Anstellung zu geben. Aber nicht irgendeine, sondern eine solche, bei der er seine Grundsätze hätte in die Praxis umsetzen können. Es war ihm nicht beschieden, einen solchen Fürsten zu finden. Der einzige große Erfolg, den er hatte, waren seine zahlreichen Schüler, die er mit seinem Gedankengut erfüllte und begeisterte. Im Alter von 68 Jahren kehrte er schließlich im Jahre 483 nach Lu zurück, lebte noch 5 Jahre als Privatmann mit literarischen Arbeiten beschäftigt und starb im Jahre 478, 73 Jahre alt, tief betrauert von seinen Schülern.

Das konfuzianische Schrifttum

Unendlich viel mehr als zu seinen Lebzeiten hat Konfuzius nach seinem Tode Einfluß ausgeübt, und zwar durch das Schrifttum, das sich an seinen Namen küpft. Ein Teil dieses Schrifttums wurde bereits im vorigen Kapitel behandelt, die sogenannten Wu-king oder 5 kanonischen Bücher. Konfuzius ist, wie schon gesagt, nicht deren Schöpfer. Vielleicht ist er Verfasser eines von ihnen, und zwar des Geschichtswerks »Chun-tsiu«, der Frühlings- und Herbstannalen, einer Geschichte des Fürstentums Lu. Die anderen vier hat er nur redigiert, vielleicht! Wie weit diese Redaktionstätigkeit ging, ist ein schwieriges, noch immer nicht ganz geklärtes Problem der Sinologie, die sich selbst hierin nicht ganz einig ist. Manche Forscher sind der Ansicht, Konfuzius habe nicht viel an den alten Schriften geändert und wenig Eigenes in sie hineingebracht. Andere dagegen meinen, er habe die alte Literatur so modifiziert, daß sie nur seinen eigenen Anschauungen Ausdruck gibt. Vor allem habe er alles weggelassen, was ihm nicht paßte. Manche haben sogar von »Mißhandlung« der alten Überlieferung geredet, die vornehmlich durch Konfuzius erfolgt sei. Die Angaben der ältesten chinesischen Schriftdenkmäler seien von ihm derart tendenziös zugestutzt worden, daß von ihrem ursprünglichen Wesen nur einzelne halbverwischte Spuren übriggeblieben seien.

Vielleicht geht man mit Letzterem zu weit. Konfuzius war ein zu ehrerbietiger Anbeter des Altertums, als daß man ihm zutrauen könne, er habe irgendwie gefälscht. Richtig scheint zu sein, daß er bei seinem Redigieren Sichtungsarbeit geleistet hat, und nicht alles von den alten Überlieferungen schien ihm überliefernswert. Das hat er dann beiseite gelassen. Von der Liedersammlung des Shi-king wissen wir, daß sie nur eine von Konfuzius getroffene Auswahl aus dem viel größeren Liederschatz des alten China darstellt. Wahrscheinlich hat er ausgeschieden, was ihm sittengefährdend schien. Tendenziös ist also wohl nur die Auswahl. Bezüglich der alten Religion können wir annehmen, daß die Informationen der von Konfuzius redigierten Bücher korrekt sind.

Zu dem sogenannten konfuzianischen Schrifttum gehört außer dem Wu-king noch eine zweite Klasse von Werken. Das sind die sogenannten »Sze-shu« oder »Vier klassischen Bücher«. Es sind die folgenden:

1. Lun-yü,
2. Ta-hio,
3. Chung-yung,
4. Meng-tsze.

Auch von diesen Werken hat Konfuzius selber keines geschrieben. Die Lun-Yü sind die wichtigste Sammlung. Es handelt sich um Aussprüche des Konfuzius, Gespräche, die er mit Fürsten, Staatsmännern, vor allem aber mit seinen Schülern führte. Er hat diese Gespräche aber selbst nicht aufgezeichnet, auch nicht seine Schüler, sondern wahrscheinlich erst die Schüler der Schüler. [38] Wer das Ta-hio verfaßt hat, läßt sich mit Sicherheit nicht sagen. Man nimmt an, es sei ein Enkel des Meisters mit Namen Tsze-Tsze gewesen. »Ta-hio« heißt »die große Lehre« und stellt den ersten Versuch dar, die Lehre des Konfuzius systematisch darzustellen. [39] Eine solche Systematisierung ist auch das dritte Werk, das Chung-yung, d. h. das »Innehalten der Mitte«. Auch dieses Buch wird von der orthodoxen chinesischen Kritik dem Enkel des Konfuzius zugeschrieben. Aber das ist unsicher und wird von chinesischen und europäischen Interpreten bestritten. [40] Viele nehmen an, daß es erst unter der Regierung des Shi Huangti, etwa zwischen 221 und 209 v. Chr. geschrieben worden ist. Das vierte Werk, kurz »Meng-tsze« genannt, wurde von einem Philosophen Meng geschrieben, der 100 Jahre nach Konfuzius lehrte und den Meister interpretierte, um seinen Gedanken weitere Geltung zu verschaffen. [41] Zu diesen vier Werken kommt, als zum konfuzianischen Schrifttum gehörig, noch das Hiao-king, das kanonische Buch »von der Kindesliebe«. Auch dieses Werk ist nicht von Konfuzius verfaßt, obwohl es ihm zugeschrieben wird.

Der Kultus des Konfuzius

Mag ihn bekritteln auch die Welt,
Umständlich schreibe er und breit –
Daß es ihn gegeben hat,
Tröstet meine Einsamkeit.
(Wang An-shi (1021–1086)

Im II. Kapitel wurde bereits die Bücherverbrennung des Kaisers Shi-huang-ti erwähnt, der damit den Versuch unternahm, das gesamte konfuzianische Schrifttum zu vernichten. Aber diese Politik führte nicht nur nicht zum Ziele, sondern wurde unter den Nachfolgern der Dynastie Han in ihr Gegenteil verkehrt. Gleich der erste Han-Kaiser ehrte den großen Weisen, indem er 194 v. Chr. sein Grab besuchte und dort einen Ochsen opferte. Damit suchte er gleichsam wieder gutzumachen, was Shi-huang-ti an ihm verschuldet hatte. Es kam dadurch zu einer kultischen Konfuzius-Verehrung.

Tempel für Konfuzius

Ein halbes Jahrhundert später wurde im Heimatorte des Konfuzius zu seiner Ehre ein Tempel errichtet: Spätere Erlasse verfügten, daß nicht nur in diesem Tempel zu Kiü-fou, sondern am kaiserlichen Altare viermal im Jahre ein Schaf, ein Schwein und ein Ochse zu Ehren des Konfuzius geopfert werden sollten. Weitere Befehle der kaiserlichen Regierung aus den Jahren zu Beginn und in den ersten Jahrhunderten unserer Zeitrechnung bestimmten, daß in jeder Stadt mit Präfektur dem Konfuzius und seinem Schüler Yen Hui zu Ehren Tempel errichtet werden sollten. Wieder einige hundert Jahre danach gab es dann in China keine Stadt mehr, die nicht ihren Konfuzius-Tempel oder deren mehrere gehabt hätte.

Eine der größten Heiligtümer des Reiches war das Grab des Weisen. Der älteste Nachkomme in gerader Linie hat jeweils den Dienst am Grabe zu versehen und trägt als solcher den erblichen Fürstentitel. Im Konfuziustempel von Kiü-fu (Shantung), der Heimatstadt des Weisen, ist eine Statue des Konfuzius aufgestellt. Sonst findet man derartige Statuen nirgends in Konfuzius-Tempeln.

Dagegen findet man in allen Konfuzius-Tempeln an der nördlichen Wand die Tafel des Konfuzius mit der Aufschrift: »Der höchstselige ehemalige Lehrer, Meister K'ung.« Rechts und links davon findet man die Tafel seiner großen »Genossen«. Zwei davon sind seine direkten Schüler, nämlich Yen-hui und Tseng-Tsze. Ferner zählen zu ihnen sein Enkel Tsze-sze und der Philosoph Meng-tsze. An den Seitenwänden befinden sich außerdem die Tafeln der sogenannten »zwölf Weisen«. Sie stehen in der Hierarchie eine Stufe unter den großen, sind aber ebenfalls als seine »Genossen« anzusehen. Elf davon sind direkte Jünger des Konfuzius, der zwölfte ist ein Philosoph einer viel jüngeren Zeit, nämlich der große Kommentator Chu-Hi (1130–1200). Unter dieser stehen dann noch weitere verehrungswürdige »Genossen«. Ihre Tafeln, im ganzen 72, finden sich innerhalb des Tempelhofes an zwei seitlichen Galerien angebracht.

Opfer für Konfuzius

Das Tempelritual ist genau geregelt. An jedem Neumond und Vollmond werden Opfer gebracht, ferner mit besonders großem Gepränge am Anfang des zweiten Frühlings- und des zweiten Herbstmonats. In der Hauptstadt bringt sogar der Kaiser selber diese Opfer dar, entweder persönlich oder durch einen Vertreter. In den Provinzen opfert der höchste Beamte unter Assistenz zahlreicher Zivil- und Militärmandarine, die die Opfer vor den Nebenaltären zu vollziehen haben. Die Verehrung des Konfuzius bedeutet einen Heroenkult. Er nimmt als solcher eine Art Mittelstellung ein zwischen dem Kultus der Naturgottheiten einerseits und dem Ahnenkult andererseits. Es handelt sich dabei nicht um eigentliche Anbetung, sondern vielmehr um eine Art religiöser Huldigung. Demgemäß sind die Gebete, die bei den Opferdarbringungen in den Konfuziustempeln gesprochen und gesungen werden, keine Gebete im eigentlichen Sinne, weder Dank- noch Bittgebete, sondern Lobpreisungen und Hymnen. Ob man freilich eine hymnische Lobpreisung als Gebet ansehen will, kommt auf den Sinn dessen an, was man unter Gebet versteht. [42] Die menschlich-geschichtliche Gestalt des Konfuzius ist zwar ins Übermenschliche potenziert, aber niemals geradezu vergöttert (zum Gott erhoben) worden. [43] Bei der eigentlichen Opferhandlung steht vor der Tafel des Konfuzius ein Räucherbecken und zu beiden Seiten davor zwei Leuchter mit brennenden Kerzen. Die Opfergaben sind auf Tischen ausgebreitet. Sie bestehen aus Früchten, Wein, Speisen, einem Ochsen, einem Schaf und einem Schwein. Der für die Opferhandlung Verantwortliche hat vorher drei Tage lang Enthaltsamkeit zu üben und führt eine rituelle Waschung aus. Das ganze ist eine symbolische Handlung, die eine Huldigung des Konfuzius bedeutet. Die bei der Feier verwendeten Seidenrollen werden verbrannt, das Fleisch wird später unter die niederen Administranten verteilt.

Ein kaiserliches Edikt der letzten Dynastie vom 2. Februar 1907 versuchte zwar noch den Nationalheros und Nationalheiligen zur Würde einer direkten Gottheit zu erheben. Religionsphänomenologisch aber ist das ohne Belang, denn hier suchte nur die ins Wanken kommende Herrschaft ihre sinkende Macht – ohne Erfolg – zu stützen. Konfuzius wurde in China nicht als Gottheit, sondern nur als der höchste der Heroen seines Volkes und als Heiliger verehrt. Er wurde Sinnbild und Exponent des ethisch-politischen Systems, feste Stütze von Thron und Altar.

Zeichen vom Himmel

Der Kultus des Konfuzius war ein Regierungsmonopol, nicht Sache des Volkes. Als ein Stück offizieller Religion des Staats müssen darum die oft in alter Zeit mit dem Konfuzius-Kult verbundenen Befragungen des Himmels angesehen werden. Durch eine Art Losbefragung holte man sich Zeichen vom Himmel. Orakel hat die chinesische Religion dagegen nicht gekannt. Die Himmels-Befragung wurde entweder mittels des Krautes der Scharfgarbe oder mit Hilfe der Schildkrötenschalen durchgeführt. Über die erste Form läßt sich nicht mehr viel ermitteln. Im zweiten Falle wurde die Schale einer Schildkröte über einem Feuer geröstet. Durch die Hitze bilden sich Risse auf der Schale. Aus der Anordnung dieser Risse glaubte man die Antwort auf gestellte Fragen ablesen zu können. Im Jahre 1899 sind in Ho-nan große Mengen solcher Schildkrötenschalen gefunden worden. Sie stammen, laut Befunden der Archäologen, aus dem 13. und 12. Jahrh. v. Chr. Sie sind rasch in abendländischen Privat- und Museumsbesitz übergegangen. Für die Echtheit der jetzt in Europa befindlichen Stücke kann sich niemand verbürgen, denn dieser Sache hatte sich schnell die chinesische Fälscherindustrie bemächtigt.

Ethik und Soziallehren des Konfuzius

Ein Mensch ohne Menschenliebe,
was hilft dem die Musik? (Konfuzius)
In der Welt gibt es keine grundlose
Liebe. (Mao Tsē Tung)
Die Ehrfurcht ist die Grundlage der
sozialen Ordnung. (Konfuzius)
Das Alte muß niedergerissen werden.
(Mao Tsē Tung)

Vielfach ist die Ethik und Soziallehre des Konfuzius als religionsloses Moralsystem, als bloße Philosophie mit stark ethischem Einschlag bezeichnet worden. Diese Auffassung trifft nicht den Kern der Sache. Die Ehrfurcht als Grundlage aller Ethik und sozialen Lehren, auch die Ehrfurcht dem Staat gegenüber, wurzelt in der Ehrfurcht der Familie, und diese entspricht der Ordnung des Himmels. Die Verehrung der Familienbande aber ist in China ein Numinosum im Sinne einer rational nicht faßbaren Apperzeption der Lebensgemeinschaft der Familie, damit aber ein religiöses Faktum. Pietät und Gehorsam innerhalb der Familienordnung ist für Konfuzius geradezu die Wurzel des Menschentums, Ehrfurcht aber die Grundlage der sozialen Ordnung.[44] In diesem Sinne gilt: »Wer Vater und Mutter dient, so daß er dabei seine ganze Kraft aufbietet, wer dem Fürsten dient, so daß er seine Person drangibt – der hat Bildung.«[45] Konfuzius hat diese Auffassungen zwar nie in ein einheitliches System geordnet, sondern es ist alles nur in Form von Gesprächen und Erzählungen überliefert. Trotzdem liegt eine einheitliche Lehre vor, ein logisch zusammenhängendes Ganzes. Ausgangspunkt ist dabei neben der Ehrfurcht und Pietät immer der Glaube daran, daß der Mensch von Natur aus gut sei. Alles Böse kommt lediglich aus einem Mangel an Einsicht. Dadurch gewinnt die Erziehung des Menschen eine so hohe Bedeutung. Das All ist »harmonisch«, der Mensch gut. Störende Einflüsse müssen durch Erziehung im Sinne von Ermittlung der richtigen Erkenntnis abgewehrt werden. Die sittliche Erneuerung des Volkes erstrebt Konfuzius daher nicht in prophetischer Weise, sondern durch Erneuerung des Brauchtums und der Sitte der alten Zeit: »Den Eltern opfern, wie es sich ziemt.«[46] Von ihm selbst heißt es: »Er opferte den Ahnen, als wenn sie selbst gegenwärtig wären, er opferte den Göttern, als ob die Götter gegenwärtig wären.«[47] Als Konfuzius einmal gefragt wurde, ob nicht das Opferschaf »abgeschafft« werden solle, weil es schade sei um das Schaf, antwortete er: »Die materielle Ersparnis, die man durch Beseitigung des

Brauches erzielen würde, hebt den ideellen Nachteil lange nicht auf, der dadurch entstünde, wenn mit dem äußeren Ausdruck im Opfer auch der Gedanke der religiösen Gebundenheit der menschlichen Ordnungen an die großen Naturordnungen verloren ginge.« [48]

In der Soziallehre kommt alles an auf das »Beispiel der Herrschenden«. »Wenn sie in ihrem sozialen Leben selbst die richtige Gesinnung entfalten, so wird das Volk durch ihr Beispiel so beeinflußt werden, daß Legalität die Öffentlichkeit beherrscht, dadurch, daß sie kindliche Ehrfurcht, Menschenliebe und Treue zeigen.« [49] Interessant im Hinblick auf Mao ist der Hinweis des Konfuzius, es käme immer »auf den Kontakt mit der Volksseele an«. [50] In diesem Sinne plädiert er z. B. dafür, daß die Untertanen bei öffentlichen Leistungen nicht übermäßig beansprucht werden dürfen und daß immer Rücksicht genommen werden muß auf die Verhältnisse, in denen sie sich befinden. Der Regent solle das Volk benützen »entsprechend der Zeit«. [51] Bei Diensten der Untertanen sollten die einzelnen nicht länger als drei Tage herangezogen werden, und zwar zu einer Zeit, da die Arbeiten des Landbaus nicht beeinträchtigt würden.

Ein gewisser sozialer Zug des Konfuzius ist unverkennbar. Aber natürlich nicht im Sinne der Überbrückung von Klassenunterschieden (oder gar Klassenkampfes), sondern nur insoweit, als der Staat als eine erweiterte Familie angesehen wird. Die goldene Regel [52] ist dann immer die Gegenseitigkeit des Handelns und der Rücksichtnahme. Das Verhalten zueinander richtet sich nach den Beziehungen, in denen die Menschen stehen. Den Vorrang hat der Ältere vor dem Jüngeren. Jedes Verhalten muß bestimmt sein von der geistigen Haltung der Ehrerbietung, von Höflichkeit und kultiviertem Benehmen entsprechend den von der Sitte geprägten Formen. [53] Das Ideal des Konfuzius ist daher der »Edle«, ein Vorbild an Gerechtigkeit und Pietät. [54] Dieses Ideal verwirklicht die Anliegen der sozialen Gerechtigkeit nicht durch Klassenkampf von außen her, sondern von innen. Der »Edle« verwirklicht den Frieden nach innen und außen, wobei vom Fürsten als Vater des Volkes das gute Beispiel erwartet wird. Der Fürst hat nie nur brutaler Herrscher zu sein, sondern sein Mandat des Himmels hat er auszuüben in Einklang mit Humanität und Rechtlichkeit. Dasselbe gilt für die Beamten. Erzieherisch wirkt hier immer der Einfluß der alten Zeremonien. Sorge um den Wohlstand des Volkes, sowie Belehrung und Erziehung ist den Herrschenden aufgegeben, wobei die größte Rolle den Musterbeispielen aus der Vergangenheit und der Ehrfurcht vor der Tradition aus dem Ahnenkult zukommt. Natürlich kommt es dabei zu einer Gängelei des Volkes durch die Beamten: »Wenn man das hingehen lassen kann, was kann man dann nicht hingehen lassen?« [55]

In der Verwirklichung dieser ethischen Ideale kommt es immer auf Nützlichkeiterwägungen an. Das ist typisch chinesisch und wird sich auch bei Mao heute wiederfinden. Es ist ein typisch konfuzianischer Gedanke, daß die Ideale verwirklicht werden können. Konfuzius hat niemals Unmögliches und Unerreichbares als Ideal aufgestellt. Alles muß praktisch ausführbar sein. Der konkrete Wert eines Ideals hängt an der Möglichkeit seiner Realisierung. Man wird hier bei Konfuzius förmlich an die Bedeutung »der Praxis« bei Mao Tsē-Tung erinnert. Das Ideal des »Edlen« zielt bei Konfuzius nicht auf den übermenschlichen Heiligen ab, sondern auf den vernünftigen Chinesen. Die durchschnittliche Natur des Menschen wird vorausgesetzt. Insofern war die Norm schon immer in China wichtig, nicht das höchste Ideal. Der Normalmensch ist das Ziel der »allgemeinen Harmonie«. Die Masse des Volkes, so wie sie ist, ist einer Besserung und Vollendung zuzuführen. Und diese Vollendung ist möglich, denn der Mensch hat die Voraussetzungen hierfür. Der Konfuzianismus setzt daher ein großes Niveau der Menschheit voraus, hält aber nicht viel vom Aufkommen individueller Originalität. Hier liegt ein auffälliger Gegensatz zum klassischen Europa, das gerade umgekehrt seinen Stolz im Vorbilde des Unmöglichen sucht. In Europa ist das göttliche Ideal das unerreichbare Ziel des Strebens. Es muß daher mit Notwendigkeit unbefriedigt bleiben.

Dem Chinesen eignet seit Konfuzius das Gefühl der erfüllten Pflicht und der Übereinstimmung mit der Natur. In diesem Sinne will Konfuzius auch alle sozialen Probleme einer Lösung zuführen. »Wenn in einem Lande Ordnung herrscht, so ist Armut und Niedrigkeit eine Schande. Wenn in einem Lande Unordnung herrscht, dann ist Reichtum und Ansehen eine Schande.« [56] Konfuzius begründet in dieser Weise sogar den sozialen Umsturz. »Der Meister sprach: Wenn einer Mut liebt und die Armut haßt, so macht er Aufruhr. Wenn ein Mensch nicht sittlich ist, und man haßt ihn zu sehr, so macht er Aufruhr.« [57] Konfuzius meint: Die Mittel zur Bekämpfung des Umsturzes liegen in der Erkenntnis seiner Ursachen (wie modern!). Er meint: Man darf aufstrebende Klassen nicht daran hindern, sich vom Druck ihrer Lage zu befreien. Ebenso muß man ein zu schroffes, liebloses Vorgehen gegen sittlich minderwertige Charaktere vermeiden, um sie nicht selbst dem Umsturz in die Arme zu treiben. [58]

Von grundsätzlicher Bedeutung ist bei alledem für Konfuzius die Verwirklichung der »jen«, der allgemeinen Menschenliebe. Der »Edle« ist von ihr durchdrungen: »Der Meister sprach: Ein Mensch ohne Menschenliebe, was hilft dem die Form? Ein Mensch ohne Menschenliebe, was hilft dem die Musik?« [59] Die Menschenliebe ist der innere

Geist der Sittlichkeit. Einst wurde Konfuzius nach dem Wesen der Sittlichkeit gefragt. Der Meister antwortete: »Trittst du zur Tür hinaus, so sei wie beim Empfang eines geehrten Gastes. Gebrauchst du das Volk, so sei wie beim Darbringen eines großen Opfers. Was du selbst nicht wünschest, das tue nicht den Menschen an. So wird es in dem Lande keinen Groll gegen dich geben.« [60] Er will damit sagen: Die Sittlichkeit im Verkehr mit anderen Menschen beruht auf der Ehrfurcht als Grundgesinnung. Im ganzen öffentlichen Leben soll man diese Ehrfurcht zeigen und jeden Menschen wie einen geehrten Gast behandeln. Diese Ehrfurcht muß sich auch nach unten hin, dem gewöhnlichen Volk gegenüber, bewähren. Nimmt man die Dienste des Volks in Anspruch, so geschehe es demütig mit frommer Scheu. [61] Die Ehrfurcht aber beruht auf der »jen«, der allgemeinen Menschenliebe. Einer seiner nächsten Schüler hat das in die treffenden Worte gefaßt: »Unseres Meisters Lehre ist Treue gegen sich selbst und Gütigkeit gegen andere: darin ist alles befaßt.« [62] Die Übersetzung dieses Satzes ist umstritten. Aber es dürfte darin etwa Kants kategorischer Imperativ zum Ausdruck kommen. Wie strahlend hell, gültig über die Jahrtausende hinweg, spricht des Konfuzius Wort in unsere Zeit hinein: »Der Edle ist bewandert in der Pflicht, der Gemeine ist bewandert im Gewinn.« [63]

Unter religionswissenschaftlich-strukturtypischen Gesichtspunkten ist beachtlich, daß die religiöse Gestimmtheit des Konfuzius über den Bereich der reinen Volksreligion, die nur das Heil der Vitalgemeinschaft und den Volksnomos im Auge hat, hinausreicht. Er greift bereits in die Bereiche der Universal- oder Weltreligion hinein, die sich an alle Menschen (nicht nur Chinesen) wendet. Daß es sich dabei wirklich um »Religion«, nicht aber nur um sittliche Ideale einer im Grunde unreligiösen Morallehre handelt, geht daraus hervor, daß Konfuzius immer wieder selber die heilige Scheu vor dem Göttlichen bezeugt. [64] Wenn er z. B. sagt, »der Himmel möge ihn strafen«, so ist das bei Konfuzius keine leere Redensart. Solche hat er nie gemacht. Dieser und ähnliche Aussprüche deuten auf seine religiöse Haltung der Ehrfurcht vor dem Heiligen als Mysterium.

Die Schulen des Konfuzius, Neben- und Gegenströmungen

Die Ideen des Konfuzius und der konfuzianischen Bücher haben in China Wandlungen und eine eigene Geschichte durchlaufen und dabei Niedergänge und Wiederaufstiege, Veränderungen und Wiederherstellungen erlebt. Dabei handelt es sich um eine umfangreiche und zum Teil schwierige Problematik. Hierzu wird auf die Literaturangaben verwiesen. Nur das Wichtigste und zum Gesamtverständnis Notwendige kann hier gesagt werden.

Sein größter späterer Schüler dürfte Meng-tzse (372 bis 289 vor Chr.) sein. [65]. Das diesen Namen tragende Buch ist sicherlich erst von Schülern niedergeschrieben; es stellt einen systematischen Ausbau der Lehren des Konfuzius dar. Meng-tzse war, wie Konfuzius, wandernder Lehrer und Ratgeber von höheren Beamten. Er hatte es sich als seine Lebensaufgabe gestellt, Konfuzius und seine Lehren gegen alle Angriffe, die sich einstellten, zu verteidigen. Vor allem verteidigte Meng-tzse die Anthropologie des Konfuzius, die Lehre, daß »der Mensch von Natur aus gut« sei. [66] Das Pflichtbewußtsein sei dem Menschen angeboren, er müsse es nur bis hin zur Menschenliebe (»jen«, Humanität) entwickeln. Dazu dürfte die besondere Bedeutung des Meng-tzse darin liegen, daß er viel mehr noch als Konfuzius selbst das soziale Moment betont und dabei besonders kräftig den Fürsten ins Gewissen redet.

Ein Staatswesen, so betont Meng-tzse immerfort, kann nur auf sittlicher Grundlage gedeihen, und der Herrscher soll durch sein Vorbild diese Gesinnung beispielhaft auf das Volk übertragen. Der edle Fürst leitet durch »Jen« (Menschenliebe, Humanität) und »I« (Rechtlichkeit) sein Volk glückhaft. Ein unwürdiger Fürst kann und muß kritisiert werden, er kann sogar abgesetzt und wenn nötig getötet werden. Das ist das Recht des Volkes. [67] Denn das Volk ist wichtiger als der Fürst. [68]

Eine königliche Regierung übt nur der aus, dessen Herrschaft auf Wohlwollen und Güte ruht und die politischen und wirtschaftlichen Systeme nach dem Wohle des Volkes gerecht ausrichtet. Meng-tzse nennt direkte Pflichten der Fürsten namentlich: Zölle und Steuern senken, Produktion fördern, Lebensunterhalt der Bürger garantieren. Das religiöse Moment ist bei Meng-tzse noch blässer als bei Konfuzius. Sein Thema ist fast nur der Mensch und seine Pflichten. Es ist richtig, daß er (wie Konfuzius) jede Theorie ablehnt, die nicht dem praktischen Zwecke dient. Es ist aber nicht richtig, zu sagen (wie man oft auch in wissenschaftlichen Darstellungen lesen kann), »religiöse Gedanken fehlen ganz in seinem Werk«. [69] Dem ist entgegenzuhalten, daß die betont metaphysische Grundlage des Denkens, die universalistische Vorstellung von der immanenten kosmisch-sittlichen Weltordnung und der Notwendigkeit, sich ihr harmonisch anzupassen, durchaus die religiösen Züge numinoser Apperzeption trägt. Es kommt natürlich darauf an, was man unter »Religion« versteht.

Im 3. Jahrhundert vor Christus bestritt ein Philosoph namens Hsün-tse die Lehre Meng-tzses von der natürlichen Güte der Menschennatur. Das Gegenteil sei der Fall: Der Mensch sei schlecht, nur durch Erziehung könne er gebessert werden, und dazu dienten (ganz konfuzianisch) die Riten. Die Befolgung der Riten führe durch Gewöhnung Rechtlichkeit und Humanität herbei. Hsün-tse hatte mit seinen Auffassungen auch Erfolg; später aber setzte sich wieder die optimistische Linie bezüglich des Menschenbilds durch. Das Buch des Hsün-tse ist im Blick gerade auf die neueste Geschichte Chinas deshalb nicht uninteressant, weil seine Ansichten bezüglich der Staatsführung einen fast fortschrittlichen Charakter tragen. Zwar ist sein Verfasser der Ansicht, daß der Staat nur mit Hilfe der »Li«, der Sitten, regiert werden könne, er bedenkt aber die soziale Ordnung bis in die kleinsten Dinge hinein. Der Mensch wird hier als Gemeinschaftswesen verstanden, dessen verdorbene Natur durch Gesetzgebung und Rechtsanwendung, durch Lohn und Strafe im Zaume gehalten werden müsse.

Den Gedanken der »universalen Liebe« innerhalb der Schulen des Konfuzianismus betonen Philosophen wie Mo-tzu (470—390 vor Chr.) und Hui Shih (300—250 vor Chr.). Das mag hier von Interesse sein in Bezug auf die heutige Diskussion innerhalb des Maoismus über den Begriff der »Jen« (Menschenliebe), wovon später zu sprechen sein wird. Mo-tzu lehrt weniger die Bedeutung der Riten als vielmehr den Zentralgedanken der universalen Liebe: Wenn die Menschen ihre egoistische Einstellung aufgeben, wenn sie jeden als ihren Nächsten betrachten und dementsprechend handeln, handeln sie nach dem Willen des Himmels. Daher wird der Kampf unter den Menschen einmal von selber aufhören.

Während aber die strengen Konfuzianer bei Anwendung des Begriffes »Jen« immer noch in Hinsicht auf die Verwandschaftsgrade und die feudalen Standesunterschiede differenzieren wollen, geht es Mo-tzse nur um das Wohl des Gesamtvolkes. Man ist versucht, an Maos Theorie von der Verwirklichung der Menschenliebe erst nach Aufhören aller Klassenunterschiede zu denken. Das Buch Mo-tzu gibt der Sinologie ganz erhebliche Rätsel auf. Es ist ganz unsicher, ob das, was fragmentarisch auf uns gekommen ist, überhaupt von einem Einzelnen stammt. Einige nehmen an, daß Mo die Bezeichnung einer Gruppe von gebrandmarkten Sklaven oder Verbrechern war. [70]

Auch der Philosoph Hui Shih (300—250 v. Chr.) lehrte universale Liebe und Paszifismus. Seine Lehre hat sich (obwohl nicht dazu gehörend) in das Ende des Buches Dschuang-Dsi eingeschlichen. [71]

Es ist offenkundig, daß die Konfuzianer später in ihren politischen Theorien eine gewisse Einseitigkeit für die Rechte der Regierung und des Adels sowie deren Nutzen an den Tag gelegt hatte. Man ergab sich auch oft einem leeren Formalismus, den das Volk nicht mehr verstand. Im übrigen gab es in China natürlich nicht nur Konfuzianer, sondern sehr verschiedene Denkrichtungen. Was alles in der Geistesgeschichte Chinas aufgetaucht und im Verlaufe der Jahrhunderte wieder verschwunden ist, kann hier nicht einmal angedeutet werden. Es gab Naturphilosophen (Yin-Yang-Gelehrte), Legalisten, Mohisten, und eine Fülle anderer Schulen, die dem Gedankengut des Konfuzius mehr oder weniger nahe standen oder es ablehnten. Diese Schulen zerfielen oft und es bildeten sich neue.

Der zwischen 140 und 87 v. Chr. regierende Wu-ti erhob die Lehre einiger Konfuzianer zu Staatslehre und verbot die übrigen Schulen. Das weitere Auf und Ab des chinesischen Denkens, das immer um Konfuzius kreiste, kann hier nicht dargestellt werden. Es ist selbstverständlich und auch anderswo in der Welt immer so gewesen, daß die verschiedenen Schulen innerhalb eines geistigen Phänomens heftig aneinander gerieten. Nicht anders war es auch im Konfuzianismus. Jede Schule versuchte, die Oberhand zu bekommen. Im Jahre 51 vor Chr. veranstaltete Hsüan-ti in einer Halle des königlichen Palastes eine Art Kongreß der Spezialisten für die Auslegung der konfuzianischen Klassiker. Man konnte sich über nichts einigen. Im Jahre 79 nach Chr. fand ein zweiter Kongreß über die Auslegung der Klassiker statt. Das Ergebnis war gleich Null. Der Streit ging jahrhundertelang weiter. Von jedem Klassiker existierten verschiedene Ausgaben mit ganz verschiedenen Kommentaren. Das mag verdeutlichen, wie schwierig und unsicher es heute ist, etwas Zuverlässiges zur Auslegung chinesischer Texte zu sagen.

Es muß gesagt werden, daß der Konfuzianismus nicht nur Blüte durch Ehrfurcht, Sitte, Familiensinn und Staatsgesinnung gebracht hat, sondern daß er auch (so z. B. in der ausgehenden Han-Zeit in leerem Formalismus erstarrte und seinen Halt in der Beamtenschaft und im Volke verlor. [72]

Der Taoismus

Des Menschen Richtschnur ist die Erde,
Der Erde Richtschnur ist der Himmel,
Des Himmels Richtschnur ist das Tao,
Des Taos Richtschnur: Seine eigne Art.
(Lao-tsze)

Wie mehrfach betont, ist immer der offizielle Staatskultus mit dem Namen des Konfuzius verknüpft gewesen. Das religiöse Bedürfnis der Menge war aber damit nicht befriedigt. Der alte Volkskultus ist daher mit dem Namen eines anderen chinesischen Denkers, eines älteren Zeitgenossen des Konfuzius, mit Namen Lao-tsze verbunden. Genau so wenig aber, wie es angängig wäre, Konfuzius als Begründer der chinesischen Staatsreligion zu betrachten, ebenso falsch wäre es, in Lao-tsze etwa einen Religionsstifter zu sehen. Auch Lao-tsze ist kein »Religionsstifter«, sondern nur derjenige chinesische Denker, um dessen Namen sich eine zweite autochthone Religionsform der Chinesen, der Taoismus, rankt. Lao-tsze und Konfuzius waren Zeitgenossen, aber als solche auch geistige Antipoden. Ein einziges Mal sollen sie sich in ihrem Leben persönlich gegenüber gestanden haben. Der chinesische Geschichtsschreiber Szematsien erzählt, daß Konfuzius bei einem vorübergehenden Aufenthalt in der Hauptstadt von Chou den 50 Jahre älteren Denker aufgesucht habe, der am Hofe von Chou die Stelle eines Archivars bekleidete. Der Alte aber habe ihn ziemlich unwirsch abfahren lassen. Ob diese Anekdote wahr ist oder nicht, sie bringt jedenfalls ziemlich treffend zum Ausdruck, daß Lao-tsze und Konfuzius nicht geistesverwandt waren.

Die Quellen: Tao-teh-king *(auch geschrieben: Tao-te-king, Taoteking)*

Was wir über Lao-tszes eigenes Denken wissen, ist einzig und allein einem an Umfang nicht sehr großen Buche zu entnehmen, das Tao-teh-king genannt wird und den Taoisten als eine Art heiliges Buch gilt. Es ist zweifellos ein Buch, das der Weltliteratur angehört und keinem Gebildeten gänzlich unbekannt sein sollte. [73] Mit einer Übersetzung allein ist uns allerdings kaum recht geholfen. Denn es ist ein dunkles Buch, läßt viele Interpretationen offen, die sprachlichen Schwierigkeiten sind groß. Nur der Fachsinologe kann hier überhaupt Übersetzungsversuche wagen.

Tao-teh-king bedeutet: Das King oder das kanonische Buch das von Tao und von Teh handelt. Schon dieser Name besagt, daß es aus zwei Teilen besteht. Diese zwei Teile sind von chinesischen Kommentatoren in kürzere Abschnitte zerlegt worden, und zwar in 81 kurze Kapitel. Der erste Teil des Tao-teh-king ist vorwiegend metaphysisch, der zweite Teil mehr politisch-ethisch geartet. Der metaphysische Grundbegriff ist dabei der Begriff »Tao«. Das Wort bedeutet etwa »Weg«, aber auch »Lauf«, »Methode«, »Ordnung«, »Norm«. In diesem Sinne ist das Wort auch in der konfuzianischen Literatur gebraucht, etwa dann, wenn vom »Tao« des Himmels oder vom »Tao« der alten Idealherrscher gesprochen wird.

Im konfuzianischen Schrifttum nimmt der Ausdruck dann auch die Bedeutung von »Vernunft« an, im Sinne von »Moralprinzip«, durch das das sittliche Verhalten des Menschen geleitet werden soll. In diesem Sinne kommt das Tao auch bei Lao-tsze vor, zumeist aber steht es hier als ein Symbolbegriff für das eigentlich Namenlose, das in Wirklichkeit nicht zu Beschreibende, mit keinem Namen recht zu Benennende, das höchste Weltprinzip, den Urgrund alles Seins, das letzte Absolute.

Das »Tao«

Den Begriff »Tao« kennt auch der Konfuzianismus. Aber während in den klassischen konfuzianischen Schriften das Yin und das Yang als die beiden Urprinzipien aus dem Tao hervorgehen und das Tao nicht weiter metaphysisch behandelt wird, geht der »Taoismus« viel weiter. Nach Tao-teh-king, c. 25, ist das Tao ein Etwas, das vor Himmel und Erde schon war. In den konfuzianischen klassischen Texten erscheint Shangti als der höchste Himmelsherr. Doch nach Tao-teh-king, c. 4, geht das »Tao« selbst dem höchsten Herrn des Himmels voraus. Für Lao-tsze ist das Tao die Quelle alles Seins, die »ratio essendi« jenseits alles differenzierten Seins. Es ist das, was dem griechischen Philosophen die »archē« war. »Aus ihm« und »durch es« und »zu ihm hin« sind alle Dinge. Das Tao bringt alle Wesen hervor, das Tao erhält alle Dinge, zum Tao als dem Ursprung aller Dinge kehrt alles und jedes zurück. Das Tao ist das Alpha und das Omega, der Anfang und das Ende. Das Tao ist ein schlechthin Übersinnliches:

»Du schaust nach ihm und siehst es nicht,
Du horchst nach ihm und hörst es nicht,
Du greifst nach ihm und faßt es nicht.«[74]
(Tao-teh-king, c. 14)

Ist aber das Tao an sich selbst unerkennbar, so läßt sich doch sein Wirken in der Welt der zeitlichen Phänomene und ihren Wandlungen erkennen. Und eben in diesem Wirken gibt sich seine beharrliche Weise oder Methode, seine »Natur«, sein »Wesen«, kund. Daher hat Lao-tsze zur sprachlichen Bezeichnung des eigentlich nicht Benennbaren den Ausdruck »Tao«, Weg, gewählt. Indem er aber auf die Art und Weise achtete, in der das gemeinte Absolute in Natur, Menschenleben und Geschichte sich auswirkt, drängt sich ihm und seiner Beobachtung vor allem die Spontanität dieses Wirkens auf. Das Tao bewirkt alles und jedes ohne Anstrengung oder Absicht, es wirkt, ohne zu tun und ohne für sich irgend etwas zu erstreben.

Diese Art und Weise des Universums sollte (nach Lao-tsze) Norm und Vorbild der Menschen sein. Mehr noch: Der Mensch soll das Tao des Universums zum inneren Gesetz seines Lebens machen, aus dem sein eigenes Tun spontan entspringt! Dann hat er nicht nur Tao, sondern lebt im Einklang mit ihm und ist Tao. Das kosmische Prinzip wird damit für Lao-tsze zum ethischen Prinzip. Das ist die Grundlage der taoistischen Ethik und Politik, die den Gegenstand des zweiten Teiles des Tao-teh-king ausmacht: Das Wort »Teh« heißt in diesem Sinne »Tugend«.

Die Ethik des Lao-tsze

Die Ethik des Lao-tsze ist weniger aktivistisch als die des Konfuzius. Er kennt die Lehre vom »Nicht-Tun«, genannt »Wu-wei«. Der Mensch im Sinne des Konfuzius meint, daß er zur eigenen Besserung, zur Besserung anderer und der Verhältnisse, immer tätig sein müsse; je mehr, je aktiver, desto besser. Arbeiten, nicht müde werden, aktivieren, Pläne machen, sich anstrengen, ist die Parole. Ganz anders aber denkt der Weise im Sinne Lao-tszes. Er hütet sich vor aller planvollen Geschäftigkeit, denn gerade dadurch wird erst alles recht und gut. Die Ethik des Lao-tsze ist also quietistisch. Der Taoist lobt die Untätigkeit. Er schweigt. Er schweigt selbst vom Tao. Er »lehrt« ohne Worte. Dabei aber legt er unter allen Umständen eine bestimmte Tugend an den Tag: Menschenfreundlichkeit. Sie ist eine der drei Kleinodien seines Wesens. Das zweite ist Bedürfnislosigkeit, das dritte Demut. Der Taoist will nicht voranstehen in der Welt. In seiner Nachgiebigkeit gleicht er dem Wasser. Er streitet mit keinem. Gerade das aber macht ihn zum Sieger. Er überwindet das Böse mit Gutem. »Unrecht vergilt mit Güte« sagt Lao-tsze im 63. Kapitel des Tao-teh-king. Dieses Wort, in dem Lao-tsze übereinzustimmen scheint mit Aussagen des Neuen Testaments, ist nicht etwa nur ein gelegentlicher Ausspruch von ihm, sondern die logische Folge seiner fundamentalen Axiome. Diese sind freilich nicht die gleichen wie im Neuen Testament.

Man wird sagen müssen, daß der quietistischen Ethik des Lao-tsze, die auch in allen höchsten Tugenden der konfuzianischen Ethik nur den Verfall des Tao und der echten Sittlichkeit sieht, ein politischer Nihilismus entspricht. Herrscher über sich brauchte das Volk im Grunde nicht. Das Hauptübel ist, daß zuviel regiert wird, daß der Staat sich in alles mischt, daß die Zahl der Gesetze immer mehr zunimmt. Der Gegensatz zu Konfuzius liegt hier klar zutage. Das beste Regiment ist für Lao-tsze dasjenige, das am wenigsten regiert. Krieg und Todesstrafe werden abgelehnt.

Kein Ritus wie bei Konfuzius

Von der Religion an sich sagt Lao-tsze so gut wie nichts. Von den Naturgeistern schweigt er völlig. Von den Totengeistern redet er einmal: Sie können dem Menschen schaden. Aber der rechte Weg, sie davon abzuhalten, besteht für ihn nicht (wie für Konfuzius) darin, daß man sie durch rituelle Opfer begütigt, sondern darin, daß man den Staat dem »Tao« gemäß verwaltet. Die Beobachtung kultischer Formen, auf die Konfuzius so großen Wert legt, gelten dem Lao-tsze nichts. Der Mensch soll nicht danach trachten, durch eigenes Tun den Himmel sich günstig zu stimmen. Er soll vielmehr allein danach trachten, sich durch eigene Passivität in Einklang mit dem Tao zu bringen. Der Himmel ist dem Lao-tsze kein persönlicher Gott, nicht einmal eine Personifikation der sittlichen Weltordnung. Er erscheint vielmehr als ein Teil der Natur und empfängt sein Gesetz vom »Tao«.

Es ist klar, daß die Anhänger des Lao-tsze zunächst nur spekulative Denker von mystischer Veranlagung sein konnten. Davon sind insbesondere zwei wichtig: Lieh-tsze (der in der 2. Hälfte des 5. Jahrhunderts lebte) und (ein Jahrhundert später) Chuang-tsze. Beide sind durch Übersetzungen zugänglich.[75]

Der degenerierte, vulgäre Taoismus

Selten nur erkennt den Weisen die Welt.
(Lu-Chi, 261–303)

Der Taoismus des Lao-tsze und seiner Schüler war zu hoch für das Volk. Es konnte nicht ausbleiben, daß diese mystische Philosophie im Verständnis der Masse degenerierte. Wenn Lao-tsze davon sprach, daß der, der das Tao erreicht, erhaben sei über die Natur, so wurde das dahin verstanden, daß der Tao-Mensch über übernatürliche Kräfte verfüge. Wenn beim Meister die Rede war vom »ewigen Leben des Tao«, so wurde daraus gefolgert, er habe das »Geheimnis der Unsterblichkeit« entdeckt. Von nichts tuenden, nichts redenden und nichts denkenden Einsiedlern nahm man an, daß sie im Besitz solcher Wunderkräfte wären. Scharlatane taten sich auf, die unter Berufung auf Lao-tsze behaupteten, durch Lebenselixiere das Leben verlängern zu können oder den Stein der Weisen gefunden zu haben, mit dem man Gold machen könne. Selbst Kaiser zählten zu ihrer Anhängerschaft. Ein Realpolitiker wie der Gewaltherrscher Shi-huangti sandte Expeditionen aus, um die »Inseln der Seligen« im östlichen Meere zu suchen, wo ein Kraut wachsen sollte, das Unsterblichkeit verleiht. Alchemistische Vorstellungen aller Art schlichen sich in den Taoismus ein. Noch ein Kaiser des 8. Jahrhunderts unserer Zeitrechnung starb daran, daß er ein »Elixier langen Lebens« in zu reichlicher Dosis zu sich nahm, das ihm »Taoisten« verordnet hatten. So entartete die erhabene Metaphysik und tiefe Mystik des Lao-tsze in eine alchemistische Geheimlehre oder in einen esoterischen »Taoismus«.

Eine andere Richtung im Degenerierungsprozeß des Taoismus kann man den exoterischen oder religiösen Vulgärtaoismus nennen. Hier wurden Teile der alten Volksreligion aufgenommen und dem taoistischen System angepaßt. Es ist eine alte Streitfrage der Sinologie, ob die Chinesen von Anfang an Animisten gewesen seien, d. h. ob sie sich von jeher alle Teile der Natur beseelt oder von Geistern belebt vorgestellt hätten oder nicht, weil den Chinesen eine mangelhaft ausgebildete Einbildungskraft geradezu charakteristisch sei. Richtig ist jedenfalls, daß die Menge von Geistern von der wir bei der Betrachtung des Staatskults hörten, uns später auch im Vulgärtaoismus begegnen. Nur daß sie hier zu wirklichen Göttern geworden sind, von denen Mythen erzählt werden, die auch bildlich dargestellt werden. Auch Lao-tsze selbst ist solcher Mythologisierung und teilweisen Vergottung im vulgären Taoismus nicht entgangen. Als Idol bildet er mit zwei seiner Schüler eine heilige Trias, genannt »die drei Reinen« (san-tseng). Die beiden Genossen sind T'ai-shi (= »der große Anfang«), der auch identifiziert wird mit dem chinesischen Demiurgen P'an-ku, und Yü-hoang-Shang-ti, in dem ohne weiteres der Sahang-ti der altchinesischen Staatsreligion zu erkennen ist. Eine andere Gruppe von Gottheiten des vulgären Taoismus sind die Pah-sien, die »acht Genien«, die als glückbringende Geister verehrt werden. Mit dem Staatskult zusammen verehrt der Taoismus auch den Kriegsgott Kuanti, den Literaturgott Wen-chang und vor allem die Schutzgötter der Städte, die sogenannten »Väter der Mauern und Wallgräben«. Jede Stadt hat einen solchen Schutzgott, und der Rang, den er in der himmlischen Götterwelt einnimmt, ist bestimmt durch den höheren oder niederen Rang des betreffenden Ortes. Andere Gottheiten des niederen Taoismus sind buddhistischen Ursprungs. Buddhistischer Herkunft sind auch die Himmels- und Höllenvorstellungen sowie der Tempelkult mit Priestertum und Mönchswesen. Eine bedeutende Rolle spielt im vulgären Taoismus auch der Exorzismus, die Teufelsaustreibung. Sein höchstes Heilsgut aber ist die Unsterblichkeit, oder zumindest ein sehr langes Leben. [76] Man erlangt es durch moralisch gute Werke.

Die chinesische Staatsreligion

Mir stand im Sinn, dem Himmelssohn
Des Lebens langen Tag zu weihn.
(Tjän-Tji, 766–836)

Erst nachdem von Konfuzius und dem konfuzianischen Schrifttum gesprochen wurde, kann die Staatsreligion behandelt werden, wie sie sich im wesentlichen unverändert bis in unser Jahrhundert hinein erhalten hatte. De Groot [77] bezeichnet sie kurzweg als »Universismus«, d. h. Verehrung des Universums und seiner Teile. Einen Schöpfergott jenseits der Natur kennt diese Religion nicht. [78] Die Schöpfung ist das spontane Werk der natürlichen Ordnung der Welt, der unwandelbaren Naturgesetzlichkeit des »Tao«. Dieses Tao ist ein ständiges Wechselwirken von zwei kosmischen Prinzipien, des Yang und des Yin, d. h. des leichten und des schweren Prinzips, des lichten und des dunklen, des warmen und kalten, des männlichen und weiblichen Prinzips. Als die Hauptrepräsentanten dieser beiden entgegengesetzten Prinzipien gelten Himmel und Erde.

Himmel und Erde

Himmel – Yang – und Erde – Yin – sind sozusagen die obersten Gottheiten, allerdings nicht koordinierte Mächte, sondern Yang steht über Yin. Yang ist das erhabendste Objekt der Verehrung, es ist so erhaben, daß der gewöhnliche Sterbliche sich ihm nicht nahen darf. Die Verehrung des Himmels war ausschließliches Privileg des Kaisers. Der Kaiser gilt als der »Sohn des Himmels«, der Himmel aber der Beschützer des Thrones und des kaiserlichen Hauses. Der Kaiser kann sich die Gunst des Himmels verscherzen. Dann läßt der Himmel die Regierungsgewalt durch das Volk an einen anderen gehen, der dieser Ehre würdiger ist. Solange aber der Herrscher sich seines hohen Amts würdig zeigt, bildet er mit Himmel und Erde zusammen eine heilige Trinität, genannt »san t'sai«, die drei Potenzen oder Mächte.

Das Kaiseropfer des Himmelssohns

Der kaiserliche Sohn des Himmels ist höchste Macht auf Erden und zugleich der pontifex maximus der Staatsreligion. Am Tage der Wintersonnenwende hat er dem Himmel das wichtigste Staatsopfer darzubringen. Zu diesem Zeitpunkt wird der Himmel sozusagen wiedergeboren, weil von da ab Yang wieder zunimmt und Licht und Wärme über Kälte und Dunkelheit des Winters zu siegen beginnen. An diesem Tage begrüßt der Himmelssohn das Kommen des längsten Tages. Es ist ein großer Akt der Danksagung an die Sonne. Dargebracht wird das Opfer auf dem sogenannten Himmelsaltar in Peking, dem größten Altar der Welt, einem mächtigen Marmorbau, bestehend aus drei kreisförmigen Terrassen, die sich konzentrisch übereinander aufbauen.

Gegen Tagesanbruch steigt der Kaiser in hohenpriesterlichem Prachtgewand die Stufen des Altars hinauf zur obersten Terrasse. Voran ein Musikkorps und Sänger in großer Zahl, die die ewige Friedensode vortragen. Der Geist des Himmels wird damit eingeladen, sich in seine Tafel herabzulassen. Vor dieser Tafel und später vor den Tafeln seiner Ahnen fällt der Kaiser auf die Knie, beugt wiederholt den Kopf zur Erde nieder und opfert, d. h. er brennt Weihrauch ab, stellt wertvolle Gegenstände als Geschenke auf dem Altar nieder, während ein Beamter laut ein Gebet verliest. Auf der zweiten Terrasse bringen Beamte vor den dort aufgestellten Tafeln die Opfer dar. Alle Opfergaben werden zusammen mit dem geschriebenen Gebete verbrannt.

Verehrung der Erde

Dem Himmel am nächsten steht in der Reihe der Staatsgottheiten die Gottheit der Erde, Hou-tu, »Kaiserin Erde«. Auch ihr wird jährlich einmal vom Kaiser selbst oder von einem seiner Stellvertreter geopfert, und zwar am Tage der Sommersonnenwende. Ihr Altar steht außerhalb der Nordmauer der Hauptstadt Peking, viereckig angelegt. Dies entspricht der alten Vorstellung, daß die Erde, das weibliche Prinzip des Universums, im Gegensatz zum runden, gewölbten Himmel oben, viereckig ausgebreitet sich unten lagert. Während das dem Himmel geopferte Tier verbrannt wird, wird das Opfertier für die Erde begraben. Rechts und links von der Tafel der Erde die Tafeln der kaiserlichen

Ahnen unter gelben Seidenbaldachinen. Zu beachten ist dabei der ständige Symbolismus. In dem Parkrevier des Himmelsaltars befand sich noch ein kleinerer Tempel für das »Gebet um ein fruchtbares Jahr«. Hier wurde jährlich einmal vom Kaiser geopfert.

Opfer für die kaiserlichen Ahnen

Die Ahnen des regierenden Herrscherhauses folgen hinsichtlich ihres Ranges gleich nach Himmel und Erde, stehen also noch über Sonne und Mond, die nach ihnen kommen. Den Ahnen werden vom Kaiser auch sonst z. B. zu Anfang jedes Vierteljahres, in der Neujahrsnacht (wie in jedem chinesischen Haus) Opfer dargebracht. Die staatlichen Opfer finden im großen kaiserlichen Ahnentempel der Dynastie, aber auch in den großen Mausoleen statt, die diesen Ahnen an ihren Begräbnisstätten errichtet sind. In diesen Gebäuden ist jeder der Ahnen durch eine Seelentafel repräsentiert. Den verstorbenen Kaisern aller Dynastien sind Tempel errichtet worden. Bis in die letzte Zeit waren freilich nur noch die der Ming-Dynastie erhalten und die des zuletzt regierenden Kaiserhauses.

Gottheiten des Erdbodens und der Saaten

Hinter den kaiserlichen Ahnen rangieren im Staatspantheon die Shetsi, die Gottheiten des Erdbodens und der Saaten. Sie haben einen großen offenen Altar in einem Park vor dem Süden Pekings. Hier opferte der Kaiser persönlich oder sein Stellvertreter zweimal jährlich, im Frühling und im Herbst. Auch diese Opfer gehören noch zu den Hauptopfern, den Opfern ersten Grades (Ta-sze).

Opfer für Konfuzius, den Genius erster Klasse

So wie den Herrschern der Vorzeit geopfert wurde, kamen auch Opfer auf für Konfuzius, den Genius der chinesischen Kultur und des chinesischen Staatsorganismus. Seit dem Jahre 1906, also erst in neuer Zeit, sind die Opfer für Konfuzius sogar aus der zweiten in die erste Klasse aufgerückt. Das heißt, sie wurden den Opfern für Himmel, Erde und die der kaiserlichen Ahnen gleichgestellt. Dem Konfuzius wurde das »Große« (vom Kaiser selbst zu vollziehende) Opfer dargebracht. Im Tempel für Konfuzius waren auch amtlich an jedem 1. und 15. des

Monats Opfer vorgeschrieben. Staatsgötter zweiter Klasse sind ferner heilige Männer (und auch Frauen), die sich im Laufe der Jahrhunderte durch konfuzianische Tugend und Gelehrsamkeit ausgezeichnet haben. Es gab eine ganze Reihe Tempel und allen für die Edlen und Tüchtigen, die Treuen und Tapferen aller Zeiten. Opfer der zweiten Klasse werden auch den sogenannten T'ien-Shen oder Göttern der Wolken, des Regens, der Winde und des Donners dargebracht, ferner den T'i-ki oder Erdgöttern, d. h. den 10 Hauptbergen des Reiches. Zuletzt gehört noch in diese Klasse »das große Jahr«, ein Ausdruck, der sich auf die Umlaufbahn des Planeten Jupiter bezieht, der als der große Regulator der Zeit angesehen wird.

Keine Mythologie

Nach dem Gesagten stellt sich die konfuzianische Religion als ein Gemisch von Naturverehrung, Verehrung von Toten und Heroenkult dar. Die göttlichen Mächte haben nicht die plastische, dramatische Individualität, wie etwa die der Griechen. Es gibt keine Mythologie. Die Götter haben bestimmte Funktionen, wie etwa die Götter der römischen Religion. Für ein praktisch veranlagtes Volk ist es genug zu wissen, was die Götter tun, und was die Menschen zu tun haben, um sich ihre Gunst zu sichern. Es ist unnötig, sich z. B. vorzustellen, wie sie wohl aussehen mögen (vgl. Zeus, Apollo oder Hera bei den Griechen).

Das schließt nicht aus, daß Konfuzius sich den »Himmel« als personhafte Macht vorgestellt hat. Das ist gar nicht anders möglich, weil er sich darunter eine moralische Macht gedacht hat, die den Guten belohnt und den Bösen bestraft. Auch mißt sie jedem einzelnen sein Los zu.

Kultus als Funktion des Staates

Es ist ein grober Irrtum, wenn man zuweilen gedruckt lesen kann, auch der Konfuzianismus habe seine eigenen Priester gehabt. Eine besondere Priesterschaft hat es in der chinesischen Staatsreligion nie gegeben. Die Opfer, deren Ritual bis in das kleinste Detail streng vorgeschrieben ist, werden von den staatlichen Autoritäten von entsprechendem Rang, also von Beamten, vollzogen. Die Verehrung der Geister geschieht für das Volk, nicht durch das Volk. Dem Volke ist im Grunde nur eines gestattet: die Verehrung seiner eigenen Familien-Ahnen. Das ist die einzige legitime Privatreligion aller Klassen.

Der Kotau des Beamten

Im Deutschen gibt es die Redensart »einen Kotau vor jemanden machen«. Nur wenige wissen, daß das auf eine chinesische Sitte zurückgeht. In den chinesischen Städten hatte jeder Beamte am 1. und 15. des Monats seinen »Kotau« zu machen, und zwar in den Tempeln des Konfuzius, Kuanti, Wentschang, des Stadtgottes, des Feuergottes und in den sogenannten Patscha-Tempeln. Dabei war Weihrauch zu verbrennen. In den Patscha-Tempeln standen die Tafeln von 8 sagenhaften Männern (unter ihnen an erster Stelle der göttliche Ackerbauer Shen-nung), die ihrer Bedeutung wegen zu verehren waren. Durch den Kotau hatte man sich als loyaler Diener des Staates zu erweisen; er war die selbstverständliche Voraussetzung aller Beförderungen.

Hierzu muß allerdings gesagt werden, daß die Dinge nicht zu allen Zeiten die gleichen waren. Angesichts der ungeheuren Zeiträume und auch der räumlichen Ausdehnung Chinas gilt das fast für alle in diesem Buche gemachten Aussagen, auch wenn es nicht immer wiederholt werden kann. Das gilt aber ganz besonders für das Beamtenwesen in China und seine Stellung. Bis etwa zum 14. Jahrhundert verläuft jene große Periode Chinas, in der die aus Staatsprüfungen hervorgegangene Beamtenschaft eine sehr hohe Position und Funktion in China hatte, ganz abgesehen vom jeweiligen speziellen Aufgabenbereich. Es handelte sich dabei um das Gegengewicht der Beamtenschaft zur Zentralregierung, also zum kaiserlichen Hofe. Die Beamtenschaft wehrte sich oft, auch im Interesse des Volkes, gegen Machtansprüche der Kaiser. Es bestand fast eine gegenseitige Kontrolle zwischen Beamtenschaft und Herrscher, eine furchtbare Spannung, ja eine gewisse Rivalität, die dem Lande nicht schlecht bekam. Die Beamten setzten sich bis in jene Zeiten auch erfolgreich gegen Machtansprüche von Adel und Militär zur Wehr.

Seit dem 14. Jahrhundert aber kam es in China dazu, daß der Kaiser die Beamtenschaft immer mehr in seinem Sinne gefügig und nur zu seinem Werkzeug machte. Es entstand jener »Legalismus«, der in der Folgezeit dem Konfuzianismus weithin das Gepräge gegeben hat. Im Laufe der Zeit kam es immer stärker zu drastischen Straf- und Erziehungsmaßnahmen, ja zu einer Reglementierung des ganzen Volkes mit Gruppenverantwortlichkeit. Dabei wurden unter dem Deckmantel »Konfuzius« im Grunde nur machtpolitische Motive und Zielsetzungen verschleiert.

Dieses legalistische Regierungssystem, das dann viele hundert Jahre fast bis in unsere Zeit an der Macht war und das oft auch alle Regungen zu selbständigem Denken erstickte, bedeutet eine Erstarrung und darf nicht mit den eigentlichen Intentionen des Konfuzianismus in seiner reinen Form verwechselt werden. Der Kotau des Beamten, überhaupt die schwache Stellung des Individuums als geistig uniformierter Untertan, hängt in China mit dieser Entwicklung zusammen.[79] Daß in diesem Zusammenhang die Zügel der Staatsreligion hart angezogen wurden, versteht sich von selbst. Solche Erscheinungen sind in der Religionsgeschichte nicht auf China beschränkt. Dieser Nomismus darf aber mit der eigentlich religiösen Intention und dem religiösen Nerv nicht verwechselt werden, sondern bedeutet seine Überwucherung von machtpolitischen Motiven.

Synkretismus

Von besonderer Bedeutung für das Verständnis der Religionswelt Chinas ist der herrschende Synkretismus. Die Lehren und Kulte der verschiedenen in China vertretenen Religionen sind keineswegs streng voneinander geschieden. Es war immer schon unmöglich, die Masse der Chinesen in die Anhängerschaft der einen oder anderen Religionsform statistisch aufzuteilen. Eher könnte man sagen, die Chinesen, oder jedenfalls die meisten, seien alles zugleich: Konfuzianer, Taoisten und Buddhisten.

Religionsmischung

Von dem bedeutenden chinesischen Gelehrten des 6. Jahrh. n. Chr. Fu Hhi wird berichtet, daß er einmal vom Kaiser Wu-ti gefragt wurde, ob er Buddhist sei. Der Gefragte wies als Antwort auf die taoistische Mütze, die er als Kopfbedeckung trug. »So bist du also ein Taoist?« fragte der Kaiser. Da zeigte Fu Hhi auf die konfuzianischen Schuhe an seinen Füßen. Als Wu-ti darauf die weitere Frage an ihn richtete, ob er sich dann also als Konfuzianer angesehen wissen wolle, deutete er auf die Schärpe, die er nach buddhistischer Bonzenart über die Schulter geworfen hatte. Es herrscht die weitverbreitete Meinung: Der Religionen sind viele, der Sinn aber ist der eine und gleiche, wir allesamt sind Brüder. Von einem hervorragenden buddhistischen Priester Chinas – Lu Shun Yang – ist bekannt, daß er die Meinung vertrat: Die Unterweisungen der Religionen und Sekten sind voneinander nicht verschieden. Für den Weitherzigen tragen sie alle ein und dieselbe Wahrheit in sich. Nur der Beschränkte sieht nichts als ihre Verschiedenheiten. In der bis in unser Jahrhundert hinein herrschenden Volksreligion greifen jedenfalls alle die ursprünglich verschiedenen Glaubenssysteme und Vorstellungen ineinander.

Gegenseitige Ergänzung

Zweifellos liegt ein Grund für diese Mischung in der Tatsache, daß die Religionen Chinas sich in ihren Systemen gegenseitig ergänzen. Der Konfuzianismus ist ein dürres ethisches System. Gerade weil er weithin metaphysischen Fragen aus dem Wege ging, ließ er Raum für den Buddhismus mit seinem Götterheer, seinem die Sinne ansprechenden Kult und seinem Jenseitsglauben. Der vulgäre Taoismus seinerseits mit seinem das Volk ansprechenden Materialismus füllte eine Lücke, indem er an die niedrigeren Bedürfnisse appelliert und irdisches Wohlsein verheißt. In der Theorie gilt zwar der Konfuzianismus als die einzige Staatsreligion, neben der jede andere als Irrlehre gilt. Und gewiß hat es auch in China Intoleranz und religiöse Verfolgungen gegeben, die von der konfuzianischen Staatsreligion zumeist ausgingen. Sie waren aber mehr durch politische als religiöse Motive veranlaßt. In der Praxis sind auch Taoismus und Buddhismus in China anerkannte Kulte. Sieht man sich die bis in die jüngsten Zeiten (und vielleicht teilweise im Untergrund noch jetzt) herrschende Volksreligion näher an, so zeigt sich, daß religiöses Leben, Gottheiten und Kult aus den drei Religionen zusammengewachsen sind.

Die ländliche Bevölkerung hat besonders viele Tempel für Gottheiten des Erdbodens und der Saaten. Als Spenderin der Früchte werden sie zugleich als Gottheiten des Reichtums angesehen, die zugleich von Handwerkern und Kaufleuten verehrt werden, auch wenn deren Gewinn nicht direkt von der Erde kommt. Das aber sind zugleich Gottheiten, die auch im Pantheon der Staatsreligion ihren Platz haben und deren Verehrung dem Volke eigentlich nicht zukommt. Doch das Volk hat sich davon nicht abhalten lassen.

Buddhistischer Einfluß

Oben wurde hervorgehoben, daß die Naturgottheiten der alten chinesischen Religion meist im Freien verehrt wurden. Das ist ohne Zweifel buddhistischer Einfluß, so daß in der späten Religionsmischung jeder Gott seinen Tempel und sein Idol hat. Die chinesischen Tempel haben sich immer mehr den buddhistischen angenähert. Dem Haupteingang gegenüber befindet sich meist das Idol der Hauptgottheit des betreffenden Tempels, am häufigsten als sitzende Statue mit ihren besonderen Attributen. Danaben oder in Seitenkapellen haben die »Genossen« ihren Platz. Vor den Göttern steht ein Tisch mit Opfergaben, auf dem beständig Lampen, Blumen und ein Gefäß mit Asche aufgestellt isnd, in das die Räucherkerzen gesteckt werden. Zur Unterhaltung dieser Tempel trägt der Staat nichts bei. Das geschieht durch freiwillige Gaben. An den Subskriptionen beteiligen sich aber auch die Mandarinen. Zu den Tempeln begibt sich das Volk mit seinen Anliegen. Dabei steckt der Fromme Räucherstengel in der Asche des Gefässes vor dem Gott, wirft sich zur Erde nieder und spricht seine Bitte aus.

Feste, Prozessionen, Theaterspiele, Priester

In Scharen versammelt sich das Volk im Tempel bei besonderen Festen. Dann werden größere Opfer dargebracht. Auf Bühnen vor den Tempelhöfen werden Theaterspiele aufgeführt, aber nicht nur für die Teilnehmer am Opferfeste, sondern auch zur Ergötzung der Götter. Die Bilder der Götter werden in Prozessionen durch die Straßen des Stadtviertels getragen. Letzteres geschieht auch zur Vertreibung von Dämonen, und zwar besonders in der Nacht, wenn die Macht der Geister der Dunkelheit am größten ist. Um sie in die Flucht zu schlagen, wird Lärm mit Gongs, Trompeten, Hörnern und anderen Lärminstrumenten erzeugt.

Dabei fungieren im Tempel und außerhalb der Tempel auch Priester, deren Funktion erblich ist. Auf ihrer nur für den Gottesdienst bestimmten Amtstracht sind Sonne, Mond, Sterne, Berge, Flüsse und Seen aufgestickt, oft auch das Symbol der Dualkräfte Yang und Yin. Gewöhnlich sehen die Priester Lao-tsze als ihren Patron an. Ihre magischen Praktiken haben aber durchaus nichts zu tun mit den metaphysischen hohen Lehren des wirklichen Lao-tsze und des Chuang-tse. Ihr heiliges Buch ist viel mehr das I-Ging als das Tao-teh-king. Mit Unrecht nennen sie sich Taoshi (Tao-Gelehrte). Vielleicht sind sie in Wirklichkeit nichts anderes als Nachfolger der in den alten Texten oft erwähnten Wu, Überbleibsel des alten mongolischen Schamanentums.

Häusliche Götterverehrung

Die Götter der Volksreligion werden nicht nur in Tempeln, sondern auch in den Wohnungen verehrt. Dort werden sie durch Bilder an der

Wand oder kleine Statuen repräsentiert. Letztere setzt man dann auf denselben Schrein wie die Seelentafeln der verstorbenen Familienangehörigen. Zu dieser Ehre kann fast jeder Gott der drei Religionsformen kommen. Es gibt (oder gab) keine chinesische Familie, die den Kult des sogenannten »Küchengotts«, das heißt des Herdgeistes, unterließ. Er hat seinen Sitz in einer Nische oder auf einem Mauervorsprung. Weil sich der Herd und der Sitz seines Gottes auf der Ostseite der Küche befanden, heißt der Küchengott auch »Herdfürst der östlichen Küche«.

Der »Küchengott«

Dargestellt wird der »Küchengott« oder sein Sitz oft auch nur durch einen Streifen roten oder gelben Papiers mit der Aufschrift »Herdfürst« oder »Küchenfürst« oder »Herr des Lebens der Familie«. Manchmal ist er auch durch Zeichnungen oder Bilder aus Holz, Stein oder Metall dargestellt. Dem Küchengott wird von jeder Familie geopfert, vom Kaiser bis herab zum niedrigsten Kuli. Gewöhnliche Opfertage sind der 1. und 15. jeden Monats. Dabei werden Kerzen und Weihrauch vor ihm angezündet. An seinem angeblichen Geburtstag fügt man Rauchopfer, auch Speisen und Süßigkeiten bei. Ganz Fromme tun das sogar täglich.

Das Familienoberhaupt kniet dabei vor ihm nieder und beugt den Kopf dreimal zur Erde. Am 24. Tage des 12. Monats fährt der »Küchengott« auf zu einer Audienz beim obersten Gott. Vorher knieen alle Familienmitglieder vor ihm nieder und danken ihm für die gespendeten Gaben und Gnaden. Darauf wird das Bild des Gottes verbrannt und auf diese Weise seine Auffahrt in den Himmel ermöglicht. Man glaubt, daß der »Küchengott« an diesem Tage dem höchsten Gott Bericht über das Verhalten der Familie erstattet. Daher wird zuvor reichlich geopfert, um ihn günstig zu stimmen. Nach anderer Auffassung bringt der »Küchengott« als Mittler die Wünsche der Familie vor den Himmelsgott und erfleht seinen Segen für das neue Jahr. Sünden der Familie werden mit Verkürzung, gute Taten mit Verlängerung der Lebenszeit der Familienglieder bestraft oder belohnt. Von allen Hausgottheiten, denen geopfert wird, ist der »Küchengott« der wichtigste. Es gibt keinen für den Bereich der Familie, der mächtiger wäre als er. Darum muß man sich hüten, ihn zu mißachten oder seine Verehrung zu vernachläßigen, vor allem aber, ihn zu beleidigen.

Weitere Hausgötter

Außer dem Herdgott kennt das chinesische Haus noch andere Götter. Verehrt werden in häuslichen Bildern der Gott des Reichtums, der Feuergott, die buddhistische Göttin Kwanyin (Göttin der Barmherzigkeit), der Kriegsgott Kuanti. Diesen Göttern sind bestimmte Kalendertage geweiht. An diesen Tagen werden ihnen Opfer an Lebensmitteln und Reiswein dargebracht. Die wohlhabenden Schichten rufen gelegentlich auch Priester ins Haus, um an solchen Tagen einen Gottesdienst für den betreffenden Gott veranstalten zu lassen.

Feng-shui: Wind und Wasser

Ein typisch chinesisches Phänomen ist das, was man »Feng-shui« nennt, wörtlich »Wind und Wasser«, beziehungsweise »die Einflüsse von Wind und Wasser«. Hier war die Inanspruchnahme von Priestern erforderlich, denn »Feng-shui« war eine Wissenschaft, die ihre Experten hatte, eine Wissenschaft wenigstens in den Augen der primitiveren Schichten unter den Chinesen. In Wirklichkeit handelt es sich um einen geomantischen Aberglauben, und zwar um einen solchen, der das ganze Volk von China in unheilvoller, eiserner Umklammerung hielt. Hier muß man tatsächlich mit den Kommunisten Chinas sagen, daß nichts mehr dem Fortschritt Chinas im Wege stand als dieser Wahn.

»Feng-shui« verbietet die Einführung von Neuerungen, weil durch sie die Wohlfahrt der Gegend geschädigt wird. Überschwemmungen, Seuchen, Dürren, Unglücksfälle würden die Bevölkerung heimsuchen. Als 1870 die Regierung Telegraphenleitungen zu bauen begann, zerstörte aus diesem Grunde die Bevölkerung die Leitungen. Die gleichen Schwierigkeiten taten sich beim ersten Bau von Eisenbahnstrecken auf. Durch solche Bauten wurde das »Feng-shui« der ganzen Gegend verdorben, und das Volk kämpfte erbittert dagegen. Schließlich setzte sich die Regierung in beiden Fällen erst mit Gewalt durch. Auch ausländische Bergbau-Ingenieure wurden mit besonders bösen Blicken und Taten verfolgt. Es war schwer, technische Neuerungen in China heimisch zu machen, wegen des »Feng-shui«. Was ist nun dieses »Feng-shui«?

Man kann Feng-shui als ein System von Geomantie bezeichnen, dessen Kenntnis es ermöglicht, aus der Zusammenstellung von Naturgegenständen (Hügeln, Flüssen, Bäumen usw.) die geeignete Lage für Gräber, Häuser und Ortschaften zu bestimmen. Ferner kann man aus diesem Wissen auch die Geschicke einer Person, Familie oder ganzen Gemeinde vorhersagen. Der Gelehrte dieser Geomantik kann angeblich »üblen Einflüssen« durch gute entgegenwirken. Er kann ganze Landstriche vor der Verheerung durch Fluten oder epidemische Krankheiten bewahren. Er kann auch durch sein Wissen Fruchtbarkeit über ein Land ausschütten, in dem zuvor Armut und Hunger geherrscht hat. Der Glaube an dieses Feng-shui dürfte dem noch aus alten Zeiten verbliebenen magischen Vorstellungskreis angehören.

Unter »Magie« versteht man Vorstellungen des primitiven Menschen der Vor- und Frühgeschichte, die von gewissen Kräften, nützlichen oder schädlichen, wissen, die in allen Objekten unsichtbar stecken können. »Magie« kann aber durchaus auch im heutigen Menschen noch in Form des Aberglaubens wirken. Ja, sie kann sogar heute unter gewissen Bedingungen jederzeit im Denken des Menschen Platz greifen, weil sie als latente Möglichkeit in ihm wohnt. Davon wird dieses Buch noch zu handeln haben, aber in ganz anderem und gravierenderen Zusammenhange als dem Feng-shui-Glauben.

Ahnenkult

Am tiefsten ist in der Seele des Chinesen der Ahnenkult verwurzelt. Er ist das stärkste der religiösen Phänomene, das der Maoismus bis zu den Wurzeln heute auszurotten trachtet. Das war (und ist noch) eine schwierige Aufgabe selbst für die in ihren Mitteln nicht zurückhaltenden chinesischen Komunisten. Ob sie damit ganz Erfolg haben werden, ist zur Zeit noch immer ungewiß.

Nach tief verwurzelter chinesischer Anschauung hat der Mensch drei Seelen. Eine davon verbleibt nach dem Tode im Körper und wird mit ihm zu Grabe getragen. Die zweite hält sich in der Ahnentafel auf. Die dritte wird in der Unterwelt in Gefangenschaft gehalten. Man muß daher den Totenkult an drei verschiedenen Plätzen vollziehen: am Grabe, vor der Ahnentafel und vor den Götterbildern der Bezirksgottheiten, die für den Verstorbenen zuständig sind.

Die Ahnenverehrung hat zu allen Zeiten mächtig in das gesellschaftliche Leben der ganzen Nation eingegriffen. Selbst der chinesische Richter nahm, soweit er nur konnte, einem Angeklagten gegenüber darauf Rücksicht, um ihn möglichst nicht in eine Lage zu versetzen, in der er den Ahnenkult nicht mehr zu vollziehen vermochte. Sind die Eltern des Angeklagten erst kürzlich verstorben, so kommt er mit einer leichteren Strafe davon, als wenn die Eltern noch lebten, weil er den Ahnenkult vollziehen muß.

In jedem Hause findet sich ein Platz mit den Ahnentafeln. Das sind, wie früher schon ausgeführt, einfache Holztafeln mit den Namen verstorbener Familienglieder. Vor ihnen werden täglich Räucherkerzchen angezündet und papierene Nachahmungen von Silberbarren verbrannt, wobei Verbeugungen als Akte der Verehrung gemacht werden. Die Verehrungen am Grabe finden zu bestimmten Zeiten statt, besonders zur Zeit des Tsingming-Festes, Anfang April. Mit Kerzen, Weihrauch, Opferspeisen und Getränken zieht dann die ganze Verwandtschaft zu den Gräbern und vollführt dort eine Reihe von Zeremonien. Auch wird das Grab gereinigt und neu hergerichtet. Lange Streifen weißen Papiers werden am Grabe auf Bambusrohrstangen befestigt, um den Vorübergehenden anzuzeigen, daß die Riten vollzogen sind.

Der Chinese glaubt, daß die Verstorbenen dieselben Bedürfnisse haben wie die Lebenden. Da aber die Schatten unsichtbar sind, muß alles für ihren Gebrauch Bestimmte durch Verbrennen unsichtbar gemacht werden, die hingestellten Opferspeisen ausgenommen. In der Macht der Ahnen steht es, in die Häuser der Lebenden einzudringen, um zu belohnen oder zu strafen. Besonders in der Zeit vom neunten bis zum siebzehnten Tag nach dem Tode wird der Schatten des Verstorbenen aufs beste bewirtet, da man annimmt, daß er sich während dieser Zeit wieder im Schoße seiner Familie aufhält. Priester schreiten dann um den Gabentisch herum, singen, beten und schlagen Gongs. Die Totengeister werden feierlich eingeladen, von den Speisen zu genießen. Später verzehren die Familienglieder gemeinsam die für die Toten bestimmten Speisen. Wie es heute unter Mao Tsē-Tung um den Ahnenkult steht, kann man nur ahnen. Er ist von der Partei aus verpönt, wird aber im Stillen, besonders von den Älteren, noch geübt.

Fremde Religion in China: Buddhismus — Christentum — Islam

Der chinesische Buddhismus

Plötzlich ziehts im Herzen
mich hin zu Buddhas Heil.
(Li Tji, 713—756)

Was Buddhismus ist und wie er nach China kam

Zur Han-Zeit (206 vor Chr. bis 220 n. Chr.) trat in China durch Missionare eine neue, ausländische Religion auf den Plan: Der Buddhismus. Die Konfuzianer haben den Buddhismus zunächst sehr mißbilligt, besonders weil er (durch mönchisches Leben) die geheiligten Familienbande zu sprengen drohte. Er sprach aber trotzdem, besonders in seiner Mahāyāna-Form, das chinesische Volk lebhaft an, weil er mit dem Kult zugleich eine Eschatologie brachte, die dem chinesischen Menschen fehlte. Daher hat der Buddhismus in China einen Riesenerfolg gehabt und wurde ein wichtiges, aus China nicht wegzudenkendes Element der synkretistischen Gesamtreligion Chinas.

Es kann nicht Absicht dieses Buches sein, nebenbei die große und weite Problematik des Phänomens »Buddhismus« abhandeln zu wollen. Ich verweise dazu auf die Literaturangaben in den Anmerkungen.

Doch dürften einige Hinweise an dieser Stelle nötig und brauchbar sein. Der Buddhismus geht zurück auf den historischen Gautama Buddha, der um 560 v. Chr. in Nordindien geboren wurde. Durch einen Prozeß harten Nachdenkens und halbmystischer Praktiken kommt er zur »Erleuchtung«. Seine erste berühmte Predigt hält er im Hirschpark zu Benares, 35 Jahre alt. Die übrigen 45 Jahre seines langen Lebens verbringt er mit Verkündigung, Sammlung und Verwaltung seines Mönchsordens. Er stirbt 80jährig, wohl 483 zu Kusinara, umgeben von seinen Jüngern, denen er die Verbreitung der Lehre übergibt.

Die Lehre Buddhas wurde relativ früh schon auf buddhistischen Konzilien konzipiert. Die heiligen Schriften liegen uns vor im sogenannten Pāli-Kanon oder dem »Tipitaka«, zu deutsch: Dreikorb. Der erste Teil, das »Vinaya-Pitaka«, ist der »Korb der Disziplin«, d. h. die Sammlung der Ordensregeln, die Buddha seiner Gemeinde gab.

Der zweite (sehr wichtige) Teil ist das »Sūtra-Pitaka«, der Korb der Lehrvorträge oder Predigten des Buddha. Der dritte Teil, »Abhidamma-Pitaka« genannt, ist die Zusammenfassung der späteren metaphysisch-scholastischen Lehrbegriffe.

Neben dem Kodex in der Pāli-Sprache gibt es noch eine (nördliche) Version in Sānscrit. Der besonders wichtige zweite Teil enthält die fünf Nikāyas und das berühmte Dhammapada, sowie die Jatakas. Hierin sind die wichtigsten Quellenschriften zum ursprünglichen Buddhismus zu sehen. [80]

Nach China kam nun der Buddhismus zumeist in seiner etwas späteren Form, dem sogen. »Mahāyāna«. Während »Hināyāna« (zu deutsch: »Kleines Fahrzeug«) die Lehre des historischen Buddha darstellt, der ohne Mythus und Kult auskam, bedeutet »Mahāyāna« das »Große Fahrzeug«. Die beiden großen Schulen entwickelten sich, besonders in Nordindien, mehrere hundert Jahre lang nebeneinander. Die Entwicklung vom Hināyāna zum Mahāyāna bedeutet religionsphänomenologisch eine Schwergewichtsverlagerung. Aus den Lehren des Buddha (die schwer zu befolgen sind, und durch die daher nur wenige gerettet werden können (Kleines Fahrzeug), wird eine mit Mythologie durchsetzte Lehre über den Buddha, die nicht mehr historisch, sondern ihrem Wesen nach rein metaphysisch ist und durch die viele gerettet werden können (Großes Fahrzeug).

In seiner Mahāyāna-Form lernten bereits chinesische Pilger (die historisch greifbaren sind Fa-Hien und Sung-yun) zwischen 400 und 500 n. Chr. den Buddhismus kennen. Spätere chinesische Pilger (Hiuen-Thsang und I-stsing) berichten bereits vom auffälligen Niedergang des Buddhismus in Indien. Der Buddhismus wurde (gleich dem Christentum) Missionsreligion und verlor sein Ursprungsland. Er begann seine große Wanderung nach Osten hin und kam auf diesem Wege auch nach China.

Die heiligen Quellenschriften des »Mahāyāna sind später entstanden als die des ursprünglichen Buddhismus, die ältesten etwa zu Beginn unserer Zeitrechnung. [81]

Eine dreifache, fast unüberwindliche Barriere mußten die buddhistischen Missionare übersteigen, um ihre Religion in das Reich der Mitte zu bringen: die höchsten Gebirge der Welt, die schlimmsten Wüsten des Erdballs und die gefährlichsten Meere. Zu diesen Schwierigkeiten kam noch hinzu, daß China für den Buddhismus zunächst kein vielversprechendes Missionsfeld bot. Denn der Buddhismus ist, jedenfalls in seiner Mahāyāna-Form, höchst spekulativ, während die Chinesen, gerade von Konfuzius her, mehr praktische Diesseitsmenschen waren, wenn sie auch von Shangti, Göttern und Geistern sprachen. Und eine

Religion, die das Zölibat pries, konnte zunächst bei einem Volk wie dem chinesischen, das so großen Wert auf die Familienbande legte, mit keinem großen Beifall rechnen. Daß sich der Buddhismus in China trotzdem so stark entwickelt hat, verdankt er der klugen Elastizität und Anpassungsfähigkeit seiner Missionare.

Buddhismus im chinesischen Gewande

Die Sendboten Buddhas stellten ihre Verkündigung und Unterweisung in China sofort auf das konfuzianische Ideal der kindlichen Pietät, des Familienkults und der Ahnenverehrung um. Dem Ahnenkult, besonders gegenüber den Eltern, wurde man gerecht durch Einführung einer Art von Seelenmessen. Denn der Mahāyāna-Buddhismus bot viel mehr Jenseitshoffnung als die Chinesen sie kannten. Man kam hier einem Bedürfnis entgegen, das die einheimische Religion zu wenig befriedigte. Jetzt wurde es zum Beispiel durch Rezitation von heiligen Texten möglich, den Zustand der Abgeschiedenen zu bessern. Durch derartige Zeremonien, besonders durch die Ausgestaltung der Begräbnisse, gewann der Buddhismus den Zulauf des Volkes. Auch erkannten seine Sendboten schnell, daß der tief eingewurzelte und in China so mächtig wirksame Tao-Begriff ein geeigneter Boden und Ansatz zur Verbreitung der eigenen Theorien war. Der Taoismus wurde nicht bekämpft; im Gegenteil: Statt die taoistischen Götter herabzusetzen oder zu verlachen, nahm man sie auf in das eigene Pantheon oder erklärte sie zu Bodhisattvas.

Rapides Wachstum

So wuchs der Buddhismus in China in den ersten Jahrhunderten unserer Zeitrechnung ganz rapid. In Nordchina allein befanden sich angeblich im Jahre 530 nicht weniger als 13 000 Tempel. In der Zeit der Tang-Dynastie (618 bis 907) blühten bereits die verschiedensten buddhistischen Schulen mit ihren Lehrdifferenzen. Gelegentlich wandten sich auch die alteingesessenen Religionsformen des Konfuzius und des Taoismus gegen den Buddhismus, und es kam dabei zu Verfolgungen der Buddhisten. Aber diese Rückschläge waren nie von langer Dauer. Eine wichtige Spielart des Buddhismus in China, die während der Tang-Zeit aufkam, war die Chen-Yen-Sekte, zu deutsch: »wahres Wort«.[82] Sie verehrt besonders den mythischen Buddha Vairocara, der zugleich die buddhistische Lehre (Dharma) und die Sonne repräsentiert.

Sehr verbreitet und geschätzt ist in China auch der Buddhismus in seiner Amida-Form. [83] Der Glaube an die Barmherzigkeit des Buddha Amida und dessen Hilfe bei Anrufung seines Namens sowie dessen Zukunftshoffnung in der Erreichung des jenseitigen »Reinen Landes des Westens« gaben der chinesischen Seele viel Trost und dem Heilsuchenden vermeintliche Rettung. Daneben wurde auch Kyan-yui, die milde buddhistische Göttin der Barmherzigkeit, die Lichtumstrahlte mit dem mitleidigen Herzen, tief in den Herzen der Chinesen verehrt. [84] Um das Jahr 972 wurden große Teile des buddhistischen Kanons in chinesischer Form gedruckt. Es wurde zu dieser Zeit in China bereits »gedruckt«, und zwar mit Hilfe hölzerner Blöcke. Hierbei handelt es sich um eine Vervielfältigungsmethode, die ursprünglich zur Herstellung von Amuletten erfunden war. Die Kunst, Bücher herzustellen, gibt es nicht erst seit Gutenberg.

Der »Foismus« und seine Tempel

Man muß wissen, daß Buddha in China mit einem anderen Namen benannt wird. Er heißt dort meistens »Fo«. Deshalb nennt man den chinesischen Buddhismus auch »Foismus«. Unter diesem Namen erscheint er zum Beispiel bei unserem deutschen Philosophen Leibniz. Fo wird meist in sitzender Positur mit gekreuzten Beinen auf einer Lotosblume dargestellt, die Hände und Finger in verschiedenen Stellungen, deren jede ihre besondere Bedeutung hat.

Jeder nach seiner Art

Zur Sonderart buddhistischen Denkens in China gehört die Mannigfaltigkeit an Abweichungen und Modifikationen der Mahāyāna-Lehre. Hier kann wirklich jeder nach seiner »Facon« selig werden. Es kommt kaum vor, daß bei Glaubensgesprächen ein Buddhist zum anderen Buddhisten sagt, er sei im Irrtum, schon gar nicht, seine Ansicht sei unbuddhistisch oder ketzerisch. Mir selbst erklärte ein chinesischer buddhistischer Mönch in Thailand: »Mein Herr, auch Christen, die an Christus glauben, sind gute Menschen und erlangen das Heil. Denn der christliche Glaube ist nur ein Zweig am Baume des Buddhismus. Gute Christen sind in Wirklichkeit, ohne es zu wissen, gute Buddhisten.« Ich war, schon aus Höflichkeit, zunächst sprachlos.

Einfluß und Verbreitung

Der Einfluß des Buddhismus auf die chinesische Kultur war gewiß nicht gering. Seine Verbreitung war groß. Zählte man doch noch im Jahre 1940 in Peking 301 buddhistische Klöster! In neuerer Zeit hatte man in den Tempeln auch eine Art Predigtgottesdienst eingeführt. Gelehrte und buddhistiche Laien erklärten in Vorträgen oder Ansprachen nach Art christlicher Bibelstunden die Mahāyāna-Texte. Aber im Reiche der Mitte ist der Buddhismus niemals die beherrschende Religion gewesen, sondern ist von den meisten nur als eine zusätzliche Lehre betrachtet worden, mit der man sich – außer derjenigen des Konfuzius und des Lao-tsze – auch noch beschäftigen konnte oder nicht. Spezifisch chinesische Formen hat der Buddhismus in der Kunst angenommen und von daher großen Einfluß ausgeübt.

In den Anfangszeiten war der Buddhismus in China lebendiger und in seinem Sinne geisterfüllter als später. Seit einigen Jahrhunderten schon befindet er sich im Zustande einer gewissen Erstarrung. Die unruhigen Zeiten, die dem Sturze des Kaisertums folgten, und natürlich die kommunistische Revolution haben seine Lebenskräfte und Wirkungsmöglichkeiten noch mehr eingeengt. Immerhin ist der Name des großen Buddha, des Erleuchteten, bis in die rote Bibel des Mao Tsē-Tung gedrungen. Keinem anderen Religionsstifter und keiner anderen Gestalt der ganzen Religionsgeschichte der Menschheit ist diese »Ehre« sonst beschieden: Auf Seite 82 des »kleinen roten Buches« mit dem Titel »Die Worte des Vorsitzenden Mao Tsē-Tung«, Peking 1967, das keiner Religionsform sonst die Ehre antut, sie auch nur zu erwähnen, finden wir den Namen Buddhas. Allerdings nur in folgenden Worten: »Wenn wir sagen: Der Imperialismus ist bestialisch, so meinen wir, daß sich sein Wesen nicht ändern kann, daß die Imperialisten bis zu ihrem Untergang ihr Schlachtmesser nie aus der Hand geben werden, sich nie in Buddhas verwandeln können.«

Die Sonderart des Buddhismus in Tibet

Es existiert noch eine dritte, weniger bedeutende Form des Buddhismus, genannt Vajrāyāna oder »Das Diamantfahrzeug«. Seine Anfänge liegen im 3. Jahrhundert n. Chr. in Nordindien. Es ist der Buddhismus der Zauberriten, der Magie und der Beschwörungen. Der fromme Buddhist wird auf magische Weise zum Träger göttlicher Energie, die hier das Wesen eines Buddha ausmacht. In dieser Form etablierte sich der Buddhismus in Tibet. Daher ist er hier mit ins Blickfeld zu rücken.

Hart wie der Donnerkeil

Das Wesen und die Härte der Energie der »Buddhaschaft« ist so hart wie der härteste aller bekannten Gegenstände. Das ist der »vajra«, der »Donnerkeil«, hart wie Diamant. Er ist unverbrennbar, unzerstörbar, härter als alles. Diese Härte soll das Wesen des Buddha symbolisieren. Deshalb der Name »Diamant-Fahrzeug« oder Vajrāyāna. Zu solchen Auffassungen gesellte sich eine mystische Tantraliteratur aus dem Hinduismus. Deshalb spricht man auch vom »Tantrismus« innerhalb des Buddhismus. Vom ursprünglichen Buddhismus der reinen Lehre des großen Gautama ist hier nichts zu spüren. Es handelt sich um ein Gemisch von Magie, Mythologie und orgiastischen Kulten. Der Schüler des Vajrāyāna will sich in seine wahre »Diamant-Natur« zurückversetzen. Der Heilsweg besteht darin, daß der Gläubige zum »Diamantwesen« wird, hart wie ein Juwel, klar wie der leere Raum, unwiderstehlich wie der Donnerkeil. Einweihungen spielen eine gewisse Rolle, wie – freilich dort ganz anders – in den Mysterienreligionen des Mittelmeerraumes.

Bon-Religion und Knotenschnüre

In der Form des Mahāyāna, besonders aber des Vajrāyāna mit seiner Magie kam der Buddhismus nach Tibet. Vom Jahre 620 bis 649 regierte hier ein König Srong-btsan-sgambo. Bis zu dessen Regierung war Tibet für die übrige Welt so gut wie unbekannt, aber mit diesem König ging das Licht der Geschichte über Tibet auf. Während seiner Regierung sind nach der Legende dort die buddhistischen Schriften »vom Himmel gefallen«.

Zugetragen hat sich in Wirklichkeit, daß der kluge, weitsichtige König erkannte, sein Volk müsse im Besitze einer Schrift sein, um an Zivilisationsgütern teilzuhaben. Bis dahin kannte Tibet keine Schrift, sondern nur Knotenschnüre, die man zur Fixierung der Gedanken benutzte. Eines Tages sandte der König eine Gesandtschaft nach Kaschmir, um dort eine Schrift zu studieren und mit nach Tibet zu bringen. Seine Gelehrten bringen die damals in Indien geläufige Schrift mit und beschneiden sie für tibetische Verhältnisse auf 30 Konsonanten und 4 Vokale. Aber sie bringen zugleich mit der Schrift auch noch Schriften mit, und diese Schriften waren buddhistische Schriften.

Die angestammte Religion der Tibeter war die sogenannte Bon-Religion, ein seltsames Gemisch aus Animismus und Schamanismus. Der König wird vom buddhistischen Gedankengut der Schriften infiziert und eine seiner beiden Hauptgemahlinnen unterstützt ihn darin. Der König nimmt die ausländische Religion an. Nach wechselvollen Kämpfen zwischen Adel und König setzt sich der König allmählich durch: Es entsteht in Tibet eine Art buddhistischer Staatskirche.

Umfangreiche tibetisch-buddhistische Literatur

Durch die erfolgreiche Einführung der Schrift wurden die Tibeter nicht nur sehr schreibfreudig, sondern auch Buddhisten. Nach Einführung der buddhistischen Schriftkultur entstand eine riesige tibetisch-buddhistische Literatur: Kanjur und Tanjur ist ihr Name. Nur Teile davon sind in europäische Sprachen übersetzt. »Kanjur« heißt: »Übersetzung der Vorschriften« und ist von ungeheurem Umfang. Es besteht aus 689 Werken in 108 Bänden. Der »Tanjur« ist noch größer und hat den ungeheuerlichen Umfang von 225 Bänden. Beide Werke enthalten buddhistische Disziplin also Ethik, aber auch Dogmatik (Lehrvorträge), vor allem aber – und das ist ihr besonderes Kennzeichen – eine Menge von Gemeinlehren magischer Art im Sinne des Vajrāyāna.

Lamaismus

Die tibetische Form des Buddhismus nennt man auch »Lamaismus«. Der Name kommt von der tibetischen Bezeichnung der buddhistischen Geistlichen: Lama = »Erhabener«. Der eigentliche Begründer des Lamaismus, aus dessen späteren Sekten das Priesterkönigtum der »Lamas« hervorging, ist Padmasambhava (um 750 n. Chr.), der einen sehr großen Einfluß auf den regierenden König ausgeübt hat. Er legte den Grund zu dem berühmten Kloster Samye, dessen Bau 12 Jahre gedauert haben soll. Die Einzelheiten der Grundlegungszeremonie zeigen, abgesehen von dem ihnen zukommenden kulturgeschichtlichen Interesse, wie weit sich der tibetische Buddhismus vom historischen Buddha und seinen sublimen Lehren entfernt hatte. Kein Wunder, daß eine Reform nötig wurde, die dann unter Tsong-kha-pa (1356 bis 1418) kam. Aus dessen Schülern gingen die Dalai-Lamas hervor, die sogenannten Königspriester. Es sind weltliche Herren, ausgestattet mit geistlichen Funktionen. Sie regierten bis in unsere Zeit und wurden vom heutigen kommunistischen Regime vertrieben. Es ist zu betonen, daß es neben diesen Priesterkönigen noch die rein geistlichen Würdenträger gab, die sogenannten Pantschen-Lamas. Beide Arten von Würdenträgern pflanzen sich durch die »Khubilghanische Erbfolge« fort,

d. h. nach dem Tode eines dieser Würdenträger muß nach einem Kinde gesucht werden, das durch »Merkmale« zu erkennen gibt. Die Seele des Verstorbenen ist in ihm wiedergeboren.

Das Christentum in China und das vorläufige Ende der christlichen Mission

Die Nestorianer

Der christliche Glaube wurde zuerst wahrscheinlich im Jahre 635 nach China gebracht, und zwar durch nestorianische Wandermönche, die von Persien her nach Ch'angan kamen (heute Sianfu). Kaiser Tai Tsung nahm sie freundlich auf, interessierte sich für ihre heilige Schrift und gab ihnen ein Kloster. Im Jahre 638 wurde die Ausbreitung dieser »Schriftreligion« durch kaiserliches Edikt offiziell erlaubt. Die »Nestorianer« sind Schüler des Nestorius, der 431 als Erzbischof von Konstantinopel starb. [85] Er vertrat die antiochenische Christologie in zugespitzten Formulierungen (Maria »Christotokos«). Nestorius war lange Zeit durch kaiserlichen Befehl nach Oberägypten ins Exil geschickt worden. Seine Schüler gründeten Kirchengemeinschaften, die, nirgends direkt anerkannt, in der Minderheit blieben. Sie trieben trotzdem (erstaunlicherweise) Mission, und zwar nach dem Osten hin, nach Asien hinein. Sie entwickelten dabei eine eigenständige Lehre und Symbolik. Ein von ihnen formuliertes Bekenntnis fand man auf einer bei Singanfu ausgegrabenen Säule. Diese Nestorianer entfalteten in China eine eifrige Missionsarbeit, vielleicht die eifrigste, die die Welt je gesehen hat — unter schwierigsten Bedingungen unter täglicher Arbeit in der »Nachahmung Christi«. Ihre Scharen waren getrieben vom Missionsauftrag des N. T. Weshalb sie untergehen mußten, ist unklar. Der Niedergang ihrer geistlichen Kraft kann mit schweren Verfolgungen zusammenhängen, die sie alsbald trafen. [86] Vom Jahre 684 ab begannen die Buddhisten gegen sie im Lande zu hetzen. Ab 698 kam es zu einer Verfolgung der Nestorianer. Dennoch entfaltete sich eine neue Blüte der Nestorianer-Kirche unter dem Kaiser Hsuan-Tsung (712—756). Sie hatte in ihrem Bischof Adam einen hervorragenden Leiter, der die biblischen und nestorianischen Schriften ins Chinesische übertrug. Einige davon wurden erst im Jahre 1908 entdeckt. Adams Hauptwerk ist eine Inschrift auf einer Steintafel, die, 781 errichtet, im Jahre 1623 ausgegraben wurde. Diese »Tafel von Sianfu« enthält Daten über die Ausbreitung der Nestorianer in China bis 781. Da ab 845 eine Verfolgung der Buddhisten einsetzte, wurden auch die Christen mitbetroffen. So begann ihr Niedergang, ja Untergang. Erst unter der Mongolen-Dynastie (1280–1360) kam es, wie einige Notizen Marco Polos bezeugen, zu einem teilweisen Wiederaufleben der Nestorianer.

Die katholischen Ordensleute

Von 1294 an setzte die katholische Minoriten-Mission durch Johannes von Monte Corvino in Kambalek bei Peking ein. Obwohl zuerst von Rom wenig unterstützt, hatte er doch Erfolg und wurde später vom Papst zum Erzbischof ernannt. Die Christenheit hatte damals etwa 30 000 Seelen, aber durch den Sturz der Mongolenherrschaft im Jahre 1368 setzte wieder der Niedergang ein.

Eine Weiterarbeit erfolgte erst im Jahre 1583 als die Jesuiten in Südchina ankamen. Besonders stark wirkte der Jesuit Ricci, der 1610 in Peking starb. Nach den Jesuiten kamen auch Franziskaner und Dominikaner. Ein Toleranz-Edikt vom Jahre 1657 kam der bescheidenen Ausbreitung des Christentums entgegen. Durch die Anpassung an Ahnen- und Konfuziuskult kam es zu einem Streit innerhalb der christlichen Mission. Als Papst Benedikt XIV. eine Entscheidung über die richtige Bezeichnung und Verwendung des Gottesnamens traf, verstimmte das den Kaiser Ch'ienlung, der darin von seinem Standpunkt aus eine Verletzung seiner Autorität sah. Die Mission hatte darunter zu leiden; es gab wieder Verfolgungen. Im Jahre 1773 wurde der Jesuitenorden in Europa verboten, in China erlag seine Mission. Als sie 1842 neu begann, fand sie noch etwa 300 000 Christen vor, ein Zeugnis für die tatkräftige Wirksamkeit der alten katholischen Missionare.

Die evangelischen Missionen

Die Mission der evangelischen Kirchen begann erst 1807 durch die Londoner Mission, die in Kanton arbeitete. Der Londoner Missionar R. Morrison übersetzte die Bibel ins Chinesische. Aber erst mit dem Vertrag von Nanking im Jahre 1842, der mit dem Aufenthalt von Ausländern auch die Häfen für die Mission öffnete, hatte diese wirklichen Erfolg. Es folgten Missionare der verschiedensten protestantischen Glaubensgemeinschaften aus England und Amerika. Amerikanische Presbyterianer gründeten die erste chinesische Kirche 1845. Der kühne deutsche Freimissionar K. Gützlaff wirkte eifrig mit bescheidenem Erfolg. Seit 1866 entstand in England und Amerika die »China-Inland-Mission«, deren Bahnbrecher der englische Arzt H. Taylor war. Sie entsandte in der Zeit zwischen 1860 und 1900 fast 5000 Missionare. Auch wurden durch die Presbyterianer und Methodisten, sowie durch die ärztliche Mission in China Hochschulen gegründet.

Einen großen Rückschlag in dieser Arbeit brachte der Boxeraufstand im Jahre 1900. Denn dieser förderte mit dem Fremdenhaß auch die Abneigung gegen das Christentum als die Religion der Fremden und des »imperialistischen« Westens. Seit 1905 kamen auch skandinavische Missionen nach China. Die Gründung der Republik im Jahre 1912 schien sich sehr günstig für das Christentum auszuwirken. Es bildeten sich konfessionelle Zusammenschlüsse, 1912 eine anglikanische, 1920 eine lutherische Kirche. Sie schlossen sich 1922 zu einer »Kirche Christi in China« zusammen und hatten an der Spitze einen Chinesen, Cheng Ching-yi. Im »Nationalen Christenrat Chinas« begannen die Chinesen in den Vordergrund zu rücken. 1924 fand in Shanghai das erste Nationalkonzil des chinesischen Katholizismus statt, 1926 wurden in Rom sechs chinesische Bischöfe geweiht.

Indessen trügte der Schein: Nach Gründung der Republik setzte eine Reaktion gegen das Christentum ein. [87] Das System der ausländischen Privilegien (an dem auch Deutschland durch seine Festsetzung in Shantung beteiligt war) führte zu einer inneren Rebellion des chinesischen Volkes gegen die Ausländer (gegen die Konzessionen, Exterritorialrechte, »ungerechte Verträge« usw.). Als im Jahre 1922 der »Christliche Studentenweltbund« auf einer Konferenz in Peking von »Chinas christlicher Okkupation« sprach, verursachte er durch diese anstößige Weise Wellen des Angriffs gegen das Christentum in China. Sun Yatsen mußte sich gegen Bestrebungen wehren, die den Konfuzianismus wieder zur Staatsreligion machen wollten. Er hielt am Prinzip der Religionsfreiheit, das die Republik garantierte, fest. Nachdem 1923 das Bündnis mit Sowjetrußland geschlossen war und Sun Yat-sen 1925 starb, wurden unter russischem Einfluß bereits die christlichen Missionsschulen attackiert. Der Druck milderte sich wieder, nachdem Chiang-Kai-shek mit den Russen gebrochen hatte. Im Jahre 1939 gab es in China etwa 130 verschiedene evangelische Missionen mit etwa 1200 Missionaren und etwa 600 000 Mitgliedern. Dazu kamen etwa noch 2900 katholische Missionare mit entsprechender Anzahl von Mitgliedern. Leider wurde weithin das Sektenwesen auch auf die Mission übertragen.

Der Erfolg der christlichen Mission in China war relativ bescheiden. Das Christentum konnte nicht die Anpassungsfähigkeit des Buddhismus haben, wenn es sich nicht selbst aufgeben wollte. Zu den eigentlichen Mitgliedern kamen vielleicht noch eine Million (oder mehr) Anhänger, aber trotz reger Missionstätigkeit war der Fortschritt nicht sehr groß. Die christliche Botschaft von der Offenbarung Gottes in Jesus Christus konnte sich z. B. dem Ahnenkult nicht anpassen.

Die »Jagdhunde der Ausländer«

Nach der Machtübernahme Mao Tsē-Tungs wurden zunächst die Missionsschulen liquidiert und dem staatlichen Schulsystem einverleibt. Mao erließ ein Rundschreiben an alle Christen, in dem er sie ermahnte, sich »zur siegreichen Revolution zu bekennen« und dem schädlichen »Imperialismus« abzusagen. Außerdem hätten sie sich zur »Drei-Selbst-Bewegung« zu bekennen. Diese »patriotische Bewegung« soll das »Erbe der imperialistischen Missionsarbeit« überwinden. Das gab der Kirche eine – allerdings sehr eingeschränkte – Existenzmöglichkeit. Wer sich der »Bewegung« nicht anschließt gilt als reaktionär und wird verfolgt. Es handelt sich um eine »offenbare Gleichschaltung« der Kirche, deren Versuch nicht gerade neuartig war. »Drei-Selbst-Bewegung« soll soviel bedeuten wie: Bewegung für »Selbstverwaltung«, »Selbstunterhalt« und »Selbstverbreitung«. Von ausländischer Unterstützung habe man sich völlig loszusagen, am Aufbau des Neuen China habe man sich energisch zu beteiligen. Provinz- und Lokalkomitees dieser »Bewegung« wurden gegründet. 1954 hielt die Bewegung ihre erste »nationale Konferenz«.

»Zentren der Aggression«

Alle christliche Missionsarbeit ist nach Mao Tsē-Tungs Auffassung nur ein Teilstück des finsteren Planes der Imperialisten. Sie diente den Aggressoren als ein »Bollwerk« gegen China. [88] Mission und Kirche aller Konfessionen wurden vom Kommunismus in den Jahren der Ausbreitung und Festigung seiner Macht mit großer Grausamkeit verfolgt. Viele Missionare verließen auf Bitten der chinesischen Christen das Land. Taten sie es nicht, so wurden sie oft unter schmählicher Behandlung ausgewiesen. Sie wurden als Vertreter des westlichen Imperialismus verurteilt und chinesische Christen als Helfershelfer mitbestraft. Die stärksten Drangsalierungen geschahen Anfang der 50er Jahre. Da konnte man in chinesischen Tageszeitungen lesen, katholische Schwestern hätten in Nanking ein »kleines Buchenwald« gehalten, chinesische Kinder gemartert, sie verhungern lassen und in die Sklaverei verkauft. [89]

Alle christlichen Missionsschulen wurden als »Zentren der Agression« angesehen: Die katholischen Schulen verbreiteten angeblich den Faschismus, die protestantischen seien eine Spionage-Einrichtung der USA. Vor allem sei der Vatikan ein Zentrum des Spionagenetzes und ein Werkzeug der amerikanischen Imperialisten. Alle nach Hongkong gekommenen Flüchtlinge haben die Not der chinesischen Christen in die Welt getragen: Das Christentum sei die Doktrin des Imperialismus. Die kirchlichen Führer wurden gezwungen, ihre vergangene Tätigkeit und ihre Verbindungen anzuzeigen. Von 3 000 christlichen Missionaren im Jahre 1949 waren 1952 noch etwa 100 übriggeblieben. [90] Es gab Gefängnis, Folterung, Hausarrest, öffentliche Massengerichte. [91] Nach dem »Wahlgesetz vom 1. März 1953«, § 21, wurde allen Christen und Buddhisten das Wahlrecht entzogen, weil ihre Gemeinde nicht Körperschaften angehöre, die von der Regierung gefördert sei und ihr politisches Verhalten nicht einwandfrei sei. Alle Aktionen gegen die christlichen Kirchen liefen seit Juli 1950 unter der Bezeichnung »Kampf den Jagdhunden der Ausländer«. Ein sogenannter »Christlicher Nationalrat« erließ im Jahre 1951 ein »Christliches Manifest«, das alle chinesischen Christen unterzeichnen mußten. Andernfalls wurden sie der Hilfe für den Imperialismus angeklagt. In diesem »Manifest« sind die Pflichten der christlichen Kirche in China geregelt: Sie soll vor allem über die »Verbrechen des Imperialismus« aufklären und sich von seinen Einflüssen reinigen. Sie soll die Landreform unterstützen, sich dem Krieg widersetzen und den Frieden aufrechterhalten. Durch Selbstkritik und Wandlung soll die Kirche ihren Mitgliedern Patriotismus und demokratischen Geist einflößen. [92] Papst Pius XII. verurteilte die »Drei-Selbst-Bewegung« im Jahre 1954 (»ad Sinarum gentem«). Daraufhin wurde eine romfreie nationale katholische Kirche gegründet. Trotzdem sind die evangelische wie auch die katholische Kirche in China noch nicht tot. Es gibt noch christliche Kirchen in Peking, die sich mit Mühe unter Gefahren und Opfern halten. Sie sind von jedem ausländischen Einfluß frei. Es besteht kein Kontakt mehr zu der übrigen Christenheit der Welt.

Die christlichen Pastoren müssen »sozialistische Verpflichtungen« auf sich nehmen: Sie dürfen keine »reaktionäre« Lehre predigen. Dazu gehört zum Beispiel die Aussage, daß Christus die Kranken heilen konnte. Sie müssen die Partei, den Sozialismus, die »Drei-Selbst-Bewegung« und die Arbeit »lieben«. Sie haben patriotische Lieder zu lernen, die sie am 1. Mai beim Umzug singen können. Sie übernehmen die Garantie dafür, daß wenigstens 85 Prozent der Gemeindeglieder an jedem »Feldzug für den Sozialismus« teilnehmen. Einmal im Vierteljahr müssen sie ihre Haltung in bezug auf diese Punkte kritisch überprüfen. [93]

Es ist klar, daß heute in China der christliche Glaube weniger in der Organisation der »Drei-Selbst-Bewegung« lebt als vielmehr in den geheimen Hausgottesdiensten, über die Flüchtlinge in Hongkong berichteten. Über das Geschehen, daß die Christenheit in China gegenwärtig getroffen hat, sagt Gerhard Rosenkranz [94] es sei »Gotteswunder und Gottesgericht zugleich«. Ich meinerseits wage nicht zu sagen, was dieses Geschehen »ist«. Hier kann man nur in stummer Ehrfurcht schweigen, weil sich urchristliches Martyrium in jüngster Zeit zu wiederholen scheint.

Der Islam in China

Auf den Islam in China kann nur in aller Kürze hingewiesen werden. Bekanntlich wurde der Islam als prophetische Weltreligion von Mohammed (geb. 570 n. Chr. in Mekka) gegründet. Da bereits im Jahre 651 n. Chr. diplomatische Beziehungen zwischen China und der arabischen Welt aufgenommen wurden, kam auch der Islam sehr früh dorthin. Er hat aber niemals den großen Einfluß des Buddhismus in China erreicht. Immerhin gab es bei der Machtergreifung Maos Millionen von Mohammedanern in China (die zahlenmäßigen Schätzungen schwanken sehr, zwischen 3 und 30 Millionen). Wieviel Mohammedaner es heute noch in China gibt, kann niemand sagen.

Es gab keine übergeordnete Organisation des Islam in China. Jede einzelne Moschee ist (wie auch in vielen anderen Ländern) unabhängig. Sie wird von einem anerkannten Führerkreis und »Ältesten« getragen. Außerdem gibt es den »Imam«, dem die Beaufsichtigung der Moschee und die Führung der Gebete obliegt. Er wird gewählt aufgrund seiner Erfahrung und seines Charakters. Imam und Älteste betreuen einen »Ahung«, der die Aufgabe hat, die Lehre zu verkündigen, Gesetze auszulegen und die Zeremonien zu vollziehen. Er ist nicht Priester im strengen Sinne, sondern Lehrer und Berater.

Der Islam in China blieb immer geistig isoliert. Eine Übersetzung des Korans in die chinesische Sprache ist erst sehr spät erfolgt. Das hängt damit zusammen, daß er traditionsgemäß nur auf arabisch rezitiert zu werden brauchte. Es war ein Nicht-Moslem, namens

Li T'ieh-cheng, der die erste vollständige Ausgabe des Koran in chinesischer Sprache herausbrachte, und zwar erst im Jahre 1927, unter dem Titel: K'o-lanching (Der Koran). Sie gründet sich auf eine englische Fassung. Erst im Jahre 1932 gab die »Chinesisch-Mohammedanische Fortschrittsgesellschaft«, die sich damals gebildet hatte, unter dem Titel »Ku-lan ching i-chieh« eine auf sorgfältigem Studium des Arabischen beruhende chinesische Ausgabe heraus, die auch die volle Anerkennung der Mohammedaner in China gefunden hat.

Die Mohammedaner in China haben sich in neuer Zeit in Sekten gespalten, deren größte die »Alte Sekte« und die »Neue Sekte« waren. Die »Neue« ist die liberalere. Ein islamisches Bildungszentrum bestand bis 1950 in Shatien in der Provinz Yunnan. Auch gab es eine ganze Anzahl moslemischer Schulen. Ob beides heute noch der Fall ist, ist dem Verfasser unbekannt.

Von allen Religionsgemeinschaften in China scheinen die Moslems aber von Mao Tsē-Tung am glimpflichsten angefaßt worden zu sein. Es ist schwer zu sagen, ob das auf die Armut der islamischen Gemeinden oder mit Rücksicht auf die mohammedanischen Staaten an der Grenze (Pakistan, Afghanistan) geschieht. Trotzdem ereignete sich im Jahre 1952 in der Provinz Kansu ein Aufstand von 20 000 Mohammedanern. Sie besetzten einige Distrikte, bis die »Volksbefreiungsarmee« den Aufstand niederschlug.

Dritter Teil

Maos eigener Weg

Vom Einfluß der Zeitereignisse und der Einwirkung der »Reformer«

Am Anfang des 20. Jahrhunderts zerbrach das geschlossene, vom Geist der konfuzianischen Staats- und Gesellschaftsphilosophie durchdrungene Reichs- und Kulturgefüge des alten China. Zwischen dem Untergang des konfuzianischen Kaiserreichs und der Errichtung der kommunistischen Volksrepublik liegen vier Jahrzehnte. Die leitenden Personen und Kräfte dieser Ära und ihr Verhältnis zu Mao, bzw. Maos Verhältnis zu ihnen, dürfen nicht außer acht gelassen werden, wenn das Phänomen »Maoismus« verstanden werden soll. Damit zeigen sich zugleich auch die geistigen Grundlagen des Widerstandes gegen die Kommunisten in China, jenes Widerstandes, der sich in seinem Restbestand sichtbar erhalten hat, nämlich in dem »Freien China« auf Formosa (Taiwan). China war schon beim Auftreten Mao Tsē-Tungs nicht nur das Land stiller Gelehrter, wie es westlichen Augen erschien. Es hatte bereits etwa hundert Jahre lang kleinere Revolutionen erlebt, dazu Reformbewegungen rein geistiger Art.

Die Geistesgeschichte des chinesischen Kommunismus beginnt allerdings erst mit der sogenannten »Kulturbewegung vom 4. Mai 1919«. [95] In dieser Bewegung wirkten bereits führende Vertreter der späteren Kommunistischen Partei Chinas mit, besonders der »Generalsekretär« Ch'en Tu-hsiu. Mao schloß sich dieser Bewegung als Student an und hat sie später in seiner Schrift »Über Literatur und Kunst« [96] mit den Worten bewertet: »Die Bewegung des 4. Mai hat ideologisch und kadermäßig die Gründung der KPC im Jahre 1921 vorbereitet.« Diese Bewegung war zwar auf der einen Seite traditionsfeindlich und wollte die »reaktionäre Kultur« der Feudalherren »hinwegfegen«. [97] Auf der anderen Seite aber wollte sie auch vernachlässigte Elemente der chinesischen Volkskultur zur Geltung bringen.

Die »Bewegung vom 4. Mai 1919« stand in geistiger Verbindung mit diesen Reformern, die bereits im Laufe des 19. Jahrhunderts aufgetreten waren und den Sturz der Dynastie beschleunigt hatten: Kang Yu-wei (1858–1927) wollte Konfuzius neu als Mitte des geistigen Erbes Chinas herausstellen, zugleich aber entdeckte er soziale Motive bei Konfuzius, sowie dessen Willen zur Beseitigung von Klassenunterschieden und des Privateigentums. Andere Reformer dagegen verlangen die strikte Beseitigung des Konfuzianismus, z. B. Tschen Du-hsiu (1879–1940). Daher mischten sich die Motive auch in der Bewegung des 4. Mai. Es erhebt sich also zwangsläufig auch von hier aus die Frage, wie Mao und seine Genossen zu den Reformversuchen stehen. Denn die eigentliche intellektuelle Entwicklung Maos fand in den Jahren etwa zwischen 1905 und 1912 statt. Die Wurzeln seiner Auffassung liegen in der materialistischen Philosophie des 19. Jahrhunderts zweifellos mit begründet. So hat er zum Beispiel die Auffassung, daß das Individuum dem Staat geopfert werden müsse, eher bei Spencer als bei Marx gefunden. Eine weitere Komponente seines Denkens liegt zweifellos auch in der Sympathie für die chinesischen Reformer. Als er freilich diese Reformer genauer kennengelernt hatte, plante er (unter leninistischem Einfluß) eine viel weitgehendere Revolution als sie je gedacht hatten.

Die vorkommunistische Periode der »Reformer« umfaßt vielleicht schon die ganze Zeit der Mandschu-Dynastie (1644–1912). Es trafen in dieser Zeit zwei ursprünglich voneinander völlig unabhängige Vorgänge in der Geschichte Chinas zusammen, die in ihrer Weise das Aufkommen von »Reformen« begünstigten. Der eine Vorgang war das Vordringen und Verhalten der westlichen Mächte. Es begann damit, daß diesem vom Kaiser Tsien-lung (1736–1796) das Recht auf diplomatische Vertretungen in China forderten, und führte über Opiumkrieg, Taiping-Aufstand, Krieg mit den Westmächten und mit Japan zum Fremdenhaß und Boxeraufstand schließlich hin zur Revolution und Republik unter Sun Yat-sen. Der andere Vorgang, mehr unpolitischer fast religionsgeschichtlicher Art, betrifft die Wertung des Altertums, insbesondere den Streit um die Echtheit der klassischen chinesischen Texte. Die beiden Vorgänge wirkten in der Weise zusammen, daß auf der einen Seite politisch China dem Einfluß des Westens, d. h. den europäischen Mächten geöffnet wurde, auf der anderen Seite aber gleichzeitig die Autorität der konfuzianischen Lehre durch den Gelehrtenstreit erschüttert wurde.

Was den politischen Aspekt betrifft, so ist es verständlich, daß Mao Tsē-Tung als Chinese von hier aus in seinem anti-»imperialistischen« Pathos gestärkt wurde. Denn es ist nicht zu bestreiten, daß das chinesische Staatsgefüge und damit auch die Seele des chinesischen Volkes durch mehrfache Weise (Kriege, sogenannte »Konzessionen«, »Pachtungen«, »Verträge«, »Exteritorialrechte« usw.) bis aufs Blut gereizt wurde. Keiner hat die verheerenden Auswirkungen dieser törichten und egoistischen Politik der europäischen Mächte besser erkannt als Lenin. Dieser zog daraus eine sehr weise Konsequenz und verzichtete auf die von China erworbenen Rechte Rußlands. Damit war Rußland in seiner sowjetischen Form der einzige »Freund« Chinas geworden. Das hatte Konsequenzen, besonders in seinen Wirkungen auf die chinesischen Intellektuellen. Der Egoismus der europäischen Mächte und das Verhalten Japans haben dem kommunistischen System in China den Weg bereiten helfen. Wenden wir uns im einzelnen zunächst dieser politischen Komponente zu, die freilich keine rein politische ist, weil das Rechtsgefühl auch immer in sittliche und metaphysische Tiefen reicht.

Opiumkrieg

Buddhistische Mönche sollen nach Überlieferung zuerst das aus Mohnpflanzen gewonnene Opium nach China gebracht haben. Bei den buddhistischen Kontemplationsübungen soll Opium eine gewisse praktische Bedeutung gehabt haben und als Geheimmittel gebraucht worden sein. Ob daran etwas Wahres ist, muß dahingestellt bleiben. Seit der Tang-Dynastie, 618–906, führten jedenfalls arabische Händler Opium in China ein. Sie brachten es als Arzneimittel, das gegessen wurde. Nachdem aber die Chinesen etwa um 1620 durch die Spanier den Tabak kennenlernten, fingen sie allmählich an, Opium auch zu rauchen. Zuerst wurde Opium dem Tabak nur als medizinisches Mittel beigemischt, und zwar als Gegengift gegen Malaria, bald aber allein zur Erhöhung der narkotischen Wirkung des Tabaks. Seit 1668 stand ein Zoll auf Opium. Als sich die schlimmen Wirkungen des Giftes bemerkbar machten, erließ die chinesische Regierung ein Verbot. Das hinderte aber nicht, daß das Laster um sich griff, besonders nachdem die Engländer in Indien den Anbau der Mohnpflanze aufgenommen hatten. Allmählich kam die Gewohnheit auf, das Opium allein, ohne Tabak zu rauchen. So wurde China der beste Absatzmarkt für die Engländer, die das von der Regierung verbotene Gift in Mengen ins Land brachten. Diesen Handel wollte China unterdrücken. Infolgedessen kam es zu einem Krieg Chinas mit England, in welchem China unterlag. Durch den Vertrag von Nanking 1842 wurde der Opiumkrieg beendet. China mußte danach den Hafen von Hongkong an England abtreten und sich zur Öffnung der Häfen Shanghai, Ningpo, Futschau,

Amoy und Kanton bereitfinden. Es blieb bei dem bedauerlichen Opiumhandel.[98] Eine bleibende Erbitterung war damit in China geboren. Mao Tsē-Tung selbst erwähnt den »Opiumkrieg« in höchst bemerkenswerten Zusammenhange. Die Folgen wirken bis auf den heutigen Tag nach. Mitten in Ausführungen vom Jahre 1940 über die »Kultur« als »die Widerspiegelung der Politik und der Ökonomie einer gegebenen Gesellschaft« kommt Mao auf den »Opiumkrieg« zu sprechen und bemerkt, daß der »Kampf zwischen dem Neuen und dem Alten«, den er führt, der Kampf »zwischen Revolution und Konterrevolution« bereits 100 Jahre dauere, »wenn man mit dem Opiumkrieg zu rechnen beginnt«.[99]

Taiping-Aufstand

Eine Folge der »Erledigung« der Opiumfrage war die schreckliche »Taiping«-Rebellion (1849—1866). Es handelte sich hier um eine Bewegung, die die Mandschu-Dynastie an den Rand der Vernichtung brachte und die reichsten Provinzen verheerte. »Taiping« bedeutet »Großer Friede«. Die Aufständischen wählten diesen Namen für eine neu zu gründende Dynastie. Die alte Regierung der Mandschu, die in der Opium-Auseinandersetzung mit England so kläglich unterlegen war, sollte durch eine stärkere nationalere ersetzt werden. Die Aufständischen vereinigten sich mit religiösen Geheimbünden, wie z. B. der »Gesellschaft der Trias« (Himmel, Erde, Mensch). Führer der gesamten Bewegung war Yung Hsü Ch'uan aus der Provinz Kanton, ein religiöser Schwärmer, der auch durch christliche Traktate Anregung erfahren hatte. Dieser neue Prophet warf sich zum Kaiser auf und hätte beinahe einen Umschwung herbeigeführt. Er hatte den erstaunlichen Plan entwickelt, in China an die Stelle der konfuzianischen Schriften das Alte und Neue Testament zu setzen. Engländer und Franzosen waren es, die der chinesischen Regierung Hilfe gaben, um diese Bewegung niederzukämpfen. Freilich hatte sie sich immer mehr ihres religiösen Charakters entkleidet. Trotzdem bleiben erhebliche Zweifel und Rätsel um das damalige Verhalten Englands. Man argumentierte damals, »Taiping« bedeute ein »unechtes« Christentum, mit Irrlehren durchsetzt. Man beanstandete z. B., daß die Chinesen nach chinesischer Sitte Christus den »älteren Bruder« nannten. Diese Beanstandung beruhte auf purer Unkenntnis, um nicht zu sagen auf reiner Dummheit. Denn nach chinesischem Verständnis ist der »ältere Bruder« der autoritative Sohn, der Gott den Vater repräsentiert. Dabei gab es dogmatisch garnichts zu beanstanden. Doch weil sie nicht zur anglikanischen Kirche gehörten und sich in chinesischer Begriffswelt ein Verständnis des biblischen Evangeliums zurechtmachten, beschuldigte man sie, »unechte« Christen zu sein.

Der Führer der »Taipings«, Yung Hsü Chu'an, wollte eine neue Dynastie mit Namen »Taiping T'ienkuo«, d. h. »Himmlisches Königreich des großen Friedens« errichten. Der Name Taiping« war keine neue Erfindung, sondern ging zurück auf das »Taiping Ching«, eine taoistisch geartete Schrift aus der Zeit der Han-Dynastie. Yung hatte es im Jahre 1850 durch einen Bauernaufstand so weit gebracht, daß er weite Gebiete Zentralchinas kontrollierte. Viel Blut war dabei geflossen. Er zerstörte auch buddhistische und taoistische Kultbilder, ließ aber die konfuzianischen Tafeln stehen. Yung wollte frommer Christ sein, nannte sich »Bruder Gottes und hatte sich mit Heugabeln an die Eroberung Chinas gemacht. Er hatte primitive »kommunistische« Ideen, wollte das Privateigentum abschaffen und die Güter der Welt verteilen, Gerechtigkeit in der Welt herstellen, die zerfallene Gesellschaft aufrichten usw. »Alle sollen satt werden, alle sollen sich kleiden können, das Geld wird geteilt.« Es gibt keinen Beleg dafür, daß diese Gedanken durch das Ausland, etwa von Europa her durch das »Kommunistische Manifest« beeinflußt worden seien. Erst 30 Jahre später erschien die erste chinesische Übersetzung des Kommunistischen Manifests. Wohl aber gibt es Anhaltspunkte dafür, daß diese utopische Sozialpolitik der Taipings dem klassischen Kanon der Konfuzianer, nämlich gewissen Anweisungen des »Li-Gi«, des »Buches der Riten«, folgte. Es kam zu großen Zusammenstößen mit den kaiserlichen Truppen. Den Befehl über die Taiping-Truppen führte ein Freund Yungs, ein militärisches Genie, namens Chu kiu-t'ao, und zwar lange Zeit mit großem Erfolg. Schließlich brachen die Taiping-Aufstände doch zusammen. [100]

Sun Yat-sen hat die Taipings und ihre Intentionen sehr geschätzt. Er hat sogar davon gesprochen, die KMT seien entstanden, um das Werk der Taipings fortzusetzen. Chiang-Kai-shek dagegen bezeichnete die Taipings als »unwissende, törichte Leute«, die außerhalb des Stroms der chinesischen Geschichte gestanden hätten. Ihre Sozial- und Agrarreformen müssen auch Mao Tsē-Tung lebhaft beschäftigt haben. Er hat ihnen aber literarisch nachweislich nur insofern Aufmerksamkeit geschenkt, als er sie in den Kampf einer »neuen Kultur der Bourgeoisie« gegen die »alte Kultur der Feudalklasse« einreihte. Für Mao war alles sozialreformerische Streben vor dem 4. Mai 1919 noch eine Sache der »Bourgeoisie«. Bis zu diesem Datum war »an der Spitze der Revolution in China noch die Bourgeoisie, die nach neuen, aber immer noch »bourgeoisen« Verhältnissen strebte. Erst mit dem Datum des 4. Mai 1919 wurde alles anders, weil sich von diesem Tage an die kommunistische Weltanschauung und der Kommunismus/Leninismus hin zur Diktatur des Proletariats durchzusetzen begann. [101] Zu den »bourgeoisen« Reformen rechnet Mao auch die großen Aufstände der Moslems in China, die in der zweiten Hälfte des 19. Jahrhunderts stattfanden. Natürlich zählt er dazu auch das Werk Sun Yat-sens, der – geboren als die Taipings vernichtet wurden, gestorben als die Kommunisten zur Macht kamen – die Brücke zwischen der Taiping-Revolution und den chinesischen Kommunisten bedeutet. Von ihm wird sogleich zu reden sein. Zunächst aber noch die weiteren, für Maos Bewußtsein wichtigen Zeitereignisse.

Kriege mit England, Frankreich und Japan

In den Jahren 1856–1860 wurde China in einen Krieg mit England und Frankreich, 1884–1885 dann in einen zweiten mit Frankreich verwickelt. Beide Male mußte sich die chinesische Regierung dazu bequemen, die geforderten politischen Zugeständnisse zu machen. Auf diese Weise gingen dem »Reich der Mitte« große Nachbarländer verloren, über die es einst die Oberhoheit besessen hatte. Mit Japan geriet China im Jahre 1894 in einen unglücklichen Krieg, der ihm Formosa und Korea kostete. Dieser Krieg hätte ihm noch viel mehr gekostet, wenn nicht Rußland, Frankreich und Deutschland sich zu seinen Gunsten gegen Japan verwendet hätten. Zum Dank für die ihm geleistete Hilfe mußte China im Jahre 1897 das Gebiet von Kiautschou an Deutschland verpachten. Rußland dagegen legte seine Hand auf Port Arthur und die Liautung-Halbinsel. Auch Frankreich wußte sich neue Vorteile zu sichern. England forderte den Hafen Weihaiwei im Shantunggebiete.

Reformwünsche, Fremdenhaß, Boxeraufstand

Durch alle diese Ereignisse war China zum Bewußtsein seiner großen Schwächen gekommen und nichts war natürlicher, als daß es auf den Gedanken kam, sich nach abendländischem Vorbild zu reformieren. An die Spitze der Reformbewegung stellte sich 1898 der jugendliche Kaiser, der jedoch in seinen überstürzten Plänen von der Kaiserin-Witwe gebremst wurde. Diese war eine eigenwillige Frau, die fast 50 Jahre lang die Regierung geführt hatte. Auch sie meinte, eine Bewegung protegieren zu müssen, die aus der allgemeinen Unzufriedenheit und besonders aus dem Fremdenhaß geboren war. Dabei handelte es sich um den Boxeraufstand von 1900, der auch über eingeborene Christen, schwere Verfolgung brachte. [102] Aber man hatte sich getäuscht, wenn man meinte, mit Hilfe der Volksleidenschaft und den Mitteln der Gewalt die verhaßten Fremden loszuwerden. Der Versuch mißlang. In China kam erstmalig der Gedanke auf, daß der Gang der Geschichte von ihm ein gründliches Umdenken erfordere. Die alte Staatsidee von China als dem Universalstaat und der Mitte der Welt, dem Kaiser aber als dem Sohne des Himmels, mußte äußerlich zugunsten der Idee eines Nationalstaates neben anderen aufgegeben werden, erhielt sich aber versteckt im Denken der Chinesen.

Sun Yat-sen, der »Vater« der chinesischen Republik

»Reform« wurde das Schlagwort in Peking. Die alte Kaiserin nahm ein planmäßiges, allmähliches Reformwerk in die Hand. Aber sie starb im November 1908. Danach nahm ein gewisser Radikalismus, dem die Entwicklung nicht schnell genug ging, überhand. Sun Yat-sen entfachte Aufstände gegen die kaiserliche Regierung. In der dann folgenden Revolution von 1911/12 brach nicht nur die Mandschu-Dynastie, sondern der alte chinesische Kaiserthron überhaupt zusammen: China erklärte sich zur Republik. Der 10. Oktober 1911 gilt als Tag des Ausbruchs der Revolution. Seither ist dieser Tag chinesischer Nationalfeiertag.

Sun-Yat-Sen (1866–1925) war der Gründer dieser Republik und der KMT, Führer der Revolutionsbewegung und erster (provis.) Präsident der Republik China. Er hatte bereits in den Jahren vor der Revolution ein Programm für die Staatsführung Chinas ausgearbeitet, das eine Kombination aus westlichem politischen Denken mit erhaltenswert erachteten chinesischen Traditionen darstellen sollte. Das Ergebnis waren die »Drei Grundlehren vom Volk«, das nationale, das demokratische und das soziale Prinzip. [103] Dieses Programm, vielleicht etwas verschwommen, sollte den Weg zur Rettung Chinas bedeuten. Der Sozialismus Suns war von ganz anderer Prägung als der Marx'sche. Sun hatte an Marx auszusetzen, daß er »einen pathologischen Zustand der Gesellschaft für die Ursache des sozialen Fortschritts hielt«. [104] Auch habe sich das kapitalistische System ganz anders entwickelt, als Marx es vorausgesagt habe. [105] Sun war Christ, und er sah Christus eine Zeit lang als sozialen und religiösen Revolutionär an. Politisch war Sun Yatsens Zeit überschattet von Auseinandersetzungen mit militärischen

Provinzmachthabern und mit Japan. Die westlichen Mächte gaben ihm wenig Unterstützung. Eine von Deutschland erhoffte Entwicklungshilfe blieb aus. Noch hatte der Marxismus in China bis zum Ende des 1. Weltkrieges kaum Beachtung gefunden. Aber in der Verzweiflung über den Zustand ihres Landes wandten sich viele Intellektuelle damals der russischen Oktoberrevolution zu. 1923 traf daher Sun mit einem Beauftragten der Sowjetunion zusammen, und russische »Berater« kamen von da ab ins Land. 1925 starb Sun-Yat-sen, die Führung der KMT übernahm Chiang Kai-shek. Sehr wichtig wurde, daß Rußland bereits 1924 als erster Staat der westlichen Welt auf der Grundlage der Gleichberechtigung einen Vertrag mit China schloß. [106]

Chiang Kai-shek

Geboren 1887, war Chiang Kai-shek nach Sun der bedeutendste Führer. Er wurde 1938 Generaldirektor der KMT, schließlich Präsident der Republik. Von 1928 bis 1948 befand sich die Macht in den Händen der KMT. Aufstände der regionalen Machtzentren und der KPC aber hinderten eine Konsolidierung der Verhältnisse in China. Der endgültige kommunistische Sieg mit Machtübernahme Maos ist bekannt.

Mao hatte schon frühzeitig an Sun Yat-sen kritisiert, daß er unfähig sei, die Revolution zum Siege zu führen. [107] Zeitweise hatte Mao die Grundsätze Suns als politische Grundlage einer Einheitsfront anerkannt. [108] 1927 kam es zum Bruch zwischen KMT und KPC. Bekannt genug ist, daß sich Chiang Kai-shek auf Formosa (Taiwan) zurückziehen mußte und dort seinen nationalchinesischen Staat errichtete. Dort versucht man heute, die Opposition gegen Mao betont auf das konfuzianische Kulturerbe zu gründen.

Es hat eine Zeitlang eine Zusammenarbeit zwischen KMT und KPC gegeben. Diese Zeit, in der Sun Yat-sen mit den Kommunisten zusammenging, liegt etwa zwischen 1923 und 1927. Sun war natürlich kein Kommunist! Er hielt die Einführung des kommunistischen Systems in China für unmöglich, falsch und verderblich. Trotzdem kam es in dieser Zeit zu einem Bündnis zwischen dem chinesischen Bolschewismus und dem chinesischen Nationalismus, weil jeder von beiden mit Hilfe des anderen eine Stellung zu erobern suchte, von der aus er den Versuch wagen konnte, die totale Macht an sich zu reißen. [109]

Die chinesischen Kommunisten hatten dieses Bündnis auf Weisung Moskaus geschlossen. Seit 1919 gab es an der Universität Peking erste kommunistische Zellen unter den Studenten. Aus Verzweiflung über den Zustand des Landes griffen die kommunistischen Ideen immer weiter um sich. 1923 traf daher Sun mit einem Beauftragten der Sowjetunion zusammen, namens Joffe, auch kamen weitere russische »Berater« ins Land. Der Chefberater Borodin machte sogar selber 1923 aus der KMT eine straff organisierte Partei, und unter russischer Anleitung begann der damals noch junge Chiang Kai-shek eine Armee aufzustellen. 1925 starb Sun Yat-sen und Chiang übernahm die Führung der KMT. Danach aber kam es zum Bruch zwischen KMT und KPC. Chiang errichtete 1927 eine eigene Regierung des rechten KMT-Flügels. Die Russen mußten das Land verlassen.

Es ist nicht mehr nachprüfbar, welche Rolle Mao bei diesen Vorgängen gespielt hat; bekannt geworden aber ist, daß er schon vor dem Bruch (Mao war damals noch mittlerer Funktionär) zu einer Änderung der Parteilinie drängte. Er legte einen Bericht vor mit dem Ziel, viel mehr Maßregelungen und Kaltstellungen durchzuführen. Während der Zeit der Zusammenarbeit hatte Mao sogar (zeitweilig) die »Drei Volksgrundsätze« Suns als politische Grundlage der Einheitsfront anerkannt.[110] Auch noch später setzte Mao Suns Grundlehren vom Volk mit einem kommunistischen Minimalprogramm gleich, betonte aber zugleich die Unterschiede zu Sun Yat-sen. Es fehle bei Sun die »konsequente Agrarrevolution, das Ziel der kommunistischen Gesellschaftsordnung, die Begründung auf den dialektischen und historischen Materialismus und überhaupt die konsequente Revolution«.[111] Sun dagegen hatte früher schon die Theorien des historischen Materialismus und die Praxis der bolschewistischen Revolution kritisiert. Nach Mao dagegen war Sun Yat-sen »unfähig, die Revolution zum Siege zu führen«, weil »im Zeichen des Imperialismus und der Kleinbourgeoisie« die nationalen Kapitalisten« überhaupt »unfähig« sind, irgend eine Revolution zum Siege zu führen.[112]

In den Jahren 1928 bis 1946 befand sich die Macht in den Händen der KMT unter Chiang. Zwar wurde deren Ziel einer internationalen Gleichstellung des chinesischen Staates erreicht, aber es kamen neben der Zentralregierung immer mehr regionale Machtzentren auf. Es gab Krieg mit Japan und Aufstände der Kommunisten. Ohne Frieden im Innern und ohne Hilfe von außen war China nicht in der Lage, wirklich durchgreifende und befriedigende Reformen in Staat, Wirtschaft und Gesellschaft durchzusetzen, sodaß es zur Katastrophe und zum Rückzug Chiangs nach Formosa kam. Dort versucht man heute, eine parlamentarische Demokratie nach westlichem Muster (mit Nationalversammlung und Parlament, aber auch patriarchalischen Zügen) auf der Basis der konfuzianischen Kulturtradition Chinas zu errichten.

Die weltanschaulich-religiöse Komponente, »Kulturbewegung vom 4. Mai 1919«

Ganz verständlich wird die politische Seite der »Reform«-Bestrebungen aber nur auf dem Hintergrunde der geistig-weltanschaulich-religiösen Komponente. Wie schon gesagt, begann die Geistesgeschichte des chinesischen Kommunismus mit der sogenannten »Kulturbewegung vom 4. Mai 1919«. In ihr wirkten schon führende Vertreter der späteren KPC mit, unter ihnen Mao Tsē-Tung, der sich der Bewegung als Student anschloß.[113] In dieser Bewegung wirkten verschiedene Kräfte zusammen. Es war darin eine gewisse Traditionsfeindschaft enthalten (das Stichwort »Kampf gegen die feudale Kultur« kam auf!) und zugleich suchte man nach Übernahme westlichen Kultur- und Gedankenguts. Auf der anderen Seite wollte man aber auch »vernachlässigte Elemente« der alten Volkskultur zur Geltung bringen.

Hier zeigte sich bereits die Zwiespältigkeit im Ansatz. In dem Hauptwerk Suns, den »16 Reden«, 1924 in Kanton erschienen, enthüllt sich, wie tief der geistige Graben zwischen den »Reformern« war. Sun Yatsen wollte auf seinem Wege zur »Rettung Chinas« nicht nur Änderungen der Politik, sondern eine Erneuerung der moralischen Wertvorstellungen im Sinn der alten konfuzianischen Begriffe wie »jen« (Menschenliebe), »ai« (Liebe), »ho p'ing« (Friedensliebe), »hsiu« (Aufrichtigkeit), »yi« (Gerechtigkeit) usw. Er wollte damit nichts Geringeres als eine Erneuerung und Vertiefung der klassischen Bildung und deren Verbindung mit einer neuen Politik und neuer Sozialordnung. Er wollte ferner auch die »3-Gewalten-Teilung« aus dem Westen einführen (Gesetzgebung, Verwaltung, Rechtsprechung). Dies suchte er mit den altchinesischen Gewalten des Staatsprüfungssystems und des Staatskontrollsystems zu verbinden. So erstrebte Sun einen ganz anderen »Sozialismus« als den marxistisch-leninistischen des Mao Tsē-Tung. Er wollte Fortschritte in der Verständigung zwischen Unternehmern und Arbeiter- bzw. Bauernschaft. Sein Programm gipfelte in dem »Manifest« über das »Ende der Zusammenarbeit mit Sowjetrußland und der KPC«.

Wie stark Sun von den rein geistig-weltanschaulichen Gedanken her seine politischen Ansichten färbte (und dadurch tief von Mao geschieden war!) zeigen seine Auffassungen von »Christus als Revolutionär«. China sei in derselben Lage wie Israel zur Zeit Jesu, versklavt durch die Tyrannei der Mandschu. Mit der allumfassenden Liebe Jesu und seinem Opfergeist, verbunden mit den besten Traditionen seines Volkes, will er China erneuern. Der Gegensatz zu Mao Tsē-Tung liegt auf der Hand. Sun wollte den Abbau des Klassenkampfes.

Weitere »geistige Reformer«: K'ang Yu-wei und Liang Chi-ch'ao

In diesem Sinne waren vor Sun schon andere geistige »Reformer« hervorgetreten, so z. B. K'ang Yu-wei (1858–1927) und dessen Schüler Liang ch'i-ch'ao. Beide waren Denker eines Reformkonfuzianismus, die aus der konfuzianischen Überlieferung, deren Zeitbedingtheit und teilweises Veraltetsein sie durchaus anerkannten, den zeitlos gültigen Kern herausholen wollten, der die Seele der chinesischen Kultur verkörpere. Auch sie vertraten schon einen humanitären Sozialismus, der unter Ablehnung eines Klassenkampfes die Deckung der Lebensbedürfnisse aller garantiert.

K'ang Yu-wei berief sich in seinen sozialpolitischen Ansichten auf gewisse Theorien (»Große Gemeinschaft« und »Kleiner Friede«), wie sie im Li-Gi zu finden waren. Er bekannte sich zu einem staatenlosen Weltbürgertum und erwartete davon die Verwirklichung der »Großen Gemeinschaft«. Gegen Ende seines Lebens war er kommunistischen Ideen aufgeschlossen. Es erscheint unmöglich, obgleich schwerlich direkte Beweise dafür beizubringen sind, daß Mao Tsē-Tung nicht von den literarischen Produkten Kangs beeinflußt sein sollte. Seine Schrift »Ta-t'ung-shu« war gegen 1910 stark in China verbreitet, sodaß Mao sie gekannt haben muß. Sein Schüler Liang ch'i-Ch'ao suchte eine Synthese zwischen den geistigen Grundlagen Chinas und denen des Westens zu finden, wobei die Theorien seines Lehrmeisters eine große Rolle spielten.[114] An beiden war Mao sicher sympathisch, daß sie den ausgeprägten Konservatismus verwarfen.

Weitere Reformer, die auf Mao Einfluß genommen haben können, sind: T'an Ssu-t'ung, der – ebenfalls »fortschrittlich gesonnen« – den betonten Konservatismus verwarf und dafür zur Zeit Kangs in der Blüte seiner Jahre hingerichtet wurde; ferner Liao-P'ing, vor allem aber Yen Fu, der als junger Offizier in England gewesen war und von dort darwinistische Ideen nach China gebracht hatte. Durch letzteren kam Darwins Buch »Über den Ursprung der Arten« nach China. Dieser Yen-Fu, dazu ein gewisser Lin Shu (1852–1924), leisteten Pionierarbeit bezüglich der Einführung ausländischen Gedankenguts in China. Yen-Fus Übersetzungen Darwins ins Chinesische, dazu die Übersetzungen von Huxleys »Evolution and Ethics«, des Adam Smith »Walk of Nations« und John Stuarts »On Liberty«, ferner auch H. Spencers »The principles of Sociology« und Montesquieus »De l'esprit des lois« dürfen in ihrer Bedeutung für das Gedankengut Maos und seine innere Entwicklung sicher nicht unterschätzt werden. Yen-Fu starb 1920. Er blieb innerlich doch bis zu einem gewissen Umfang Konfuzianer und bietet (wie charakteristisch für Chinesen) die westliche Philosophie und Sozialwissenschaft in einem konfuzianischen Gewand.

Hu Shih und Guo-Mo-yo

Zu den Reformern, die auf Mao Tsē-Tung Einfluß genommen haben, gehört ferner Hu Shih, zuletzt Präsident der Academia Sinica, geboren 1891 war er schon einer der Führer in der »Bewegung vom 4. Mai 1919«. Gestorben 1962, war er von 1938 bis 1942 chinesischer Botschafter in den USA. Er stand dem chinesischen Altertum kritisch gegenüber und hatte schon als junger Mann fortschrittlich soziale Ideen. Bezeichnenderweise spricht er in seinem Hauptwerk »Grundzüge der chinesischen Geistesgeschichte« aber auch davon, daß China dem Altertum sehr viel »verdankt«. Zu dem Positiven, das China seiner Tradition verdankt, zählt Hu Shih besonders den Humanismus, Rationalismus und die Diesseitigkeit des chinesischen Menschen, nicht aber seine metaphysische, religiöse Tradition. »Ordnet unser nationales Erbe neu«, war sein Ruf. Dabei meinte er, daß immer der Mensch und sein Dasein in der Welt, nicht die Götter, das »Thema des chinesischen Geistes« gewesen sei und daß China sich darin grundlegend von Indien unterscheide. Die Betonung der Diesseitigkeit und die Zurückdrängung jedweder Bedeutung der übernatürlichen, außerweltlichen Probleme mag an diesem Reformer dasjenige gewesen sein, das Mao am meisten beeindruckt hat. [115]

Zu den Reformern, die einen Einfluß auf Mao ausgeübt haben müssen, ist ferner Guo-Mo-jo zu zählen, auch wenn dieser in letzter Zeit noch »Selbstkritik« üben mußte, nachdem er viel dazu beigetragen hat, den Marxismus geistig in China zu verankern. Ursprünglich Arzt, wurde er Mitglied der Pekinger Regierung kurz nach der Machtübernahme. Er schrieb drei Bücher, mit denen er unter Berufung auf Engels und Marx dem Konfuzius entgegentrat. Darin schockierte er alle traditionellen Moralbegriffe, indem er z. B. die Gruppenehe und das Mutterrecht forderte. Er gehörte nicht zu den Kommunisten des 4. Mai 1919, sondern trat erst der KPC bei, nachdem sie gesiegt hatte. Guo-Mo-jo hat vor allem dadurch auf Mao Tsē-Tung eingewirkt, daß er den offenen Bruch mit dem Konfuzianismus in der Praxis forderte und durchsetzte, vor allem durch Entbindung der Frauen von der Haushaltsarbeit und ihre Einschaltung in die »produktive Arbeit«, durch Einrichtung der Volkskommunen, Kantinen, Kinderkrippen und Schneiderstuben. In der Landwirtschaft und in Fabriken führte er neue Methoden ein und brachte damit einen entscheidenden Wandel im Leben der Bauern und

Arbeiter. Er war es auch, der in seinen (während des Exils in Japan verfaßten) Büchern (»Study of the Society of Ancient China«, »The Bronze Age of China«, »Ten Criitical Essays«) den Begriff »Feudalismus« betont herausstellte, um damit das traditionelle Gesellschafts- und Moralsystem abzuwerten, einen Begriff, den Mao Tsē-Tung von ihm übernahm und heute ständig gebraucht.[116]

Zu diesen »Reformern« kamen noch eine ganze Anzahl weiterer, unbedeutenderer, deren Wirkung auf Mao nur schwer abschätzbar ist. Das Wort »Reform« lag ja das ganze 19. Jahrhundert hindurch in China »in der Luft«, und auch schon vorher hat fast jedes Jahrhundert dort seine »Reformbewegungen« gehabt. Die Kommunisten haben es fertig gebracht, die verschiedenen Reformbewegungen umzumünzen in einen Frontalangriff auf den Konfuzianismus. Gerade der Begriff »Feudalismus« erwies sich dabei als ein geeignetes Mittel. Denn ohne Konfuzius beim Namen zu nennen, wurde doch der Konfuzianismus mit diesem Begriffe gebrandmarkt und verdammt. Indem mehr und mehr die »Reformer« dazu gebracht wurden, die Lehren des historischen Materialismus auf die chinesische Geschichte anzuwenden, wurde Konfuzius von selbst außer Kraft gesetzt. Man vermied den offenen Angriff, war zurückhaltend und vorsichtig in Äußerungen gegen Konfuzius schon wegen der Reaktion anderer »Reformer«, traf aber unter dem Begriff »Feudalismus« alles vom Konfuzianismus, was man treffen wollte: die Monarchie, die Militärmachthaber, die patriarchalische Großfamilie, die Religion, die Stellung der Frauen, das Hochschulwesen, die Verhältnisse in der Landwirtschaft usw. Guo-Mo-jo war – wie gesagt – derjenige der Reformer, der am meisten dazu beigetragen hat, daß durch Mao Tsē-Tung der Bruch mit dem Konfuzianismus in der Praxis erfolgte.

Der Einfluß des Literaten Lu Hsün

Auch in Bezug auf die politische Praxis, aber vielmehr noch hinsichtlich der Formung des inneren Menschen, haben auf Mao die Freundschaft mit Hsiao San, Chen Tu-hsiu und die enge Bindung an Hu Han-min gewirkt. Ganz besondere Beachtung aber verdient der Einfluß des Schriftstellers Lu Hsün auf den jüngeren Mao Tsē-Tung. Daß er die chinesischen Klassiker kannte, ist sicher. Daß er die Romane und andere Literaturgattungen Chinas aus früheren Zeiten gelesen hatte, bezeugt er selbst. Aber seine eigene geistige Nahrung, sein Brot für den Tag, bezog er aus einer anderen Quelle. Diese Quelle hieß: Lu Hsün, seine Novellen und Gedichte. Die Bedeutung des Lu Hsün für die Formung des inneren Menschen Mao Tsē-Tung kann nicht überschätzt werden. Lu Hsün lebte von 1880 bis 1936 als freier Schriftsteller und geistiger Reformer. Er bezeichnete sich selbst als einen der Führer der kulturellen Revolution. Mao Tsē-Tung aber nennt ihn einen »nationalen Helden ohne Servilität«.[117] Gern zitiert Mao gewisse revolutionäre Gedichte des Lu Hsün, z. B. den folgenden Vers:

»Mit zornigen Brauen und kalt
Trete ich vor den erhobenen Finger
Des hohen Herrn. Mit gebeugtem Kopf
Und willig dien' ich als Wasserbüffel
Dem Kind.«[118]

Dieser »Merkspruch« erfährt die Deutung: Der »hohe Herr« ist der Feind (Klassenfeind), das »Kind« ist das Proletariat.

Besonders aber zeigen die Novellen des Lu Hsün[119] den Geist des zunächst (um die Jahrhundertwende) nur »sozialen«, dann aber seit 1917/18 kommunistisch beeinflußten »Reformers«. Auf diesen Geist wird unter Nennung von Belegstellen bei Lu Hsün in den folgenden Kapiteln noch weiter hinzuweisen sein. Hier genügen vielleicht folgende Proben.

Lu Hsün erzählt, wie ihm als Student (weil das Studium der Klassiker vorgeschrieben war und die Staatsprüfungen bestanden werden mußten) einmal ein Freund begegnete, als er alte Schriften kopierte. Dabei läßt er den Freund sagen: »Was hat es für einen Zweck das alte Zeug zu kopieren?« Die Antwort lautet: »Gar keinen!«[120]

»Du lebende Galgenvogelleiche!«

Die Novellen des Lu Hsün enthalten eine in China nie gekannte und nie für möglich gehaltene rücksichtslose und gemein anmutende Verächtlichmachung der Pietät und der in China so heilig gehaltenen Familienordnung. Und das war ganz im Sinne Mao Tsē-Tungs. Wenn dieser Schriftsteller z. B. eine Ehefrau in einer seiner Novellen zu dem Ehemann sagen läßt: »Du lebende Galgenvogelleiche«, so bedeutet das nichts anderes als einen Schlag gegen die geheiligten Gesetze des chinesischen Familiensinns und der speziellen Ehrfurcht gegenüber dem Familienoberhaupt. An anderer Stelle der Novellen Lu Hsüns spricht eine alte Frau zu ihrem Ehemann: »Eine schöne Zeit hast du dir zur Heimkehr ausgesucht, du lebende Leiche! Wohin hast du dich denn zum Krepieren verkrochen? Daß die Leute mit dem Abendbrot auf dich warten müssen und der Reis auf dem Tisch kalt wird, macht dir wohl nichts aus?« [121] Hier handelt es sich nicht um die Darstellung eines Familienkonflikts, einer Tragödie, eines Lustspiels oder dergleichen, sondern um einen Schlag gegen das ethische System des Konfuzianismus. Einen gleich unerhörten Vorgang bedeutet es in diesem Sinne, wenn der Dichter den älteren Bruder als einen »Menschenfresser« bezeichnet. [122] Eine krassere Abwertung der besonderen Stellung des älteren Bruders und der Unterordnung der Frau unter den Ehemann, damit aber auch einen schärferen Angriff auf die bisherige Sittenlehre, konnte es gar nicht geben, als in diesen anscheinend harmlosen »Novellen«. Nicht umsonst hat Lu Hsün für den Gesamttitel seiner Erzählungen, die er im Dezember 1922 herausgab, die Überschrift gewählt: »Zu den Waffen.« Die Novellen wollen keine Kunstwerke sein, sondern einen Ruf zu den Waffen geben. Verhöhnt werden darin vor allem die Begriffe der konfuzianischen Moral, besonders »Wohlwollen« und »Rechtlichkeit«, dazu aber auch die Religion in jeder Form. So läßt Lu Hsü sich z. B. so vernehmen: »Ich erinnere mich noch an die Zeiten, da wir in den Tempel des Dorfschutzgotts gingen und ihn am Bart zogen. Wir pflegten uns ja in unseren Auseinandersetzungen darüber, wie man China zu modernisieren und revolutionieren pflegte, so aufzuregen, daß wir oft handgreiflich wurden.« [123] Vor Äußerungen, die nur als Gotteslästerung bezeichnet werden können, schreckt Lu Hsün keineswegs zurück, so z. B. wenn er wörtlich sagt: »Der Schöpfer des Alls ist ja doch nur ein feiger Schwächling. Heimlich bewirkt er, daß der Himmel einstürzt und die Erde sich wendet, aber er hat nicht genug Mut, diese Weltkugel zu vernichten. Heimlich läßt er zu, daß die Geschöpfe altern und sterben, doch hat er nicht den Mut, alle ihre Leichen zu erhalten ... Schweigend läßt er die Menschheit leiden und entbehren ... Jedoch zwingt er alle dazu leben zu wollen ...« [124]

Aus solcher Milch hat Mao Tsē-Tung seine geistige Nahrung gezogen. Erinnert sei hier auch nochmals an den großen Einfluß, den sein Schwiegervater Chen-Tu-Hsiu auf Mao ausübte. Dieser war Professor in Peking gewesen, ein Gelehrter von Rang, dessen Spezialgebiet die Dichtung der Tang-Zeit war. Er war auch reich und seine Familie besaß Macht. Aber er neigte in seinen Ansichten zu Comtes Positivismus und war Anhänger der marxistischen Philosophie. Vielleicht hat er sogar von allen Chinesen den stärksten Einfluß auf Mao ausgeübt. Chen-Tu-Hsins Lieblingslehre war: »Euere Intelligenz anwenden, um euch zu befreien von dem, was schwach ist.« Von ihm stammt auch der Satz: »Betrachtet sie als eure Feinde und wie wilde Tiere.« [125] Auch der europäische Kommunismus kennt Kapitalisten als Feinde und Ausbeuter. Aber daß sie keine Menschen, sondern »wilde Tiere« seien, hat er nicht behauptet. Das hätte ihm die europäische Arbeiterschaft auch nicht abgenommen. Das zu verkündigen, blieb dem chinesischen Kommunismus vorbehalten.

Jedenfalls waren Lu Hsün und der Schwiegervater Maos eines Geistes. Es ist im übrigen durchaus möglich, daß Mao Tsē-Tung sich selber als jene Gestalt betrachtet, die Lu Hsün in der Zukunft als den »Kommenden« sah. Lu Hsün spricht öfter davon, daß sich »aus der Menschheit heraus« ein »mutiger Rebell« erheben wird, von dem er sagt: »Majestätisch ragt er empor. Mit durchdringendem Blick besichtigt er alle bereits veränderten ... Ruinen ... Er will aufstehen und die Menschheit dazu bewegen, daß sie neu zu leben anfängt. Oder will er sie antreiben, die braven Söhne des Schöpfers auszurotten? Der Schöpfer, schwach und feige, zieht sich voll Scham und Schande in sein Versteck zurück. Und die Welt nimmt in den Augen des mutigen Helden eine neue Gestalt an.« [126] Zwar gibt es, so weit ich sehe, keinen Beleg oder Beweis dafür, daß Mao sich als den »mutigen Rebell« des Lu Hsün angesehen hat. Aber möglich, vielleicht sogar wahrscheinlich ist es. Sicher aber ist auf jeden Fall, daß die von Europa her eingewanderten kommunistischen Ideen sich mit den Gedanken der chinesischen »Reformer« zu mischen begannen und sich teilweise in chinesische Gewänder kleideten. Daß diese Reformer ganz tief auf Mao wirkten und ihn formten, gilt ohne allen Zweifel.

Die antireligiöse, speziell antichristliche Bewegung ab 1918

Schließlich ist darauf zu verweisen, daß die antireligiöse Bewegung, die im republikanischen China etwa vom Jahre 1918 an einsetzte, einen nachhaltigen Eindruck auf Mao Tsē-Tung gemacht haben muß. Es traten noch andere Religionskritiker als Chen Tu-hsiu auf, die nicht nur gegen den Konfuzianismus, sondern gegen jede Religion zu Felde zogen und sie als Gift erklärten. Sie beruhe auf Aberglauben und stehe dem Fortschritt im Wege. Im Jahre 1922 bildete sich eine »Große Föderation der Religionsgegner«. Vom Jahre 1922 ab wurde das Christentum besonders angefeindet. Die Religion in jeder Form wurde von Rationalisten (Hu Shih und Yü Chia-chü), von Nationalisten (Chen Chi-tien, Li Huang und Tseng Ch'i), sowie von Kommunisten (Chen Du-hsiu) in gleicher Weise heftig angegriffen. Die Argumente waren: Sie sei unlogisch, unwissenschaftlich, unsozial und entspreche nicht den Notwendigkeiten Chinas. Alle diese Gedanken haben natürlich auf Mao eingewirkt. [127]

Das Aufkommen der eigenen »Gedanken Mao Tsē-Tungs« gegenüber dem europäischen Kommunismus

Bitte, meine Herren, zeigen Sie mir,
auf welche Weise Sie populär sind.
Mao

Der europäische Kommunismus

Das vom lateinischen Worte »communis« (»gemeinsam«) abgeleitete Wort »Kommunismus« bezeichnet das Eintreten für eine auf Gütergemeinschaft fundierte Gesellschaftsordnung. Derartige Bestrebungen hat es im Verlaufe der Geschichte schon mehrfach gegeben. Heute versteht man darunter den Standpunkt der marxistisch-leninistischen Parteien zur Herbeiführung, Durchsetzung und Erhaltung der erstrebten Gütergemeinschaft. So jedenfalls in Europa mit Ausnahme von Albanien. In China dagegen versteht man heute unter Kommunismus die vom Marxismus–Leninismus und den »Gedanken Mao Tsē-Tungs« vertretenen Standpunkte. In China ist nur der letztere der wahre Kommunismus. In Europa begann die Geschichte des Kommunismus damit, daß Marx und Engels im Jahre 1847 vom sogenannten »Deutschen Arbeiterbildungsverein«, der 1840 in London gegründet worden war, den Auftrag erhielten, ein »Kommunistisches Manifest« zu entwerfen. Marx arbeitete es aus, unter Benutzung der Engels'schen »Grundsätze des Kommunismus«. Dieser Marx–Engels'sche Kommunismus hütet sich vor jeder Ausmalung von Zukunftserwartungen, besonders eines Endzustandes der Gesellschaft. Er will den Kommunismus als Ausdruck einer vor sich gehenden geschichtlichen Bewegung verstehen und lehnt utopische Zukunftsideen ab, wenn auch von höheren Stadien des Sozialismus gesprochen wird. Er will sich auf die tatsächlichen Verhältnisse eines »existierenden Klassenkampfes« beschränken. Die Ideen des »Kommunistischen Manifestes« wirkten über ein halbes Jahrhundert auf die Ideen der europäischen Arbeiterbewegungen ein. Aber erst Lenin trat 1918 in Rußland auf Grund des Kommunistischen Manifests für den gewaltsamen Umsturz und die »Diktatur des Proletariats« ein. Lenin wollte keine demokratische Massenpartei, sondern die

»Avantgarde«, den »Vortrupp« zur Diktatur des Proletariats. Dadurch wandte sich die außerrussische Arbeiterbewegung von der russischen Revolution ab und gewann ihre eigenen, da und dort sehr verschiedenen, »sozialdemokratischen« Linien. In Rußland entstand als staatstragende Partei die »Kommunistische Partei Rußlands (Bolschewiki)«, seit 1925 umbenannt in »Kommunistische Partei der Sowjetunion (Bolschewiki)«, seit 1952 nur noch »Kommunistische Partei der Sowjetunion«. Die Weltanschauung dieser Partei ist der sogenannte »dialektische Materialismus«. Er geht von der These aus, daß alle Wirklichkeit nichts anderes als Materie sei, und zwar in ihren verschiedenen Bewegungsformen. Es wird von der toten über die lebendige bis hin zur bewußtseinsfähigen Materie ein einheitlicher dialektischer Entwicklungsgang angenommen. Dadurch, daß dabei qualitative Unterschiede der verschiedenen Stufen des Seienden nicht ausgeschlossen werden, unterscheidet sich der »dialektische« vom vulgären Materialismus.

Mit diesen Grundauffassungen, die sich streng »wissenschaftlich« verstehen, aber im letzten Grunde ebenso unbeweisbar sind wie andere, hängt es zusammen, daß der Kommunismus religionsfeindlich ist. Denn er übernahm von Feuerbach[128] die Illusionstheorie (alle Religionen sind nur Wunschdenken, Projektionen menschlicher Wünsche und Ideale in eine angenommene Transzendenz), von Marx aber die Lehre, daß die Religion auf das Elend der Massen zurückzuführen sei. Sie sei »Opium für das Volk« und müsse allmählich mit der Beseitigung ihrer Ursachen absterben. Lenin bekämpfte die Religion mit den intellektuellen Mitteln der Aufklärung des 18. Jahrhunderts und mit den Machtmitteln des Partei- und Staatsapparats. Dabei nahm aber die Kommunistische Partei selber manchmal fast die Züge einer kämpfenden Glaubensgemeinschaft an. Aus dem Anspruch der »Wissenschaftlichkeit« wird die Berechtigung jeder von außen kommenden Kritik zurückgewiesen. Allerdings muß gerechterweise hinzugefügt werden, daß nur solche Thesen als wahr gelten, die sich in der Praxis bewährt haben. Letzteres vermag eine gewisse Hoffnung zu erwecken, daß bezüglich der Wertung der Religion das abschließende Wort noch keineswegs gesprochen ist. Denn wenn sich die Auffassung von Karl Marx in der Praxis »bewährt« hätte, dann müßte die Religion nun allmählich »mit der Beseitigung ihrer Ursachen« in den kommunistischen Ländern längst abgestorben sein. Kluge sowjetische Ideologen erkennen das heute immer mehr. Nur wagt man noch nicht, daraus Konsequenzen zu ziehen.

Die »Sozialdemokraten« der westlichen Welt bestreiten den Anspruch des Kommunismus, der legitime Erbe von Marx und Engels zu sein. Sie unterscheiden sich vom Kommunismus durch Meidung jener angedeuteten pseudoreligiösen Färbung einer kämpfenden Glaubensgemeinschaft und sind realistischer auf demokratischen und sozialen Fortschritt unter Wahrung der Freiheit und Rechte des einzelnen bedacht. Auch unterscheiden sie sich vom Kommunismus durch Scheidung von dessen (leicht utopischer) Vorstellung von einer zweiten, »höheren« Phase des Sozialismus, vor allem aber dadurch, daß sie den Sozialismus nicht durch Diktatur, sondern durch freien Willensentscheid der Mehrheit verwirklichen wollen. Was im europäischen Kommunismus die niedrigere« und »höhere Phase« der sozialistischen Gesellschaft betrifft, so ist die niedere Phase gekennzeichnet durch die »Diktatur des Proletariats«, unter der jeder nach seinen Fähigkeiten und nach seiner Leistung Entlohnung findet. In der zweiten Phase gilt dann aber die Regel: Jeder nach seinen Fähigkeiten und jeder nach seinen Bedürfnissen.

Der Übergang von der ersten zur zweiten Phase erfolgt nicht mehr gewaltsam, sondern allmählich. Voraussetzung dafür ist die »Steigerung der Produktion«, wodurch aber natürlich zunächst einmal eine immer höhere Steigerung der »Arbeitsmoral« gefordert wird. Der XX. Parteitag der Kommunistischen Partei der Sowjetunion (1956) entwickelte Vorstellungen darüber, wie die »klassenlose Gesellschaft« aussehen soll: Durch Hebung des genossenschaftlichen Eigentums auf dem Lande auf das »Niveau des allgemeinen Volkseigentums« soll der Unterschied zwischen der Klasse der Industriearbeiter und der Kolchosbauern überwunden werden. Durch einen allgemeinen polytechnischen Unterricht soll der Unterschied zwischen den Hand- und Kopfarbeitern »überwunden« werden. Das allmähliche »Absterben des Staates« (von dem schon Engels gesprochen hatte!) soll sich anbahnen, und zwar durch Übernahme der staatlichen Funktionen durch die Gewerkschaften und die Partei. Heute sei der Staatsapparat zum Zwecke der Verteidigung noch wegen der Existenz der nichtkommunistischen Staaten notwendig. Die utopische Eigenart der Konstruktion enthüllt sich offenkundig dort, wo auch noch von einem »Absterben« der Partei gesprochen wird.

Gründung der KPC

In China erfolgte die erste Gründung der Kommunistischen Partei Chinas (KPC) im Jahre 1921 in Shanghai. Ihr Programm war noch sehr bescheiden. Es war darin die Rede von Vorschriften für sanitäre Anlagen in Fabriken und Läden, von Versammlungs-, Rede- und Pressefreiheit, von Schulzwang, Arbeiterversicherung usw. Das »Erste Manifest« der KPC wurde 1922 erlassen. [129] Die Geschichte der KPC ist fast aus dem Lebensgang Mao Tsē-Tungs ablesbar, von dem schon die Rede war.

Am 1. Juli 1949 hat Mao die Denkschrift »Über die Diktatur der Volksdemokratie« veröffentlicht. Darin entwickelt er seine Richtlinien für die kommunistische Herrschaft über China. Hierin erklärt er dem ganzen chinesischen Volk noch: Die Kommunistische Partei der Sowjetunion sei der »allerbeste Lehrer« und sie alle (die Chinesen) müßten ihre Schüler sein. [130]

Der andere Vorgang

Was zwischen 1927 und 1949 in China geschah, ist aber ein ganz anderer Vorgang als das Geschehen zwischen 1917 und 1921 in Rußland. In China war eine Agrarrevolution im Gange, der ein langer Bürgerkrieg voraus ging. In Rußland dagegen fand ein Staatsstreich statt. Lenin und Trotzki entmachteten die russiche Oberklasse. Insoweit war auch die russische Oktoberrevolution nicht mehr streng marxistisch, denn es fand keine eigentliche »Proletarierrevolution« statt. Mao führte eine Bauernerhebung durch und wurde der Schöpfer eines Gegenstaates. (Bauernerhebungen hatte es in China schon immer gegeben, eine der größten im Jahre 617 n. Chr. unter Kaiser Yan-Ti, der sein Volk zwingen wollte, gigantische Projekte zu bauen und dabei nicht davor zurückschreckte, zur Erntezeit Frauen einzuziehen). Die »revolutionäre Avantgarde« bedeutet im Marx-Leninschen Sprachgebrauch nur das städtische Proletariat. Bei Mao dagegen werden dafür stillschweigend die »armen Bauern« gesetzt. Diese Gleichsetzung ist die theoretische Basis der Machtergreifung Maos.

Es waren also schon in den allerersten Ansätzen und aufgrund geschichtlicher Gegebenheiten die Verschiedenheiten zwischen dem europäischen und chinesischen Kommunismus vorhanden. Man hatte zwar die gemeinsamen »Klassiker«, besonders Marx und Lenin, und das gemeinsame diktatorische Ziel. Man hatte von Anfang an die gemeinsame Grundthese des Marxismus, nämlich daß das Sein das Bewußtsein bestimmt und gründete sich gemeinsam auf die »Wissenschaftlichkeit« des dialektischen Materialismus. Mao betonte sogar selber immer wieder, daß die Chinesen Marxisten seien und als solche ein Teil des internationalen Proletariats. Aber trotzdem: der andere Vorgang, der sich zwischen 1927 und 1949 in China (gegenüber den früheren Vorgängen in Rußland) abspielte, gab der chinesischen kommunistischen Bewegung doch von Anfang an schon ein anderes Gepräge als in Rußland. Dazu kamen die noch stark wirkenden Einflüsse der »Reformer«, die schon vor Mao aufgetreten waren und nachwirkten.

So sehr die KP der Sowjetunion als die »große Lehrmeisterin« für das chinesiche Volk und als die »Lenkerin der revolutionären Massen« auch immer von Mao selber gepriesen wurde, so sehr der in Rußland praktizierte Marxismus-Leninimus als die allgemeine, die »reine«, die allgemein anwendbare Wahrheit, unter der der Sieg gewiß ist. verkündet wurde – es tauchte doch immer mehr ein Begriff auf, der diesen überschwenglichen Lobpreis des großen sowjetischen Lehrmeisters etwas einzuschränken schien. Dieser Begriff hieß: »Die Gedanken Mao Tsē-Tungs«. Zum ersten Male taucht dieser Begriff greifbar (literarisch) auf in den Protokollen zur 7. Plenarsitzung des Kongresses der KPC vom Jahre 1945. [131] Ganz massiv und ständig wiederholt in allen möglichen Verlautbarungen erscheint er aber erst seit dem Jahre 1952. Seit dieser Zeit müssen die chinesischen Intellektuellen sich verpflichten, nicht nur den Marxismus-Leninismus, sondern den »Marxismus-Leninismus« und die »Gedanken des Vorsitzenden Mao« zu studieren. Allmählich wurde dann immer mehr der Nachdruck auf den Zusatz »die Ideen Maos« gelegt. Es scheint so, daß diese sogar nach und nach Marx, Engels, Lenin und Stalin in den Hintergrund drängten. Jedenfalls wurde in zunehmendem Maße bis heute immer mehr betont, daß die »Gedanken Maos« den Gipfel des Marxismus-Leninismus bilden.

Für Mao scheint der Einsatzort für seine »Gedanken«, die ihn in Konflikt mit dem europäischen Kommunismus brachten, die »gegebene Gesellschaft« gewesen zu sein. Die »gegebene Gesellschaft« wird einer seiner Lieblingsbegriffe. Was aber soll darunter anderes verstanden werden als eben die chinesische Gesellschaft, wie er sie vorfand? Er nennt des öfteren »die Kultur« die »Widerspiegelung der Politik und der Ökonomik einer gegebenen Gesellschaft in der Ideologie«. [132] Zugleich zeigt sich bei Mao die Tendenz, »tiefschürfender zu analysieren« als andere. [133] Der Marxismus solle mehr »analytisch« an jede Frage herangehen und solle nicht alles und jedes ablehnen. Lenin habe gesagt, die konkrete Analyse einer konkreten Situation in der »gegebenen Gesellschaft sei das, worin »die lebendige Seele des Marxismus« bestehe. [134] Er spricht sogar von einem »dogmatischen Marxismus«. Dieser sei überhaupt kein »Marxismus«, sondern etwas Antimarxistisches. [135] Man kann nur vermuten, aber nicht beweisen, daß in solchen und ähnlichen Äußerungen sich bereits innere Kritik an den sowjetischen Genossen und etwas vom Anfange des chinesischen Weges zeigt.

Im Jahre 1957 geschah etwas Überraschendes: Mao veröffentlicht im Pekinger Staatsverlag eine Schrift in englischer Sprache mit dem Titel:

»On the Correct Handling of Contradictions among the People.« Diese Schrift ist eine seiner wichtigsten, denn sie bedeutet einen massiven Angriff auf den europäischen Kommunismus russischer Prägung. Darin wagt es Mao Tsē-Tung, eigene marxistisch-leninistische Theorien zu entwickeln. Der Inhalt ist, kurz gesagt: »Bereinigung« der Partei muß sein, aber durch Studium, nicht durch Liquidation. (Bemerkenswert, daß darin das Auftauchen von Prostituierten in den Straßen von Moskau Erwähnung findet. Das soll den Beginn der »Verbürgerlichung« anzeigen.) Es wird gegenüber den Russen der Spannungszustand in der Partei als ein »Zeichen von Leben« gewertet. Wenn keine »Spannungen« in der Partei bestünden und keine Auseinandersetzungen zu ihrer Lösung, dann würde die Partei sterben. Vielleicht geht in diese Richtung auch schon die Bemerkung: Diejenigen die den Marxismus–Leninismus als ein »religiöses Dogma« betrachteten, seien »naive Ignoranten«. Marx, Engels, Lenin und Stalin hätten wiederholt erklärt, ihre Lehre sei »kein Dogma«, sondern eine »Anleitung zum Handeln«. [136] Später hat Mao geäußert, durch Vernunft, Geduld und logische Beweisführung solle man es dahin bringen, daß es bald 700 Millionen Maos gebe. [137] »Nur durch Debattieren kann man eine Einstellung ändern. Man ändert nichts, indem man Köpfe abschneidet.« [138] Das also macht Mao gegen die Russen geltend; obgleich er sich später selbst nicht mehr an diese Worte hielt.

»Laßt hundert Blumen blühen . . .«

Noch in Übereinstimmung mit den vorhergehenden Worten stand, daß Mao am 2. Mai 1956 vor der obersten Staatskonferenz eine berühmt gewordene Rede hielt mit dem Inhalt: »Laßt hundert Blumen blühen und hundert Schulen miteinander wetteifern. [139] Darin wird ausgeführt, Marxisten sollten keine Kritik fürchten. Die Intellektuellen werden zur freimütigen Kritik aufgefordert. Das Ziel ist aber dabei nicht etwa, ihnen die Rückkehr zum bürgerlichen Leben zu erlauben. Das wurde vom Westen fälschlich so verstanden. Ziel ist ausschließlich, mit Hilfe der von Mao gepriesenen Methode der Debatte zum Sozialismus hinzuführen. Zweck ist außerdem, die Tendenzen unter den Intellektuellen zu untersuchen und Mißstände aufzudecken. Das europäische Denken erkannte hier so etwas wie ein »Tauwetter der Liberalisierung«. Mao aber dachte echt chinesisch: Die »100 Blumen-Periode« war eine Maßnahme der »Erziehung«, hin zum Sozialismus–Kommunismus. Das Ergebnis war, daß nur etwa 40% der Intellektuellen »fortschrittlich« seien. Maos »weise Gedanken« wollten gerade durch

Hervorrufung des »Widerspruchs« den »Revisionismus« bekämpfen. Das ist für europäische Begriffe nichts als eine hinterhältige Taktik. Für Mao dagegen handelt es sich um eine Bereinigung der Köpfe der Menschen. Die Köpfe der Menschen, »die der Partei ideologisch nicht angehören, sind immer noch vollgestopft mit dem von den Ausbeuterklassen hinterlassenem Schutt«.[140] Dieser muß ausgeräumt werden. Die bedachtsamere Haltung ohne Unterdrückung, die Mao gegen die Russen geltend macht, dient nicht dazu einen freieren Kurs zu steuern, sondern sie dient einzig und allein der besseren und schnelleren Lösung der »Widersprüche im Volk«. Er will sie hervorlocken, um sie dialektisch niederzuschlagen, was dann jeweils entsprechend der Opportunität durch »Mittel der Überzeugung« oder durch einen »Feldzug der Richtigstellung« mit Hilfe von heimlichen oder offenen Todesurteilen, Verbannungen und erbarmungsloser Unterdrückung geschieht.[141] Eine nicht beantwortbare Frage ist, ob Mao wenigstens zeitweise daran geglaubt hat, bei der Lösung der »Widersprüche« ohne Gewalt auskommen zu können, was sich dann aber als unmöglich in seinem Sinne erwies. Wer will das im letzten Grunde beurteilen? Klar ist, was im hellen Lichte der Geschichte liegt: Daß seit 1966 (spätestens) die »Kulturrevolution« jeden »Revisionismus« mit brutaler Gewalt niederschlug und dies als ein Stück der »Erziehung« des chinesischen Volkes zum wahren Kommunismus hin darstellte.

Die »Bereinigung der Partei durch »Studium und Überzeugung« ist jedenfalls einer der »Gedanken des Vorsitzenden«, durch den er sich selber dem europäischen Kommunismus überlegen glaubt. Das ist ein gut chinesischer Gedanke. Dazu kommt, daß dieser Gedanke in besonderer Weise die gesellschaftlichen Gegebenheiten« berührt, weil Mao zu den historischen Besonderheiten der kommunistischen Revolution in China immer die Auseinandersetzung mit der alten Kultur der Feudalklasse zählt. Diesem Problem ist aber nur durch »Studium« beizukommen. Es besteht hier ein Unterschied zwischen dem europäischen Kommunismus und dem Mao Tsē-Tungs. Während in Europa sein Hauptvertreter, nämlich Lenin, mit dem Denken der Tradition völlig (innerlich und äußerlich, vgl. seine Schrift »Zur Kritik der Hegelschen Wissenschaft der Logik«, Berlin 1954) bricht und ein Studium des Alten für wertlos erklärt, ist bei Mao ein solcher Bruch (mit der chinesischen Tradition) jedenfalls in der Weise nicht deutlich. Wenn Mao vom »Studium« spricht, meint er gewiß das der kommunistischen Klassiker, schließt aber dabei das der alten chinesischen Klassiker der Tradition keineswegs aus. Letzteres jedoch nicht, um deren Eigenwert zu sehen (sie hat für ihn keinen), wohl aber um in »dialektischer Anschauung von der Welt« die »Bewegung der Widersprüche« in den

Dingen und Erscheinungen zu erforschen und die Lösung der Widersprüche zu bestimmen.[142]

Ein weiteres besonderes Moment der »Gedanken« Maos findet sich in dem gut chinesischen Aspekt der »Wandlung durch Kampf«. Wenn das alte System nicht so schlecht gewesen wäre, hätte es durch Kampf nicht gestürzt werden können, und jedes neue, bessere, das im Kommen ist, wird sich nur im Kampfe durchsetzen. Dieser Gedanke ist so alt wie China selbst; er spukt naturgemäß in den »Gedanken Maos«. Die neue Welt des Kommunismus kann sich nur mit Hilfe bewaffneter Kräfte schließlich kämpfend in der Welt durchsetzen. Daß eine »Koexistenz« oder gar eine Zusammenarbeit mit Amerika zur Gestaltung einer besseren Zukunft im Sinne des Kommunismus möglich und ratsam sei, ist, von hier aus gesehen, Unsinn. Wenn die Kommunisten der Sowjetunion derartige Gedanken äußern, so verletzten sie ihre revolutionäre Pflicht; sie werden egoistisch, engstirnig, kleinbürgerlich, revisionistisch. Dieser ihr verrückter Traum wird nie Wirklichkeit werden, es sei denn, es gelänge eine »Aufteilung« Chinas zwischen den USA und der UdSSR. Das wird aber nie gelingen. Man sieht, daß sich hier – der später zu erörternde – nationale Aspekt Maos mischt mit der alten chinesischen Anschauung vom Wandel durch Kampf. Die spätere religionsphänomenologische Durchleuchtung wird darauf zurückkommen müssen.

Ideologische Anreize statt materieller

Zur vorläufigen Andeutung der Besonderheiten der »Gedanken Maos« gegenüber dem europäischen Kommunismus sei noch auf ein drittes Moment hingewiesen. In dem sogenannten Brief Nr. 14 vom 14. Juli 1964 an die Kommunistische Partei der Sowjetunion (gesandt vom Zentralkommitee der KPC unter Mao) findet sich Maos »Analyse der Wurzeln des Revisionismus«.[143] Diese »Wurzeln« gehen nach ihm bereits auf jenen »Opportunismus« zurück, der schon in den 30er Jahren in Gestalt der »Erweiterung der Produktion« aufgekommen war. Nach Maos Gedanken muß jede Erweiterung der Produktion von deren Motivation abhängen. Für die Sowjetunion war hier eine andere »Motivation« gegeben als Mao sie von seinen Denkvoraussetzungen her annehmen und billigen konnte. Dies aber waren typisch chinesische, nicht aber marxistisch–leninistische Voraussetzungen. Für die Sowjetrussen bestand die Motivation in der Herbeiführung eines »materiellen Anreizes« in Form von Bonus-Zuwendungen und anderen Vergünstigungen wie bessere Wohnungen, Preissenkungen usw.

Mao sah hierin einen Kardinalfehler, ja einen Verrat an der Sache des Kommunismus. Für den Chinesen ist es schwer möglich, Ideelles aufgrund »materieller Anreize« zu verwirklichen und mittels materieller Anreize einem Ideal zu dienen. »Wandlung« des Menschen und der Verhältnisse ist gut – durch Erziehung, d. h. ideologische Anreize, niemals durch materielle. Für ideologische Leistungen nimmt der Chinese nur widerwillig Geld. Hier steckt in Mao echtestes Chinesentum. Von hier aus wird sein Pathos gegen den sowjetischen »Opportunismus« und die drohende »Verbürgerlichung« westlicher Prägung verständlich. Er sieht hier »Doppelzüngler« und »rechte Opportunisten«, weil man um praktischer, materieller Vorteile willen niemals seine Prinzipien opfern darf. Zwar lehrt Mao durchaus im Sinne des dialektischen Materialismus, daß die Gedanken und Gefühle durch Kontakt mit der materiellen Welt geformt und beeinflußt werden. Er bleibt aber insoweit echter Chinese, als diese auch ihrerseits die materielle Welt beeinflussen und nach Höherem (in diesem Falle der Verwirklichung der weltimmanenten kommunistischen Ziele) streben.

Seitdem im Jahre 1966 die »Kulturrevolution« den »Revisionismus« in der Partei »entlarvte«, wurden in China die »Gedanken Mao Tsē-Tungs« völlig zum »Gipfel« des Marxismus–Leninismus in der gegenwärtigen Ära. Nach dem abgeänderten Parteistatut sind sie »die aus den praktischen Erfahrungen der chinesischen Revolution abgeleiteten Gesamtprinzipien als Leitsatz der Arbeit der Partei«. [144]

Der Gipfel des Marxismus–Leninismus

Mit einem gewissen Recht weist die KP der Sowjetunion auf den schon allein darin liegenden »Personenkult« hin. Seit dem Frühjahr 1968 wird dieser tatsächlich immer penetranter. Erschien doch in dieser Zeit in der »Pekinger Rundschau« ein Loblied auf Mao, in dem folgende Aussagen vorkommen:

»Großer Lehrer, großer Führer, hochverehrter und geliebter Vorsitzender Mao!
Du bist die Sonne in den Herzen aller Revolutionäre, die rote Sonne in ihren Herzen ... Großer Oberbefehlshaber, großer Steuermann, hochverehrter und geliebter Vorsitzender Mao! Dich zum Führer, verlieren die revolutionären Volksmassen niemals die Richtung.
Sturm jagt über die fünf Erdteile ...
Die üble Gesellschaft werde vernichtet, es bleibe kein Platz den finstren Gestalten, sich zu verbergen ...

Für glänzende Zukunft, für Glück, für Mao! Die revolutionären Volksmassen folgen Dir vorwärts zum Ziele des Kommunismus!
Langes Leben Dir, Vorsitzender Mao!
Langes Leben Dir, Vorsitzender Mao!
Vorsitzender Mao lebe lang, lang, lang, lang!
Vorsitzender Mao lebe lang, lang, lang, lang!«

Das Anwünschen des »langen Lebens« ist alt-chinesisch und gut konfuzianisch. Bedrohlich für die Welt aber und neu ist der »Sturm«, der von China her über »die fünf Erdteile« jagen soll. Auch diese erschreckende, maßlose Apotheose scheint durchaus im Einklang zu stehen mit den »Gedanken« Maos selber. Denn die »Energie« in einzelnen Heroen als eine in kosmischem Sinne elementare Kraft war in China schon immer ein Numinosum. Schon die uralte Mythologie Chinas kannte als Symbolfigur den Revolutionsgeist des »Affen Sun Wukung«, der mit großer Keule die Dämonen in die Flucht schlägt und den ganzen Kosmos reinigt. Wer denkt hier nicht auch an den »mutigen Helden« des Lu Hsün, jenes radikalen »Reformers«, der uns einen Kommenden verheißt, durch den die Menschheit ein neues Leben anfängt?

Das Verhältnis des chinesischen Kommunismus zum europäischen ist also, noch im Fluß begriffen, zur Zeit durch und durch zweispältig. Die Wende von historischer Bedeutung trat im Herbst 1963 ganz vor der Weltöffentlichkeit zutage. Obschon beide im Marxismus–Leninismus ideologisch tief verbunden sind, kam es zu einem Konflikt zwischen Peking und Moskau auf der Ebene des staats- und machtpolitischen Interesses. Als solcher ist der Konflikt für dieses Buch nicht zu behandeln. Es geht ihm nur um die Feststellung, daß die Wurzeln des Konflikts nicht allein in einer Interpretation und Anwendung der Lehren von Marx und Lenin über die Diktatur des Proletariats liegen können. Die Wurzeln des Konflikts liegen in den zusätzlichen »Gedanken Mao Tsē-Tungs«. Daher konnten die Russen argumentieren: »Die chinesischen Genossen unterschätzen offensichtlich die ganze Gefahr eines Kernwaffenkrieges.« [145] Sie behaupten: »Die Atombombe ist ein Papiertiger.« [146] »Das wichtigste ihrer Ansicht nach ist es, so rasch wie möglich mit dem Imperialismus Schluß zu machen, auf welchem Wege aber, unter welchen Verlusten dies erreicht wird, das ist angeblich eine zweitrangige Frage ...« [147] »Die Schaffung einer ›tausendmal höheren Zivilisation‹ auf den Leichen von Hunderten von Millionen Menschen kann das ZK der KPdSU nicht teilen. Derartige Ansichten widersprechen den Ideen des Marxismus–Leninismus von Grund auf.« [148] »Die chinesischen Genossen wollen sich auf dem leichtesten Wege bei den Völkern Asiens, Afrikas und Lateinamerikas populär machen«, [149] sie verbreiten »tönende Phrasen«.[150] Das ZK der KPC aber behauptet: »Unter dem Vorwand, den ›Personenkult‹ zu bekämpfen, mischt man sich auf plumpeste Weise in die inneren Angelegenheiten eines Bruderlandes ein.«[151] Ein Leitartikel der Moskauer »Prawda« aber schreibt, ein »Anpeitschen« der Revolution wäre ein »Bruch mit dem Marxismus, der »schöpferische Marxismus–Leninismus« dürfe nicht als »Revisionismus« ausgelegt werden.[152] Es ist nicht zu übersehen, daß es im Grunde bei diesem Disput, der hier nicht näher dargelegt werden kann, um die »Gedanken« Maos und deren Verknüpfung mit der »reinen« Lehre des Marxismus–Leninismus geht. Inwieweit diese »Gedanken« in der chinesischen Tradition verwurzelt sind, ist weiter zu fragen.

Die Ausrottung des Alten durch Mao Tsē-Tung

Das Alte muß niedergerissen werden.
Mao

Mao will die Tradition weithin ausrotten. Es ist nicht zu bestreiten, daß tatsächlich die Verwaltung in China durch eine bestimmte »Klasse« erfolgte. Großgrundbesitzer bestimmten seit alters her die öffentliche Meinung und bestimmte Beamtenfamilien hatten schon immer Besitz, Macht, Geld, Einfluß. Vielleicht kann man sagen, daß die Vereinigung aller Macht in den Händen der Staatsgewalt und einigen ihr Ergebener in China schon immer gang und gäbe war, und daß diese Tatsache vielleicht sogar die Durchsetzung des kommunistischen Systems erleichtert hat. Die junge Republik nach 1912 erkannte den Mißstand, aber sie war nicht stark und entschlossen genug, z. B. den Landbesitz besser unter das Volk aufzuteilen. Es kann natürlich nicht bestritten werden, daß die alte Ordnung sich auf konfuzianische Ideale berief, aber trotzdem große Fehler hatte. Daher das Auftreten der vielen »Reformer«.

Mao will »ausrotten«. Er will »das Alte« ausrotten, den »Feudalismus«, den »Aberglauben«, die »Macht des Ehemanns«, des »Ahnentempels«, der »Sippe«. Er will die Macht der »Schutzgeister« ausrotten und alle Götterfiguren zu Brennholz machen. Er will die Macht der Religion und die ganze feudalistische Kultur liquidieren, ganz zu schweigen von der Macht der Großgrundbesitzer. Das »Alte« aber bedeutet »Konfuzius«, die gesamten Lebensformen und Denkweisen, die in allen ihren Erscheinungsformen vom Geiste des Konfuzius geprägt waren, einschließlich Staatsverfassung, Gesellschaftsordnung, Recht, Wirtschaft, Schulwesen und Religion. Das gesamte innere und äußere Volksleben war von den konfuzianischen Anschauungen, unbeschadet des immer erneuten Aufkommens von Reform- und Oppositionsgruppen, durchtränkt. »Konfuzius« bedeutet daher für Mao, wie er selbst sagt, den »Heiligen der feudalen Klasse«, der »das Volk in Ketten hält und ausbeutet«.

Kollektivierung des Eigentums, Arbeitsordnung der Volkskommunen

Mao Tsē-Tung tat zunächst, was die junge Republik versäumt hatte. Durch Bodenreform und Austeilung von Landbesitz sicherte er sich viele im Volk. An die Stelle der alten »shen-shih«, der »Herrschenden«, trat nun die Klasse der Amtsträger der Partei. Der Drang zum Kollektiv wurde immer mehr verschärft. Als »großer Sprung vorwärts« wurde es angesehen, ein Überkollektiv zu schaffen. Das Aufheben des Privatbesitzes, die Kollektivierung des Eigentums, die Arbeitsordnung der Volkskommunen, der einzelne als Lohn-, Wohnungs- und Nahrungsempfänger des Staates — das hat es in der chinesischen Geschichte noch nicht gegeben. Um der unvermeidlichen Reaktion zu begegnen, erkannte man klar, daß ein Eingriff in die Denkweise des Volkes nötig war, um die politische Ideologie durchzusetzen und ihre Praktiken am Leben zu erhalten. Mao forderte: »Das Alte muß niedergerissen werden!« [153] Das »Alte« — das ist überhaupt alles, was vorher gut und richtig war. Der Übergang von der »ausbeuterischen« in eine »nicht ausbeuterische Gesellschaftsordnung« bedingt die Umformung der Gefühlswelt, der inneren Einstellung, des gesamten Verhaltens. Schon in Maos »Bericht zur Agrarreform in Hunan« (vom Februar 1927) hieß es: »Die Revolution ist keine Abendgesellschaft, kein literarisches Kunstwerk, kein Gemälde und keine Stickerei. Sie kann nicht sein ›sanft, freundlich, höflich, einfach und bescheiden‹. Revolution ist Aufstand, gewalttätige Handlung einer Klasse, die die Herrschaft einer anderen stürzt.« [154] (Die Worte »sanft, freundlich« usw. sind hierbei ein Zitat aus den »Analekten« des Konfuzius.)

Ausmerzung des Bildungsadels

Die »Ausrottung« mußte einsetzen mit einer Abschaffung der Wertung aller Tradition. Zwischen Staatsapparat und Volk gab es in China die Führungsschicht des Bildungsadels, die »gentry« als Elite der Nation und Träger der Tradition. Die »gentry« war nicht organisiert und nicht identisch mit der Staatsgewalt, aber sie hatte für Mao die »metaphysische Denkweise« einer »verfaulenden, herrschenden, feudalen Klasse«. [155] Dieser Bildungsschicht galt der allgemeine Angriff, er galt der »ultrareaktionären Bourgeoisie«, die die »Macht will im Bereiche der Kultur«. [156] Der schärfste Kampf wurde dabei zunächst der taoistischen Gedankenwelt angesagt, deren Kontemplation und »Nichtstun« besonders anstößig war. Die taoistischen Gelehrten wurden unerbittlich verfolgt und ihre oft geheimen Zusammenkünfte wurden besonders beargwöhnt, weil in der chinesischen Geschichte gerade aus Kreisen taoistischer Sekten des öfteren revolutionäre Bewegungen hervorgegangen waren. Aber der Angriff richtete sich, wie gesagt, gegen alles »Alte«.

Seit Mao im Jahre 1942 seine berühmte Rede in Yenan über »Fragen der Literatur und Kunst« gehalten hatte, sollten Literatur und Kunst ein Bestandteil des revolutionären Apparats werden.

Das traf natürlich den gesamten Bildungsadel Chinas. Die ganze Literatur des alten China wurde nach der Machtergreifung unter dem Gesichtspunkt geprüft, wie sie dem revolutionären Apparat dienen könne. Zunächst wurde eine Beschränkung des Handels von Büchern mit Hilfe der lizensierten »Tschung Ha Book Company« vorgenommen. Im Jahre 1950 waren von früher etwa 15 000 Titeln noch 8800 »zugelassen«. Im Jahre 1951 wurden dann »nach Prüfung« nur noch 1234 Bücher »zugelassen«. Es kam eine Verbotsliste heraus. »Vergiftende« Werke wurden vernichtet. Viele Bibliotheken als »Spuren der feudalen Kultur« wurden verbrannt.[157] Nur wenige Werke aus dem großen literarischen Erbe Chinas blieben verschont. Verschont blieb von den Klassikern das »Buch der Oden«, weil es volkstümliche Gedichte und Lieder aus alten Zeiten enthält. Auch der Dichter Tsch'u Yüan entging der Vernichtung, weil er »für die Massen« schrieb. Ebenso blieben gewisse Romane und Bühnenstücke zugelassen, aber sie wurden mit neuen Kommentaren versehen und aus dem Begriffe des Klassenkampfes erläutert. Die Verlage und die Presse gerieten samt allen Buchhandlungen unter staatliche Kontrolle. Die einzige in englischer Sprache noch existierende Tageszeitung »Shanghai News« wurde 1952 eingestellt.

Die »erlaubten« Veröffentlichungen gliedern sich in etwa folgende Gruppen, die in dieser Reihenfolge ihrer »Bedeutung« nach gefördert werden: 1. Werke der kommunistischen Führer Chinas, voran die Maos. 2. Übersetzungen aus dem Russischen, hier besonders technische Handbücher. 3. Volkstümliches Propagandamaterial, primitiv und mit Schilderungen von Grausamkeiten der »Feudalherren« versehen. 4. Alles das, was man noch unter »Literatur« und Kunst« versteht, einschließlich der »zugelassenen« Schriften aus dem Altertum. Der Kampf gegen die vergiftende Literatur wurde zum Heile Chinas als notwendige Säuberungs- und Erziehungskampagne dargestellt.

In einer Rede Maos lei Eröffnung des VII. Parteitags der KPC am 23. 4. 1945 heißt es, daß China »zwei Schicksale« oder »zwei Wege« habe: »Den Weg des Lichts und den Weg der Finsternis. Es gibt zwei Schicksale Chinas, ein lichtes und ein finsteres.«[158] Das »finstere« ist natürlich das »halbkoloniale, feudale, zersplitterte, arme, schwache, alte

China«, das andere, das »lichte«, ist das unabhängige, freie, demokratische, reiche, mächtige, neue China des befreiten Volkes, das kommunistische China! Zum Heile des neuen, lichten China ist die Ausrottung des Alten »mit den Wurzeln« unabdingbare Voraussetzung.

Schon in Maos »Gedanken zur Agrarrevolution« in den zwanziger Jahren kommen solche »Wurzeln« als Programmpunkte vor: »Sturz der Sippenmacht, der religiösen Macht örtlicher Schutzgeister und der Privilegien des Mannes im Eherecht.« [159]

Klassenkampf statt »Harmonie«

War im chinesischen Denken immer die »Harmonie« (im Sinne der harmonischen Seelenverfassung und der Harmonie zwischen Himmel und Erde) das zentrale Anliegen gewesen und wurde diese »Harmonie« durch den Rhythmus fester Formen und Riten geregelt, so trat jetzt an Stelle der Harmonie der Klassenkampf, der Geist der Revolte. Aus gutem Grund wird als die zu vernichtende Hauptwurzel des Übels die »Sippenmacht« angesehen. Das soziale Prinzip war bisher nach chinesischer Auffassung in seiner Urerscheinung der Familie zu pflegen. Die Ehrfurcht vor dem Staat wurzelte in der Ehrfurcht der Familie. [160] Solche Sittlichkeit aber hatte immer ein umfassendes Gemeinschaftsziel: die Harmonie des Universums. War der Typ des sittlichen Menschen bei Konfuzius der »Edle«, der in Übereinstimmung mit dem Willen und den Gesetzen des Universums lebt und damit eine soziale Ordnung begründet, die in Ehrfurcht und Familiengefühl wurzelt, [161] so wurde das Wort »Harmonie« verpönt und überhaupt aus dem Wortschatz gestrichen. Es wurde durch »Klassenkampf« ersetzt. In diesem Sinne mußte man die Vertreter der »alten Intelligenz« »umschmieden, umerziehen«. [162] Das hieß aber nichts anderes als mit dem »Abschneiden der Zöpfe« eine Gehirnwäsche großen Ausmaßes zu betreiben. Dazu mußten die alten Wertbegriffe, besonders aber der Familiensinn und die alte »Mystik«, womit jede Form der Religion gemeint war, ausgetrieben werden. »Klassenkampf« bedeutete die Anwendung von Demokratie im leninistischen Sinne mit Einschaltung von Geheimdiensten, Überwachungsorganen, meinungsbildender Propaganda, Beteiligung des Volks an der Gerichtsbarkeit und Polizei.

Die Propaganda sagt zwar, man wolle nur den althergebrachten Einfluß der »Großfamilie«, der Sippe brechen, aber die Praxis zeigt, daß man auch die Kernfamilie abwertet und in ihrer Bedeutung herabsetzt. Nur wer sich vergegenwärtigt, was oben über Familiensinn und Ahnenkult der Chinesen gesagt worden ist, kann ermessen, was hier geschieht. »Wer Vater und Mutter dient, so daß er dabei seine ganze Kraft aufbietet, wer dem Fürsten dient, so daß er seine Person drangibt, der hat Bildung«, [163] hieß es bei Konfuzius. Wenn heute unter Mao Söhne zur Bezichtigung ihrer Väter veranlaßt werden, [164] so ist das ein Bruch mit der Vergangenheit und allen ihren Werten. Die Liebe zur Familie gehört zu den »Abirrungen«, von denen die Jugend z. B. mit Hilfe von Bildserienbüchern primitiver Art (»comic books«) geheilt werden soll. [165] Kollektive Nähbrigaden, Kinderheime und Kantinen tragen zur Schwächung der Familie bei. Die Frauen kommen in die Fabriken und auf die Felder. Das Individiuum wird damit mehr zum Werkzeug des Staates und der Partei. Alter konfuzianischer Grundsatz war es, daß die Jugenderziehung in der Familie einzusetzen hat. Die Pflege der Ehrfurcht den Eltern gegenüber ist die Schule der pietätvollen Unterordnung im Interesse des gesamten Staatswesens, denn die Ehrfurcht ist die Grundlage aller sozialen Ordnung, so meinte Konfuzius. [166] Die Zerstörung der Familienbande kann nicht schlimmer betrieben werden, als wenn unter Mao bereits im Kindergarten die Liebe zu Eltern und der Familie ausgetrieben wird. [167] Damit beginnt für ihn die »kulturell-erzieherische Arbeit zur Umgestaltung des Bewußtseins der Massen«. [168] Damit trifft Mao auf einen Schlag die gesamte hierarchische Struktur des chinesischen Denkens, vor allem auch das bisherige staatliche System sowie seine Gliederungen in Provinz-, Kreis- und Amtsbezirksorgane. Selbstverständlich trifft er damit zugleich auch die Sippenordnung, den Ahnenkult und die ihm besonders verhaßte Stellung des Ehemanns in der Familie. Es scheint, daß Mao bezüglich der Stellung des Vaters noch unter einem Trauma aus seiner Jugend leidet. Die Macht des Ehemanns in der Familie zählt er zu den »furchtbarsten Fesseln, in denen das chinesische Volk und insbesondere die Bauernschaft verstrickt ist«. [169] Die anderen »Fesseln« sind das staatliche System, das »religiöse System« und die »grundbesitzerliche Macht«. Der »Sturz der Macht des Ehemanns« [170] ist ihm aber ein besonderes Anliegen.

Zwar ist ihm im Jahre 1927 in seiner »Untersuchung über die Bauernbewegung in der Provinz Hunan« noch die »grundbesitzerliche Macht« das »Traggerüst«, auf dem die anderen Mächte beruhen. Er sagt hier wörtlich: »Mit dem Sturz der Macht der Grundbesitzer wird auch die Macht der Sippe, die Macht der Religion und die Macht des Ehemanns untergraben.« [171] Als später die Macht der Grundbesitzer gebrochen war, liegt der Nachdruck dann mehr auf der Bekämpfung der anderen »Mächte«. [172] Die patriarchalische Stellung des Familienoberhaupts aber bleibt ihm stets ein Hauptstück jenes »alten Moders« [173] und »feudalen Unkrauts«, [174] das ausgerottet werden muß.

Kampf der Religion

Da die Stellung des Familien-Patriarchen in China, wie wir sahen, im Ahnenkult begründet ist, geht die Ausrottung des Familiensinns automatisch in eine solche jeder »Religion« über. Es erscheint verständlich, daß Mao das seit alters her in China übliche System der Geomantik (das beschriebene Feng-shui-Phänomen der Volksreligion) als »Aberglauben« wertet und bekämpft. [175] Ebenso verständlich erscheint von seinen Denkvoraussetzungen her, daß er keine Freude an der christlichen Mission haben kann und in ihr Zentren der »kulturellen Aggression« wittert. Aber die Umgestaltung des Bewußtseins der Massen erfordert viel mehr. Mao sagt es selbst mit großer Deutlichkeit: »Mit der Entwicklung der Bauernbewegung gerät die Macht der Religion überall ins Wanken. ... die Bauernvereinigungen bemächtigten sich der Tempel und benutzten sie als Räumlichkeiten für ihre Vereinigungen.« [176] Dann heißt es weiter: »Überall bestehen die örtlichen Bauernvereinigungen darauf, daß das Vermögen der Tempel beschlagnahmt wird, um Bauernschulen zu organisieren und die Ausgaben der Bauernvereinigungen zu decken, wobei sie diese Mittel als ›Einnahmen aus dem Aberglauben‹ bezeichnen.« [177] Diese vor der Machtübernahme geschriebenen Worte sind nach ihr voll in die Tat umgesetzt worden.

Auch dem Buddhismus scheint es kläglich zu ergehen. Als Augenzeuge berichtet Werner Krug, [178] daß er in dem größten buddhistischen Tempel Chinas in Hangtschau, der tausend Jahre alten, rotbemalten »Pagode der sechs Harmonien«, einem uralten Buddhisten-Kloster, noch einen einzigen Insassen angetroffen habe. Weiter berichtet er, [179] daß im »Kloster der tausend Buddhas« bei Nanking noch ein Abt mit 41 Mönchen geduldet würden. Sie dürfen sogar wöchentlich eine Andacht für eine ständig sich verringernde Zahl von Gläubigen halten. Der Staat sorgt für die Unterhaltung des kulturhistorisch wertvollen Klosters. Die Insassen aber müssen ihren Lebensunterhalt dadurch verdienen, daß sie in umliegenden Wäldern als Waldarbeiter tätig sind. Was den Taoismus betrifft, so gelten seine Priester und Anhänger ohne weiteres als »Feinde ohne Gewehr«, weil man ihre Geheimkulte als Zentren eines Widerstandes fürchtet.

Die größte Mühe aber verursacht dem System die Austreibung des Ahnenkults. Trotz aller Härte des Vorgehens mußte man hier dem Volk sogar vorübergehende Zugeständnisse machen. Im Jahre 1952 entstand eine große Erbitterung darüber, daß begonnen wurde, Grabstätten einzuebnen. Das Pekinger Volksblatt vom 21. 10. 1952 soll damals (laut Walker, S. 404) zu einem vorsichtigen Vorgehen geraten haben, und zwar mit den Worten: »Die Regierung kann zur Zeit die Verbrennung als die einzige Form der Bestattung nicht erzwingen, aber die Kader sollen die Massen zum Erwachen bringen und es ihnen selbst überlassen, die Initiative für eine Änderung zu ergreifen.« Doch stieß die Parteiführung auf den heftigsten Widerstand als sie die Beseitigung der zahlreichen Familien-Grabhügel, die mitten in den Feldern stehen, durchsetzen wollte. Unter Hinweis darauf, daß diese Gräber kostbaren Boden wegnähmen, verlangte Mao immer wieder, die Toten auf gemeinsamen Friedhöfen beizusetzen. Aber der Familiensinn der Bauern und die Verehrung der Ahnen ließ das nicht zu. Unter Druck erfand man den traurigen Ausweg, die Gräber zu belassen, auf den Hügeln aber Gemüse anzupflanzen. [180]

Die Austreibung der Religion ist überall das letzte und schwerste Werk der Diktatoren, zugleich das, was nie vollständig gelingt. Mao Tsē-Tung meint, daß »mit dem Sieg« im politischen und wirtschaftlichen Kampf der religiöse Aberglaube von selbst verschwinden« werde. [181] Zugleich aber fordert er zu einem behutsamen Vorgehen auf. Man solle dabei »nicht zu plump« vorgehen, nicht »ohne jede Rücksichten zerstören«. [182] Aber nicht etwa, um religiöse Gefühle zu schonen, sondern nur aus dem Grunde, weil sonst die »konterrevolutionäre Agitation« schreien würde: »Die Bauernvereinigungen ehren die Ahnen nicht, sie verhöhnen die Götter, vernichten die Religion.« [183] Bezüglich der Ausrottung der Religion gibt Mao seinen Agitatoren ein bekanntes Meng-tze-Zitat mit auf den Weg: »Den Bogen spannen, aber den Pfeil nicht loslassen.« [184] Dieser Bogen wird auf verschiedene Weise »gespannt«, z. B. durch die Mittel der Verhöhnung und des Lächerlichmachens.

In welcher primitiven Weise Mao dabei selber agitiert, zeigt folgender Passus aus einer seiner Reden: »Jetzt wollt ihr eine Senkung des Pachtzinses durchführen. Aber gestattet die Frage: Wie wollt ihr das erreichen – durch den Glauben an die Götter oder durch den Glauben an die Bauernvereinigungen? (Diese Worte ließen die Bauern in Lachen ausbrechen).« [185] Das Ziel ist: Das Volk soll die Götterfiguren selber hinauswerfen. Es gibt keine direkten Anweisungen. In den »Werken«

Maos ist vielfach die Rede von der »Liquidierung der Religion und des Aberglaubens«, aber immer nur in dem Sinne, daß Leute aus dem Volk selber dabei handeln. So heißt es z. B.: »Im Kreise Liling verbreitete sich ziemlich weit die Bewegung für das Verbot abergläubischer Bräuche und für die Vernichtung der Götterdarstellungen. In den nördlichen Distrikten dieses Kreises verbieten es die Bauern, Darstellungen der Gottheiten von Haus zu Haus zu tragen und dabei Gaben zu sammeln.« [186] »Im Distrikt Lukou wurden im Tempel alle Darstellungen der Gottheiten in eine Ecke des Tempels auf einen Haufen geworfen, was keinen Widerstand der Bauern hervorrief. Danach ist die Anzahl der Menschen, die Gottesdienste anläßlich des Todes von Verwandten (Kotau vor den Geistern, Gebete, Seelengeleit) abhalten lassen, merklich zurückgegangen. Der Initiator war dabei der Vorsitzende der Bauernvereinigung Ssun Ssjau-shan. Im 3. nördlichen Distrikt zerhackten die Bauern und Lehrer der Grundschule in der Ortschaft Lungföng die hölzernen Figuren der Gottheiten zu Brennholz. Im südlichen Distrikt verbrannten Schüler gemeinsam mit den Bauern im Tempel Daugfuß über 30 hölzerne Statuen ...« [187] Es ist niemals die Partei oder gar Mao selbst, der gegen die Religion direkt aktiv wird. Es wird darauf hingearbeitet, daß es immer Leute aus dem Volke selber sind, die gegen die Religion direkt handgreiflich werden: Der Vorsitzende irgend einer Bauernvereinigung, die Bauern selber, Lehrer, Schüler usw. Es genügt völlig, deren Taten dann in einem »Bericht« zu veröffentlichen, um den gewollten Effekt für das ganze Land zu erzielen. Für Marx und Lenin war Religion »Opium für das Volk«. Sie hatte keinen Platz in der klassenlosen Gesellschaft. Mao Tsē-Tung ist noch entschlossener, alle Spuren religiöser Art auszutilgen. Viele religiöse Führer gingen noch 1949 zur KPC über, weil der Artikel 5 des »Gemeinsamen Programms« bei der Ausrufung der Volksrepublik am 1. Oktober dieses Jahres noch »Glaubensfreiheit« zusicherte. Bald wurden ihnen aber alle Hoffnungen genommen. Es ging alles genau nach den obigen Regeln zu. In den Zitaten war von Begebenheiten unter Maos Teilregime in der Provinz Hunan die Rede. So direkt wie hier hat er sich dann nie wieder öffentlich zur Frage der Religionsausrottung geäußert. Er hat aber entsprechend gehandelt.

Kampf dem Konfuzianismus

In seiner Schrift über »Literatur und Kunst« [188] äußert sich Mao Tsē-Tung ausführlich über die Bewegung vom 4. Mai 1919 und bezeugt nochmals, daß diese Reformer kadermäßig die Gründung der KPC vorbereitet haben. Diese Bewegung aber, so führte er aus, galt dem Kampf gegen Konfuzius und dem Konfuzianismus als Inbegriff alles Alten, Reaktionären und »Feudalen«, das auszumerzen ist. Noch zehn Jahre vor der Machtergreifung sagt Mao Tsē-Tung über den Konfuzianismus: »Diese reaktionäre Kultur dient dem Imperialismus, wie auch der Klasse der Feudalherren und muß hinweggefegt werden. Wird sie nicht zerschlagen, so kann man keine neue Kultur aufbauen. Die neue Kultur und die reaktionäre Kultur sind miteinander in einem Ringen verklammert, in dem der Tod des einen das Leben des anderen bedeutet.« [189] An dieser Auffassung hat sich nach der Machtübernahme von 1949 nichts geändert, doch ist man vorsichtiger geworden, zurückhaltender in öffentlichen Äußerungen. Daher war es z. B. möglich, daß im Jahre 1957 Prof. Dsching Dsin-Feng einen Aufsatz unter dem Titel »Das Denken des Konfuzius« veröffentlichte, worin er die konfuzianische Lehre von der Monogamie verteidigte, indem er sich geschickt auf Engels berief. [190] Daher war es auch möglich, daß im Jahre 1962 auf einer von der Partei einberufenen »Konfuzius-Konferenz« nicht alle anwesenden Gelehrten den Konfuzius als nur reaktionär verdammten. Einige suchten ihn umzudeuten, umzuarbeiten und neu zu bewerten. [191]

Einer der großen Theoretiker neben Mao, Guo Mo-jo, der freilich vor einiger Zeit Selbstkritik üben mußte, hat seit der Machtübernahme immer wieder geraten, den direkten namentlichen Angriff auf den Konfuzianismus, insbesondere auf die Person des Konfuzius selbst zu vermeiden. Es gibt bis heute keine offizielle Verdammung der Person des Konfuzius im Schrifttum der Volksrepublik China. Dennoch kann kein Zweifel daran bestehen, daß der Konfuzianismus gemeint ist, wenn der sogenannte »Feudalismus« verdammt wird. Mit dem Wort »Feudalismus« trifft man alles, nicht nur Monarchie und patriarchalische Großfamilie, sondern auch Sitte und traditionelle Moralbegriffe, die Stellung der Frauen, das Unterrichtswesen, die Agrarwirtschaft usw. So schrieb denn auch Guo-Mo-jo drei Werke gegen den Konfuzianismus, allerdings im Ausland (in Japan), und zwar in englischer Sprache. [192] Unter Berufung auf Marx und Engels will er den historischen Materialismus auf die chinesische Geschichte anwenden und damit den Konfuzianismus von selber außer Kraft setzen. Er schockierte dabei auch alle traditionellen Moralbegriffe, indem er von Mutterrecht und Gruppenehe sprach. Erst nachdem die KP in China gesiegt hatte, trat er ihr bei und wurde zeitweise nicht nur Präsident der Pekinger Akademie der Wissenschaften, sondern auch Mitglied der Regierung. In diesen Eigenschaften wurde er vorsichtiger in der Verdammung des Konfuzianismus, ließ aber keinen Zweifel daran, daß der Industriealisierung durch den Kommunismus und der geistigen Umerziehung des Volkes die gesamte konfuzianische Gesellschaftsordnung und Denkweise im Wege steht. Auch er spricht offiziell wenig vom »Konfuzianismus«, sondern vom »Feudalismus«. Man wagt es nicht. Konfuzius selber war zu tief in den Herzen des chinesischen Volkes verankert. Guo-Mo-jo betrieb wohl aus diesem Grunde den Kampf mehr in der Praxis: Alle Frauen vom Haushalt entbinden, alle in die »Produktion«, alle unter die Kontrolle der Volkskommunen, Kinder in die Kinderkrippen, alte Wohnviertel abbrechen und neue bauen, Familienbande lockern, jede »Mystik« (= Religion) bekämpfen, die Ahnengräber beseitigen usw. Das war der offene Bruch mit dem Konfuzianismus in der Praxis, der Name des Konfuzius brauchte dabei nicht genannt zu werden.

Inwieweit Guo-Mo-jo »Selbstkritik« üben mußte, dürfte nicht ganz in die Öffentlichkeit gedrungen sein.[193] An der grundsätzlichen Verdammung des Konfuzianismus hat sich damit aber nichts geändert. Der konfuzianische Humanismus ist wesensmäßig nicht mit dem Maoismus zu vereinbaren. Davon wird noch zu reden sein. Gewiß hat der Konfuzianismus Gehorsam verlangt, hat aber deshalb keinen Totalitarismus eingeführt. Gewisse Versuche dazu (z. B. im 3. Jahrh. vor Chr.) verblassen gegenüber dem Maoismus. Daß die Selbstkritik in irgendeiner Weise dem Konfuzianismus entgegenkommen mußte, ist ziemlich ausgeschlossen. Man würde gern neuere und neueste Zitate aus Maos eigenem Munde hier zitieren und einem unbefriedigten Leser damit entgegenkommen. Aber solche Zitate gibt es nicht, jedenfalls keine erreichbaren. Mao Tsē-Tung hat sich in der letzten Zeit sehr zurückgehalten, besonders mit Veröffentlichungen. Auffällig ist, daß er in einer Schrift vom Januar 1940 mit dem Titel »Über die neue Demokratie« in Verbindung mit Konfuzius und dem Konfuzianismus nur von einer »halbfeudalen Kultur« spricht. Vertreter der »halbfeudalen Kultur«, so sagt er hier wörtlich, »sind jene, die für die Verehrung des Konfuzius, für das Studium der kanonischen Bücher sind, die die alte Ethik und die alten Ideen predigen und gegen die neue Kultur und die neuen Ideen auftreten«.[194] Weiter dann: »Die imperialistische Kultur und die halbfeudale Kultur sind zwei sehr einträchtige Brüder, sie bilden einen reaktionären Block und kämpfen gegen die neue Kultur Chinas ...«[195] In diesem Zusammenhange fällt auch das Wort: »Dies alles ist Unrat, der restlos vernichtet werden muß.«[196] Die kleine rote Bibel läßt nun allerdings keinen Zweifel daran, daß mit diesem »Unrat« der gesamte Konfuzianismus gemeint ist, auch wenn es direkt nicht gesagt wird. In der im Pekinger Staatsverlag erschienenen Ausgabe von 1967 wird gesprochen von »der üblen Ideologie der alten Gesellschaft«,[197] von den »Überbleibseln der Ideologie des kleinbürgerlichen Idealismus«, [198] von den »Üblen Elementen anderem Gezücht«, [199] die »hervorkriechen und keine Trennungslinie zwischen uns und dem Feind ziehen«. [200] Jeder weiß, was gemeint ist: der Konfuzianismus! Und wenn er es noch nicht wissen sollte, dann wird er belehrt durch Taten.

Die »Große Proletarische Kulturrevolution«

Noch im Jahre 1961 hat der Staatsverlag in Peking die große Rede neu herausgebracht, die Mao im Jahre 1942 auf der sogenannten Yenan-Konferenz über »Fragen der Literatur und Kunst« gehalten hatte. Hierin heißt es bezeichnenderweise: »So künstlerisch wertvoll das inhaltlich reaktionäre Werk ist, desto stärker vermag es das Volk zu vergiften und um so stärker müssen wir es ablehnen.« [201] Das wurde auf der Konfuzius-Konferenz im Jahre 1962 von einer Mehrheit der Teilnehmer auch gegenüber Konfuzius und den alten Schriften vertreten, von einer Minderheit aber in Zweifel gezogen. Schon die Neuherausgabe der Yenan-Rede war ein Symptom dafür, daß in den »Fragen der Literatur und Kunst« etwas nicht ganz nach Maos Plänen zu laufen schien. Der Verlauf der Konfuzius-Konferenz war ein zweites Zeichen.

Im Jahre 1962 hatten sich durch eine gute Ernte die materiellen Verhältnisse gebessert, und es wurden da und dort Reden gehalten, die nicht ganz auf der Parteilinie zu liegen schienen. 1964 und 1965 gab es Veränderungen auf höheren Posten in Partei und Staat. Anfang 1966 fängt Mao an, öffentlich gegen die Intellektuellen zu warnen, und zwar in mehreren chinesischen Zeitungen. [202] Mao wendet sich hier gegen die »reaktionäre bourgeoise Ideologie« und versucht, gewisse Schriftsteller mit dem ungarischen Petöfi-Klub gleichzusetzen. Kurz darauf wird im Armeeblatt am 18. April 1966 zur »Großen sozialistischen Kulturrevolution« aufgerufen. Gleichzeitig wird das gesamte Partei-Komitee der Universität Peking samt Rektor entlassen.

Am 6. Juni 1966 geschah ein fast wunderbares Ereignis. Die Oberklasse einer Mädchenschule »fordert« plötzlich eine Abänderung des gesamten Examenswesens mit Verlegung des Nachdrucks auf die politische Zuverlässigkeit. Man brauche nicht Stubengelehrsamkeit, sondern »ideologische« Diplome! Die Parteispitze und der Staatsrat fällen Beschlüsse wenige Tage darauf gemäß den »Forderungen« der Mädchenklasse. [203] Der Kultusminister wird abgesetzt. Gleichzeitig setzt eine Propaganda-Lawine für Mao Tsē-Tung ein. Nachdem man fast ein Jahr nichts von ihm gehört hat, wird dem staunenden Volk jetzt verkündet, daß er 18 km im Yangste geschwommen sei, daß er die Plenartagung des ZK vom August 1966 leite, daß er die »revolutionären Massen« empfange. Er nimmt vor dem Tore zum himmlischen Frieden eine Parade von einer Million Menschen ab, darunter die »Roten Garden«. Es erübrigt sich aufzuzählen, was Mao plötzlich alles noch tut. Zugleich steigt die Bedeutung Lin Biaos, eines alten Kampfgefährten Maos aus der Zeit, da es noch gegen Japan und Chiang Kai-shek ging. Er erscheint fortgesetzt neben Mao.

Giftschlangen kamen aus Löchern

Die sogenannte »Kulturrevolution« mit Einsatz der Roten Garden war nichts anderes als ein von langer Hand geplantes Vernichtungswerk, ein Bündnis von Mao und Lin Biao gegen ihnen nicht mehr genehme Strömungen und Persönlichkeiten in Staat und Partei. Die Pekinger Rundschau Nr. 35/1966 hat freimütig bekannt, daß es gegen solche ging, »die in der Partei die Macht besitzen und den kapitalistischen Weg einschlagen« wollen. [204] Dazu wird besonders Front gemacht gegen »parteifeindliche Akademiker« und gegen allen »Aberglauben«. Was die »Kulturrevolution« bedeutete, sagte die Pekinger Rundschau Nr. 28 vom 12. 7. 1966 besser, als wir es sagen könnten: »Allmählich bemerkte die Partei die revisionistische Linie ... Als diese Giftschlangen aus ihrem Loch hervorkamen, wurden sie durch den Vorsitzenden Mao und das ZK der Partei sofort gefangen und von den Massen der Parteifunktionäre und des Volkes sogleich zertreten.« [205]

»Die Feinde entlarven, bis sie stinken«

Hier wurde ein Satz Maos verwirklicht, der da hieß: »Man muß die Feinde entlarven, bis sie stinken.« [206] Das geschah in der Weise, daß Trupps von Jugendlichen vor bestimmte Wohnungen zogen, in sie eindrangen, Möbel und Bücher auf die Straße warfen, die Bewohner aber herauszerrten und ihnen spitze, weiße Papiermützen auf den Kopf stülpten. Dann wurden diese Auserwählten mit Schlägen und Beschimpfungen durch die Stadt und zur Stadt hinaus getrieben. »Was dort geschah, haben die Ausländer nicht beobachtet, nie haben sie die Weißmützen in die Stadt zurückkehren sehen.« [207] Welcher Art diese »Feinde« waren, verrät die »Rote Fahne« vom 1. 7. 1966 und die »Pekinger Rundschau« Nr. 23/1966. Es habe sich um »Revisionisten« und solche gehandelt, »die die chinesische Vergangenheit, den Konfuzianismus und die klassische Literatur verteidigten«. [208] Außerdem wären sie dafür eingetreten, den Menschen in seiner Freizeit in Ruhe zu lassen.

Die seit 1959 existierende Opposition bediente sich oft anonym der Symbolfigur eines gewissen Hai Jui, eines Reformers, der im 16. Jahrhundert gelebt hatte und damals dem Kaiser bittere Wahrheiten zu sagen wagte. Besonders hervorgetreten war ein gewisser Dschou Yang durch sein Eintreten für die alte konfuzianische Literatur. Er hatte eine »bürgerliche Theorie über Literatur und Kunst« verfolgt, eine »bürgerliche Theorie von der menschlichen Natur befürwortet« und sich »gegen die marxistisch-leninistische Erkenntnistheorie« gestellt. [209] Es ist unschwer zu erkennen, daß die Opposition seit 1959 alte Traditionen der konfuzianischen Weltsicht hochhalten wollte und sich dabei der uralten chinesischen Manier der historisch-literarischen Tarnung bediente. Es erschienen in den Zeitungen auch Essays mit harmlosen Überschriften, die aber inhaltlich abweichende Meinungen vertraten. Ein gewisser Dschang-schi soll so weit gegangen sein, die Methode des Konfuzius neu zu fordern, nämlich die Erziehung zur Selbstzucht durch Übereinstimmung mit den Riten. Dieses »Gift« galt es zu beseitigen. Hierzu Mao Tsē-Tung: »Was reaktionär ist, fällt nicht, wenn man es nicht niederschlägt.« [210]

Die Berichte und die Sicht Klaus Mehnerts, auf den wir uns hier berufen, wird auch von anderen Augenzeugen bezeugt. W. Leonhard, W. Vahlefeld und Chr. Roll bestätigen aus ihrer Sicht, mit Mehnert übereinstimmend, daß die »Kulturrevolution« nichts war als eine »Wachsamkeits-Kampagne« gegen »bürgerliche Elemente, finstere Mächte und verbrecherische Tätigkeiten«. [211] Man wollte die »Feinde ohne Gewehr«, die Rechtsabweichler entlarven. [212] Die Roten Garden sollten »die bürgerlich feudalistischen Ideen in den Köpfen der Intellektuellen ausmerzen«. [213] W. Vahlefeld berichtet ebenso wie Mehnert von den Gewalttaten der Roten Garden: »Die Rote Garde soll als Schockbrigade die Position Lin Biaos in Rot-China festigen ... Sie stürmen durch die Straßen der chinesischen Städte, dringen in Wohnungen ein und beschlagnahmen Gold, Silber und Wertgegenstände, führen die ›Klassenfeinde‹ ab und demütigen Professoren ... Sie stehen in Gruppen an Straßenecken und lesen den Passanten aus Maos ›Gesammelten Werken‹ vor.« [214] Außerdem konstatiert er ganz klar: »Die Roten Garden sind gelenkt, sie waren niemals außer Kontrolle.« [215]

Die Entwicklung nach dem IX. Parteitag

Die jüngste Entwicklung nach der Kulturrevolution ist natürlich — wie überhaupt alles im neuen China — noch fließend und unklar. Vorsichtige Abschätzungen sind hier am Platz. Doch dürfte folgendes mit einiger Sicherheit zutreffen. Der 9. Parteitag dauerte vom 1. bis 24. April 1969, wurde als Parteitag »der Einheit und des Sieges« gefeiert, und er legalisierte alles, was als »Kulturrevolution«, in Wahrheit als harter Machtkampf und Niederschlagung der Opposition, vonstatten gegangen war. Der Machtkampf wurde mit Hilfe von Lin Biao und der Armee zugunsten von Mao Tsē-Tung entschieden. Es scheint sich ein Triumphirat gebildet zu haben, bestehend aus Mao, Lin Biao und Tschu En-Lai (als Ministerpräsidenten). Außer diesen drei gehören noch Tschen Po Ta und Kang Schen dem sogenannten »Ständigen Ausschuß« des Politbüros an. Dieser ständige Ausschuß dürfte die tatsächliche Regierungsgewalt ausüben. Po Tang und Kang Schen waren die Manager der »Kulturrevolution«.

In dem eigentlichen 25köpfigen Politbüro sitzen nicht weniger als elf Militärs und die Frauen von Mao und Lin Biao. Den Roten Garden scheint indessen bei dem Parteitag kein Ruhmesblatt dargebracht worden zu sein. Der Name Rote Garden fand keine Erwähnung mehr, weder in dem angenommenen »Kommuniqué« noch in dem neuen Parteistatut. In der Opposition, die seit 1959 am Werke gewesen war, soll — Äußerungen Lin Biaos nach dem Parteitag zufolge — Liu Schao Tschi eine besondere Rolle gespielt haben.

Als Ergebnis des Parteitages scheint eine Stärkung der Rolle der Armee und eine »Entbindung« neuer ideologischer Kräfte festzustehen. Eine neue Formel »Marxismus-Leninismus-Maoismus« soll andeuten, daß die »Gedanken Maos« universale Ansprüche im Blick auf die Weltrevolution erheben. Der Kampf gegen das »Alte«, gegen Konfuzianismus und Tradition, fand eine erneute Radikalisierung. Mit der »Ausrottung des Alten« in jeder Form mehren sich die Anzeichen von Landverschickungen von Zehntausenden von Menschen im Sinne des Mehrzweckmenschen. Aus allen Bindungen heimatlicher Art werden die Menschen herausgerissen und dorthin verschickt, wo der allmächtige Staat sie einsetzen will. Die Jugend wird erst aufgeputscht und dann zwangsverschickt. Es dringen »erschütternde Schilderungen an die Außenwelt, wie es auf den Bahnhöfen in Shanghai und Kanton zugeht, wenn die Züge mit den jungen Deportierten abgehen. Aber die Armeekommandeure kennen keine Sentimentalität. Sie entledigen sich kaltblütig des unbequemen Teils der unruhigen Jugend.« [216] Das Kriegsgeschrei gegen die Sowjetunion am Ussuri und anderen Grenzposten ist sicherlich für die Innenpolitik bestimmt und soll den Patriotismus anheizen, der zweifellose bei Mao eine große Rolle spielt. Daß in der allerjüngsten Zeit Verhandlungen in Peking über die Grenzfragen mit den »Nachfahren der Zaren« stattfinden, ist ein Faktum, über das im Augenblicke der Niederschrift dieser Zeilen Definitives oder auch nur Vermutbares sich nicht aussagen läßt.

Mao der Zweite und die geistige Atombombe

Wer ist Lin Biao? Wie bereits angedeutet ein alter Mitstreiter aus den zwanziger und dreißiger Jahren. Darüber hinaus weiß man von ihm, daß er im September 1956 die neue »weltrevolutionäre« Doktrin Pekings verkündet und die militärische Kommission in der KP-Führung Chinas geleitet hat. Er dürfte heute praktisch der Oberbefehlshaber der Armee sein, nach Mao der prominenteste Sprecher des Maoismus. Daß er Mao der Zweite ist, dürfte schon daraus ersichtlich sein, daß er und kein anderer das Vorwort zur kleinen roten Mao-Bibel »Worte des Vorsitzenden« schreiben durfte. Er durfte es aber wohl nur um den Preis, daß er die Worte des Vorsitzenden in einer für abendländische Verhältnisse geradezu lächerlichen Weise hochwertet und anpreist: Die Ideen Maos sind danach nicht nur zu »studieren« und zu »lernen«, zu »hören« und »anzuwenden«, nein, man muß sie »auswendig lernen«, denn sie sind nicht nur ein »unversiegbarer Kraftquell«, sondern eine »geistige Atombombe von unermeßlicher Macht«. [217]

Der Konfuzianismus und die Religionswelt Chinas haben von diesem Kronprinzen jedenfalls nichts zu erwarten als nur die gleiche Drohung der Ausrottung mit Gewalt. Wahrscheinlich ist sogar durch Lin Biao die seit nach 1962 in kleinem Rahmen zustandegekommene rotchinesische Konfuziusforschung wieder hinweggefegt worden. Eine kleine Minderheit hatte damals den Gedanken gefaßt, »unter der Leitung der Ideen von Mao Tsē-Tung« die Lehren des Konfuzius »kritisch zu studieren« und »ihre Inhalte neu zu bewerten«. Man hatte sogar eine »Resolution« gefaßt, die forderte, man solle die Konzentration des Konfuzius auf den Menschen und seine Ablehnung metaphysischer Spekulationen positiv bewerten, man solle ferner seine sozialen Ideen und die Integrität seines Handelns verteidigen usw. Die »Resolution« sagte auch, jede Generation hätte ihr eigenes Konfuziusbild gehabt und heute sei eine neue Konfuziusbiographie nötig. [218] Diese sehr vernünftigen und mindestens teilweise sehr richtigen Gedanken, die auf eine Neubewertung des Konfuzius und der gesamten Tradition im Interesse des chinesischen Volkes erhoffen ließen, wurden durch das Bündnis

Mao–Lin Biao und ihre Vernichtung der intellektuellen Regungen zerstört. Ob es indessen noch Mao ist, der hier als der treibende Mann handelt, oder ob Lin Biao, Mao der Zweite, den Vorsitzenden in der Hand hat und ihn als seine Fahne benützt, wer will das heute schon sagen?

Der Mao-Kult

Die »Niederreißung« des Alten geht natürlich nicht vonstatten, ohne daß dem Volk ein Ersatz angeboten wird. Dieser liegt klar zutage in Form eines Mao-Kults. Die Anwendung des Wortes »Kult« und die Subsumierung unter dem Begriff »Religionswelt« geschieht hier zunächst vorläufig und unter Vorbehalt. Es bedarf erst genauerer ernster Besinnung darüber, inwieweit es sich hier tatsächlich um ein religiöses Phänomen handelt. Zunächst aber erinnert die Verehrung, die Mao Tsē-Tung beansprucht und die ihm dargebracht wird, an religiöse oder pseudoreligiöse Erscheinungsformen. Darauf kommt es jetzt hier nur an. Es kommt darauf an zu erkennen, daß die quasi-religiöse Verehrung der Person des Mao Tsē-Tung (und seines Wortes) ein Teil des Ausrottungsfeldzuges gegen »das Alte« ist: Denn die »Gedanken Mao Tsē-Tungs« sollen an die Stelle des kanonischen Schrifttums treten, seine Person aber an die des Konfuzius.

Der Allwissende und Unfehlbare, der zu Verehrende und zu Liebende ist durch sein Bildnis in jedem öffentlichen Raum gegenwärtig. Er genießt fast gottesdienstliche Verehrung durch die Massen durch Prozessionen, Gesänge und Huldigungen. Die Quasi-Religion fordert ihre Opfer, indem sie Sündenbekenntnisse in Form der »Selbstkritik« verlangt. An Stelle der bisherigen religiösen Vorstellungen (Ahnenkult, Haus- und Schutzgötter usw.) wird dem Volk die Verehrung des »großen Vorsitzenden« in die Seele zu legen versucht, und zwar durch dauernde Berieselung und Ermüdung, sowie dauernde Anwendung von Druckmitteln aller Art. Der »Erfolg« kann nicht ausbleiben, weil kein Mensch dem ständigen physischen und psychischen Druck standzuhalten vermag. Es setzt ein Vorgang ein, den ein späteres Kapitel dieses Buches zu deuten versucht. Hier zunächst die Schilderung des entstehenden Kults. Er beginnt schon mit einer Regelung der Sprache: Glühende Worte der Begeisterung für das »Neue« bei dauernder Beschimpfung des »Alten«. Wo nicht ganz ausgerottet werden kann, wie etwa bei noch bestehenden Resten von Fremdreligionen (Islam) mutet man zusätzliche, fast religiöse Verehrung des »Neuen« zu. Zwar gibt es keine Tempel und Opfer für Mao, aber der enthusiastische und ekstatische Jubel und die beständigen Lobreden auf ihn erinnern doch an Lobopfer. Die Wertschätzung seiner Worte und Schriften erinnert heute schon an die Wertschätzung »heiliger Schriften«, als wenn darin eine allgemeingültige Wahrheit in göttlicher Reinheit enthalten wäre. Man darf der in Ost-Berlin erscheinenden SED-Zeitung »Neues Deutschland« durchaus beipflichten, wenn hier ein Mitglied des dortigen Politbüros schreibt: China »treibt den Kult um Mao Tsē-Tung ins Uferlose. Er ist mit einer völligen Preisgabe des Marxismus–Leninismus, einer beispiellosen Vulgarisierung der Wissenschaft und Verarmung des geistigen Lebens, mit der Diffamierung und Zerstörung großer Werte der chinesischen und der Weltkultur verbunden.«[219]

Das »Uferlose« des Mao-Kults aber besonders in der Knechtung der Gewissen, die in der bedauerlichsten Form dort erscheint, wo Gelehrte von Rang, wie z. B. der Historiker Prof. Tschen Yüan, ihre Meinungen öffentlich widerrufen und ein Bekenntnis zu Mao ablegen müssen. Dieser vormalige Präsident der Universität Peking mußte in einem offenen Brief im »Tageblatt des Fortschritts« bekennen, daß sich ihm »bei der Lektüre der Werke Mao Tsē-Tungs »eine neue Welt erschlossen« habe, daß er »erkannt« habe, daß sein »ganzes Studium der Geschichte falsch, subjektiv und unwissenschaftlich war ...«[220] Viele andere Professoren bekannten solche »Sünden«, widerriefen und verdammten, was sie ein Leben lang gelehrt hatten. Am Anfang dieser »Bekenntnisse« steht der Lebenslauf des Betreffenden. Dann schildert er die »vergiftenden Einflüsse«, die sein Denken »verzerrten«, und ihren feudalistischen (konfuzianistischen) Hintergrund. Hierauf folgt, wie er die großen Wahrheiten des Marxismus–Leninismus mit ihrem Gipfel, den »Gedanken Mao Tsē-Tungs«, entdeckte.[221] Nach diesem Glaubensbekenntnis folgten Dank und Anbetung: Tiefste Ergebenheit für die »Erleuchtung und Hilfe«, demütiges Gelöbnis der dauernden, unwandelbaren Gefolgschaft dem Führer und der Partei.

Ähnlich erging es dem Philosophen Fung Yu-tan und dem Soziologen Prof. Quentin P'an. Sie mußten ihren »Drang nach Objektivität« verdammen und bekennen, daß die Gedanken Maos sie »von der Illusion zur Wirklichkeit« geführt hätten.[222] Daß es sich hierbei um einen Zwang handelt, der an eine Kultforderung erinnert, geht daraus hervor, daß es nicht genügt, derartige »Bekenntnisse« einmalig abzulegen, um danach Ruhe zu haben. Wird das Bekenntnis nur einmal abgelegt, dann wird behauptet, er »heuchle« nur, der »Reaktionär«, er täusche vor, woran er nicht glaube. Deshalb werden regelmäßige Wiederholungen dieser Bekenntnisse verlangt.[223] Der Mao-Kult in dieser Form führt einen Angriff auf den personalen Kern des Menschen und sein Gewissen. Wenn westliche Intellektuelle sich dazu verleiten lassen[224] zu meinen, es habe sich im Grunde in China nichts geändert, was »einst« Konfuzius war, sei »heute« Mao Tsē-Tung, so kann man dem keinesfalls zustimmen, denn dergleichen hat es in China in der Form wohl noch nicht gegeben. Von hier aus ist evident, daß der konfuzianische Humanismus etwas wesensmäßig anderes ist als der Kommunismus Mao Tsē-Tungs. Dazu bedarf es keiner religionswissenschaftlichen Untersuchung, denn dazu genügt z. B. ein Blick auf die rigorosen Praktiken der Menschenbehandlung im chinesischen Kommunismus, z. B. die Bestimmungen über die Anwendung der Todesstrafe in den »Parteiinternen Anweisungen über die Landreform« vom 15. 2. 1948, in denen es heißt: »Reaktionäre Elemente müssen unterdrückt werden.« Es soll zwar verboten sein, »willkürlich zu töten, »Todesurteile können aber »von einem Komitee, das auf Kreisebene organisiert ist, überprüft und genehmigt werden«. [225] Ganz zu schweigen von den Foltern und Strafen in Zuchthäusern, von denen R. T. Bryan, M. Higgins und andere berichten! [226]

So sieht also die »Ausrottung« des Alten aus. Der einzelne Mensch wird nicht mehr als Selbstwert erkannt, er ist nur noch Werkzeug des Staates. Man versucht nicht mehr, rechtschaffen auf gut und böse zu reagieren und sich in diesem Sinne zu kultivieren, was der alte Konfuzianismus immer erstrebte, unbeschadet aller Schwächen, Ungerechtigkeiten und Härten, von denen er gewiß nicht frei war. Deshalb kann man nicht ganz kurzschlüssig sagen: Was einst Konfuzius war, ist heute Mao Tsē-Tung.

Vierter Teil

Die Wirksamkeit des »Alten« in Mao

Zur Methodik

Geht man nun daran, eine Analyse der geistigen Grundlagen des neuen China auf dem Hintergrunde des Alten zu wagen, so kann es sich nur um das notwendige, vorläufige Hineingreifen in ein immer noch werdendes und wachsendes Gestrüpp ungeklärter Verwucherungen und Verzahnungen des alten chinesischen mit dem neuchinesisch-kommunistischen Denken handeln. Von vornherein abgewiesen werden muß die vordergründige Vorstellung, daß es hier »religionsphänomenologisch« nichts zu analysieren gebe, weil die Position Mao Tsē-Tungs gegenüber der Religion eindeutig negativ und vernichtend abwertend sei. So läßt sich mit dem Phänomen »Religion« nicht verfahren. Ihr abgründiges Wesen geht hinaus über primitive Vorstellungen von ihr.

Viel ernster zu nehmen wäre ein Einwand, der verständlicherweise von den Nationalchinesen auf Taiwan (Formosa) kommen könnte, die ihre Opposition gegen Mao und die Kommunisten gerade auf das konfuzianische Kulturerbe gründen und damit in besonderer Weise die Fahne ihres Widerstandes entfalten. Sie werden sich von vornherein gegen die Untersuchung auf Restbestände von geistesgeschichtlichen Zusammenhängen zwischen der chinesischen Tradition und dem heutigen chinesischen Kommunismus extremer Prägung wenden. Und zwar deshalb, weil sie den totalen Bruch mit ihrer Vergangenheit sehen. Auch werden sie verständlicherweise den Nichtchinesen als wenig kompetent in diesen Dingen ansehen. Die kritischen Fragen, die in den beiden angedeuteten Einwänden stecken, werden sich hoffentlich im Verlaufe der weiteren Darlegungen von selber beantworten. Nicht dagegen gewisse Bedenken, die von seiten der wissenschaftlichen Methodologie kommen.

Unser Wissenschaftsbegriff ist nach wie vor weithin vom Positivismus her geprägt. Wenn es sich um Vergangenes handelt, erscheinen daher Historie und Philologie allein als zuständige Disziplinen. Zu einer Interpretation des neuen kommunistischen China auf dem Hintergrunde des alten reichen aber deren Möglichkeiten nicht aus. Zwar kann auch jede andere Betrachtungsweise als die historisch-philologische die Historie und Philologie nicht entbehren, sondern bleibt auf sie angewiesen. Aber hier geht es nicht nur um faktische Verhältnisse und kausale Beziehungen, die mit historischen und philologischen Mitteln erhellt werden könnten. Es geht nicht um Abhängigkeiten logischer oder genetischer Natur. Solche aufzudecken würde hier nicht genügen oder ist nicht möglich. Es geht hier vielmehr um die Möglichkeit einer Aufdeckung idealtypischer Zusammenhänge, die nie nur faktische Verhältnisse und kausale Beziehungen meinen, sondern nur »erschaubare«, »verständliche« Beziehungen.

Wo Historie und Philologie am Ende sind, kann immer noch – auf ihren Ergebnissen fußend – das Band der »verständlichen Beziehungen« geknüpft werden, von dem die Phänomenologie, insbesondere die Religionsphänomenologie spricht. Sie versucht zu »verstehen«, was mit den Mitteln der Historie und Philologie allein nicht mehr bewältigt werden kann. Für die moderne Religionswissenschaft ist daher der Vorgang des »Verstehens« die sachgemäße Voraussetzung ihrer Arbeitsweise. Das haben uns, auf Husserl und Dilthey fußend, übereinstimmend van der Leeuw (Holland), J. Wach (USA), R. Pettazoni (Italien), F. Heiler (Deutschland) und viele andere gezeigt. »Verstehen« aber bedeutet eine Einschaltung religionsgeschichtlicher Phänomene in das eigene Leben, weil sie nur von innen, vom Leben her, erfaßbar sind und ihnen nicht durch empirische, sogenannte »exakte« Forschungsmethoden beizukommen ist. »Verstehen« suchen heißt, die Antwort nicht nur auf dem Wege des rationalen »Erklärens« zu gewinnen, sondern es gilt im Blick auf die Irrationalitäten religiöses Leben zu erkennen, was im Grunde »gemeint« ist. Hier wittern viele zwar die »Unwissenschaftlichkeit« der Religionsphänomenologie. Aber Dilthey hat uns zwingend gelehrt, daß insoweit die Wissenschaft immer »Hermeneutik« sein muß und über die historischen und philologischen Daten hinausführen muß.

Wenn nun an die Frage herangegangen wird, ob und inwieweit »Altes« im »Neuen« noch nachwirkt, so kann sich zunächst der naheliegende Einwand erheben, es könne von weltanschaulich-religiöser Färbung überhaupt keine Rede sein, denn Mao sei Politiker und nichts als Politiker. Daß er das von sich selber denkt, ist sicher. Aber dadurch wird unsere Untersuchung nicht überflüssig. Es kann auch der Einwand kommen, von weltanschaulich-religiöser Färbung könne schon deshalb keine Rede sein, weil der Konfuzianismus selber keine »Religion« sei.

Über die Frage, ob der Konfuzianismus eine Religion sei oder nicht, ist schon viel und oft gehandelt worden. Es kommt bei der Beurteilung dieser Frage sehr darauf an, was man unter »Religion« versteht und auf welche Phänomene, zu welchen Zeiten und an welchen Orten man das Phänomen »Konfuzianismus« betrachtet. Natürlich ist nicht alles im Konfuzianismus »religiös«. Was die ganze Denkweise und die Morallehre des »Konfuzius«, d. h. der klassischen Schriften, betrifft, so kommt es ganz darauf an, welchen Religionsbegriff man subsumiert. Wer »Religion« nur aus der Erinnerung an die Schulstunde und aus Katechismen kennt, wird auch als gelehrter Mann im Konfuzianismus vielleicht nichts von »Religion« erkennen. Die Religionswissenschaft des Verstehens wird aber anders urteilen. Selbstverständlich kann nicht alles im Konfuzianismus in Bausch und Bogen als »Religion« erklärt werden, besonders nicht die politischen Winkelzüge des Gesellschaftssystems, die Sanktionierung der Machtverteilung, der Zwang und die Elemente magischen Aberglaubens. Dessen ungeachtet aber ist die innere Haltung des Konfuzius, die aus den Schriften spricht, eine durch und durch »religiöse«. Dabei tut es nichts zur Sache, daß Konfuzius religiös-metaphysischen Spekulationen über Gott, Götter und Jenseitsvorstellungen abgeneigt war und am liebsten nicht näher davon sprach. Er hat sich über das Wesen der Ahnen und Götter nie ausgelassen, und die metaphysische Grundlage seiner Moral ist mehr eine unpersönliche Weltordnung als der persönliche Gott als Gesetzgeber. Nach dem Wesen des Todes befragt, antwortete er einmal: »Wenn man noch nicht das Leben kennt, wie sollte man da den Tod kennen?« (Lün-yü 11, 11). Aber er spricht in der höchsten Ehrfurcht vom »T'ien«, dem »Himmel«, wobei für uns alle christlichen Himmelsvorstellungen selbstverständlich beiseite zu lassen sind, wie auch die anderer Religionen.

Zwar gebraucht Konfuzius nicht das anthropomorphere Wort »Shangti« für die Gottheit, und er meint mit »T'ien« mehr »Schicksal«, »Vorsehung«, »Fügung«, »höchstes Weltgesetz«. Aber die anthropomorphe Färbung fehlt auch bei ihm nicht ganz, vgl. Lun-yü 3, 24; 6, 26. Den Ahnenkult hat er sehr positiv beurteilt, vgl. Li-ki I, 1, 8. Konfuzius ist weder ein Gegner der Religion noch ein Skeptiker gewesen; er hat die Realität der Götter und Geister nicht in Zweifel gezogen und die Wirksamkeit der Opfer und sakralen Riten in pietätvoller Gesinnung und Verehrung als wirksam betrachtet. Daß der dem Konfuzianismus und Taoismus gemeinsame Begriff des »Tao« ein religiöser Begriff ist, sollte heute nicht mehr strittig sein. Die numinose Apperzeption des »Himmels« als dem kosmischen Hintergrund aller Wirklichkeit und des »Tao« als dem großen Weltgesetz, die kultische Verehrung der Götter und Ahnen, die Bedeutung der Riten, das Streben nach Harmonie mit den Grundkräften des Kosmos (beginnend in der heiligen Gemeinschaft der Familie), die Vorstellung von den beiden numinosen Grundkräften Jang und Jin und der kosmischen Verankerung von Staat und Gesellschaft, sowie die hohe Ethik unter Opfern – alles das macht den Konfuzianismus selbstverständlich zu einer Religion. Daran gibt es keinen Zweifel, auch wenn oft gedruckt zu lesen ist, der Konfuzianismus sei »keine Religion«. Allein schon die numinose Apperzeption der Familie als Vitalgemeinschaft ist Religion. Religion ist überall dort, wo das Erlebnis des Heiligen ist und anerkennende Beugung vor heiligem Wert unter Hingabe und Opfern das Leben verantwortlich gestaltet.

Der Einwand, daß der Konfuzianismus selber keine »Religion« sei und es daher fast unsinnig erscheinen könnte, gar in Mao Tsē-Tung noch religiös gefärbte hintergründige Vorentscheidungen zu vermuten, ist also zunächst insoweit nicht stichhaltig, als der innerste Kern des Konfuzianismus durchaus religiös ist. Was den Taoismus betrifft, so macht ihn der Glaube an das Tao als die in allen Erscheinungen des Kosmos wirkende Macht des numinosen Urseins, der Glaube an das Wirken des Tao in Menschenleben und Geschichte, sowie die Unterordnung und willige Hinnahme dieses Wirkens durch den Menschen zu einer religiösen Erscheinung.

Anders steht es mit dem Einwand, »Religionsphänomenologie« sei im Blick auf den anderen Vergleichsfaktor, nämlich die Person des Mao Tsē-Tung von vornherein abwegig, weil dieser selber Bindungen in der Richtung kategorisch bestreite. Man muß zugeben, daß tatsächlich der Anschein bestehen kann, es sei verfehlt, hier hintergründige religiös gefärbte Vorentscheidungen zu vermuten. Zählt doch Mao alle religiösen Bindungen zum »metaphysischen Unrat« und »mystischen Kehricht«, der ausgerottet werden müsse. Aber hier trügt der Schein. Freilich ist zuzugestehen, daß tatsächlich allein mit Religionsphänomenologie nicht auszukommen ist. Es macht die Schwierigkeit des hier verhandelten Gegenstandes aus, daß die Horizonte sehr verschiedener Disziplinen ineinanderlaufen. Es bedarf einer hermeneutischen Indizienforschung, d. h. es gilt Sinngehalte zu entdecken, die mit den gewohnten historischen, philologischen, politisch-ökonomischen oder auch nur religionswissenschaftlichen Kategorien allein nicht zu entziffern sind. Alle diese Disziplinen sind freilich beteiligt und zu einem schwer entwirrbaren Knoten zusammengeknüpft. Aber es muß versucht werden zu entwirren. Statt auf »Beweise« wird man dabei immer nur auf Indizien stoßen und sich damit zufrieden geben müssen. Sonst wird man nichts zur Klärung dieser Sache beitragen können, über die die

Welt mehr zu hören nicht nur dringend verlangt, sondern auch ein Recht hat.

Es geht letzten Endes beim Verständnis der Gedanken des Mao Tsē-Tung, das für die Welt von existentieller Bedeutung sein kann, um eine Frage der Auslegung, nämlich der Auslegung des Marxismus–Leninismus durch Mao Tsē-Tung. Wenn es richtig ist, was einst Arnold Gehlen [227] schrieb, daß die Bedeutung einer Aussage ihr Gewicht erst »durch das findet, was durch das Wort beim anderen erweckt wird«, wenn es richtig ist, daß es nach B. Blumenfeld [228] einen Gegensatz gibt von »Gemeintem« und »induziertem« Sinn, wenn es nach C. G. Jung [229] »Hintergrundsvorgänge« gibt, in denen sich die Wirksamkeit des Unbewußten« symptomatisch äußert, wenn es in diesem Sinne ein teleologisches Denken im Sinne N. Hartmanns [230] gibt und schließlich dem Ereignis des »Verstehens« immer ein »Engagement« des interpretierenden Subjekts in der lebendigen Begegnung mit der Geschichte einhergeht, wie uns heute z. B. H. G. Gadamer [231] lehrt, so dürfte es wissenschaftlich erlaubt sein, einmal die Tasten des geistigen Instruments jenes Mao Tsē-Tung auf die Klänge seines innersten »Engagements« und seines »Vorverständnisses« abzuhören. Ein »Indiz« ist im Verfahrensrecht eine Tatsache, die einen bestimmten Rückschluß auf die eigentlich beweiserhebliche Tatsache zuläßt. Die vorgetragenen Tatsachen aus der Geisteswelt Chinas und dem Leben Mao Tsē-Tungs lassen es möglich erscheinen, im übertragenen rein geistigem Sinne Rückschlüsse auf die besondere Art des Ansinnens zu stellen, das Mao Tsē-Tung in seiner Auslegung des Marxismus–Leninismus an das Empfindungs- und Verständnisvermögen seines Volkes und seine Aufnahmefähigkeit richtet. Mao tritt mit dem ihm eigenen Verständnisvermögen, d. h. den Empfindungen chinesischen Geistes und unter dem Vorverständnis der ihn tragenden Sinngehalte an Marx und Lenin heran. Mit dem, was durch die Appelle des Marx und Lenin bei ihm erweckt ist, erhebt er dann seinerseits einen Appell und sein Ansinnen an sich selbst, seine Genossen, sein Volk, den europäischen Kommunismus und die ganze Welt.

Das Letztere sagt uns Mao Tsē-Tung natürlich nicht direkt. Deshalb kann es keine direkten Beweise geben. Er kann es auch nicht sagen, weil er sich dessen selber nicht bewußt zu sein scheint. Er ist in seinen Augen Politiker und nur Politiker, der die reine Lehre des Marxismus am besten zu interpretieren und am sichersten für China und die Welt anzuwenden weiß. Hier kann man nur »Indizien« der spezifisch chinesischen Auslegung aufdecken, auf sie hinweisen und zu erläutern versuchen.

Kennt Mao das alte Schrifttum Chinas?

Als Vorfrage ist zu klären, inwieweit Mao Tsē-Tung das alte kanonische Schrifttum Chinas kennt. Natürlich kann das nur an seinen erreichbaren literarischen Äußerungen festgestellt werden. Prüft man daraufhin das Schrifttum durch, so lassen sich inmitten der natürlich meist rein politischen, dem langatmigen europäisch-kommunistischen Stile angepaßten Ausführungen, überraschend Zitate aus den alten kanonischen Schriften erkennen, die zweifelsfrei nachweisen, daß Mao das alte Schrifttum bis zu einem gewissen Grade kennt. Er gibt sich dabei manchmal sogar konservativ, was aber nicht viel besagen will, weil es uralte chinesische Sitte ist, das Neue als das Alte hinzustellen, das schon immer war. Von dieser alten konfuzianischen Sitte scheint Mao nicht ganz frei, wenn diesem auch keine besondere Bedeutung beizumessen ist. Mao läßt gern den Stern seiner alten konfuzianischen Bildung blinken. Dabei ist auffällig, daß er zentrale Aussprüche und Kern-Sentenzen des konfuzianischen (und auch taoistischen) Schrifttums meidet. Er bewegt sich in seinen Zitaten meist an der Peripherie und hat dabei auch eine bestimmte Absicht. Besonders angetan hat es ihm das von Meng-tze überlieferte Wort: »Den Bogen spannen, aber den Pfeil nicht loslassen.« Diesen Satz zitiert er mehrmals. [232] Er will ihn besonders beim Kampf gegen die Religion und gegen das Schnapstrinken angewendet wissen. [233] Mao zitiert zweimal Worte des Konfuzius aus den Lun-Yü: »Beeilt man sich zu sehr, erreicht man nicht das Ziel.« [234] Er zitiert ferner den Satz aus dem Lun-yü: »Mir scheint, daß sich das Unheil für Djissun nicht im Fürstentum Dhwanjü verbirgt, sondern innerhalb der Mauern seines eigenen Palastes.« [235] (D. war der Würdenträger eines kleinen Fürstentums.) Mao zitiert aus dem Dschung-yung, einem Buche des konfuzianischen Kanons, aus dem

13. Kapitel die Worte des Dshu Ssis: »Auf den Menschen dadurch einwirken, daß man dessen eigene Verhaltungsmaßregeln anwendet.« [236] Mao zitiert Ssun-Wu, einen Kriegstheoretiker aus dem 5. Jahrhundert v. Chr., und dessen Satz: »Kenne den Gegner und kenne dich selbst, so wirst du unbesiegbar sein.« [237] Mao zitiert das uralte chinesische Sprichwort: »In der Welt gibt es nichts Schwieriges, man braucht nur fleißige Menschen.« [238] Mao zitiert Meng-tze: »Die Bestimmung der Vernunft ist, zu denken.« [239] Und: »Unter dem Himmel wird es keinen Gegner geben, der uns an Stärke gleich käme.« [240]

Mao zitiert Ssa'ma Tjän, den Verfasser der »Historischen Annalen« aus dem 2. Jahrh. vor Chr.: »Es stirbt ein jeder. Aber der Tod des einen ist gewichtiger als der Tai-Berg, der Tod des anderen hat weniger Gewicht als Schwanenflaum.« [241] Mao zitiert Wee Dschöng, einen Politiker und Historiker der Tang-Dynastie (aus den Jahren 580–643 n. Chr): »Hörst du alle an, so wirst du die Wahrheit erfahren, glaubst du einem, so wirst du in Unwissenheit verharren.« [242] Mao zitiert die Legende über die »Handflächen Buddhas« aus dem Roman »Reise nach dem Westen« (16. Jahrhundert): »Es war ein Affe, der die Fähigkeit besaß, mit einem Purzelbaum 100 000 Li zurückzulegen. Als aber dieser Affe, Ssun Wu-kung genannt, auf die Handfläche Buddhas geriet, konnte er, so viele Purzelbäume er auch schlug, nicht von der Handfläche fortkommen. Mehr noch, Buddha drehte die Handfläche nach unten und bedeckte ihn. Die Finger Buddhas verwandelten sich in fünf Gebirgsketten, die ihn an die Erde drückten.« [243] Mao zitiert das Werk Schueehudshwan aus dem 14. Jahrhundert, in dem ein Bauernkrieg beschrieben wird. [244] Mao zitiert aus den »Liedern aus dem Fürstentum Tschu«. Der weiße Schwan im sonnigen Frühjahr« (3. Jahrh. vor Chr.). [245] Er zitiert das Buch Ssin Ssü von Lju Ssjang (aus der Zeit der Han-Dynastie). [246] Mao zitiert eine alte Chronik aus der Zeit der Dschu-Dynastie namens »Dso Tju-ming, Dsodhswan«, [247] Mao zitiert Gestalten der chinesischen Mythologie, besonders Lung-Wang, den Beherrscher der Meere und Ozeane.

Diese Belege verraten immerhin einige Kenntnisse des Altertums. Aus den Zusammenhängen, in denen die Zitate gebraucht werden, wird aber klar, daß Mao diese alten Schriften nicht zitiert, um ihre Eigenart sprechen zu lassen und dieser gerecht zu werden. Alle diese sporadischen Zitate sind nur Mittel zum Zweck, um auch im Altertum die »dialektische Anschauung von der Welt«, wie er sie heute sieht, nachzuweisen und die »Bewegung der Widersprüche« in den Dingen und Erscheinungen zu erforschen, um die »Lösung der Widersprüche« zu bestimmen. [248]

Das bestätigt sich besonders dort, wo Mao Tsē-Tung, so weit ich sehe das einzige Mal, das mysteriöse chinesische Wort »Tao« zitiert. In der Schrift »Über die Widersprüche« (Werke I, 255) zitiert er einen Satz aus dem Dung Dschung-shu (179–104 v. Chr.). Dieser Satz lautet: »Der Himmel ist unveränderlich, unveränderlich auch das Tao.« Mao zitiert dieses Wort, um zu zeigen, daß der »Kapitalismus« mit der »metaphysischen Denkweise verbunden« ist, während er, Mao, der unmetaphysischen weltlich-dialektischen huldigt. Er muß aber als Chinese wissen, daß dieser Satz nicht alles über das Tao sagt, sondern das »Tao« auf der anderen Seite auch als der Grund aller Veränderungen und Wandlungen angesehen wird. Aber das bleibt außer Betracht. Es geht ihm nur darum, daß jene Klassiker, wenn sie zitiert werden, Maos Ansichten bestätigen, bzw. ihm als Beweise dienen für die falschen Anschauungen des »Feudalismus«. Es geht nicht darum, die Eigenart der Klassiker zu sehen oder ihnen irgendwelchen Eigenwert zuzuerkennen.

Die alte Literatur Mittel zum Zweck

In diesem Sinne behandelt er alles und jedes in den alten chinesischen Schriften, sobald er auf sie zu sprechen kommt. Immer kommt zum Schlusse dabei die Wahrheit der marxistischen Dialektik heraus. In seiner Schrift »Über die Widersprüche« (August 1937) zitiert Mao (vgl. T. Grimm, S. 65) aus dem »Shan-hai-ching«, dem »Buche der Berge und Meere«, einer mythischen Geographie aus der Zeit zwischen 403 und 221 v. Chr. Er zitiert ferner aus dem »Huai-nan-tzu«, das ein gewisser Liu An in der Han-Zeit (2. Jahrh. vor Chr.) zusammenstellen ließ. Mao kennt ferner das »Hsi-yu-chi«, eine mythologische Erzählung aus dem 16. Jahrhundert. Mao kennt das »Liao-Chai-chih«, das aus 431 Erzählungen besteht, die ein gewisser P'u Sung-ling im 16. Jahrhundert gesammelt hat (eine Auswahl daraus ist in deutscher Sprache erschienen, und zwar unter dem Titel »Gaukler, Füchse und Dämonen«, Basel 1955, und unter dem Titel: Pu-Sung-Ling, Höllenrichter Lu, Kassel 1956). Alle diese alten Schriften haben gemeinsam, daß sie von »Verwandlungen« reden. Hier »verwandelt« sich eins ins andere: Der Steinaffe Sun allein erscheint in der Gestalt von 72 Verwandlungen, der Bogenschütze Ka-tu, der der Sonne nachjagt, verwandelt sich in einen Wald, Geister verwandeln sich in Tiere, Tiere (z. B. Füchse) in Menschen. Mao erwähnt diese mythische Sagenwelt allein zu dem Zwecke, das Wesen und die Bedeutung der marxistischen Dialektik zu unterstreichen. Zunächst gibt Mao die religionswissenschaftlich nicht unrichtige Erklärung ab: Es handele sich bei den »Verwandlungen« der Mythen um »Verwandlungen naiver, eingebildeter, subjektiv-trugbildhafter Art, zu denen die Menschen durch die Verwandlungen der zahlreichen und komplizierten Widersprüche in der Wirklichkeit angeregt wurden« (bei T. Grimm, S. 66). Dann fährt er fort: »Aber die Mythen sind keine »wissenschaftliche Widerspiegelung der Wirklichkeit«, d. h. »die verschiedenen Seiten, die die Widersprüche in den Mythen und Kindergeschichten entwickeln, bilden keine konkrete, sondern nur eine trügerische Identität. Was die Identität der wirklichen Wandlungen wissenschaftlich wiedergibt, das ist die marxistische Dialektik« (ib.).

Um der Wirksamkeit des »Alten« in Mao Tsē-Tung auf die Spur zu kommen, muß man also tiefer bohren, als daß man nur seine Zitate der Alten betrachtet. Dabei kann man das Eigentliche nicht entdecken, weil er alle Zitate aus der alten Literatur nur benutzt als Bestätigungen der Richtigkeit seiner Lehre bzw. als Kontrastmittel zu dieser Bestätigung.

Man könnte vermuten, daß die genannten Belege nicht ausgeschöpft seien, weil mit den Zitaten nicht auch eine breitere Wiedergabe ihrer Zusammenhänge in den Reden Maos dargeboten wäre. Wer so denkt, sei auf die Möglichkeit der eigenen Nachprüfung mit Hilfe der in den Anmerkungen gegebenen Belegstellen verwiesen. Er wird enttäuscht sein. Sich bei den Mao-Zitaten aus den alten Schriften aufzuhalten, führt zu nichts. Es ist vielmehr einzusetzen mit einem Vergleich dessen, was europäische Marxisten und Maoisten in gleicher Weise als Zentrum ihrer Lehre erscheint, nämlich der »Dialektik«. Man muß die Wirksamkeit des »Alten« in Mao Tsē-Tung zunächst aufzudecken suchen durch einen Vergleich der eigentlichen marxistischen »Dialektik« und der maoistischen »Dialektik«. Hier in den Auffassungen von der »Dialektik« fallen Grundentscheidungen im Verständnis von europäischem und maoistischem Marxismus, damit auch im Verständnis einer weiteren Wirksamkeit des »Alten« in Mao Tsē-Tung. Im Anschluß daran sollen dann weitere Momente einer Wirksamkeit des Alten in Mao aufgezeigt werden.

Marxistische und maoistische »Dialektik«

Der dialektische Materialismus und seine Affinität zu »Yin« und »Yang«

Das Wort »Dialektik«, vom griechischen »Dialektikē«, heißt wörtlich »Kunst der Untersuchung«. Es bedeutet philosophisch soviel wie »Logik«, also Methodik des begreiflichen Erkennens. Für den Marxismus gewann besonders die »Dialektik« Hegels Bedeutung, weil dieser die immanente Entwicklung des Begriffs von »Thesis« über »Antithesis« zur »Synthesis« auf das Seiende übertrug. Marx übernahm diese Methode, ließ sie aber statt im Element des Begriffs in den »ökonomischen Verhältnissen« sich realisieren. Er begründete damit den »dialektischen Materialismus«, der seither innerhalb der marxistischen Welt als Voraussetzung wissenschaftlichen Philosophierens gilt. Marx anerkannte bei Hegel den Grundgedanken, die Welt sei nicht als ein Komplex von fertigen Dingen zu fassen, sondern als ein Komplex von Prozessen. Aber Marx meinte, die Hegelschen Gedanken von den ihnen noch anhaftenden »idealistischen Schrullen« befreien zu müssen. Vor allem meinte Marx, es müsse die Rede von endgültigen Lösungen und »ewigen Wahrheiten« aufhören. Die Gegensätze von »wahr« und »falsch«, »gut« und »böse«, »identisch« und »verschieden«, »notwendig« und »zufällig« haben nach Marx nur relative Gültigkeit. Denn das jetzt als »wahr« Erkannte hat seine verborgene, später hervortretende »falsche« Seite, ebenso wie das jetzt für falsch erkannte seine wahre Seite hat. Damit aber, so meinten Marx und auch Engels, schlug die Sterbestunde der »alten Metaphysik«, die die Dinge als gegebene feste Bestände, als »fertig« hinnahm.

Es drängt sich hier für uns der Gedanke auf, daß die Dialektik des »dialektischen Materialismus« eine gewisse Affinität zu der alten chinesischen Weisheit vom Yang und vom Yin haben könnte. Nach der altchinesischen Lehre vom »Yang und Yin«, ist niemals eine der beiden dualistischen Kräfte in der Welt nur allein vorhanden, sondern die eine wirkt immer in Wechselbeziehung mit der anderen, sodaß das Zurücktreten der einen Seite mit Notwendigkeit das Hervortreten der anderen zur Folge hat. Das Gesetz, das diesen Wandel regiert, ist das »Tao«. Unerkennbar und doch allgegenwärtig steht dieses »Tao« hinter allen sich ewig wandelnden Vorgängen der Erscheinungen. Es kann schon von hier aus der zunächst ganz allgemeine Eindruck entstehen: Der Kommunismus ist nicht »unchinesisch«! Es ist alter chinesischer Gedanke, daß einander Entgegenstehendes identisch ist. Mao sagt selbst: »Wir Chinesen sagen häufig: ›Sie stehen einander entgegen, sie bringen einander hervor.‹ « [249] Laotze sagt im Tao-teh-king: »Das Schöne ist durch das Häßliche gesetzt. Sein Nichtsein erzeugen einander, lang und kurz gestatten einander, hoch und tief verkehren einander.« [250]

Das Wissen um die dialektische Spannungseinheit der beiden kosmischen Kräfte Yang und Yin war tief in das Denken des Volkes, besonders aber auch in das fast magisch anmutende Feng-shui-System eingedrungen. Aus dem gemeinsamen Wirken von Yin und Yang leitete auch die chinesische Naturphilosophie das gesamte Leben ab. Dem verborgenen Wirken der beiden Kräfte kommt eine geistige Wirksamkeit oder »Energie« zu. Aber auch in jedem Teil der Erdoberfläche ist ein gewisses Quantum Yin enthalten, das erst durch das Hinzutreten eines entsprechenden Quantums Yang produktionsfähig wird. [251] Die Konsequenzen der Gedankenwelt dieses Yin und Yang erstreckten sich beim Chinesen bis in die intimsten Sphären des Lebens hinein. Auch die Willigkeit des Chinesen sich zu fügen hat hier ihren letzten Grund.

Bis zum Jahre 1911 gab die Regierung noch einen Kalender heraus, in dem die kosmisch richtige Zeit für jede menschliche Handlung, sowohl die großen Aktionen der Regierung als auch die kleinen des Privatlebens bis hin zum Baden und Haarschneiden, geregelt waren. Zweifellos handelt es sich hier um ein Charakteristikum des chinesischen Geistes, aus dem auch der Kommunismus Gewinn zog. Bindende Verpflichtungen bis ins private Leben hinein hat der Chinese schon immer viel fügsamer aufgenommen als der westliche Mensch, dem die persönliche Freiheit viel höher stand. Es handelt sich dabei nicht nur um eine abstrakte Vorstellung philosophischer Begriffsspalterei, nicht nur um eine dialektische Auffassung der Naturordnung, wobei ein System der Natur gewonnen wird, bzw. die Methode, den Sinn ihres eigenen Zusammenhangs aufzufassen. Sondern in der chinesischen »Dialektik« ist immer der Mensch engagiert. Die beiden Grundkräfte und ihr ewiger Prozeß betreffen ihn, ziehen das menschliche Sein in den Prozeß hinein, d. h. sie werden fest numinos vorgestellt, es wird an sie geglaubt, ihr Wirken ist heilig, ohne daß darüber dogmatische Lehrsätze erstellt werden.

Zu beachten ist hierbei, daß Yin und Yang zunächst keinen Dualismus ethischer Art, etwa im Sinne iranischer Vorstellungen, bedeutet. Das dunkle negative Prinzip ist als solches noch nicht schlecht, das positive nicht gut. Es bedurfte aber nur eines kleinen Schrittes zu der Annahme, daß alles Gute in der Welt vom Yang, alles Üble vom Yin ausgehe, so etwa wie Licht und Dunkel von selbst als heilsam oder schädlich angesehen und empfunden werden. Eine rationalistische Welterklärung ist die Yin-Yang-Vorstellung dadurch aber nicht. Die beiden Grundkräfte werden als Objekte numinoser Apperzeption erfahren. Das rückt dieses Vorstellung auf die Seite der Religion.

Was nun die europäische marxistische »Dialektik« betrifft, so ist natürlich zunächst festzustellen, daß sie demgegenüber ein etwas schwieriger Vergleichsfaktor ist. Sie füllte zwar auch die abstrakten Gedankengänge ihrer »Dialektik« insgeheim mit einer Art »Glauben« auf. Aber dieser lag auf einer ganz anderen Linie als der chinesische und hatte vor allem keinen direkten religiösen Einschlag. Die europäischen marxistischen Dialektiker »glaubten« an die großen Entdeckungen der Naturwissenschaften des 19. Jahrhunderts. Die Entdeckung der Zelle, die unsere Erkenntnis der Naturprozesse mit Riesenschritten vorwärts zu tragen schien, die Verwandlung der Energie in der Physik und die Erkenntnisse vom Protoplasma und Eiweiß in der Chemie stellten den Menschen als Erzeugnis eines langen Entwicklungsprozesses dar. Man »glaubte« ein übersichtliches Bild des Naturzusammenhanges gewonnen zu haben. Zwar wirkten Darwin und andere auch in den Köpfen chinesischer Intellektueller und in Mao selber. Aber der Einfluß war doch sehr viel geringer als der auf die europäischen Intellektuellen. Maos »Dialektik« unterscheidet sich daher in entscheidenden Punkten von der europäisch-marxistisch-leninistischen. Der Unterschied liegt zunächst darin, daß es sich bei Marx, Engels, Lenin, Stalin und den heutigen Sowjetideologen letzten Endes bei aller »Dialektik« doch um ein mehr oder weniger abstraktes Theoretisieren handelt, das – bei aller Betonung der »Praxis« – zwar die ökonomischen Verhältnisse und den Klassenkampf einbegreift, aber doch nicht auch in die Seele des einzelnen Menschen eindringt. Bei Mao dagegen handelt es sich um eine Aussage von höchster Bedeutung für den einzelnen Menschen in allen Augenblicken seines Lebens. Was bei Lenin »universeller« und »absoluter« Grundsatz des Denkens ist, paßt Mao dem allgemeinen Verständnis der Volksmassen und seinem eigenen an. Mit dem chinesischen Wort »Mao Tun« (»Widerspruch«) zieht die chinesische Dialektik als das fast meistbenutzte Wort der heutigen Umgangssprache in die kleinste Hütte und ihr Leben ein, indem Mao dem Volke abseits alles abstrakten Theoretisierens einhämmert, daß der Mensch selbst ein »wesentlicher Widerspruch« sei. [252]

Scheidung der Geister

Zwar glaubt Mao, sich auf Lenin [253] berufen zu können. Lenin hatte gesagt: Im »eigentlichen Sinne ist die Dialektik die Erforschung der Widersprüche im Wesen der Dinge selbst«. [254] Aber bei den Worten »im Wesen der Dinge selbst« scheiden sich die Geister. Denn Lenin blickt dabei gemäß seiner Mentalität auf die Errungenschaften der Naturwissenschaften, ihre Erhellung des Wesens der Welt und des Menschen, auch wohl auf die »treibenden Ursachen der Geschichte«. Mao aber sieht von seinen Denkvoraussetzungen her die Dinge anders. Die Bezugspunkte seiner Dialektik sind nicht nur der naturwissenschaftlich verstandene Mensch und die geschichtlichen Vorgänge des Klassenkampfes, also Faktoren, die einmal als abgeschlossen zur Ruhe kommen, wenn das Ziel des Kommunismus erreicht ist. Maos Bezugspunkte dagegen sind der chinesisch verstandene Mensch und die entsprechend verstandene Geschichtsphilosophie. Die »Dialektik« Maos, die nach seinem Verständnis auch immer (jetzt wie in Zukunft) durch den Menschen hindurchgeht, läßt diesen Menschen immer im Widerspruch sein mit sich selbst als »Schöpfer und Zerstörer«. [255]

Konflikt mit den Sowjetideologen

Man kann sich das hier Gemeinte am besten klar machen, wenn man den Gegensatz zwischen Mao und den Sowjetideologen betrachtet, besonders die Auseinandersetzung über die Bedeutung der »Widersprüche«, aber auch bezüglich weiterer Diskrepanzen, von denen noch zu reden sein wird. Lehrreich scheint hier der Briefwechsel zwischen dem Zentralkomitee der KPdSU an das ZK der KPC (aus der Prawda vom 3. April 1963) [256] und die Antwort der KPC vom 14. Juni 1963 zu sein. [257] Es handelt sich um jenen Brief der Russen, in dem sie sagen, sie würden einen Besuch des Genossen Mao Tsē-Tung in Moskau begrüßen, worauf ihnen dann in der Antwort ziemlich unverblümt gesagt wird, Chruschtschow möge doch nach Peking kommen. Natürlich steht hinter den verschiedenen Auslegungen des Marxismus-Leninismus auch der Anspruch, die geistige Führung im Weltkommunismus zu besitzen. [258]

Indessen interessieren die rein politischen Gesichtspunkte hier weniger. Hier geht es darum, die hintergründigen, weltanschaulichen, geheimen, inneren Motive des Denkens und der Auffassungen zu klären, die hinter dem Machtanspruch stehen. Es ist die »Dialektik« der Russen, die im Grunde von den Chinesen angezweifelt wird, und zwar eben nicht nur hinsichtlich der abstrakten Methodik, sondern der inhaltlichen Voraussetzungen. Dahinter steht bei beiden ein verschiedenes Bild der Natur, der Geschichte und des Menschen. Und das bedingt ganz verschiedene Bewegungsgesetze ihrer »Dialektik«. Hier liegen die hintergründigen Motive der vordergründigen Gegensätze. Von hier aus vermag klarer zu werden, weshalb die Sowjets eine »friedliche Koexistenz« mit Staaten von unterschiedlicher sozialer Ordnung für möglich halten, die Chinesen aber sich dagegen sträuben. Von hier aus wird deutlicher, weshalb es den Sowjets verhältnismäßig leicht, den Chinesen aber sehr schwer fällt, zu erklären, daß der Krieg keine schicksalhafte Unvermeidlichkeit sei. Von hier aus kann klarer werden, daß die Russen erklären können, die »friedliebenden Kräfte« müßten einen thermonuklearen Weltkrieg verhindern, während die Chinesen nur auf den »Papiertiger«-Charakter der Atombombe hinweisen. Die Chinesen werfen den Russen »Revisionismus« und Rechtsopportunismus« vor. Das in der Sowjetunion eingeführte Bonus-System der materiellen »Anreize« erscheint ihnen von ihren Denkvoraussetzungen her als die Wiederkehr des dunklen Prinzips, das sie »Verbürgerlichung« nennen. Von den hier offenbar werdenden Denkvoraussetzungen und Vorstellungen aus verwerfen die Chinesen die sowjetische Theorie, wonach bei der Wandlung von der kapitalistischen Gesellschaft zur kommunistischen eine »Übergangsperiode« möglich sei, in der die KP zu einer »Partei des ganzen Volkes« werde. Im dialektischen Denken der Chinesen aber kann es keine kommunistische Partei »des ganzen Volkes«, sondern immer nur die »Diktatur des Proletariats« geben. Mao fragt ironisch: »Was geschieht, wenn auf halbem Weg die proletarische Diktatur als bereits unnötig erklärt wird?« [259] »Was für ein Ding soll der sogenannte Staat des ganzen Volkes sein?« [260] Jede Halbheit in der Durchsetzung der Diktatur des Proletariats hinterläßt eine »Anstekkung«, eine »Pest«, ein »Geschwür«. [261]

Wie ist Karl Marx auszulegen?

Bei allem geht es im letzten Grunde um eine Frage der Auslegung des Karl Marx. In einem Briefe an W. Bracke vom 5. Mai 1875 aus London hatte Karl Marx eine »Anlage« beigefügt, die er »Randglossen zum

Programm der Deutschen Arbeiterpartei« nannte. Es handelte sich dabei um die berühmte »Kritik des Gothaer Programms«. In diesem Dokument zieht er zu Felde gegen die Beschlüsse der Sozialdemokraten Deutschlands und ihres »Vereinigungskongresses« in Gotha im Mai 1875. Diese »Kritik des Gothaer Programms [262] spielt für Kommunisten offenbar bis heute eine ganz erhebliche Rolle, ja es umgibt diese Schrift für Marxisten fast ein Schimmer von Heiligkeit. Hat doch Marx mit eigener Hand (in lateinischer Sprache) den bemerkenswerten Satz daruntergeschrieben: »Dixi et salvavi animam meam.« [263] (»Ich habe gesprochen und meine Seele gerettet.)

Hier ging es auch um »bürgerliche« Abweichungen, vor denen Marx warnt. Aber manche der Sätze dieses »Gothaer Programms« sind nun durchaus doppelter Auslegung fähig. Besonders gilt das für den Satz, den Mao den Russen entgegenhält: »Zwischen der kapitalistischen und der kommunistischen Gesellschaft liegt die Periode der revolutionären Umwandlung der einen in die andere. Dieser entspricht auch einer politischen Übergangsperiode, deren Staat nichts anderes sein kann als die revolutionäre Diktatur des Proletariats.« [264] Mao sieht auf das Wort »proletarische Diktatur«, beruft sich dazu auf Lenin. Die Russen dagegen können offenbar nicht übersehen, daß Marx auch zugleich von einer »Periode der Umwandlung« und einer »politischen Übergangsperiode« spricht. Mao will von einer »Übergangsperiode« nichts wissen; hier sieht er ein »Geschwür«, die »Pest«, die alsbald wieder »kapitalistische Elemente« spontan erzeugt. [265]

Beide berufen sich auch in ihren anderen unterschiedlichen Auffassungen auf Marx und Lenin. Aber während die Russen aus ihnen die Möglichkeit der friedlichen Koexistenz herauslesen, des »friedlichen Übergangs«, des »friedlichen Wettbewerbs«, kann es für die Chinesen keine solchen Zwischenzustände geben. Daher werfen sie den Russen vor, die Revolution dadurch zu »verraten«, daß sie in einer Übergangszeit vom »Staat des ganzen Volkes« sprechen, anstatt immer nur die »Diktatur des Proletariats« zu proklamieren und durchzusetzen. [266] Sie werfen den Russen vor: »Mit Prinzipien darf nicht Schacher getrieben werden . . .«, [267] wobei sie auf die schon erwähnten »materiellen Anreize« bei der Produktion zielen, die die Russen neuerdings gewähren.

Immer ist hier ein spezifisch chinesisch ideologisches Denken Pekings im Spiele: Die völlig verschiedene Bewertung der »Dialektik« bringt den Streit zwangsläufig hervor. Der Riß sitzt tiefer als nur in verschiedenen politischen Anschauungen. Dabei geht es zuletzt um die Klassifizierung der sogenannten »Widersprüche« in »antagonistische« und »nichtantagonistische« Widersprüche. [268]

Nach Lenin gab es »Widersprüche« »antagonistischer« Art, d. h.

Konflikte, die ohne Kampf nicht lösbar sind. Daneben gibt es nach Lenin »nichtantagonistische« Widersprüche, d. h. Konflikte, die ohne Kampf lösbar sind. Nun ist es für unser Problem höchst interessant, festzustellen, daß es nach den Darlegungen der sowjetischen Ideologen in der Auseinandersetzung mit Mao sogenannte »antagonistische« Widersprüche nur in der kapitalistischen Gesellschaft gibt. Die »Widersprüche« in der sozialistischen Gemeinschaft können dagegen nach sowjetischer Auffassung nur »nichtantagonistische« Widersprüche sein. Obgleich Mao diese alte Unterscheidung der Form nach akzeptiert, argumentiert er aber doch leidenschaftlich dagegen, daß es antagonistische Widersprüche nur im Kapitalismus geben soll. Er behauptet vielmehr, es gebe deren auch in der sozialistischen Gesellschaft, und im übrigen könnten »antagonistische« Widersprüche sich in »nichtantagonistische Widersprüche verwandeln und umgekehrt. Was er kategorisch gegenüber den Russen bestreitet, ist jegliche »Halbheit«. Antagonistische Widersprüche sind als solche zu behandeln. Hier gibt es keinen Kompromiß, auch nicht auf Zeit. Für die maoistische Dialektik gibt es keine irgendwie geartete »Synthesis«.

Nun kann man natürlich wieder urteilen, das ganze sei ein politisch-taktischer, besonders machtpolitischer Streit, der auf der Ebene einer Haarspalterei kommunistischer Theoretiker ausgetragen werde und im Grunde mit dem spezifisch chinesischen Denken, wie es die Yin-Yang-Vorstellung darstelle, nichts zu tun habe. Man könnte meinen, derartige Vermutungen seien von vornherein abwegig, Mao Tsē-Tung sei nichts als marxistischer Politiker. Wer aber die Hintergründigkeiten menschlicher Verstehensvorgänge in Rechnung stellt wird anders urteilen. Er weiß, daß alles, was von einem anderen Geiste an den unsrigen herantritt, einen Appell, eine Anforderung, ein Ansinnen an die Aufnahmefähigkeit des Menschen und sein Verständnisvermögen richtet. Wer weiß, daß bei jeder »Auslegung« der »gemeinte« und »induzierte Sinn zu unterscheiden sind und die Hintergrundsvorgänge im Wirkungsbereich des Unbewußten dabei eine Rolle spielen, ist eingeladen, sich auf die folgenden Überlegungen einzulassen. Die Sowjetideologen verstehen Karl Marx noch heute so, wie ihn einst schon F. Engels verstanden hat. Engels hat in seiner Schrift »Ludwig Feuerbach und der Ausgang der klassischen deutschen Philosophie« [269] klargemacht, worauf es in der marxistischen Dialektik im Unterschied zu der Hegels und der der »Naturphilosophen« ankommt: Natur und Geschichte sind durch die großartigen Erkenntnisse der neueren Naturwissenschaft als »geschichtliche Entwicklungsprozesse« erkannt und man braucht damit zum letzten Verständnis aller »Dialektik« keine »mysteriösen« Hintergründe« [270] mehr. Die Kausalität der Naturgesetze tritt an die Stelle der mysteriösen Hintergründe der Dialektik. Das wurde dadurch möglich, daß die empirische Naturwissenschaft, wie man glaubte, das richtige Weltbild in annähernd systematischer Form vermittelt hatte.

Denn mit der begrifflichen »Dialektik« ist allein nichts getan, wenn nicht zugleich auffüllende Aussagen über das Wesen der dialektischen Pole, die Synthesis und die Bewegungsgesetze gemacht werden. Die begriffliche »Dialektik« ist nur Weg und Methode. Dahinter erscheint immer ein bestimmtes Bild der Natur, der Geschichte und des Menschen, ein Bild, das nie wertfrei bleibt und nie ohne weltanschauliche Aussagen auskommt. Denn der schönsten »Dialektik« bleibt immer ein Rest unbekannter Zusammenhänge über das Wesen der dialektischen Spannung, vor allem darüber, nach welchen Maßen sie sich löst. Dieser Rest aber bleibt Geheimnis. Deshalb hatte schon Plato die Dialektik nur als einen Weg zu den »Ideen« benutzt, Hegel aber als Weg zum »Weltgeist«. Die Dialektiker des Marxismus kennen einen anderen, nicht »mysteriösen«, Hintergrund ihrer Dialektik: den Glauben an die Kausalität der Naturgesetze. Das ist bis heute im wesentlichen der weltanschauliche Hintergrund der europäischen Befürworter des Marxismus-Leninismus geblieben. Man wird sagen dürfen, daß sie sich damit im Einklang mit Marx, Engels und Lenin befinden.

Die andere geistige Ebene

Hier gilt es zu erkennen, daß der Chinese Mao Tsē-Tung den nachschaffenden, nachbildenden Vorgang des »Verstehens« einer früheren Gedankenbekundung (eben der Thesen des Karl Marx) auf einer anderen geistigen Ebene vollzieht, verschieden von denen der Russen, verschieden aber auch von derjenigen, in der diese Gedanken ursprünglich gefaßt wurden. Es scheint, daß Erbmasse, Umwelt und Erziehung dem Mao Tsē-Tung eine eigene, »chinesische« Art des Verstehens der marxistischen Klassiker auferlegen. Er beruft sich zwar mit großem Pathos in der Auseinandersetzung mit den Russen immer wieder auf die europäischen Klassiker, besonder auf Lenin. Aber gerade das Pathos, die Schärfe, Härte und Unbeugsamkeit der Überzeugung lassen darauf schließen, daß sich in seinem »Verstehen« nur wiedergefunden hat, was er schon tief in sich selber trug. Von großer Bedeutung ist dabei zu allen Zeiten dem Chinesen das Kausalitätsdenken niemals so wichtig war wie dem europäischen Intellektuellen. An Stelle des Kausalitätsdenkens bevorzugt der Chinese ein mehr assoziatives Denken, und zwar ein solches, das auf die Koinzidenzbeziehungen der Phänomene gerichtet ist. Daher kann es geschehen, daß die Verschiedenheit der Auslegung marxistischer Kernsätze ohne Absicht und Willen in der Weise ganz verschieden geschieht, daß der chinesische Ausleger die auszulegenden Objekte anders in sich entfaltet als der europäische.

Für die Entstehung des dialektischen »Widerspruchs« ist für Mao nicht so sehr die »Kausalität« im westlich-europäischen Sinne bedeutsam. Zwar beruft er sich selber auf Hegel und die europäischen Marxisten: »Der bekannte deutsche Philosoph Hegel ... leistete für die Entwicklung der Dialektik einen sehr wichtigen Beitrag, aber seine Dialektik war idealistisch ... Erst nachdem die großen Führer der proletarischen Bewegung ... sich die rationalen Momente der Dialektik Hegels kritisch angeeignet hatten ... ging in der Geschichte der menschlichen Erkenntnis eine gewaltige Revolution vor ... Sobald diese Theorie in China Eingang fand, rief sie sofort die größten Veränderungen in den Köpfen der Menschen hervor.« [271]

Die gemeinten »Veränderungen« bestehen ganz allgemein in der Aneignung der Methode zur »Lösung der Widersprüche«. Das sieht dann »im Kopfe« Maos selber so aus: Der »Widerspruch« zwischen Proletariat und Bourgeoisie wird »gelöst« durch die »Methode der sozialistischen Revolution«, der »Widerspruch« zwischen Kolonien und »Imperialismus« wird »gelöst« durch die Methode des »Revolutionären Krieges«, der »Widerspruch« zwischen »Arbeiterschaft und Bauernschaft« wird »gelöst« durch die »Mechanisierung der Landwirtschaft«, der »Widerspruch« zwischen »Gesellschaft und Natur« wird »gelöst« durch »Entwicklung der Produktionskräfte«, die »Widersprüche« innerhalb der KPC selber werden »gelöst« durch die »Methode der Kritik und Selbstkritik«. [272] Dabei müssen die verschiedenen »Widersprüche« durch jeweils verschiedene »Methoden« gelöst werden, sonst kommt es zum schädlichen »Dogmatismus«. [273] Das so verstandene »Gesetz des Widerspruchs« mag Mao Tsē-Tung, wie er meint, richtig in Übereinstimmung mit dem Marxismus–Leninismus als das »Grundgesetz der materialistischen Dialektik« erkannt haben. [274] Er irrt jedoch, wenn er seine eigene dialektische Denkweise nun ganz im Gegensatz sieht zur »metaphysischen« Denkweise und sich dabei auf Lenin beruft, der gesagt hatte: »Im eigentlichen Sinn ist die Dialektik die Erforschung der Widersprüche im Wesen der Dinge selbst.« [275] Denn die »Widersprüche im Wesen der Dinge selbst« sind für Lenin ein Ausdruck jener Kausalgesetzlichkeiten, die das naturwissenschaftliche Weltbild jener Epoche enthüllt zu haben glaubte. Diese unbefangene Rede vom »Wesen der Dinge selbst« scheitert aber daran, daß die objektivierende Betrachtungsweise, die die Naturwissenschaft haben muß, für die einzig berechtigte angesehen wird. Die selbständige Bedeutung des Geisteslebens kommt dabei nicht zur Geltung und alles seelisch-geistige Geschehen wird in seiner Bedeutung und Tiefe nicht erkannt. Wird es nicht vulgär als Eigenschaft des Stoffes erklärt, so doch als »Funktion« des Gehirns und Nervenlebens im Sinne einer Begleiterscheinung des Materiellen, die für die Welterkenntnis im Ganzen beiseite gelassen werden kann. Es bleibt bei Lenin dabei, daß die Wirklichkeit nichts ist als »Materie« in ihren verschiedenen »Bewegungsformen«. Daß in dieser Behauptung, also auch bei Lenin schon, eine »metaphysische« Aussage liegt, wird nicht erkannt oder nicht ernst genommen. Den tiefsten Fragen, was der Mensch sei, geht auch der dialektische Materialismus im Grunde aus dem Wege.

»Im Wesen der Dinge selbst«

Mao Tsē-Tung selbst bleibt tiefer in der Metaphysik stecken als Lenin, und zwar in einer echt chinesischen Metaphysik. Zunächst bekräftigt er die Auffassung Lenins, daß die »Dialektik die Erforschung der Widersprüche im Wesen der Dinge selbst« bedeute. [276] Dann aber wird die schon bei Lenin verbliebene metaphysische Frage dringlicher und offenkundiger. Denn was ist das, so muß man im Blick auf Mao Tsē-Tung fragen, für eine widerspruchsvolle Natur, die »in den Dingen selbst wohnt«? Von Lenin erhalten wir hier keine nähere Auskunft. [277] Gibt Mao Tsē-Tung darauf eine Antwort? [278] Oder kann man aus seinen öffentlich verlautbarten Gedanken wenigstens eine solche erschließen?

Mao Tsē-Tung verweist uns auf der Suche nach der widerspruchsvollen Natur, die »in den Dingen selbst« wohnt, an den Menschen, und zwar an den einzelnen wie an die Gesellschaft. [279] Mao verlangt vom Menschen mehr als Lenin und stößt in die letzten Bereiche vor. Das Engagement, das er fordert, [280] zielt nicht nur auf eine Veränderung der Außenwelt und der Verhältnisse, sondern auf das Innere des Subjekts, das diese Veränderungen betreiben soll. Er zielt auf die Seele des Menschen aber nicht etwa in individualistischem Sinne, sondern auf die Massenseele. Seine ständige Forderung nach »persönlicher Teilnahme« am praktischen Kampf beruht auf einer anderen Theorie vom »menschlichen Wesen« und versucht in einer Weise in das Wesen des Menschen einzudringen, die weder Marx noch Lenin versuchen konnten.

Die in die »Dialektik« eingebettete Theorie vom menschlichen Wesen

Wo die marxistisch–leninistische Analyse und Dialektik in Bezug auf den Menschen und den Geheimnissen, die »in den Dingen selbst« wohnen, am Ende war, fängt Mao Tsē-Tung an, »tiefschürfend zu analysieren«.[281] Zunächst fragt er, ob es denn in der Welt so etwas gebe, wie ein »menschliches Wesen«? Diese selbst gestellte Frage beantwortet er mit »Ja«, aber es gebe niemals ein »abstraktes menschliches Wesen«.[282] Es existiere immer nur ein menschliches Wesen, «das konkret ist«, und »konkret« ist es nur, wenn es »einen bestimmten Klassencharakter« hat. Es gibt kein »außerhalb der Klassen stehendes menschliches Wesen«.[283] Von hier aus kommt er dann zu der erstaunlichen Aussage, daß es mehrere »menschliche Wesen« gebe. Es gibt das »menschliche Wesen der breiten Volksmassen«. Es gibt aber auch das »der Bourgeoisie« und außerdem das »grundbesitzerliche menschliche Wesen«. Ferner gibt es noch ein »kleinbürgerliches menschliches Wesen«. Diese verschiedenen menschlichen Wesen, so sagt er ausdrücklich, »bestehen«, »obwohl sie das nicht aussprechen, sondern dieses Wesen für das einzige menschliche Wesen ausgeben«.[284] Besonders viel Aufhebens machen die »kleinbürgerlichen Intellektuellen« von ihrem »menschlichen Wesen«. Aber gerade das »menschliche Wesen«, von dem die Kleinbürger reden, »ist von den Volksmassen losgelöst und hat sogar volksfeindlichen Charakter«.[285] Das »menschliche Wesen«, von dem sie sprechen (nämlich die »Kleinbürger«), ist im Grunde nichts anderes als »bürgerlicher Individualismus« und deshalb entspricht das, was »eigentlich« das »menschliche Wesen« ausmacht »in ihren Augen« überhaupt nicht dem »menschlichen Wesen«. Was aber ist das »eigentliche menschliche Wesen«? Mao antwortet auf diese Frage: »Das proletarische menschliche Wesen.«[286]

Fragt man, worin dieses »proletarische« menschliche Wesen des Näheren bestehe, so erhält man die spezifisch maoistische Antwort, die in schärfstem Kontrast steht, zu dem, was Konfuzius und die gesamte Weisheit des Ostens gelehrt hatten. Westliche und östliche Weisheit konnten sich bei mancher äußeren Verschiedenheit in der Tiefe immer durch den von Konfuzius so betonten Begriff der »Yen«, der allgemeinen Menschenliebe, zumindest nahe kommen. Hier wurzelt die große Verehrung und Wertschätzung, die der östliche Geist auch im Abendlande gefunden hat und noch findet. Für Mao Tsē-Tung aber ist es eine seiner Hauptthesen, daß gerade das »proletarische« Menschenwesen als das eigentlich gültige »Menschenwesen« »seine Feinde nicht lieben könne«, ja daß es sich gerade dadurch auszeichne, daß es die Rede von der allgemeinen Menschenliebe nicht mitmache. Hier muß man Mao Tsē-Tung selbst sprechen lassen. Er sagt wörtlich: »Wir können die Feinde nicht lieben, die widerwärtigen Erscheinungen in der Gesellschaft nicht lieben. Unser Ziel ist deren Vernichtung. Das ist eine Binsenwahrheit.«[287] »In der Welt gibt es ebensowenig eine grundlose Liebe, wie es einen grundlosen Haß gibt.«[288] »Was die sogenannte Liebe zum Menschen betrifft, so hat es in der Welt seit der Zeit, da sich die Gesellschaft in Klassen spaltete, keine solche umfassende Liebe mehr gegeben. Die Idee der allumfassenden Liebe wurde von allen herrschenden Klassen der Vergangenheit gern gepredigt, viele der sogenannten Weisen haben sie ebenfalls gern gepredigt, aber keiner hat sie je richtig verwirklicht, denn in der Klassengesellschaft ist sie unmöglich ...«[289]

Man hört aber von Mao auch kein Wort davon, daß die allgemeine Menschenliebe dann in der angestrebten klassenlosen Gesellschaft möglich sei. Allen seinen Äußerungen ist vielmehr zu entnehmen, daß es immer »Feinde« gibt, die man »hassen« und »vernichten« müsse. Gerade dieser Haß gehört zum »proletarischen« Wesen. Und von diesem »proletarischen Menschenwesen«, das in den Massen steckt, redet Mao Tsē-Tung fast in »höherem Ton mit verherrlichenden Akzenten, in einem nicht mehr rationalem, sondern eher sakralem, irrationalem Pathos. Es scheint so, als ob er hier den letzten Höchstwert, an den er glaubt, verrät.

Die »Volksmassen« als Faszinosum

Wer zählen wollte, wie oft das Wort »Volksmassen« in der kleinen »roten Bibel« vorkommt, würde bald ermüden. Auf fünf Seiten allein 31 mal! Dazu der Inhalt der Aussagen. Die »Massen« sind nicht nur Inbegriff alles Guten, sie haben »Schöpferkraft« und werden zur »Quelle der Wahrheit«. Die »Massen« »machen die Weltgeschichte« (140),[290] sie sind die »wahren Helden« (140). Den Massen »wohnt eine unbegrenzte Schöpferkraft inne« (140), nach ihren »Bedürfnissen und Wünschen muß man handeln« (147). Die »Volksmassen« »muß man lieben« (149), man darf sich »nicht über sie stellen«, sondern muß in ihnen »untertauchen« (149). Man muß »den Massen folgen, wenn sie vorwärts marschieren wollen«, jedes Zögern wäre »Rechtsopportunismus« (150). Man muß die »Meinungen der Massen sammeln«, aus ihnen »schöpfen« (152), von »den Massen lernen« (153), die »Probleme der Massen lösen«, damit die Massen »Befreiung und Glück« erlangen (154). Die Funktionäre müssen die »Erfahrungen, Interessen und Stimmungen« der Masse »kennen« und die Partei hat mit den Massen »zusammenzuwirken« (338), die Intellektuellen haben den »Interessen der Massen zu dienen« (345). Vor den »Massen« hat jeder »Selbstkritik« zu üben (185). Für die Interessen des Volkes »soll man sterben« (205). »Die Wahrheit stimmt mit den Volksinteressen überein.« An »die unversiegbaren schöpferischen Kräfte der Volksmassen muß man glauben« (182). Die Proben mögen genügen. Wenn der europäische Kommunismus von der Bedeutung der Massen redet, so doch nicht in diesem Enthusiasmus irrationaler Art.

Dem Höchstwert der »revolutionären Massen« entspricht als Gegenpol der tiefe Gegensatz in Form der »Feinde«. Dabei ist es ganz gleichgültig, ob diese Chinesen sind oder ausländische »Imperialisten«, »Chauvinisten«, »Revisionisten«, »Verräter«, »Opportunisten«, »Abweichler«. Alle zusammen sind sie »üble Elemente und anderes Gezücht« (50), »Diebe, Gauner, Mörder, Brandstifter, Rowdybanden und andere üble Elemente« (47). Ihre irrigen Gedanken sind »giftiges Unkraut, finstere Mächte« (24), »Gift des Feindes« (73), sie »tragen das Schlachtmesser in der Hand« (82), begehen »alle möglichen Übeltaten« (92), sind wie ein »tollwütiger Stier« (105), »Halunken« und »Verschwörer« (350) über diesem Bild aus reinem Schwarz-Weiß, dieser Phantasie von Hell und Dunkel geht der »Sieg« des Lichtes auf. Das Heil steht unmittelbar vor der Tür: »Die Finsternis wird weichen, der Morgen naht« (98). Es geht »dem Triumph entgegen«, der »Feind wird vernichtet (99), »die Welt schreitet vorwärts, die Zukunft ist glänzend« (84), die »Zukunftsperspektiven« sind »licht«, »die Welt gehört euch, Chinas Zukunft gehört euch!« (341).

Woher kommt jene überschwengliche Bewertung des proletarischen Menschenwesens der Massen? Die Antwort kann nur lauten: Die Ideen des Marxismus–Leninismus fielen in China auf einen Boden, der diese überschwengliche Wucherung in besonderer Weise ermöglichte. Diese Emphase wird aus der gleichen Quelle gespeist, wie etwa die patriotischen Reden von den zwei Wegen die »China vor sich habe«, dem »Weg des Lichts« und dem »Weg der Finsternis«.[291] Natürlich geht es unter der glorreichen Führung Maos den »Weg des Lichts«, des »grenzenlosen Lichts«.[292] Woher das fast messianisch-religiöse Pathos? Schwerlich nur aus dem Marxismus–Leninismus, vielmehr aus spezifisch chinesischem Geist. Der politische Glaube der Chinesen scheint eben doch substanzhaft anders geartet zu sein als der sowjetische.

Die Differenz im Wahrheitsbegriff

Das geht so weit, daß sich sogar eine Differenz im subsumierten Wahrheitsbegriff erkennen läßt. Wenn die Russen von der »Wahrheit« des Marxismus–Leninismus reden, meinen sie, er sei »richtig«, allgemeingültig, wissenschaftlich beweisbar und stehe ein für alle Mal fest. Für Mao gibt es überhaupt keine abgeschlossene, feststehende Wahrheit, es sei denn, das Gesetz des Widerspruchs im Wesen der Dinge. Es gibt nur den ewigen Prozeß der Wandlung und Entwicklung, der »dialektisch« die »Wahrheit« einbegreift. Alles befindet sich in Wandlung, auch was heute Wahrheit ist kann »umschlagen«. Nach den eigenartigen Gedanken Mao Tsē-Tungs setzt also die Lehre des Marxismus–Leninismus keineswegs der Aufdeckung der Wahrheit ein Ende, sondern im Gegenteil: Sie öffnet erst der Erkenntnis der Wahrheit in der »Praxis« neue Wege.[293] Daher kann es zu so verwunderlichen Aussagen kommen, wie etwa der oben zitierten, daß die jeweiligen »Volksinteressen« mit der »Wahrheit« übereinstimmen. Während Lenin von der »Wahrheit« als der Summe der relativen Wahrheiten spricht und sie in festen Realitäten sucht, ist sie für Mao immer neu, weil jede neue »Praxis« sie verändert.

Angesichts solcher Sachverhalte drängt sich immer wieder die Frage nach der Quelle auf. D. h.: Mit welchem ihm eigenen Verständnisvermögen wird von Mao Tsē-Tung der Marxismus–Leninismus interpretiert und nachschaffend aufgefüllt?

Die Hochschätzung des Volks und der Massen im alten China

Einzusetzen hat die Beantwortung dieser Frage bei der aufgezeigten Wertung des Begriffes »Volk«, »Massen«, »proletarische Massen«. Von grundlegender Bedeutung ist die Einsicht, daß diesem Begriff in China schon immer eine besondere Würde zukommt. Die Bedeutung des »Volkes« und der »Massen« ist in China keine Errungenschaft der neueren Zeit. Diese Aussage mag angesichts der bekannten Fügsamkeit, der Unterordnung und auch des teilweisen Zwanges in der alten Staats- und Gesellschaftsordnung überraschen. Tatsächlich aber hat das »Volk« bereits in den Klassikern eine besondere Rolle gespielt.

Nach Auffassung des Lun-yü hat der Weise und der Staatslenker immer in Kontakt mit der Volksseele zu bleiben. Das dürfte auf Konfuzius selber zurückgehen.[294] Der Fürst muß immer »das Volk kennen« und »das Vertrauen des Volkes suchen«.[295] Der »Edle« sucht die rechte Stellung zum Volk.[296] Daß die Regierung das »Vertrauen« des Volkes zu erwerben hat, besagt neben dem Lun-Yü auch das Li-Gi.[297] Das I Ging bezeugt, daß die Gefühle des Volkes zu verstehen seien und man sich nach dessen Rechtsgefühl zu richten habe.[298] Dasselbe sagt das Li-Gi: Der »Edle« muß die Gefühle des Volkes verstehen.[299] Ein Weiser stimmt mit des Volkes allgemeiner Stimmung überein.[300] Das Volk wird »immer gleichmäßig das Gute schätzen«, wenn »rechtschaffene Männer es belehren«.[301] Man muß »lieben, was das Volk liebt, hassen, was das Volk haßt«.[302] Die »Menge« darf man nicht »verlieren«.[303] Der »Weg des Edlen« wird »bestätigt« durch die »Zustimmung des Volks«.[304] Zur »Führung eines Weltreichs« wäre vor allem die »väterliche Liebe zum geringen Volk nötig«.[305] Der »Edle« ist weitherzig gegen das Volk.[306]

Dieser merkwürdigen Hochschätzung des »Volkes« ist die ganze chinesische Geistesgeschichte hindurch zu beobachten. Bedeutsam wird dieses Faktum, wenn man bedenkt, daß dabei eine durchaus metaphysische Bedeutung des Volkes und der Volksseele waltet. Das hat Richard Wilhelm schon klar erkannt und in dem treffenden Satz ausgedrückt: »Wenn das Volk den großen Führern zugetan ist, dann kommen aufsteigende Zeiten, da Himmel und Erde sich vermählen.«[307] In der Tat: Die Hochschätzung des »Volkes« – schon im alten China – ist so zu verstehen, daß in ihm, dem Volk, »Himmel und Erde sich vermählen«. Denn die schöpferische Kraft des Himmels wird »im Volk« tätig.[308] Sogar der »Edle«, der »dem Himmel zugeordnet« ist,[309] bedarf, wie wir schon hörten, auf seinem Weg der Zustimmung und »Bestätigung« durch das Volk.

Die große Bedeutung der alten Yin-Yang-Lehre

Der Sinn aller dieser Aussagen kann nur sein, daß das »Tao« des Himmels direkt in den Massen wirkt. Das »Tao« wirkt aber immer auf zweierlei Weise, zu gewissen »Zeiten als »Yin«, zu anderen als »Yang«. Diese monistische und optimistische Weltsicht vertraut darauf, daß das »Tao« sich spontan in der Majorität des Volkes auswirkt. Gewisse Aussagen der Klassiker deuten immer wieder darauf hin, oder wurden mindestens so ausgelegt (z. B.: »Der Himmel hat dem Menschen sein Wesen bestimmt«,[310] oder: »Die Sitte hat ihre Wurzel im Himmel und ihr Wirkungsfeld auf der Erde.«[311]) Es wirkt also ein gewisser Geistesadel im Volk, und zwar im ganzen Volk, in allen, in der Masse. (Eine Erstarrung in »Kasten«, wie in Indien, hat es in

China nie gegeben.) Im Herzen des »Volkes«, und zwar dem Volk als Gattung, wohnt kosmische Macht des Himmels und der Erde. Von hier aus hat selbst Konfuzius die Möglichkeit von Revolutionen nicht in Abrede gestellt.

Damit aber hat nichts anderes als die alte Yin-Yang-Lehre ihre eminente Bedeutung. Das große Weltgesetz des Tao wirkt auf zweierlei Weise, als Yang und als Yin. Diese numinosen Urkräfte Yang und Yin haben nicht nur den Menschen erzeugt, sondern er hat an beiden Anteil: »Der Mensch ist ein Erzeugnis des segensreichen Wirkens von Himmel und Erde, der Vermählung von Yin und Yang ...« [312] Von besonderer Bedeutung für unser spezielles Problem ist nun, daß Yin und Yang stets »dialektisch« einander bedingen und sich korrespondierend verhalten. Freilich immer so, daß das Yin stets Yin bleibt und das Yang stets Yang. Da gibt es keine Mischung. Aber: Wo das Yin weicht, stellt sich das Yang ein, wo das Yin den Platz behauptet, weicht das Yang. Und eins ist sicher: Das Yang siegt zuletzt immer wieder neu über das Yin; denn in der Welt ist es in der Majorität. Der stete Widerspruch bleibt in einem nie endenden Prozeß, und dieser entspricht der Wirksamkeit des »Tao«, des letzten Rätsels der Welt!

Das Warten auf den »rechten Mann«

Dazu kommt in der Eigenart chinesischen Denkens noch ein zusätzliches Phänomen, das europäischen Augen als ein Widerspruch zu dem soeben über die Bedeutung des »Volkes« Gesagtem erscheinen kann. Trotz der angezeigten Bedeutung der Massen, ja gerade in Verbindung mit ihr zeigt sich in China seit alters her ein merkwürdiges Warten auf den »rechten Mann«. Hier ist allein schon die Vorstellung des »Edlen« kennzeichnend, von der schon die Rede war. Das Warten auf den, der »dem Himmel zugeordnet ist«, der »besondere Energie hat« [313] war in China schon immer verbreitet. »Energie« ist hier nicht im westlichen Sinne als besondere Tatkraft zu verstehen, sondern als besonderes Charisma. Hier kommt alles an auf die »dē«, das Charisma, das aus metaphysisch-kosmischen Bereichen kommt. Die chinesischen Kommentatoren erklären dieses Wort »dē« als immanente Schwerkraft der Persönlichkeit. »Dē« wird von R. Wilhelm übersetzt mit »Natur, Wesen, Geist, Kraft«. Er sagt: »Dē ist das mit dem Weltgrund letzten Endes identische Menschenwesen« (R. Wilhelm, Laotse, 1919, S. XIX). Der »rechte Mann« hat »dē« in ganz besonderer Weise. Er ist die Persönlichkeit, die »kraft ihres Wesens gleich dem Nordstern herrscht«. »Er verweilt an seinem Ort und alle Sterne umkreisen ihn«. [314]

Dieser »Polarstern« hat seine Würde durch inneren Kontakt mit der Volksseele. Er steht nicht über dem Volk. Er ist vielmehr der, der dem Volk den altbekannten Weg, das »Tao«, oder die altbekannten Sittenregeln in ganzer Vollmacht vermittelt.[315] Der Mann »von höchster Geisteskraft« verwirklicht sich nur selbst im Einklang mit den Ideen des Volkes, das dem Himmel zugeordnet ist. Es ist dasselbe kosmische Licht, an dem die anderen Sterne alle auch teilhaben. Aber in der großen Persönlichkeit strahlt es intensiver, großartiger, leuchtender.

Erst von hier aus vermag nun endlich klar zu werden, wie es um den Unterschied zwischen maoistischer und marxistischer Dialektik bestellt zu sein scheint. Zum geistigen Vorgang menschlichen Verstehens gehört ein »inneres Wiedererinnern«, das jede Interpretation einer anderen Gedankenbekundung ein »Nachbilden von innen her« erfordert.[316] Die Begeisterung, mit der die marxistischen Väter vom »Volk«, dem »Proletariat«, sprachen, induzierte in diesem Sinne in dem jungen Mao Tsē-Tung, dem begabten Schüler des kleinen Schullehrer-Seminars ein ihm eigenes »Verstehen«.

Die geistige Ebene, von der aus der junge Mao Tsē-Tung Marx und Lenin verstand, waren die angedeuteten chinesischen Denkkategorien. Die Rede vom »Tao«, dem »Yin« und »Yang«, dem Wirken dieser Kräfte in Natur, Menschenleben und Geschichte, hat er von Jugend auf in sich aufgesogen, auch wenn er wenig davon spricht. Da »Verstehen« ein Nachschaffen und Nachbilden auf der eigenen geistigen Ebene bedeutet, die sehr verschieden sein kann von der, in welcher der zu verstehende Gedanke ursprünglich gefaßt wurde, wirkte auf Mao Tsē-Tung die marxistische Botschaft im »Volk« und »Proletariat« in noch anderer Weise als auf die Fabrikarbeiter und Intellektuellen europäischer Städte.

Das marxistische Programm induzierte in ihm eine Art Divination des Begriffs der »Volksmassen«, denen schon immer in China jene immanente Schwerkraft zugeschrieben wurde. Dieser Höchstwert wurde immer mehr sein heiligster Wert, sein Numinosum, das ihn beflügelt und zu dem er immer wieder zurückkehrt. Die nachschaffende Spontaneität, die bei jeder Auslegung am Werke ist, die innere Sprache, die seine Weise des Denkens formt und der ganze Psychismus, der ihm von der Gesellschaft und dem Milieu Chinas her zufällt, lassen ihn naturgemäß sich selber als den »rechten Mann« von höchster Geisteskraft und besonderer Energie erscheinen, auf den das Volk wartet. Daher hat er keinen Sinn dafür, daß die Russen ihm »Personenkult« vorwerfen. Er weist das zwar zurück, indem er sich auf Lenin beruft, aber gerade sein Gegenvorwurf gegen die Russen, daß sie mit ihrem »Kampf gegen den Personenkult« in Wirklichkeit »die Diktatur des Proletariats verunglimpfen«, um die Führer »zu den Massen in Opposition zu bringen«,[317] zeigt, daß er kein Verständnis dafür aufzubringen vermag, was die Russen mit »Personenkult« meinen. Denn er glaubt sich ja in keiner Weise vom menschlichen Wesen der breiten Volksmassen »losgelöst«, sondern er repräsentiert es nur und hilft in der Vollmacht seiner »dē« dem Volke »den Bogen zu spannen«, den dann nicht er, sondern das Volk losläßt. Von hier aus fällt natürlich auch neues Licht auf den Mao-Kult überhaupt. Er ist von hier aus gesehen weder nur politischer Personenkult, wie ihn die Russen beanstanden, sondern ein spezifisch chinesisches, in anderen Denkkategorien nicht zu fassendes Phänomen.

Das in Mao wirkende psychotypische System des Denkens zeigt sich aber nun in entscheidender Weise in einer ihm selbverständlichen Identifizierung, nämlich der Gleichsetzung des Willens der Volksmassen mit dem »Yang«, dem lichten Prinzip. In der Majorität (Quantität) der Volksmassen siegt das Yang über das Yin wie die Sonne über den Mond. Er, der rechte Mann, steht im Dienste dieses Yang und vermittelt dem Volke das rechte geschichtliche Bewußtsein durch die Schwerkraft seiner Persönlichkeit.

Der Unterschied zum altchinesischen »rechten Mann« besteht darin, daß Mao dem Volk anstelle der altbekannten konfuzianischen Sittenregeln die Grundsätze des aus Europa importierten Marxismus–Leninismus vermittelt. Aber er steht damit im Dienste des »hellen«, des »lichten« Prinzips, genau so wie der altchinesische Heilige. Er verwirklicht den Marxismus–Leninismus, entsprechend den »Besonderheiten« Chinas. Damit aber siegt für sein Denken notwendig und zwangsläufig das Yang über das Yin, das »proletarische« China über das dunkle, »feudale«. Mit der gleichen Zwangsläufigkeit siegt der Kommunismus in der ganzen Welt über den Kapitalismus, wenn er, Mao, die Weltrevolution vollenden wird.

Nur von hier aus gewinnt auch das bekannte und oft von ihm selbst wiederholte Wort Maos, die Atombombe sei ein »Papiertiger« seinen Sinn. Es handelt sich keineswegs, wie europäisches Denken vermuten könnte, um eine absichtliche gewissenlose Vernebelung der Gefahren eines thermonuklearen Krieges. Die Rede vom Papiertiger wäre frevelhaft und absurd, wenn nicht jene ernste Denkweise dahinter verborgen wäre, die europäischen Augen zunächst unsichtbar ist. Und auch das hängt wieder mit dem ererbten Denksystem Maos zusammen. Die amerikanischen »Imperialisten« und die sowjetischen »Sozialimperialisten« sind samt ihrer Atombombe nur »Papiertiger« wegen ihrer »Loslösung vom Volk«.[318] Diese uns seltsam erscheinende Auskunft wird nur einigermaßen verständlich, wenn man weiß, daß der Glaube an das »Volk« identisch ist mit dem Glauben an jenes immanente kosmische Weltgesetz, das auf Seiten des »Volkes« ist. Weil dieses Gesetz zu den Grundkräften der Welt gehört, geht es über alles hinweg. Für die Russen ist die Rede vom »Papiertiger« verständlicherweise, wie es in einem Leitartikel der Moskauer »Prawda« heißt, nur eine »primitive These«, die »eine Unterschätzung der Kräfte des Imperialismus bedeutet«.[319] Moskau sieht hier »Phrasen«,[320] die die Kräfte des sozialistischen Lagers zu schwächen geeignet sind. Dem Maoismus aber ist es bitter ernst damit: Ein unwiderstehliches Geschehen ist am Werke! Des Volkes Zukunft ist glanzvoll! Das »Licht« ist im »Kommen«! Nichts vermag dieses Geschehen aufzuhalten! Eine metaphysische, an das altchinesische Denken erinnernde, religiös anmutende Emphase ist hier am Werk.

Was hat das alles mit Dialektik zu tun?

Dies alles muß ins Auge gefaßt werden, wenn der Unterschied zwischen chinesischer und europäisch-marxistischer »Dialektik« bestimmt werden soll. Denn der eigentliche Nährboden für die maoistisch verstandene »Dialektik« ist der den Chinesen schon immer ganz geläufige Gedanke,[321] daß das ewige kosmische Gesetz des Tao alle Veränderungen, Wandlungen und dialektische »Umschläge« hervorbringt. Das gilt unbeschadet dessen, daß Mao sich immer wieder auf den europäischen Marxismus–Leninismus berufen zu können glaubt. Es muß daher zum Verständnis seiner Dialektik noch weiter ausgeholt werden.

Maos erkenntnistheoretische Studien zur »Dialektik« finden sich vor allem in seinen beiden Schriften »Über die Praxis«[322] und »Über den Widerspruch«[323]. Er beruft sich darin immer wieder auf den »dialektischen Materialismus« des Marxismus–Leninismus. Was aber bedeutet das?

Unter »Materialismus« wird dabei immer ein erkenntnistheoretischer Realismus im Sinne Lenins verstanden: »Materialismus« ist die Anerkennung, daß die von unserem Bewußtsein abgebildete Außenwelt unabhängig von unserem Bewußtsein existiert. Damit ist immer die metaphysische Behauptung verbunden, daß alle Wirklichkeit nichts als »Materie« in ihren verschiedenen Bewegungsformen sei. Die »dialektische Methode« besteht nach Marx und Lenin in der Annahme von vier »Grundzügen«: 1. Auffassung der Wirklichkeit als Totalität. 2. Diese Wirklichkeit ist ständig im Prozeß der Bewegung und Veränderung begriffen. 3. Umschlagen der qualitativen Veränderungen in quantitative und umgekehrt. 4. Entstehung von Bewegung aus dem

Kampf. Es soll sich dabei um die Bewegungsgesetze aller Wirklichkeit handeln. Der Grundzug Nr. 1 deckt formal – oberflächlich gesehen – sich im Grunde mit dem monistischen Denken Chinas (letzte Einheit im »Tao«). Der Grundzug Nr. 2 deckt sich – formal und oberflächlich gesehen – mit dem chinesischen Gedanken des die ganze Welt durchflutendem Gesetzes der Widersprüche, dem ewigen »Fluß der Dinge«. Auch das »Umschlagen« der Widersprüche ist dem chinesischen Denken vertraut. Grundzug Nr. 4 mutet – formal und oberflächlich gesehen – ebenfalls als »chinesisch« an. Bewegung durch »Kampf« kannte China schon immer, z. B. im Sinn von »Ko-ming«, d. h. Änderung des »Auftrags des Himmels« im Sinne von »Revolution«. Nur dürfen diese formalen Ähnlichkeiten nicht kurzschlüssig zu Gleichungen gemacht werden. Das »Umschlagen« ist dem chinesischen Geist wohlvertraut, einmal durch den möglichen Wechsel von Yang und Yin, zum anderen durch plötzliche »Änderungen« des »Auftrags« des Himmels.

Der Prozeß des »Umschlagens«

Beim letzten und entscheidenden Verständnis jeder »Dialektik«, mag sie stammen, woher sie wolle, konzentriert sich alles auf den Prozeß des »Umschlagens«, genauer gesagt auf den Punkt, an dem das »Umschlagen« geschieht. Schon Hegel hatte daher von den »Maß-Verhältnissen« im dialektischen Prozeß gesprochen. Es muß ein »Maß« geben, nach dem der »Umschlag« erfolgt. Ein solches »Maß« im eigentlichen Sinn aber kennt der ursprüngliche Marxismus–Leninismus nicht. Marx selbst führt allen »dialektischen Umschlag« (wie alle Wirklichkeit) auf den in der Arbeit sich verwandelnden Menschen zurück. Da der Marxismus–Leninismus gerade jede Naturphilosophie und alles »Mysteriöse« ausmerzen wollte, hat man sich immer gescheut, das Wesen dieses Umkehrphänomens des Näheren zu beschreiben. Später hat es dann innerhalb des marxistischen Denkens manche Ansätze zu einer Lösung gegeben, ohne daß sich eine bestimmte Sicht durchgesetzt hätte. Man sprach z. B. von einem »Sprung« nach »revolutionärem Reifegrad«. Man sprach teilweise vom »explosiven Übergang«, teilweise vom »explosionslosen Sprung«.

In den letzten Jahren dürften sich die Sowjetideologen darauf geeinigt haben, daß sie auf eine genauere Explikation dieses Umkehrphänomens und seines Wesens überhaupt verzichten und sich einfach auf die »Erfahrungen der Partei« zurückziehen. [324] Sie lassen die »Maßverhältnisse«, die schon Hegel in seiner »Logik« beschäftigt hatten, auf sich beruhen und wiederholen einfach, daß der historische Materialismus die »Anwendung« der dialektischen Methode auf das Gebiet der Gesellschaft und ihre Entwicklung sei. Sicherlich befindet man sich dabei in Übereinstimmung mit Lenin, der immer wieder »vor Rezepten und allgemeinen Regeln, brauchbar für alle Fälle (›keinerlei Kompromisse‹)« gewarnt hatte.[325] Solche allgemeinen Rezepte sind nach Lenin »Unsinn«.[326] Das gilt für Lenin sowohl bei der Behandlung schwieriger politischer Fragen, z. B. der Koexistenz, als auch jedes »Dogmatismus« im Verständnis des dialektischen Prozesses. Das zeigt sich besonders an der Klassifizierung der »Widersprüche«, von der schon die Rede war.

Für Mao tragen alle Dinge »Widersprüche« in sich, und nur deshalb gibt es »Entwicklung«. Die Widersprüche sind »allgemein« und »absolut« und »durchdringen alle Prozesse« von Anfang bis zum Ende.[327] Auch in der kommunistischen Gesellschaft muß es Widersprüche und Konflikte geben, sonst könnte sich diese Gesellschaft nicht »fortentwickeln«. »Antagonistische« und »nichtantagonistische« Widersprüche gibt es auch in der Partei und im sozialistischen Lager. Man dürfe nicht auf »halbem Wege«[328] in der Verwirklichung der proletarischen Diktatur stehenbleiben, weil jede »kleinbürgerliche Atmosphäre, wie Lenin gesagt habe, ständig neue »entartete Elemente«, »kapitalistische Elemente«, spontan erzeugt.[329] Die gestürzten Ausbeuter versuchen mit allen Mitteln, »das ihnen geraubte Paradies wieder an sich zu reißen«.[330] Es ist daher nach Mao unmöglich zu sagen, daß im sozialistischen Staat jemals »Trabanten der Bourgoisie«, »Schmarotzer, Spekulanten, Hochstapler, Faulenzer, Banditen und Staatskassenplünderer« völlig verschwunden sein werden. Der »Kampf« zwischen dem »sozialistischen und dem kapitalistischen Weg« zieht sich vielmehr durch die ganze Geschichte hindurch. »Dieser Kampf schwillt an und ebbt ab wie die Gezeiten, manchmal wird er sogar sehr erbittert. Dieser Kampf nimmt viele Formen an.«[331]

Das heißt aber doch: Der Kampf des Weges der proletarischen Diktatur nimmt überhaupt kein Ende, wie die Gezeiten nie ein Ende nehmen, solange der Mond am Himmel steht. Der daraus zu ziehende Schluß ist ebenso naheliegend wie folgenschwer: Daher kann es nie Ruhe, nie Frieden, nie »friedliche Koexistenz«, wie die Russen sie verstehen, weder nach außen noch nach innen, geben.

Es besteht also ein grundlegender Unterschied in der Bewertung der Dialektik. In seiner sonst lehrreichen Einleitung zu der hier vielfach zitierten Dokumentation. »Das rote Schisma, herausgegeben vom Institut für Sowjetologie (Köln 1963, Seite 33) gibt Harry Hamm eine eigene Deutung dieses Gegensatzes, die nicht ganz im Einklang mit den Sachverhalten zu stehen scheint. Denn Hamm schreibt: »Für die Sowjetideologen gelten zwar noch die gleichen Formeln von der Widerspruchslehre und von dem Umschlag der Quantität in die Qualität. Aber sie sind mit einem gewandelten Inhalt erfüllt. An die Stelle klarer Thesen, wie sie bei den marxistischen Klassikern und bei Mao zu finden sind, treten spitzfindige Deutungen und Binsenwahrheiten.« [332] Dazu ist zu sagen: Die angeblich »klaren Thesen« bei den marxistischen Klassikern waren mindestens bezüglich der »Maßverhältnisse« und des »Umschlagens« des dialektischen Prozesses niemals eindeutig klar, wie wir schon oben darlegten. Die Sowjetideologen vermieden eine solche nachträglich, weil diese tatsächlich zu einem gewissen Dogmatismus führen muß.

Sie witterten hier mit Recht »Subjektivismus« und »Sektierertum«,[333] weil jede weitere Aussage in dieser Richtung entweder die alte Naturphilosophie, oder ein anderes dogmatisch-philosophisches Gedankengut »mysteriöser« Art, das man doch gerade ausmerzen wollte, wieder eingeführt hätte. Denn hinter der Behauptung, die »Widersprüche« seien so »absolut«, daß sie alle »Prozesse von Anfang bis zum Ende durchdringen« und nie aufhören, steht doch letzten Endes eine Überzeugung dogmatischer, ja vielleicht sogar metaphysischer Art. Die Russen dachten durchaus in der richtigen Richtung, wenn z. B. Chruschtschow in seiner Rede vor dem Obersten Sowjet am 12. 12. 1962 (als Hieb auf Mao) den Satz wagte: »Man darf nicht annehmen, daß irgend jemand gleich Buddha in der Lage wäre, unter Ignorierung der Tatsachen Wahrheiten zu verkünden und festzulegen . . . [334]

Mit den in Chruschtschows Munde überraschenden Worten »gleich Buddha« zielte dieser Politiker in der Tat auf den Kern der Sache, die man freilich anders ausdrücken müßte. Chruschtschow spürte in Mao Tsē-Tungs Theorien ein gewisses Etwas, das hier in religionsphänomenologischer Sicht, also von ganz anderer Warte her, nur bestätigt werden kann: Zum unfehlbaren Verteidiger des Marxismus–Leninismus und seiner Wahrheiten kann sich Mao Tsē-Tung nur in einem schon in der Wolle gefärbten dogmatisch-chinesischem Gewande machen. Die Hervorhebung des unendlichen stetigen, voranschreitenden Sich-Wandeln-Müssens als das Wesen der Dinge selbst ist eine Theorie, die Mao weniger mit den Gedanken des Marxismus–Leninismus verbindet, als vielmehr mit dem Strom des jahrtausendealten chinesischen Denkens. Er nimmt für das »Umschlagen« das Grundgesetz der Natur in Anspruch. Es ist unschwer zu erkennen, daß gerade der, der das »Alte« »ausmerzen will mit den Wurzeln«, so sehr unwissentlich selbst im »Alten« steckt, daß sich in seinem inneren Vorgang des »Verstehens« des Marxismus–Leninismus dessen Gedankengut sich mit dem traditionellen chinesischen Denken mischt. Es ist deshalb falsch, wenn

Hamm dem Mao Tsē-Tung die bessere Klarheit marxistischen Denkens, was die Widerspruchslehre betrifft, bescheinigt. Richtig ist im Gegenteil, daß nicht die Russen, sondern die Chinesen mit einem »gewandelten Inhalt« in der Widerspruchslehre auftreten und behaupten, damit die »reine Lehre« des Marxismus–Leninismus zu vertreten.[335] Richtig ist, daß die Russen den Chinesen mit vollem Recht »Sektierertum« und »Subjektivismus« vorwerfen, richtig ist, daß die Russen in Übereinstimmung mit Lenin das »dauernde Anpeitschen« zur neuen Revolution verwerfen, weil das nach Lenin gerade der Bruch mit dem Marxismus wäre,[336] richtig ist, daß sie hier von »subjektiver Mentalität« reden. Berechtigt erscheint, daß sie von »linksradikaler dogmatischer Politik« und »linksradikalen Schreihälsen« glauben reden zu können.[337]

Das Gemeinte wird freilich erst recht deutlich, wenn man entdeckt, daß das spezifisch chinesische Denken Mao Tsē-Tungs in deutlichem Unterschied zum europäischen Marxismus–Leninismus den eigentlichen Maßstab für das »Umschlagen« des dialektischen Prozesses zu kennen glaubt und insgeheim voraussetzt. Mit dem Wissen um solchen Maßstab aber, den zu deuten letzten Endes der europäische Marxismus–Leninismus offen ließ, um seinerseits nicht in Metaphysik umzuschlagen, wirkt bei Mao Tsē-Tung uraltes chinesisches Gedankengut von letzlich religiöser Provenienz. Hier kommen gerade solche »mysteriösen« Vorstellungen wieder mit herein, die Marx, Engels und Lenin aus dem wissenschaftlichen Denken ausgemerzt haben wollten.

Das große »Wesen der Dinge«

Mao Tsē-Tung dürfte sich zwar selbst gegen solche Feststellungen sträuben und im Gegensatz dazu seine völlige Übereinstimmung mit den europäischen Vätern des Marxismus–Leninismus behaupten. Zugleich würde er auch auf seinen erklärten Kampf gegen alle »Mystik« hinweisen.[338] Aber in der Nachfolge Lenins befindet er sich nur noch mit der Ansicht, daß »Dialektik« die Lehre sei, wie »Gegensätze identisch sein können« und »unter welchen Bedingungen sie identisch sind und wie sie sich ineinander verwandeln«. Lenin ist dabei immer nur bis zu der Aussage gegangen, daß die »Bedingungen« der Widersprüche im Wesen der Dinge liegen. Mao Tsē-Tung aber macht die Widersprüche zum Wesen der Dinge. Das ist ein großer Unterschied, zwar gut chinesisch, aber weniger marxistisch. Mao Tsē-Tung führt damit die alte chinesische Naturphilosophie in den Marxismus–Leninismus ein. Ohne freilich deren Vokabeln zu benutzen und ohne ihren religiösen Gehalt zu achten, übernimmt er deren Denkstrukturen und Vorstellungsgehalte, und zwar nicht nur formal, sondern teilweise mit anderem Vorzeichen auch inhaltlich. Er vermeidet zwar, wie gesagt, streng die alten Begriffe und will sie als »Metaphysik« der »Feudalherren« sogar ausmerzen, spricht aber in der Darlegung seiner Vorstellungen von »Dialektik« wörtlich vom »Grundgesetz der Natur«, [339] und zwar in dem Sinne, daß »das den Dingen innewohnende Gesetz des Widerspruchs« das Grundgesetz der Natur sei. Er erkennt hier, nach seinen eigenen Worten, das »allgemeine und ewig unumstößliche Gesetz der Welt«,[340] das »den Dingen innewohnt«.[341] Lenin hat dagegen nur insoweit vom »eigentlichen Sinn der Dialektik« gesprochen, als sie die »Erforschung« der Widersprüche im Wesen der Dinge selbst ist. [342] Diese »Erforschung« reicht für Lenin natürlich nur so weit, wie die Errungenschaften der Natur- und Gesellschaftswissenschaften und ihre Kausalitätsbegriffe reichen. Mao Tsē-Tung aber hat in seinem »Verstehen« des Marxismus–Leninismus wiedergefunden, was er tief in sich selbst trägt. Und das war etwas mehr, als das, was Marx und Lenin lehrten.

In religionsphänomenologischer Perspektive erscheint hier evident, daß Mao Tsē-Tung in diesem entscheidenden Punkte am »Alten« hängt und davon nicht loskommt. Selbstverständlich soll keineswegs bestritten werden, daß er sich von den meisten Aspekten des alten Konfuzianismus und Taoismus auch innerlich vollständig losgelöst hat, besonders vom Familiensinn, Ahnenkult, Bedeutung der »Sitte« und dem konfuzianischen Lieblingsgedanken der »Harmonie«. Aber gerade bezüglich des innersten Nervs der »Dialektik«, die ihn doch seiner Meinung nach so sehr mit dem Marxismus–Leninismus verbindet, ist der Einfluß des Alten auf ihn groß. Dabei leitet Mao Tsē-Tung ein naives Vertrauen zu den eigenen Erkenntnismöglichkeiten. Jede Erkenntniskritik im westlichen, philosophischen Sinne ist ihm natürlich fremd. Er redet von der Dialektik selbst als dem »Wesen der Dinge« mit jener Sicherheit, die den Chinesen immer schon leicht von den Lippen ging, wenn sie vom »Tao« als dem ewigen »Grundgesetz der Natur« sprachen. [343]

Die Dialektik selbst als »das Wesen der Dinge« wird damit zum numinosen, religiös gefärbten Begriff, weil ihr Letztgültiges glaubend zuerkannt wird. Von der »Erforschung« der Widersprüche im Leninschen Sinne ist hier im Grund keine Rede mehr. Es gibt eine Stelle in Mao Tsē-Tungs Werken, an der er selbst zugibt, daß die »dialektische Anschauung« bereits »im Altertum entstanden« [344] sei. Dort aber habe sie einen »primitiven Charakter« gehabt. [345] Demgegenüber hat sie jetzt durch Mao selbst in Übereinstimmung mit den Marxismus–Leninismus »vollendete« Gestalt angenommen, was im Altertum auf Grund der sozialen und historischen Bedingungen »noch nicht möglich« war.[346] Mao glaubt, daß die »Vollendung« dadurch geschah, daß die Führer der proletarischen Bewegung die »rationalen« Elemente der Dialektik übernahmen und damit eine »gewaltige Revolution« menschlicher Erkenntnis herbeiführten. Er ist dabei aber auf Grund seiner spezifisch chinesischen Denkweise nicht imstande zu erkennen, wie sehr er selber noch dem Irrationalismus verfallen ist. Davon zeugt sein pseudoreligiöses Pathos, so oft er von der Bedeutung der »Widersprüche« redet.

Die Dialektik des proletarischen Menschen

Es ist Mao Tsē-Tungs Glaubenssatz, daß das »Grundgesetz der Natur« als Dialektik den »proletarischen Menschen« erleuchtet. Der Geist der »Massen« kann zwar immer dialektisch »umschlagen«, je nach Situation kann Falsches richtig werden und umgekehrt: Das »Yin« kann dem »Yang« weichen, und umgekehrt. Selbstverständlich ist dabei für diesen Glauben die Identifikation des »proletarischen Wesens« des Menschen mit dem »lichten Menschenwesen«, dem alten »Yang« der Chinesen. Das proletarische Wesen steht bei allen »Wandlungen« immer auf seiten des Yang. Darum muß die Revolution »immer neu zum Durchbruch« kommen. Das entspricht den ewigen Bewegungen jenes letzten Wertes (eben des »Wesens der Dinge«), über den ausgesagt wird, daß er »zugleich ewig« und »zugleich fließend« sei. [347] Dabei soll nicht etwa behauptet werden, daß Mao Tsē-Tung die Dialektik der Weltpotenz in den alten Vokabeln (Yin, Yang, Tao) beschreibt, oder auch nur mit systematischem Vorsatz bewußt in den Marxismus–Leninismus eingebaut habe. Es wird nur vermutet, daß das ihm eigene Verständnisvermögen, sein mit dem chinesischen Geist gegebenes Vorverständnis, eine solche Auslegung des Marxismus–Leninismus hervorrief. Es wird nicht behauptet, daß er mit Absicht und Bewußtsein altchinesische Naturphilosophie religiösen Einschlags verwende. Es wird aber vermutet, daß er die Appelle des Marxismus–Leninismus an ihn selbst als ein Ansinnen weitergibt, daß durch sein eigenes Verstehen beeinflußt und gewandelt wurde. Diese Vermutung bedeutet fast Gewißheit.

Da die Persönlichkeit des Mao Tsē-Tung als Mensch und Chinese, wie jede menschliche Persönlichkeit, eine integrierte Ganzheit eines in bestimmter Weise strukturierten hierarchischen Innengefüges im Bereiche von Empfindung, Gefühl, Denken, Urteilen, Abwägen und Entscheiden bedeutet, kann er nicht anders, als in seiner Weise spezifisch chinesisch verstehen, wenn von europäischen Kommunisten über die

»Widersprüche im Wesen der Dinge« geredet wird. Und was hier für das Verständnis der Dialektik gilt, gilt auch für weitere noch zu erörternde substanzielle Differenzen zwischen seinem und dem europäischen Kommunismus.

Die Idee, daß sich alles »wandelt«, alles fließt, und dabei auch Gegensätze ineinander übergehen, war — wenn auch mit anderen Denkweisen verbunden — dem jungen Mao Tsē-Tung aus seinem Lebensmilieu heraus allzu geläufig. Schon im uralten Shu-king findet sich der von Mao Tsē-Tung oft wiederholte Gedanke, daß die Niederlage des Herrschaftssystems der besseren Qualität der Nachfolger, bzw. dem »Umschlagen« durch die Wirksamkeit des »Tao«, zuzuschreiben sei. Diese Gedanken sind so alt wie China selbst.

Die europäische marxistische Dialektik macht keine Aussagen über das »Wesen des Universums« und das letzte »Grundgesetz der Natur«. Man wird zugeben müssen, daß Maos Aussagen etwas ganz anderes bedeuten als Lenins These von der Notwendigkeit der Erforschung der Widersprüche im Wesen der Dinge, weil Lenin im europäischen Geiste seiner Zeit nichts anderes als nur die Errungenschaften der empirischen Wissenschaften im Auge hatte. Auf die Wissenschaft beruft sich Mao natürlich auch. Aber hier ist erneut darauf zu verweisen, daß ihn ein unkritisches Vertrauen zu den Erkenntnismöglichkeiten leitet und der mystisch-religiöse Bezugspunkt bleibt.

Der direkte Einfluß der Neukonfuzianer und Reformer

Es ist daher festzustellen, daß trotz aller Ablehnung des »Alten«, Einbruchsstellen dieses »Alten« im persönlichen Leben des Mao Tsē-Tung in sein Denken hinein gegeben waren. Der reale geistige Personenkern eines Menschen, sein »endothymer Grund« [348] wird nach den Erkenntnissen der modernen Persönlichkeitspsychologie von der lebendigen Umwelt geprägt. Eine gewisse Einbruchsstelle war darin gegeben, daß er als Schüler die Klassiker einfach lesen und abschreiben mußte. Aber das dürfte zur Erklärung kaum genügen. Es müssen in der Umwelt noch andere derartige Einflüsse gewirkt haben und zwar durch Persönlichkeiten und Vorbilder der lebendigen Umwelt.

In der Geschichte des Konfuzianismus hat es immer einmal wieder einen neuen Aufschwung des alten, fast schon vergangenen Konfuzianismus gegeben, der dann immer »Neukonfuzianismus« oder ähnlich genannt wurde. Man kann auch sagen, der Konfuzianismus, der jeweils mode und aktiv war, war der »Neukonfuzianismus«. Es ist nun für unser Problem beachtlich und interessant, daß es gerade in jenen Jahren, da das Bewußtsein des jüngeren Mao Tsē-Tung sich noch bildete (bevor es sich in den 30er Jahren endgültig verfestigte), in China eine gewisse Ausprägung des Neukonfuzianismus in Gestalt von zwei bedeutenden Philosophen am Werke war. Diese beiden, in ihrer Weise bedeutenden Männer, waren Hsiung Shih-li und Fung-Yu-lan. Beide waren Hauptvertreter jenes »Neukonfuzianismus«, der um 1920 herum modern war. Interessant erscheint die Tatsache, daß beide, besonders aber Hsiung Shih-li, dasjenige Moment im alten Konfuzianismus, auf das es uns hier ankommt, neu gepredigt haben, nämlich den Glauben, »die Quelle aller Wandlung sei der Urgrund des Seins«, der »Geist des Kosmos«.[349] Auch Fung-Yu-lan spricht, wie Hsiung, im Zusammenhang seiner Dialektik von »der Ganzheit des Weltalls«. Fung vertritt dabei allerdings einen gewissen rationalistischen Zug dieses Neukonfuzianismus, der im Grunde auf einen Neukonfuzianismus zurückgeht, der bereits im II. Jahrhundert in China von einem gewissen Cheng Ich-ch'uan (1033 bis 1107) vertreten worden war. Der Neukonfuzianismus des Hsiung dagegen steht im Zusammenhang mit dem chinesischen Reformer K'ang Yu-wei, von dem schon die Rede war. K'ang Yu-wei seinerseits vertrat einen »Neukonfuzianismus«, der bereits von Hsiang-shen (1139-92) und Wang Yang-ming (1472–1528) gelehrt wurde. Die speziellen Unterschiede der einzelnen Lehrweisen interessieren hier kaum.

Wichtig aber erscheint, daß diesem Neukonfuzianismus der zwanziger Jahre gewisse Akzente eigen waren, die in besonderer Weise die alte Weisheit von der »Wandlung« in den Klassikern Chinas hervorhoben, und dies gerade in dem Sinne, daß der Vorgang der Wandlung die »Wirklichkeit« erst schafft, weil dieser Vorgang identisch ist mit jener kosmischen Macht, die der Urgrund alles Seins ist.[350] Das dialektische Umschlagen der qualitativen Veränderungen in quantitative, von dem der Marxismus-Leninismus so viel spricht, dessen »Maßverhältnisse« zu fixieren er aber sich mit Recht scheut, ist hier nach seinen Maßverhältnissen zurückgeführt auf den »Urgrund des Seins«. Er setzt das »Maß« des »Umschlagens«, das heißt aber den Sinn der Geschichte. Es liegt außerordentlich nahe, an eine wissentliche oder unwissentliche Beeinflussung Maos durch den Neukonfuzianismus seiner jüngeren Jahre zu denken. Dies um so mehr, als gerade Hsiung in seiner Lehre ein bestimmtes Moment heraushob, das mit Bestimmtheit den Beifall Maos finden mußte.

Hsiung legte besonderen Wert auf die Feststellung, daß seine Auffassung, die er natürlich im Einklang mit den alten Klassikern sah, nicht mit einem Idealismus westlich-europäischer Prägung identisch sei, weil dieser die Materie als unwirklich ablehne. Er betonte, daß die westliche Teilung von Materie und Geist in zwei Bereiche für ihn eine Verletzung der Wahrheit sei, denn es handele sich nur um zwei verschiedene Formen oder Gesichtspunkte der Wirklichkeit. Hsiung führt statt dessen die Kategorien der »Ausdehnung« und »Zusammenziehung« im dialektischen Prozeß ein, wobei aber immer die »Ausdehnung« über der »Zusammenziehung« als »Herr und Meister« bleibt. Ohne »Herrn und Meister« (was wohl soviel heißen soll wie: ohne kosmisches Gesetz), besteht also der ganze Vorgang der beständigen Wandlung nicht.[351] Damit dürfte dieser Neukonfuzianismus im Grunde doch idealistisch bleiben. Fung Yu-lan spricht sogar davon, daß jener fortdauernde Vorgang der Veränderung und Bewegung »Schöpfung« sei, und daß die vollkommene Entwicklung der menschlichen Natur sich nicht auf das Umdenken der Gesellschaft beschränke, sondern sich erweitern müsse zu der »Ganzheit des Weltalls«: Der Mensch wird zum »Bürger des Himmels«.[352]

Geht man den Fragen biographisch nach, so stößt man auf die interessante Feststellung, daß jener Hsiung noch im Jahre 1923 an der Universität in Peking Vorlesungen über seine Anschauungen gehalten hat.[353] Wenn auch der direkte Beweis des Einflusses auf Mao natürlich nicht möglich ist, so ist doch die Wahrscheinlichkeit sehr hoch, daß der Geist der alten Klassiker auch auf diesem indirekten, aber lebensdigem Wege Mao beeinflußt hat. Sowohl Hsiung wie auch Fung waren von großem Einfluß auf viele Gebildete Chinas gerade zu jener Zeit, da die KPC noch mit den KMT sehr eng zusammenarbeitete und Mao noch kleiner Funktionär der dritten Garnitur war. Sie wollten beide im Grunde nicht religiös sein, sondern betrachteten sich als Philosophen. Aber ihrem Wesen nach war ihre Philosophie doch im Grunde religiös.[354] Hsiung schwieg freiwillig, als der Kommunismus in China gesiegt hatte, Fung aber übte »Selbstkritik« und bekannte, er habe mit seinen Anschauungen nur ein Spiegelbild der alten Gesellschaft geboten.[355]

Außer einer direkten Beeinflussung Maos durch den Neukonfuzianismus seiner jungen Jahre wird natürlich auch die allgemeine Kontinuität der geistigen Überlieferung sich in ihm auswirken, die in keinem Volk so stark ist wie im chinesischen, in Rechnung gestellt werden müssen. Zumindest bezüglich der tief verwurzelten Vorstellung vom Ablauf und Neubeginn der Weltzeitalter. Ein gewisses zyklisches Zeitdenken war stets in China in der einen oder anderen Form verbreitet. Immer aber steckten in ihm Vorstellungen auf der Grenze von Religion und Philosophie. In manchen chinesischen Interpretationen erscheint Konfuzius als der große Mann und Retter der Welt, mit dem die Geschichte der Welt in ein neues Zeitalter eintritt. Man unterscheidet hier die Periode vor seinem »Erscheinen«, die natürlich als eine des Verfalls betrachtet wird, von der Periode nach seinem »Erscheinen«, an die sich ein großartiger Wiederaufstieg anschließt. Es könnte sein, daß heute Mao Tsē-Tung sich selbst oder seine Anhänger ihn als eine Art solchen Revolutionärs sehen, der mit kosmischer Notwendigkeit »erschien«. Darauf deuten jedenfalls die immer wiederholten (gesteuerten oder spontanen) Volksausbrüche: »Mao Tsē-Tung ist da!« Eigentlich sieht man ja, wenn er auf der Tribüne steht, daß er da ist. Warum dann immer wieder die Ausbrüche aus Hunderttausenden: »Er ist da!« Es könnte sein, daß Mao selber in diesem Sinne an seine Mission glaubt.

Ein Denken in Zeitaltern, die einander ablösen, findet sich mindestens seit dem 1. Jahrhundert in mehreren Formen. Es gab nicht nur die mit Tao und Ying-Yang zusammenhängende kosmisch bedingte Wende, sondern auch eine solche, die aus dem »Wandel der Elemente« begründet wurde. Nach dem Ablaufschema der Natur (Erde-Holz-Metall-Feuer-Wasser) wird auf »Abläufe« in der Weltgeschichte, besonders aber im Ablauf der Dynastien in China geschlossen. Hier waltet die Vorstellung daß jede Dynastie mit Naturnotwendigkeit aufblüht und dann wieder verfällt, wobei keine Zeiträume feststehen. Die Idee taucht erstmalig im Shu-king, dem »Buch der Urkunden«, aus dem 6. Jahrhundert vor Chr. auf. Nach dieser Vorstellung ist jede Dynastie in einen Kreislauf hineinverflochten.

Nicht von Marx und Lenin übernommen

Eines steht fest: daß Mao mit dem Vorverständnis tragender Sinngehalte des chinesischen Geistes an den Marxismus-Leninismus herantrat. Von hier aus gesehen, ist es ganz richtig, wenn China heute vom Marxismus-Leninismus und den »Gedanken Mao Tsē-Tungs« als der Lehre des Kommunismus in China spricht. Dieses »Und« beinhaltet bezüglich des Verständnisses der Dialektik einen Glaubenssatz, der nicht von Marx, Lenin oder Stalin stammt, sondern ein Stück »Glauben« bei Mao Tsē-Tung darstellt. Um »Glauben« handelt es sich dabei, weil eine Aussage gemacht wird, die über alten dialektischen Materialismus hinausgehend in das ungelöste und unlösbare, im letzten Grunde metaphysische Rätsel der Welt eingreift: Der »Wandel« ist das elementare Wesen des Daseins, Funktion und Wirklichkeit sind eins, das Universum ist ein funktionierender Organismus.

Das heißt mit anderen Worten: Auch Mao Tsē-Tung kann nicht über seinen eigenen Schatten springen. In der Struktur seines Denkens wirken Glaubenssätze indirekt bis in die Dialektik hinein, ja bis hinein in die politischen Entscheidungen von größter Tragweite. Auf dem Moskauer Kommunistentreffen hat Mao am 11. November 1957 klarzumachen versucht, daß auf alle Fälle, wie er sich ausdrückte, in der gegenwärtigen Epoche »der Ostwind über den Westwind siegen werde«. Gerade dieser Vergleich aus der Natur ist nicht nur bloße Metapher, sondern er ist typisch für die hier gemeinte Struktur seines Denkens: Mit dem Aufkommen des Kommunismus und seiner Durchsetzung in der Geschichte waltet ein naturhaft kosmisches Geschehen, nämlich die große Dialektik im Wesen der Dinge. In diesem Geschehen wird der »proletarische Mensch«, die »Wahrheit« des mit dem Urgrund der Dinge verhafteten »Volkes« siegen. Er wird mit kosmischer Zwangsläufigkeit »siegen«, weil die große Dialektik der Weltpotenz den Geist der Massen beflügelt und der »Umschlag« im Sinne der Vernichtung des zurückweichenden kapitalistisch-feudalen Systems in der gegenwärtigen Epoche bereits im Gange ist.

Menschenbild und Erziehung

Die besondere Wertschätzung der Erziehung gehört seit jeher zu der geistigen Tradition Chinas. Daß Ideale durch Erziehung praktisch in dieser Welt verwirklicht werden können, ist ein Gedanke, der so alt ist wie China selbst. Besonders der Konfuzianismus hat ihn gepflegt, wobei es in der Einhaltung und Beachtung der »Riten« auf deren erziehende Funktion ankam. Auf das über die konfuzianische Morallehre gesagte wird hier zurückverwiesen. »Li«, die Riten und Sitten sind geeignet, die Menschen zu »erziehen« und zu regieren. Dem »Tao« gehorcht der Mensch, indem er sittlichen Pflichten nicht zuwider handelt. Durch Erziehung wird der Mensch in gewisser Weise vollkommen, denn die Tugenden sind abgeleitet von den Grundeigenschaften des Himmels. Dazu gehört die Vermeidung aller Handlungen, die andere schädigen, [356] Pflichtgefühl und Gemeinsinn. Wer das »Tao« in seiner Person pflegt, dessen Tugend erreicht höchste Vollkommenheit. [357] Letzteres sagen auch die Taoisten, obschon sie die Bedeutung der Erziehung nicht so hoch veranschlagen wie die Konfuzianer.

Der konfuzianische Idealismus erreichte einen Höhepunkt in Wang Yang-ming und seiner Schule (1472 bis 1528). Diese lehrte im Anschluß an Konfuzius, daß der Mensch ursprünglich fähig sei, das Gute zu erkennen und auch zu tun. Nicht nur die Erkenntnis des Guten sei angeboren, sondern auch die Möglichkeit, es zu tun, so daß Erkenntnis und Verhalten dasselbe sind. Es ist Pflicht, die gute Natur zu verwirklichen, das Gute in die Tat umzusetzen. Wer dies tut, ist ein Mensch, in ihm sind »Himmel, Erde und das Ich« eins. Durch Erziehung wird diese Einheit immer wieder hergestellt. Auch die wichtige Schule des Lu Hsiang-shan (1139 bis 1192) hatte schon entsprechend gelehrt, und diese Auffassungen zogen sich fast den ganzen Konfuzianismus hindurch. Die bereits erwähnten »Neukonfuzianer« (so besonders K'ang Yu-wei, T'an Ssu-t'ung Chang, T'ai-yen usw. bis hin zu Hsiung Shih-li [358] am Anfange unseres Jahrhunderts erneuerten und bekräftigten diese Auffassungen. Damit ist nichts anderes als der Glaube an die Perfektibilität des Menschen tief im Chinesen verwurzelt. Wenn Mao Tsē-Tung den perfekten Chinesen erziehen will, hat sich nichts geändert. Und doch hat sich sehr viel geändert, nämlich die inhaltlichen Ideale der Erziehung! Und insoweit bedeutet es eine falsche, unzulässige Verallgemeinerung, wenn unter Mißachtung des tiefen Grabens der Unterschiede gleichmachend gesagt würde: »Einst Konfuzius – heute Mao Tsē-Tung!«

Marxistische und maoistische »Schulung«

Es ist bezeichnend, daß Mao den Begriff »Schulung«, der im Marxismus-Leninismus oft vorkommt, mit dem traditionellen Begriff (»hsiu-yang«) der konfuzianischen Erziehungstheorie übersetzt. Er verwendet diesen Begriff so oft, daß man daraus schließen kann, die Bedeutung der Erziehung bei Mao übertrifft noch die Bedeutung der Erziehung und Schulung im Konfuzianismus. Im Referat Maos auf dem »6. Plenum der KPC« vom Oktober des Jahres 1938 scheute er sich auch nicht, seine eigene Art der Schulung mit Hilfe eines beliebten konfuzianischen Zitats zu verdeutlichen: »Selber lernen ohne zu ermüden und andere lehren ohne Unterlaß.« [359]

In den europäischen kommunistischen Parteien dient die Schulung dem Denken und Handeln gemäß der Parteilinie. Sie erfolgt in Parteiversammlungen, auf Schulungskursen für Parteimitglieder und Kader. Darüberhinaus ist natürlich die gesamte Presse, das Erziehungswesen, Rundfunk, Fernsehen usw. in den Dienst einer einzigen großen »Schulung« des Volkes gestellt. Der Maoismus hat das mit dem europäischen Kommunismus gemeinsam. Trotzdem muß gesagt werden, daß marxistische und maoistische »Erziehung« doch nicht identisch zu sein scheinen.

Fragt man nach den Unterschieden, so fällt ins Auge, daß Mao im Gegensatz zu Marx eine Erziehung anstrebt, die zuerst auf den »neuen Menschen« aus ist. Mao will den neuen Menschen zuerst. Das ist sein Fehler gegenüber Marx. Marx dagegen will Veränderung der Verhältnisse zuerst. Die Veränderung der materiellen Umgebung – das hat die Geschichte des Kommunismus gezeigt – führt aber nicht zum »reinen« Kommunismus, sondern zu dem, was Mao »Revisionismus« nennt. Dagegen aber macht Mao schärfstens Front. Der letzte Grund für den

Fanatismus auf seiner Seite ist letzten Endes ein gewisses Glaubensmoment in Bezug auf den Menschen, bzw. seine »Erziehung«.

Der Griff in die Seele:
Alle sollen Maos werden

Der Gedanke liegt nahe, daß auch hier konfuzianisches Erbe in Mao Tsē-Tung waltet. Aber inwiefern und in welcher Weise? Zunächst fällt ins Auge, daß die Erziehungsmethoden des Maoismus dem Geiste der alten Erziehung der chinesischen Klassiker direkt zuwider laufen.

Seit dem Jahre 1951 ist in China eine »Erziehung« im Sinne von Zwang zur »Umwandlung des Denkens« im Gange, durch den besonders die Gebildeten geistig in die Knie gezwungen werden sollen. Es begann mit einem Vortrage Tschou En-lais am 29. 9. 1951 in Peking vor einer Gruppe hochqualifizierter Professoren. Ihnen wurde gesagt, sie hätten ihre Gedanken zu ändern und Selbstkritik zu üben. Zu diesem Zwecke würden »Gruppen« eingerichtet zur gegenseitigen Überprüfung der Gedanken. Zugleich wurde eine Kampagne entfesselt: »Gehorcht dem Arbeitseinsatz der Regierung!« »Kommt zum Lese-Unterricht für die Massen!« »Kontrolliert die Gebildeten!« Verachtet die »Gelehrten«, die unfähig sind, Stalin und Mao Tsē-Tung in der Verbindung von Theorie und Praxis zu begreifen! »Gestaltet die Schulen um und überwacht sie!« »Auf die Quantität kommt es mehr an, als auf die Qualität«, usw. Unter dem Motto: Der Klassenkampf stirbt auch nach der Verstaatlichung der Betriebe und der Kollektivierung der Landwirtschaft nicht aus, wurden »Bereinigungen« der Parteiführung auf unterster Ebene begonnen. Anfang der sechziger Jahre bis hin zur Kulturrevolution und darüber hinaus erfolgen immer wieder Säuberungs- und Erziehungskampagnen, die darauf aus sind, »Gegner ohne Waffen« zu entlarven und die reaktionären Ideen aus den Köpfen zu vertreiben. Großangelegte Angriffe auf die Embleme der Vergangenheit genügten keineswegs, es genügte auch nicht, »neue Klassen« und ihre »Bandenführer« unschädlich zu machen. Es mußte vielmehr jeder einzelne Einwohner erfaßt werden. Und nicht einmal das genügte, sondern die »Säuberer« mußten sogar ihre Aufmerksamkeit sich selber zuwenden: Aufruhr gegen sich selbst war nötig: »Wir müssen uns gegen uns selbst wappnen.« [360] Das alles geschah unter der Losung: »China braucht die richtigen Gedanken — die Gedanken Mao Tsē-Tungs.« »Alle Jugend muß zu kleinen Maos werden.«

Die Seele des Menschen soll verändert werden. Er ist so weit zu bringen, daß der Wille der Partei identisch wird mit seinem Herzenswunsch.

Man versucht deshalb auf dem Wege der Erziehung durch seelische Kontrolle blinden Gehorsam zu erreichen. Durch planmäßige Beeinflussung des Geistes wird vor allem die Bedeutungslosigkeit des Einzelnen eingeimpft. Auf sich selbst gestellt, sei er ein Nichts. Disziplin in der Gemeinschaft und Organisation ist alles. Deshalb darf z. B. in den Kader-Schulen der einzelne keine Geheimnisse vor anderen haben. Selbst wenn er einmal mürrisch oder bekümmert ist, muß er der Gruppe den Grund dafür erklären. Humor ist dort grundsätzlich verboten, denn er gilt als ein »dekadenter Wert« der »verrotteten alten Gesellschaft«. Die einzelnen und kleinen Gruppen sollen sich vielmehr gegenseitig anfeuern in der Bewältigung der Aufgaben. Ein Spionagenetz zur gegenseitigen Überwachung ist regelrechtes Mittel der Erziehung, und die Technik der Bespitzelung wird gelehrt. In »Kampfversammlungen«, die ebenfalls Mittel der Erziehung sind, muß man sich gegenseitig anklagen. Hier werden in Selbstkritik die eigenen Verfehlungen bekannt. R. L. Walker berichtet, daß eine der Schulen unglaubliche Brutalitäten als Erziehungsmaßnahme mit ansehen mußte: Eine alte »Grundherrin« wurde vor mehr als tausend Menschen an den Handgelenken aufgehängt und zu Tode geprügelt.[361] Seit 1966 die »Kulturrevolution« den »Revisionismus« innerhalb der Partei »entlarvte« und die »Gedanken Mao Tsē-Tungs« völlig der Gipfel des Marxismus–Leninismus wurden, wurde die Erziehung noch verschärft. Diese »Gedanken« verhindern jede Art von »Revisionismus«, weil sie aufdecken, daß die Front, an der es zu kämpfen gilt, mitten durch das Individuum hindurchgeht. Die Seele des Menschen ist der Kampfplatz zwischen reaktionär und fortschrittlich, kapitalistisch und proletarisch, »dunkel« und »licht«.

Ideologische Anreize statt materieller

Dem so erzogenen »neuen Menschen« bedeutet es eine Beleidigung, ihm materielle Anreize in der Produktion anzubieten. Er arbeitet »freiwillig« aus ideologischen Einsichten. Nur unerzogene Schmarotzer »vom Typ Chruschtschows« werden damit großgezogen. Hier liegt der tiefste Grund der Vorwürfe Maos gegen die Russen. Der »neue Mensch« nach seiner Vorstellung und Einbildung führt einen »kompromißlosen Kampf gegen Opportunismus jeder Art«.[362] Dies steht – wenn auch unausgesprochen – hinter fast allem, was Mao den Sowjetrussen im Briefwechsel vorhält: Sie sind »Revisionisten« und »verdunkeln«, »vermischen« »den Unterschied zwischen dem Feind und uns«.[363] Auch die Jugoslawen haben durch »materielle Anreize« den Marxismus–Leninismus »verraten«, indem sie ihn noch dazu für veraltet erklärten. [364] Für US-Dollars hat die »Tito-Clique« die internationale kommunistische Bewegung »unterminiert«. [365] Durch derartige »halbe Wege« wird das Proletariat »ideologisch entwaffnet«. [366]

Das gleiche gilt von der sowjetrussischen Sicht der KP als der »Partei des ganzen Volkes«. Nicht die Partei müsse zur Partei des Volkes werden, sondern das Volk müsse einzeln zur Parteilinie »umerzogen« werden. [367] Das Proletariat werde sonst »ideologisch entwaffnet«, meint Mao Tsē-Tung: »Ist das nicht das gleiche, wie der Herstellung des Kapitalismus Hilfe leisten?« [368] Die Entwicklung und der Sieg der Revolution, so argumentieren die Chinesen, »hängt vom Bestehen einer proletarischen revolutionären Partei ab«, »es muß eine revolutionäre Partei geben, die der Wahrheit die Treue hält«. [369]

Mao stellt Klassenkampf und Diktatur über den »Staat des ganzen Volkes«, von dem die Russen sprechen. Er sieht darin ein »auf halbem Wege Stehenbleiben«. Dagegen muß man um der »Reinheit des Marxismus–Leninismus willen« einen »unversöhnlichen Kampf kämpfen«.[370] »Mit Prinzipien darf nicht Schacher getrieben werden.« [371] Und zwar gerade angesichts der Tatsache, daß die »ausländischen Imperialisten« ihre Hoffnung auf eine »friedliche Evolution« in China »durch Degeneration unserer dritten und vierten Generation setzen«. [372] Gerade deshalb muß bezüglich der Jugend alle Aufmerksamkeit auf die Erziehung gerichtet werden, daß nicht – wie bei den Sowjets – die Restauration des Kapitalismus »auf Schleichwegen« [373] betrieben wird: Der »Geist der Revolte« soll die Jugend beherrschen!

Keine »Koexistenz«

Der neue, »proletarische Mensch« ist auch so weit im sozialistischen Bewußtsein erzogen, daß er niemals »auf gute Absichten und vernünftige Teile der imperialistischen Kreise vertrauen« kann. Eine »friedliche Koexistenz« nach Art sowjetischer Propaganda ist demnach nicht möglich. Sie würde den »revolutionären Willen lähmen«. [374] Auch hieraus resultiert die Verbissenheit des Kampfes gegen die Sowjetideologen. Denn diese bekämpfen, nach Auffassung der Chinesen, mit solchen Theorien im Grunde »den Kern des Marxismus–Leninismus«. [375] Unter dem Vorwand, »die Bedingungen unserer Zeit« seien anders, setzen sie »Reformismus an die Stelle der proletarischen Revolution«. [376] Auch wenn die Russen sich hinsichtlich des »Prinzip der friedlichen Koexistenz« bei unterschiedlicher sozialer Ordnung auf keinen Geringeren als Lenin berufen können [377], läßt Mao immer wieder verkünden,[378] daß die Kriege nicht aufhören werden, »so lange der Imperialismus besteht«. Man dürfe nicht »im Sumpf eines bürgerlichen Pazifismus versacken«. Selbstverständlich solle man alles tun, um Kriege zu vermeiden, aber man solle vor der Gefahr eines Krieges auch nicht kapitulieren. [379]

Vielleicht zeigt sich hier das eigentliche Ziel aller Schulung und Erziehung: »Beim Anblick einer wilden Bestie dürfen wir nicht eine Spur von Feigheit zeigen.« [380] »Sollten es die Imperialisten wagen, einen nuklearen Krieg zu entfesseln, dann ... würden die Völker »für ihre Leiden entschädigt«. Auf den »Trümmern des toten Imperialismus« würden die siegreichen Völker »eine Zivilisation erreichen, die tausendmal höher stehen würde als die des kapitalistischen Systems und eine wahrhaft herrliche Zeit steht dann bevor«. [381] Der sowjetischen Rede von der Koexistenz wird entgegengehalten, sie sei »Verrat« an der Lehre des Marxismus–Leninismus. [382]

Ist nun diese Art von »Erziehung« und Umwandlung des Menschen im Sinne einer Perfektibilität des proletarischen Menschen vergleichbar mit dem, was konfuzianische Erziehung meinte? Keinesfalls! Trotzdem wird man sagen können: Da der chinesische Mensch an »Erziehung« gewöhnt war, auch Erziehung durch die Obrigkeit, wird der Kommunismus heute in China davon profitieren. Hinzu kommt, daß das Rechtssystem in China nicht in der Weise ausgebildet war wie anderswo, insbesondere die Idee des Naturrechts keinen Boden gefunden hatte, so daß der Drill des Menschen eher möglich wurde als anderswo.

Wirkt hier »Konfuzius« nach?

Ist es also doch so, daß in der maoistischen »Erziehung« noch die Ideale oder Praktiken des Konfuzianismus nachwirken? Hat nicht China tatsächlich schon immer eine Art Glauben an die Perfektibilität des Menschen, und zwar im Diesseits, gekannt? Hat nicht der »große Lehrer«, dem es zu folgen gilt, in China schon immer seine Bedeutung gehabt? Gewiß. Davon hat Mao Tsē-Tung profitiert. Das ist aber auch so ziemlich alles, was übereinstimmt. [383] Sowohl Ziel als Methoden waren im alten China durchaus anders. Man würde der alten Kultur Chinas bitter Unrecht tun, wenn man einfach sagen würde: Seht, hier wirkt Konfuzius nach! Trotzdem kann man die Gesamtproblematik um die Erziehung nur »dialektisch« beantworten. Es ist weder so, daß nur das Alte nachwirkt, noch ist es so, daß nichts vom Alten nachwirkt. Bevor wir zu dem kommen, was aus der Tradition nachwirkt und den »Glauben« Mao Tsē-Tungs noch beeinflußt, sei erst noch klargestellt, was Mao »von Konfuzius« in der Erziehung trennt. Dazu bedarf es erst wieder eines Blickes in die Ideale der alten Erziehung und in das beiderseitige Menschenbild, das ja stets mit der Erziehung zusammenhängt.

Intoleranz im Konfuzianismus

Vor jedem Blick in die alten, hohen Ideale ist zuvor in aller Deutlichkeit festzustellen, wie sehr es auch Intoleranz im Konfuzianismus gegeben hat. Natürlich nicht immer in der gleichen Intensität, sondern in der Geschichte jeweils verschieden, entsprechend den Zeitereignissen und der Art der leitenden Persönlichkeiten. Wenn sogar einer der größten Verehrer des Konfuzius unter den Denkern Chinas, nämlich Meng-tze, auch einer Art Ketzerverfolgung gelegentlich das Wort reden konnte, [384] so kann man sich unschwer vorstellen, was spätere Zeiten teilweise daraus gemacht haben. Meng-tzse dachte zuweilen an »pflichtmäßige Verfolgung« solcher, die von der konfuzianischen Staatslehre und der reinen Lehre der großen Weisen abwichen.

Ein Überblick über Regierungserlasse und Berichte der Beamten durch mehr als zwei Jahrtausende würde auch eine »Erziehung« des chinesischen Volkes aufzeigen, die in Verfolgung und manchmal in Schrecken umschlug. Dabei wäre noch genauer zu differenzieren zwischen Verfolgungen mit mehr politischem und solchen mit mehr sittlich-religiöser Motivation. Das erstere war mehr zur Zeit der Tang-Dynastie. Letzteres mehr unter den Ming der Fall. Eine gewisse Tendenz zur geistigen Ausrichtung des chinesischen Volkes durch »Erziehung« von oben her, war schon immer da. Daß damit auch Intoleranz und Unrecht verbunden sein kann, liegt auf der Hand; vor allem, wenn man bedenkt, daß dazu noch gewisse Monopolprivilegien, z. B. die Herrschsucht der Amtsinhaber (Amtspfründen der Kadi-Justiz) und der Großfamilien kamen, von der Harems- und Eunuchenwirtschaft unwürdiger Kaiser ganz zu schweigen. [385] Auch ist nicht zu vergessen, daß es mindestens seit dem 18. Jahrhundert Verfolgung mit einer Reihe von Edikten gegen Mohammedaner und Christen gegeben hat. Es ist keineswegs so, daß es Unduldsamkeit in China erst seit dem Auftreten Mao Tsē-Tungs gibt. Das sei deutlich unterstrichen.

Dennoch ist zu unterscheiden zwischen dem, was man auch im Konfuzianismus an Intoleranz vorfindet und der »Erziehung« seines Volkes durch Mao Tsē-Tung. Überall in der Welt werden die geistigen

Höchstwerte der Völker in der Historie auch überwuchert, gehemmt, verfälscht und schließlich in ihr Gegenteil verkehrt durch Intoleranz menschlichen Machtstrebens, Unrecht und Unterdrückung. Es kommt nun sehr darauf an, ob die Intoleranz bereits in der Idee angelegt ist, oder ob sie mit verfälschender Wirkung nachträglich hinzukommt. [386] In den geistigen Höchstwerten des chinesischen Volkes ist jedenfalls die Intoleranz nach Art des heutigen Maoismus nicht angelegt. Insoweit kann man wiederum nicht sagen: Was einst Konfuzius war, ist heute Mao Tsē-Tung. »Der Triumph des Marxismus in China deutet weitgehend eine Rückkehr zur Vergangenheit an« oder: Die chinesische Geschichte habe einen »Zyklus« durchgemacht, dessen »Nettoertrag« darin bestehen solle, daß »eine neue marxistische Orthodoxie an die Stelle der alten konfuzianischen getreten ist«. [387] Derartige Verallgemeinerungen und Teilwahrheiten sind unhaltbar, auch wenn sie heute vielfach nachgesprochen werden und unkritische Verbreitung finden.

Das Ideal der alt-chinesischen Erziehung: Der »Edle«

Ziel der chinesischen Erziehung war immer der »Edle«, so hat jedenfalls Richard Wilhelm dieses Wort übersetzt, und diese Übersetzung dürfte besonders angemessen sein. Gemeint ist »der edle Mensch«. Legge übersetzt: »The good and wise man«, oder »the superior man«; Couvreur übersetzt französisch: »Le sage.« Gemeint ist nach den chinesischen Klassikern immer der höhere Mensch, der korrekte, anständige Charakter bei möglichst hoher Bildung. Damit ist aber nicht so sehr der hohe Typus des »Heiligen« im christlichen Sinne, sondern mehr der vollendete chinesische Normalmensch gekennzeichnet, zu dem es jeder durch »Erziehung« bringen kann.

Zwar trifft es zu, daß der »Edle« immer ein soziales Verantwortungsbewußtsein gehabt hat, wie es heute allein der Maoismus für sich in Anspruch nimmt. Aber Ziel und Zweck der Erziehung des »Edlen« und durch den »Edlen« war immer die »Kultivierung der Persönlichkeit«, niemals der Klassenkampf. Auf »Harmonie« kommt es dem Edlen an, nicht auf die permanente Revolte, auf »Yen«, die Menschenliebe, nicht auf den Haß zum Klassenfeind. Hier gilt das schöne Wort aus dem Lun-yü: »Der Edle hat für nichts auf der Welt eine unbedingte Voreingenommenheit oder eine unbedingte Abneigung. Das Rechte allein ist es, auf dessen Seite er steht.« [388]

Der Edle strebt nach »Harmonie«. Das kosmische Prinzip des Tao ist dabei Regulativ seines sittlichen Handelns. Es gilt aber zu beachten, worauf viel zu wenig aufmerksam gemacht wurde, [389] daß in der uralten Idee des Tao mehrere verschiedene Aspekte angelegt sind: Einmal die Idee des Gesetzes, das alles Leben in Natur und Geschichte regelt, ferner die Idee des Urseins, von dem alles Sein herkommt und auf das es sich bezieht, ferner aber auch die Idee der Wandlung und die des Ausgleichs zwischen Yin und Yang im Tao.

Hier geht es nur darum, daß alle diese Momente ohne Möglichkeit theoretischer Scheidung in der Selbsterziehung des »Edlen« zusammenlaufen. Durch rituelle Opfer und rechte Gesinnung und Handlung sucht er sein eigenes menschliches Leben auf Erden und das anderer in »Harmonie«, in Übereinstimmung zu bringen mit dem Rhythmus des Himmels: Er lebt in Übereinstimmung mit den Gesetzen des Tao, pflegt die Harmonie mit dem Universum, indem er sich gegründet weiß im Ursein des Tao. Er weiß, daß die kosmischen Grundkräfte des Yin und des Yang ihre letzte Einheit finden, wobei alle Wandlungen des Lebens, der Gesellschaft und der Welt im Tao selber beschlossen liegen. Alle diese Aussagen finden sich nicht in den Texten zusammen aufgehäuft. Einmal steht vielmehr dieses, das andere mal jenes Moment – oft auch widersprüchlich – im Vordergrund. Wir können aber die Denkweise und die Texte nicht ändern, nur weil sie uns heute nicht logisch und systematisch geordnet erscheinen. Jedenfalls erzieht der Edle immer sich selbst und andere durch seine vorbildliche Persönlichkeit in Übereinstimmung mit dem Tao. Er wirkt durch sein Wesen.

Es bedarf der Erziehung, weil jeder die Ideale mit aller Entschiedenheit bewußt erstreben soll. [390] Die »Erziehung« der anderen durch den »Edlen« besteht darin, daß er durch die Vornehmheit seines Charakters und die verborgenen Wirkungen seines Wesens »einen erhöhenden Einfluß« auf die anderen Menschen ausübt. [391] Er macht »Treu und Glauben zur Hauptsache«, [392] empfindet »Ehrfurcht«, [393], strebt nach »Gerechtigkeit«, [394] übt »Bruderliebe« als »Wurzel der Menschlichkeit«. [395] Der Edle lockt alles »Gute und Schöne«, »das im Menschen schlummert« hervor und hilft an seiner Verwirklichung mit. [396] »Des Edlen Ziel ist das Tao, nicht die Nahrung . . .« [397]

Der »Edle« ist nicht der »Gemeine«

Einen deutlichen Grenzstrich ziehen die konfuzianischen Klassiker zwischen dem Edlen und dem »Gemeinen«. »Der Edle stellte Anforderungen an sich, der Gemeine an andere.« [398] Der Edle »kennt nur die Gerechtigkeit, der Gemeine seinen eigenen Vorteil«. [399] Der »Gemeine« hat »keine Ehrfurcht«, »weder vor dem Himmel, noch vor großen Männern«. [400] Im Taoismus ist der Edle mehr der Wissende, der Tao-Verbundene. Dieser aber, so sagt ein taoistischer Text, »wagt nicht zur Vergewaltigung zu greifen«. [401] Er »verhilft allen Wesen zu ihrem spontanen natürlichen Wesen«. [402]

Im Konfuzianismus ist der »Edle« immer ein Begriff, der ethisch und zugleich soziologisch zu verstehen ist. Die geglaubte Entsprechung zwischen Menschentum, Naturgeschehen und dem Tao hat Konfuzius auf die klassische Formel gebracht: »Wer nach sittlichen Grundsätzen regiert, ist dem Polarstern vergleichbar. Er steht still an seinem Platz und alle Sterne neigen sich vor ihm.« [403] Ein brutaler Eingriff in die Seele des Menschen zu dem Zwecke, ihn zum Klassenkampf und Haß auf Andersdenkende zu erziehen, und zwar in der hemmungslosen Weise, wie sie offenbar der heutige Maoismus betreibt, ist trotz aller Unduldsamkeit, die geschichtlich nachweisbar ist, im sogenannten »feudalen« China nirgends vorhanden gewesen. Der klassische »Edle« würde das als animalische Feindschaft betrachten, als das Verabscheuungswürdigste, was es geben kann. Denn sein Ideal in Bezug auf den Menschen ist das Ideal der »Yen«.

Das Ideal der »Yen«

Kultivierung der Persönlichkeit, vor allem im Sinne der Yen, ist das Ziel des chinesischen Edlen. Der Begriff »Yen« ist vielleicht der wichtigste Begriff der konfuzianischen Lehre. Nach Richard Wilhelm bedeutet dieses Zeichen zunächst soviel wie »Mensch«. Es wird aber auch übersetzt mit Menschlichkeit, Liebe, Humanität, Wohlwollen, Vollkommenheit, Sittlichkeit. Das Lun-yü sagt: »Wenn der Wille auf Yen gerichtet ist, gibt es kein Böses.« [404] Es liegt mit im Begriff, so sagte schon Wilhelm, ein »sozial Bedingtes«, das sich erweitert zur gerechtliebevollen Behandlung des Nebenmenschen im eigenen und fremden Ich. Diese Menschenliebe achtet die ethische Selbstbestimmung der sittlichen Persönlichkeit, also den Geist des anderen, seine Seele. Konfuzius selbst drückt das so aus: »Der Meister sprach: Der Edle ist kein Gerät.« [405] Das heißt, der Mensch ist kein bloßer Gegenstand, keine Sache. Diese Weisheit gilt durchaus noch für unsere Zeit und alle Welt.

Zwar will gewiß jede Art von »Erziehung« auch an der Seele des Menschen arbeiten, sie beeinflussen. Aber die hohe Weisheit des Satzes »Der Edle ist kein Gerät«, die aus dem chinesischen Altertum noch bis zu uns dringt, zeigt daß heute in China mit dem Griff in die Seele und die Vernichtung des Gewissens der Menschen eine Sünde gegen den Geist des eigenen Volkes und seine besten Traditionen begangen wird. Hier kann man wahrlich nicht vom Fortleben des Konfuzius in Mao Tsē-Tung sprechen. Das zeigt uns kein anderer besser als Mao Tsē-Tung selber, und zwar dort, wo er sich über die »Liebe« ausläßt, nämlich in seiner berühmten Yen-an Rede vom Mai des Jahres 1942. Dort sagt er: »Einige Genossen« reden noch immer davon, »alles komme aus Liebe« (Yen). Mao fährt dann fort: »Wenn wir schon von Liebe reden, so gibt es in der Klassengesellschaft auch nur klassengebundene Liebe, aber diese Genossen möchten irgendeiner über den Klassen stehenden Liebe nachjagen, einer abstrakten Liebe und so einer abstrakten Freiheit, einer abstrakten Wahrheit, einem abstrakten Menschen usw. Das zeigt, daß diese Genossen einen sehr tiefen bürgerlichen Einfluß empfangen haben. Sie müssen diesen Einfluß restlos ausräumen und mit reinem Herzen den Marxismus–Leninismus studieren.« [406]

Man würde über die »Liebe« von Mao gern noch mehr hören, aber leider bricht er das Thema ab. Er führt dann nur noch aus, daß die Künstler und Literaten dazu erzogen werden müßten, nicht nur die Werke der Kunst und Literatur, sondern den Marxismus–Leninismus zu studieren. [407] Das geforderte »reine Herz« ist dann allerdings so ziemlich das Gegenteil dessen, was die alten chinesischen Tugenden darunter verstanden haben, es ist der »Standpunkt der Parteilichkeit«.[408]

Die Rede von 1942 erfolgte vor Intellektuellen, Literaten und Künstlern. Ihnen erklärt Mao freimütig, welche »innere Einstellung« sie zu haben hätten, was sie zu »preisen«, was sie »anzuprangern« hätten. [409] Es gebe drei Kategorien von Menschen, so führt er weiter aus, und demzufolge drei »Einstellungen«. Die eine Gruppe sind die »Feinde«, d. h. alle Imperialisten, Kapitalisten, Feudalherren, Reaktionäre usw. Diese müsse man »schlagen« und die »Unvermeidlichkeit ihrer Niederlage anprangern«. Die zweite Kategorie sind Leute, die zwar den Volksmassen angehören, aber noch »Reste des kleinbürgerlichen Denkens« an sich haben. Diese sollte man versuchen, zunächst geduldig »umzuerziehen«. Wenn sie nicht »hartnäckig an Fehlern festhalten, sollen wir sie nicht lächerlich machen oder als Feinde ansehen«. [410] (Das heißt doch, daß wenn sie »hartnäckig« sind, sie zunächst lächerlich gemacht und dann als »Feinde« angesehen werden sollen.) Die dritte Gruppe sind die nach Maos Sinn, die »Massen«. Mit ihnen sollen die Intellektuellen »eins werden«. [411] Dazu sei für sie eine »schmerzhafte Einübung« (= Erziehung!) notwendig, so wie er selbst (Mao) ein ehemaliger Studierter gewesen sei, der »nicht sein eigenes Gepäck tragen« wollte. Aber seine »kleinbürgerliche innere Haltung« habe sich geändert. Er scheut sich dabei nicht, den versammelten Intellektuellen dabei wörtlich zu erklären: Der »Kuhmist« an den »Füßen der Arbeiter« sei »sauberer« als die »kleinbürgerlichen Intellektuellen«.[412] Die »Wandlung« der inneren Haltung geschehe durch den Übergang von einer Klasse in die andere.[413]

Altchinesische Anthropologie

Das Dargelegte dürfte bereits erhellt haben, daß im Grunde eine andere Anthropologie als Antwort auf die Frage, was der Mensch sei, die Geister scheidet. Der Mensch hat, nach der alten konfuzianischen Lehre, einen Seelenteil, der dem himmlischen Yang entspricht. Er bringt in ihm alles Gute hervor. Dieses Gute muß gegenüber den schlechten Regungen durch Erziehung entwickelt und gefördert werden. Erziehung und Belehrung sollen den Menschen zum moralischen Handeln anleiten, und zwar im Einklang mit dem Tao. Das Gute ist als Anlage vorhanden und muß gefördert werden.[414] So lehrt es jedenfalls Konfuzius und nach ihm ein großer Teil seiner Schule. Über einen anderen kleineren Teil, der etwas anderes lehrte, muß später noch gesprochen werden.

Im Taoismus dagegen liegen die Auffassungen anders. Auch hier wird eine gute Grundveranlagung des Menschen angenommen, aber sie folgt nicht aus dem Anteil der Yang-Seele an seinem Gesamtwesen. Der Mensch ist gut, weil er ein Produkt des Tao ist. Er wird also hier nicht so sehr durch Erziehung zur Tugendstufe gesteigert, sondern durch immer erneute Angleichung des eigenen Wesens an die Urkraft des Tao. Das ergibt zwar in gewisser Weise einen etwas anderen Sinn der Erziehung, aber beide Male ist »Erziehung« gefordert, im Taoismus mehr als Selbsterziehung. Denn für den Taoisten hat der Mensch den Körper vom Yin und die ganze Seele vom Yang.

Dabei werden im Taoismus noch zwei Seelenformen unterschieden, nämlich Hun und Po (wieder entsprechend den beiden Weltpotenzen Yin und Yang. Aber diese Einzelheiten bedürfen hier nicht noch weiterer Vertiefung. Es genügt festzustellen, daß der Mensch, und zwar der Mensch als Gattung, eine Art Mikrokosmos ist, der aus dem Mikrokosmos hervorgeht.[415]

Die marxistische Anthropologie ist durch einen Hang zum Stofflich-Sensualistischen unter Meidung aller metaphysischer Aussagen bestimmt. Karl Marx, Engels und Bebel waren in ihren Anschauungen über den Menschen zunächst von dem in Basel lebenden Amerikaner Lewis H. Morgan (1818–1881) bestimmt [416] und abhängig. [417] Alle geschichtlichen Veränderungen gehen nach Morgan auf die Höhe der Technik der Nahrungsgewinnung zurück, in zweiter Linie auf die geographische Lage. Marx lehrte in Übereinstimmung damit, daß das jeweilige Wertsystem einer »Gruppe« von Menschen nur eine »Ideologie« darstelle, d. h. einen illusionären »Überbau« über dem »Unterbau« der realen ökonomischen Produktionsverhältnisse. Diesen »Überbau« gilt es zu »entlarven«. Damit wird jede geistig-sinngebende Aussage über einen bestimmten Wert des menschlichen Seins oder seiner Existenz, jedes bestimmte Menschlichkeitsideal von vornherein ideologieverdächtig. Daher dürfte es wohl verständlich sein, daß der Marxismus–Leninismus eine eigene ausgeprägte Lehre über das »Wesen« des Menschen nicht entwickelt hat. Vielmehr knüpften Marx und Engels außer an Morgan auch an Feuerbachs [418] sensualistische Lehre vom Menschen an und übernahmen sie, wenn sie Feuerbach auch zugleich den Vorwurf machen zu müssen glaubten, daß er seine sensualistische Anthropologie nur an die Stelle der idealistischen Hegels gesetzt habe.

Marx ergänzte den Standpunkt Feuerbachs durch seine Lehre von der Vermenschlichung des Menschen durch die schöpferische Umgestaltung der Natur in der Arbeit. Alle den Menschen auszeichnenden Eigenschaften (Vernunft, Sprache, Selbstbewußtsein usw.) werden als Erzeugnisse der in der Gesellschaft sich entwickelnden Arbeitsprozesse gedeutet. »Menschsein« heißt, darauf dürfte sich der europäische Marxismus bis zum heutigen Tage beschränken: Als sinnlich-reales Wesen die ebenso sinnlich-reale Natur arbeitend vermenschlichen und in dieser vermenschlichten Welt zum Bewußtsein eigener Menschlichkeit gelangen. Eine freie Entfaltung solcher Menschlichkeit ist nur in der Gesellschaft möglich.

Natürlich ist mit solchen Aussagen im Grunde nichts über das eigentliche »Wesen« des Menschen gesagt. Man scheut sich vor genaueren Aussagen, um nicht einer »Ideologie« zu verfallen. Bohrt man in der europäischen marxistischen Philosophie weiter, so stößt man auf Aussagen, die jedenfalls den menschlichen Geist in der Natur nicht isoliert sehen, sondern als deren Ergebnis. Der Geist ist nicht der Materie zugeführt, wie der christliche Glaube meint, sondern er ist von ihr abhängig.

Man stößt in diesem Zusammenhange auch in der marxistischen Philosophie auf die Rede vom »Prinzip der Emergenz«: Bei jedem genügenden quantitativen Zuwachs erscheinen neue Qualitäten. Dabei ist zu beachten, was »quantitativer Zuwachs« besagen will, nämlich nicht nur Anhäufung von Ähnlichem, sondern Differenzierung durch »Organisation«, die neuschöpferisch ist.

Eine Anhäufung von Elektronen und Protonen bildet noch kein Atom. Dazu ist eine »Organisation« nötig. In der richtigen Ahnung, daß man damit also doch nicht ohne etwas »Metaphysisches« auskommt, erfindet man zur Vermeidung dessen ein neues Wort und sagt, die »Organisation« sei eine Art »Entität«, nichts Metaphysisches. Vielleicht kann man sagen: Obwohl ihm die Reste solchen Mechanismus noch immer anhaften, tendieren fortschrittliche Kräfte im heutigen Marxismus zum Bilde einer sich in Evolution differenzierenden autonomen Materie, wobei das Ziel ist, den Menschen in seiner Einheit von Geist und Körper zu verstehen. Vielleicht ist heute der Materialismus in dem einfachen Sinne, daß er das Leben auf das Unbelebte zurückführen will, überhaupt im Schwinden begriffen. Von gewisser Seite wird uns heute verkündet, daß das Zusammentreffen von Nukleinsäuren mit Aminosäuren eine »präzellulare lebende Elementarmaterie« ergeben soll, aus der die lebende Zelle entstand. In dieser Richtung macht man sich Hoffnungen, das Leben im Laboratorium zu erzeugen. Ob diese Hoffnung berechtigt ist, vermag der Verfasser nicht zu beurteilen. Natürlich findet sie das lebhafte Interesse marxistischer Philosophie in Bezug auf das Verständnis des Menschen.

Maoistische Anthropologie

Was aber nun die maoistische Anthropologie betrifft, so hatten wir schon gesagt, daß es der Fehler Maos gegen Marx ist, daß er den »neuen Menschen« zuerst will. Marx dagegen wollte zuerst eine Veränderung der Verhältnisse, dann, daraus resultierend, den »neuen Menschen«. Maos Anschauung vom Menschen erklärt sich durchweg aus seiner vom Marxismus verschiedenen Dialektik. Sie reicht so tief, daß sie selbst das Bild vom Menschen durchschneidet, denn der Mensch selbst, das einzelne Individuum, ist nach Mao ein »wesentlicher Widerspruch«. Der Mensch ist »Mensch im Widerspruch«. Nur darf man hier keine christlichen Kategorien hineindenken. Es handelt sich vielmehr um die große (echt chinesische) Dialektik des Universums: »Ich bin ein kleines Sein und das Universum ist mein größeres Sein.« [419] Da nun, wie wir gesehen haben, das Wesen des Universums die stete Wandlung selbst ist, ergibt sich für das spezifisch chinesische Denken Maos die Forderung nach der »permanenten Revolution« sogar im Innern des Menschen, die stete Verwandlung des Menschen in einem wesentlichen, nie endenden Prozeß. Die Forderung nach dauernder Umkehr, dauernder Umformung des Menschen, und zwar des Einzelnen wie des Kollektivs, bedeutet deshalb »Korrektheit«, weil in Übereinstimmung befindlich mit der Wirklichkeit und Wahrheit in den Dingen selbst. Daher kann z. B. die uns lachhaft erscheinende Forderung erhoben werden, daß die Intellektuellen sich in Arbeiter und Bauern und die Bauern sich in Intellektuelle »verwandeln« sollen. Deshalb auch die Forderung dauernder neuer »Analysierung der Situation« durch das »proletarische Bewußtsein«. Deshalb die Forderung der dauernden Umformung des Menschen ohne Aufhören, auch innerhalb der Partei. Im Parteijargon gesprochen heißt das Letztere: Auch in der sozialistisch-kommunistischen Gesellschaft gibt es »antagonistische Widersprüche«. Hinter der in dieser Frage so fanatisch zwischen Russen und Chinesen geführten Auseinandersetzung verbirgt sich ein Glaubensmoment Mao Tsē-Tungs bezüglich des Wesens des Menschen.

Chruschtschow mußte ein unbestimmtes Gefühl dafür haben, als er in Mao etwas von einem »Buddha« spürte. Er spürte etwas ganz richtig: Daß dieser Mann nicht nur rational, sondern irrational argumentierte, und zwar eben in Bezug auf den Menschen. Mao kommt auf Grund seiner Dialektik und deren Verständnis zu einem Wesen des Menschen, nach dem es antagonistische Widersprüche nicht nur beim »Feind«, sondern auch in der sozialistischen Gesellschaft geben muß. Und zwar deshalb, weil der Widerspruch und die Tendenz zur ewigen Wandlung und damit zur Bildung einer neuen Klasse tief im Menschen steckt. Diese »Wandlung« als ewiges Gesetz bleibt. Maos Sorge ist nur, daß sie revolutionär bleibt, das heißt der »Umschlag« des dialektischen Prozesses muß sich durch den Geist der »Massen«, der »Volksmassen« und ihren »proletarischen Sinn« vollziehen. Dieser ist die Quelle der Wahrheit, immer neu die »lichte«, »helle« Wandlung zum Besseren im Einklang mit dem großen Naturgesetz und »Wesen der Dinge«.

Von hier aus ergibt sich dann eine ganz andere Bedeutung des Wesens der Erziehung, wie wir gleich sehen werden, nicht nur gegenüber dem alten Konfuzianismus, sondern auch gegenüber dem außer-maoistischen Kommunismus.

Zunächst ist aber festzuhalten, daß ein sehr feiner, doch zugleich sehr großer Unterschied zwischen dem marxistischen und maoistischen Menschenbild, bzw. der Auffassung vom »proletarischen Menschen« und seinem Klassenbewußtsein, besteht: Nach Marx, Lenin und Stalin kann das proletarische Wesen als politisches Klassenbewußtsein nur immer von außen in den Menschen, in das Proletariat, hineingetragen werden. Das ist die große Aufgabe der Partei als Erzieherin. Nach Mao Tsē-Tung dagegen sitzt das »proletarische Wesen« bereits tief im Wesen des Menschen drin, weil es einer Seite der beiden Weltpotenzen, und zwar der lichten, angehört. Es sitze nach dem Glauben des Mao Tsē-Tung in der Quantität der Massen, die seine Qualität verbürgt.

Daß dieser sehr feine Unterschied ein Stück »Glaube« bei Mao aufdeckt, erscheint evident, wobei zunächst ganz dahingestellt sein mag, um welche Art von Glauben, etwa philosophischen oder religiösen Charakters es sich hier handelt und inwieweit dieser »Glaube« Wert und Gewicht hat. Mir scheint freilich, unbeschadet der noch zu klärenden Frage, inwieweit als Erscheinungsform der gesamte Maoismus schon eine »Religion« sei, allein schon der Gedanke, daß der Mensch ein Mikrokosmos sei und eine Entsprechung zum Makrokosmos hat, in religiöse Bereiche hineinzuragen. Und zwar deshalb, weil die insgeheim zugrunde liegende und nachwirkende chinesische Begriffswelt Yin–Yang–Tao eine religiöse Begriffswelt ist.

Halten wir das Entscheidende fest: Nach Mao sitzt im Herzen des Volkes, der »Massen«, das Wesen der Dinge, die große Wandlung selber, in altchinesischer Vorstellung ausgedrückt: »Die Macht des Himmels und der Erde.« In Maos Bild vom Menschen steht im Hintergrunde unausgesprochen das Glaubensurteil: Das Tao wirkt in der Majorität (»Quantität«) der Massen. Hier haben wir nichts anderes als die marxistische Vorstellung vom Umschlagen der Quantität in die Qualität sinisiert, d. h. angetan und aufgeputzt mit chinesischem Gewande.

Schon bei Behandlung der »Dialektik« mußte von dieser Anthropologie Maos bis zu einem gewissen Grade die Rede sein. Damit wird keineswegs eine unnötige Wiederholung geboten, weil einmal diese Sache unter dem Aspekte der Dialektik, das andere mal unter dem der Anthropologie wichtig ist. Sowohl aus dem Verständnis der Dialektik als auch aus dem Menschenbild Maos ergibt sich dasselbe: Das große Engagement, das Mao fordert, zielt nicht nur auf Veränderung der Welt, sondern des Menschen, des Einzelnen wie der Gesellschaft. In der Tat: Der Maoismus besteht aus dem Marxismus–Leninismus und den »Gedanken Mao Tsē-Tungs«.

Aus diesem feinen und zugleich großen Unterschied bezüglich des Menschenbilds ergeben sich nun sehr schwerwiegende Konsequenzen. Der Maoismus ist damit totalitärer, aggressiver. Er will den ganzen Menschen mit Leib und Seele packen. Dieser Unterschied könnte eines Tages zu existentieller Bedeutung für die ganze Welt werden, falls die proletarische Masse in China nicht vor dem Gedanken eines Atomkrieges zurückschrecken sollte. Ihr aufgestacheltes Engagement ist so groß, daß sie nur noch auf das goldene Zeitalter blicken; was »danach« kommt, mag auch die Hälfte der Menschheit diesem notwendigen »Wandel« zum Opfer fallen.

Es erscheint verständlich, wenn die sowjetrussische »Prawda« die von ihr unverstandenen Glaubensaspekte des Mao Tsē-Tung nicht anders zu deuten weiß, als mit Worten wie »unübertreffbaren Hochmut« und »unverschämte Anmaßung«. Mao »spiele sich als Lehrer aller Parteien auf« und wolle sich »an den Platz Lenins stellen«.[420] Mao seinerseits hält dem verständlicherweise aus seinem Glauben heraus entgegen, die Russen hätten »kein Vertrauen in das Volk«, sie wären »innerlich furchtsam wie Mäuse«,[421] das »Volk würde das Urteil über sie fällen«.[422] Dem von Mao geforderten Engagement des Volks bezüglich des »neuen Menschen« hielten die Russen entgegen: Die Logik der Chinesen liefe darauf hinaus, »daß es Kommunismus sei, wenn das Volk in Bastschuhen läuft und seine Kohlsuppe aus einer gemeinsamen Schüssel löffelt, daß es aber beinahe eine Restauration des Kapitalismus sei, wenn der Arbeiter gut lebt und morgen noch besser leben will.«[423] Die Russen sprechen mit Recht von einer »revolutionären Romantik« und einem »chinesischen Evangelismus«.[424]

Die andere Erziehung Maos

Wirkt also ein gewisses Glaubensmoment aus der Tradition nach, so zeigen doch gerade die Erziehungspraktiken des Maoismus, daß das Nachwirken des irrationalen Momentes hier noch längst keine Identität bewirkt. Zunächst: Konfuzius und der Konfuzianismus wollten etwas ganz anderes. Sie wollten China zurückführen zu den guten und heiligen Verhältnissen der Vergangenheit. Man wollte die moralische Erziehung in der Sitte, d. h. in der chinesischen Tradition verankern. Sowohl der Gedanke der »Wandlung«, als auch der des besseren Menschen war primär ausgerichtet auf das goldene Zeitalter, das einmal war, vielleicht auch, nach dem Ratschluß des ewigen Tao einmal wiederkommt, wenn die Dinge sich »wandeln«. Die »Erziehung« des Konfuzianismus war Wenigen vorbehalten, sie erstreckte sich nicht universell auf das ganze Volk.

Vorbilder der Erziehung waren die »Edlen«; erzogen wurde zur Lektüre der Klassiker. Zur Erziehung aller fehlte dem Staat nicht nur das Geld, sondern auch der Wille. So jedenfalls unter vielen Kaisern. Erzogen wurde zum Vertrauen in die Wirkung des Tao und der Regierung. Erzogen wurde zur Pietät gegenüber der Familie und den Ahnengeistern, zur allgemeinen Menschenliebe und auch sozialer Verantwortung. Erzogen wurde zur Wahrheitsliebe und rechtlicher Gesinnung. Auf einem ganz anderen Blatt steht geschrieben, wie sehr gegen diese Ideale im Konfuzianismus auch gesündigt worden ist. Das Ziel der chinesischen Erziehung war volles Menschentum, kein jenseitiger Himmel noch ein Nirwāna. Das Böse kann überwunden werden durch Wahrhaftigkeit sich selbst gegenüber. Aus der Wesenstiefe des Überpersönlichen (»Ming«, das als »Sing« in jedem Menschen verkörpert ist und eine Entsprechung zur Weltpotenz des Yang hat) kommt die Wirkung der Geisteskraft des Menschen als Liebe, Weisheit und Mut. In diesem Sinne hat die Erziehung zu wirken, und zwar in drei Stufen: Familie, Staat und Welt. Die Ehrfurcht voreinander ist Pflicht, sie ist die seelische Grundhaltung, die man einnehmen muß, um die asozialen und bösen Seelenzustände des Menschen nicht erst erwachen zu lassen. Durch Befolgung der Sitten wird das Innere des Menschen erzogen, daß es abläßt von Bosheit, Unrecht, Unsittlichkeit usw. und sich freiwillig sozialen Bindungen fügt.

»Erziehung« des Maoismus ist demgegenüber etwas ganz anderes. Natürlich ist Erziehung, da wie dort, der Versuch der Beeinflussung von Menschen. Aber Methode, Mittel und Ziele sind total verschieden. Bei den Mitteln tritt an Stelle der Klassiker allein die Parteiliteratur. Dabei ist von höchster Wichtigkeit die Tatsache, daß die chinesischen Bauern in ihrer Mehrheit Analphabeten waren. Wenn sie jetzt in einer großen, sehr beachtlichen und positiv zu wertenden Anstrengung des kommunistischen China allmählich fast alle schreiben und lesen gelernt haben, so können sie doch nicht die alte Literatur Chinas, sondern nur einige hundert Ideogramme in der neuchinesischen Umgangssprache lesen, wozu ihnen nur Parteibroschüren zur Verfügung gestellt werden. In dieser Weise bewerkstelligt der Maoismus auch eine »Erziehung«. Er sucht die Antriebskräfte des Fortschritts in Kampagnen zur Massenerziehung durch Massenbewegung. Er will dauernde Umformung, Kritik und Selbstkritik und »Studium«. Dabei wird ständige »Verwandlung« des Denkens gefordert, wobei »von den Massen zu lernen« ist. An Radikalität und Brutalität übertrifft der Maoismus den Konfuzianismus ganz beträchtlich durch Einbeziehung der seelischen Kontrolle in die Erziehung. Planmäßige Beeinflussung des Denkens und gesamten Geistes ist verbunden mit der Forderung blinden Gehorsams gegenüber der Partei. Das liegt in der Konsequenz der schon dargetanen irrationalen Aspekte.

Während der europäische Marxismus eine ethische Begründung der sozialistischen Gesellschaftsordnung (und der menschlichen Gesellschaft überhaupt) ablehnt und versucht, diese als ein notwendiges Resultat des Geschichtsprozesses zu erweisen, kommt im Maoismus die ethische

Begründung aus »geistigen Kräften« der Volksmassen. Von einem »proletarischen Menschen als Genus wissen weder Marx noch Lenin etwas. Daher liegt auch hier der letzte große Unterschied sowohl zur Lehre und Erziehung des Konfuzianismus als auch zum europäischen Kommunismus. Der Konfuzianismus kennt nur die Erziehung zum »Edlen« ohne Klassenbewußtsein, Klassenkampf und Parteilichkeit. Der Marxismus–Leninismus kennt die Partei als die große Erzieherin, die das politische Klassenbewußtsein von außen in das Proletariat hineinträgt und es formt.[425] Der Maoismus kennt die »Erziehung« zum proletarischen »Wesen« des Menschen, die die Unduldsamkeit gegenüber den anderen Menschentypen in irrationaler Weise anheizt in einer Art und Weise, die europäischem Denken nicht mehr menschlich erscheint. Zwar gilt es auch für den russischen Kommunismus, daß überall dort, wo nur das Kollektiv zum Subjekt sittlicher Entscheidungen gemacht wird, die Personalität des Menschen bedroht ist. Der Mensch als verantwortliche Person kann sich hinter niemand verstecken und in keinem Kollektiv untertauchen. Zwar vertritt den Grundsatz der Parteilichkeit die gesamte marxistische Ethik, auch die europäische. Es hat da wie dort »Rektifizierung« und »Gehirnwäsche« gegeben, sogar die blutigen Methoden Stalins. Trotzdem: Der Unterschied zwischen russischem und chinesischem Kommunismus ist gerade bezüglich der Erziehung groß. Beide Erziehungssysteme kennen eine Verantwortung vor einer kommenden Weltordnung und wollen dazu den Menschen heranbilden. Die Chinesen aber wollen jenen »proletarischen Menschen«, der – wie die »Kulturrevolution« gezeigt hat – die anderen »nichtproletarischen« Menschen als untermenschlich ansieht, die ausgerottet werden müssen.

So weit geht ideologisch die sowjetische Erziehung nicht. Befragt man auch die sowjetische Erziehung (z. B. Pädagogen wie Arkin u. a.), so soll sie doch als Ergebnis immerhin »anständig erzogene Kinder mit Anstand und Ehrfurcht gegen das Alter« haben. Die Erziehung zum bolschewistischen Charakter will im Bereiche des europäischen Humanismus bleiben (Ehrfurcht vor dem Alter, das doch ökonomisch nutzlos ist). Selbst W. Ulbricht in der »DDR« will »anständig« erzogene Kinder und »Achtung vor der Familie«. Wohl gibt es Gesetze, Anklagen und Bestrafungen von »Staatsfeinden«, »Agenten«, »Diversanten« usw. auch das Denken in »Klassen«, aber es gibt keine ideologische Verfolgung von »Unmenschen«, die nur deshalb Unmenschen sind, weil sie der Bourgeoisie angehören. Insoweit ist es vielleicht richtig, daß im europäischen Kommunismus die hintergründigen Voraussetzungen des abendländischen Menschenbilds noch dünn wirken.[426]

Was maoistische Erziehung bedeutet, zeigt eine Schrift des Liu Schaotsch'i mit dem Titel »How to be a good Communist« (Verlag für fremdsprachige Literatur, Peking 1951). Hier wird die Einbeziehung der seelischen Kontrolle und die Forderung blinden Gehorsams mit »Selbstkultivierung« im Sinn des Konfuzianismus bezeichnet. Der Verfasser meint, sich damit auf den Philosophen Hsün-tzu berufen zu können, der vor zweitausend Jahren lebte. Es ist zwar interessant, daß sich hier ein maoistischer Kommunist ausdrücklich auf einen Denker des chinesischen Altertums beruft, der Konfuzianer war. Hsün-tzu lehrte einige Gedanken, die sich dem heutigen Kommunismus anpassen lassen.

Der von 298 bis 238 v. Chr. lebende Hsün verehrte zwar Konfuzius, lehnte aber Meng-tze ab und lehrte auch in einigen wichtigen Stücken über den Menschen und seine Erziehung anders als Konfuzius. Während Konfuzius gelehrt hatte, der Mensch sei gut, nimmt Hsün das Gegenteil an: er sei schlecht, von Natur böse und verdorben. Die menschliche Natur neige dazu, dem Gewinn und der Befriedigung von Begierden nachzulaufen, auch zu Streit und Ausschweifung. Offensichtlich sieht der heutige Kommunist Liu Schao-Tsch'i hierin etwas vom Wesen des »nichtproletarischen« Menschen dargestellt. Mit Befriedigung konstatiert er auch, daß Hsün schon gelehrt habe, daß der Mensch »als Gemeinschaftswesen mit seiner Umwelt zusammenarbeiten müsse«. Das hat zwar auch Konfuzius gesagt, nur daß er nicht so streng und legalistisch vorging wie Hsün. Letzteres findet aber den besonderen Beifall des genannten Maoisten. Daß die böse Natur und die Leidenschaften des Menschen nur durch die »Li«, die »Sitten«, also im echt konfuzianischen Sinne, wie Hsün lehrt, veredelt werden können, verschweigt Liu. Wenn man ihm Glauben schenken will, so müßte man annehmen, daß Hsün-tzu bereits vor über zweitausend Jahren auf der Parteilinie der heutigen KPC lehrte.

Als Gesamtergebnis dieses Abschnitts ist also festzuhalten, daß metaphysisch-mystisch-religiöse Momente aus der Tradition, die schon bei der Untersuchung der Dialektik konstatiert werden konnten, auch im maoistischen Verständnis der Erziehung, trotz und bei aller Verwerfung der alten Ideale, weiterleben.

Der Nationalismus des »neuen China«

»Erhebt eure Hände zum Gruß,
das neue China gehört uns!«
Mao

Wenn etwas an Mao Tsē-Tung imponiert, so ist es seine partriotische Leistung. Das vor zwei bis drei Jahrzehnten noch zurückgebliebene und von Kriegen verwüstete Land steht heute drohend als Volksrepublik vor Amerika, der Sowjetunion und der ganzen Welt. Der »Befreiungskampf für die Arbeiterklasse« und »für die unterdrückten Völker der Welt« scheint vor allem ein Kampf um die Weltgeltung und Weltmacht Chinas zu sein. Der Verdacht liegt nahe, daß die uralte chinesische Fiktion, China sei das Reich der Mitte, der Nabel der Welt, das erste und wichtigste aller Länder der Erde, sich neu belebt hat. Ein anderes ist es aber, dem Verdacht sachbezogen nachzugehen und Art, Umfang und Charakter der Verbindungslinien aufzudecken, die hier bis in fernste Zeiten hineinreichend in der Geschichte Chinas wirksam waren und möglicherweise einen weiteren hochbedeutsamen Glaubensaspekt in Mao Tsē-Tungs Denken begründen.

Der Vortrupp der Menschheit im Konfuzianismus

Das alte chinesische Denken kennt die Vorstellung von einer Elite, der anzugehören zwar viele berufen sind (also keine Heiligenvorstellung mit unerreichbaren Idealen), die sich aber trotzdem heraushebt aus der Umgebung. Es handelt sich um das schon mehrfach angesprochene Ideal des »Edlen« oder »Berufenen«. Es ist der Mann in Übereinstimmung mit dem Tao, der »rechte Mann«, der gemäß dem Tao denkt und handelt, dessen Streben das Tao fördert und vollendet, den das Tao erhält und dessen es sich freut.[427] Das Wort »Vortrupp« oder »Avantgarde« entstammt dem Sprachschatz des europäischen Marxismus und kommt natürlich nicht im alten China vor. Gewiß nicht inhaltlich, aber formal kann man trotzdem die »Berufenen« im alten China als eine Kategorie von Menschen verstehen, die den anderen »vorangeht«. Denn in ihm, dem »Edlen« oder »Berufenen« wirken schöpferische Kräfte. Von ihm wird in den klassischen Texten gesagt: Er liebt alle seine Leute, die ihm nachfolgen, »sowohl die, die er als Lehrer eingesetzt hat als auch die, die er ihnen als Material der Beeinflussung anvertraut hat«. [428] Er ist Vorbild und eine Art Prophet, und er ist als solcher zugleich zur Herrschaft der Welt berufen. [429] Mao Tsē-Tung müßte keine Chinese sein, wenn in ihm diese Gedankenwelt nicht noch nachwirken sollte, wenn auch nur in schwer aufzudeckenden Tiefenschichten des Bewußtseins. Mir scheint bemerkenswert, was Payne über eine Episode aus Maos Jugendzeit berichtet, als er noch mit seinem Freunde Hsiao San auf der Schule war. Mao muß damals zwischen 16 und 18 Jahre alt gewesen sein. Sein Freund lieh ihm ein Buch, das ihm Kenntnisse über Europa vermittelte, wobei besonders »große Männer« behandelt wurden. Mao soll dieses Buch in einer Nacht durchgelesen haben, seine Einbildungskraft soll dadurch stark erregt worden sein, und er soll zu seinem Freunde Hsiao San in einem Tone, der seltsam war, gesagt haben: »Wir brauchen große Männer.« Nicht nur sein Ton, sondern sein Aussehen soll dabei zugleich seltsam verändert gewesen sein. [430] Hsiao sagte dazu, daß es bei Mao geheime Triebfedern gab, in die er nie ganz eindrang. [431]

Daß China »große Männer braucht«, hat Mao sicher nicht nur aus diesem europäischen Buch gelernt. Er fand hier nur bestätigt, was das chinesische Denken schon immer gewußt und gesagt hatte. Denn inmitten der Vorstellungen vom »Edlen« gab es sogar seit alten Zeiten so etwas wie eine chinesische Heldenerwartung. Wolfgang Bauer [432] meint, diese Erwartung sei einer »im Stillen weitergenährten Hoffnung nicht mehr benötigter Orakelpriester entsprungen, die in einem gewissen, sehr frühen, Zeitabschnitt der chinesischen Geschichte ihre angestammten Führungsstellen verloren hatten. Ihre Hoffnung auf Wiedererringung ihrer Positionen habe sich zu einem religiösen Messianismus verdichtet. Wenn auch derartige rationale Erklärungen auf religiösem Gebiete nicht ganz zutreffen mögen und aus der Hoffnung auf Wiedererlangung verlorener Positionen jedenfalls kein echt »religiöser« Gedanke entspringt, so steht doch fest, daß schon in alter Zeit – vor Konfuzius – eine Art religiöser Messianismus entstanden war. Dieser glaubte, daß alle 500 Jahre ein großer Mann erscheinen würde, um der Welt eine neue Ordnung zu geben. Der Gedanke ist in China nie wieder ganz erloschen. Daß der große Mann ein Chinese sein würde, war dem chinesischen Denken selbstverständlich, so daß darüber nicht gesprochen werden brauchte. Es ist durchaus wahrscheinlich, wie Wolfgang Bauer sagt, daß sich Konfuzius selbst »als den 500 Jahre lang erwarteten Weltenreformer betrachtet« hat.[433] Zweifellos kennt Mao Tsē-Tung die Vorstellung:

Der »Eine« wird nach »hundert Geschlechtern« wieder auftreten. Er wird dem Volke ein »tiefer Quell sein«, »der Wasser spendet zu seiner Zeit«.[434] Wenn er sich offenbart, so ehrt ihn das Volk, wenn er redet, so glaubt ihm das Volk, wenn er handelt, so freut sich alles Volk ... Er ist dem Himmel zugeordnet. Er ist der höchste Wahre, der die Probleme der Welt entwirrt und ordnet, der die Grundlagen der Welt aufrichtet. Seine Menschlichkeit ist echt, unergründlich seine Tiefe, strahlend hell sein himmlisches Wesen. Diese messianische Vorstellung tritt zwar nur sporadisch auf und ist nicht etwa geordnet zu einer Dogmatik, aber auch Konfuzius kennt sie, und zwar im Lun-yü. Er weiß von einem, der nicht nur sittlich, sondern göttlich zu nennen wäre. Nun ist dieser Eine nicht etwa die Spitze der Avantgarde, sondern er ist ein Besonderer, ein Held. Manches von dem, das Mao Tsē-Tung über sich selbst und die Tugenden, den Willen und die Absichten seiner Funktionäre sagt, könnte auch von dem alten »Vortrupp« des chinesischen Geistes, dem »Edlen«, gesagt sein. Damit wird nicht behauptet, daß die kommunistischen Funktionäre von heute mit dem »Edlen« auch nur vergleichbar wären. Aber man sieht hinter der Denkstruktur Maos das Bild des altchinesischen Edlen zwangsläufig auftauchen, wenn er appelliert an: »absolute Selbstlosigkeit und Hingabe«,[435] »Sterben für die Interessen des Volks«,[436] »Diener des Volkes sein«,[437] »Gewissenhaftigkeit sich angelegen sein lassen«[438] usw. An diese altkonfuzianische Ethik erinnert es auch, wenn Mao die in seinem Munde erstaunlichen Worte ausspricht, daß man »die Probleme von allen Seiten betrachten« müsse, »nicht nur von einer einzigen«.[439]

Die »Avantgarde« im europäischen Marxismus

Die Arbeiterklasse des europäischen Marxismus kennt einen »Vortrupp«, eine »Avantgarde«. Das sind die marxistisch–leninistischen Parteien, besonders ihre »heldenmütigen Kader«, auf die die Partei »stolz« ist.[440] Sie vertreten die Interessen der »arbeitenden Klasse« und wirken für deren Befreiung aus den »Ketten des Monopolkapitals« im Sinne des Kommunistischen Manifests. Davon aber, daß dieser »Vortrupp« in der Weise ideologisch herausgehoben wird, daß er als besseres Menschentum, die Gattung des »eigentlichen« Menschen erscheint, kann hier nicht geredet werden. Man bemüht sich, derartige Aussagen zu meiden und im Bereiche des rein Politischen zu bleiben. Allein die

SED (Sozialistische Einheitspartei Deutschlands) spricht etwas überschwenglich von einem »Vortrupp der Menschheit« [441] und meint damit, die ganze Sowjetunion. Hier sieht sie den »bewußten, organisierten Vortrupp der Arbeiterklasse«, [442] ist doch die Sowjetunion »die große moralische und politische Hoffnung« [443] der revolutionären internationalen Arbeiterbewegung und der Völker in ihrem weltweiten Kampf gegen Imperialismus und Krieg. Aber wenn hier auch von »moralischen« Hoffnungen die Rede ist, fehlt doch der direkte irrationale Einschlag in der Wertung dieses »Vortrupps«. Das wird unterstrichen durch die Tatsache, daß man im Zuge des Aufbaus des Sozialismus, ebenso wie in der Sowjetunion, die Partei, also den »Vortrupp«, zu einer Partei des »werktätigen Volkes« weiterentwickeln will. [444]

Zwar bleibt die Partei immer »der bewußte und organisierte Vortrupp der Arbeiterklasse«, [445] zugleich aber spricht man von einer »neuen und höheren Stufe der Entwicklung«, einem »Bündnis« der werktätigen Massen mit den anderen Teilen des Volkes. [446] Man ist also dabei, zur Empörung der Chinesen die »Avantgarde des Proletariats durch eine »Partei des ganzen Volkes« zu ersetzen. Diese Entwicklung, die in den anderen europäischen kommunistischen Ländern (außer Albanien) in gleicher Richtung verläuft, zeugt dafür, daß man eine ideologische Verkrampfung und Verherrlichung der »Avantgarde«, die am Anfang der kommunistischen Bewegung einmal ihre Bedeutung gehabt haben mag, heute tunlichst vermeiden will.

Der maoistische »Vortrupp«

Die »Avantgarde« Mao Tsē-Tungs ist von ganz anderer Art. Sie ist mit einem romantisch-mystischen Zug behaftet, der Mao in seinen Gedichten in Verse ausbrechen läßt wie:

»Lang war die Nacht, und langsam nur
Kam Dämm'rung übers rote Land«,

oder:

»Hundert Jahre lang haben Dämonen
Ihren Wirbeltanz aufgeführt,
Und fünfhundert Millionen Menschen
Waren uneins. Doch jetzt, beim Hahnenschrei
Wird hell die ganze Welt.
Von tausend Orten tönt Musik.«

Dieser »Vortrupp« steht nicht nur im Dienste des »hellen«, des »lichten«, des »neuen« China, sondern er ist selbst Teil, Werkzeug und Hauch jenes »Ostwinds« kosmischer Provenienz, der heute in der Welt weht. Der maoistische »Vortrupp« führt das Volk den rechten Schicksalsweg.

Es gibt »zwei Schicksale« für China, ein »lichtes« und ein »finsteres«, wie Mao Tsē-Tung in seiner Rede bei Eröffnung des VII. Parteitages der KPC am 23. 4. 1945 ausgeführt hat.[447] Der »Vortrupp« der Partei aber führt das chinesische Volk den »Weg des Lichts«, nicht den der »Finsternis«. Auf diesem Wege wird der »Vortrupp« bescheiden und überlegt, »ohne Überheblichkeit, ohne überflüssige Hast, von ganzem Herzen, mit allen Gedanken dem chinesischen Volke dienen«[488] Die Attribute »bescheiden«, »überlegt« usw. entstammen im Grunde der konfuzianischen Ethik.

Daß der Vortrupp der Partei »dem chinesischen Volke dient«, scheint doch noch vor und über den Pflichten als Befreier der Völker und den Aufgaben gegenüber der internationalen Arbeitersolidarität zu stehen. Vor allem aber steht die chinesische »Avantgarde« im Dienste des großen Umschwungs, der sich aus der dem Universum innewohnenden Dialektik ergibt. Die Nacht ist vergangen, das Yin weicht dem Yang, der »Vortrupp« führt zum innerweltlichen Heilsziel, der neuen Gesellschaft. Und natürlich spielt sich solches in China ab: »Die Unterdrückten der ganzen Welt richten nun ihre Hoffnung auf das revolutionäre neue China, das unter der Führung des ZK, des Marxismus—Leninismus und der Lehre Mao Tsē-Tungs den Völkern der Welt ein glorreiches Exempel setzt«.[449] Hier herrscht ein Glaubensaspekt: Die Avantgarde ist mehr als nur politisches Instrument. Sie steht im Dienste der großen Revolte, die im »Wesen der Dinge« selber liegt.

Mao Tsē-Tung ist national

Mao macht keinen Hehl daraus, daß es in diesem Sinne sein Ziel ist, die marxistisch—leninistischen Theorien »in China richtig anzuwenden«. Der Ton liegt hier durchaus auf den Worten »in China«.[450] Mao Tsē-Tung sagt das selbst deutlich genug, auch in anderem Zusammenhang. Er sagt frei heraus, daß es gelte, »die allgemeinen Wahrheiten des Marxismus restlos und geschickt mit den nationalen Besonderheiten Chinas zu verbinden, sie in eine bestimmte nationale Form zu kleiden«.[451] In diesem Sinne ist es ganz richtig, wenn Lin Biao im Vorwort zum kleinen roten Buch sagt, Mao habe den Marxismus—Leninismus »weiterentwickelt«, »auf völlig neue Stufe gehoben«.[452] Lin Biao setzt hinzu: »Die Ideen Mao Tsē-Tungs sind der Marxismus–Leninismus jener Epoche, in welcher der Imperialismus seinen totalen Zusammenbruch und der Sozialismus seinen weltweiten Sieg entgegengeht.« [453]

Der weiterentwickelte, auf völlig neue Stufe gehobene Sozialismus besteht zwar in den allgemeingültigen Wahrheiten des Marxismus–Leninismus«, aber – wie sich Mao selbst an anderer Stelle ausdrückt – »mit den nationalen Besonderheiten Chinas verknüpft«, in »nationale Form« hineingepaßt. [454] Denn »national in der Form, neudemokratisch im Inhalt«, so ist nach Maos Worten »die neue heutige Kultur«, [455] damit aber auch der weiterentwickelte Marxismus–Leninismus.

Es darf nicht übersehen werden, daß Mao Tsē-Tung zwar nicht in Briefen an die Russen, aber zum Hausgebrauch in China sehr nationale Töne anschlägt. Seine hemmungslosen Ausbrüche gegen das Alte, das ausgerottet werden muß, können ihn nicht davon abhalten, die vergangene alte Kultur Chinas aus nationalen Gründen und Gefühlen zu loben. »Die chinesische Feudalgesellschaft hat eine großartige alte Kultur geschaffen«, vermag Mao Tsē-Tung zu sagen. [456] Nur gelte es heute, den »Abfall daraus zu entfernen«, die »Substanz« daraus zu nehmen, sie »mit demokratischem Wesen« zu erfüllen. [457] Mao will eine »nationale wissenschaftliche Massenkultur«, [458] will »die Geschichte Chinas achten« und unter Umständen »daraus lernen«. [459] Immer wieder kommt es in seinen Reden zu irrationalen Ausbrüchen nationaler Art: »Das neue China liegt vor uns, wir sollten es willkommen heißen!« [460] »Die Mastspitze des Schiffes ›Neues China‹ überragt bereits den Horizont, wir sollten es begrüßen«. »Erhebt eure Hände zum Gruß, das neue China gehört uns.« [461] »An beiden Ufern kreischen noch die Affen, doch unser Schiff hat schon die Schnellen überwunden.« [462]

Man gewinnt aus solchen Äußerungen zuweilen den Eindruck, daß der chinesische Kommunismus in erster Linie chinesisch ist, nur in zweiter Linie kommunistisch, trotz aller Betonung der »reinen« Lehren des Marxismus–Leninismus. Der Nationalismus wird direkt gepflegt, z. B. dadurch, daß die alten Heldengestalten der chinesischen Geschichte in kommunistischen Umdichtungen auf dem Theater erscheinen. Auch dürfte es zu denken geben, daß bei der afro-asiatischen Konferenz in Moshi im Mai 1963 auf Antrag der Chinesen die Sowjetrussen als »Weiße« ausgeschlossen wurden, also die Angehörigen der marxistischen »Bruderpartei«. Mao predigt zwar den Internationalismus und »gemeinsamen Kampf gegen den Imperialismus«. Aber wenn vom »Volk« die Rede ist, ist zunächst einmal das chinesische Volk gemeint. Zwar will Mao immer »das Vermächtnis Lenins im Auge behalten«, [463] behauptet aber zugleich, nur mit Ergänzung seiner eigenen Gedanken seien sie »der richtige Weg für alle Völker der Welt«. Jeder »westliche« Einfluß ist »unerwünscht«. »Erwünscht« ist alles, was der Stärkung des Patriotismus dient. Von Lautsprechern kommandiert, sind z. B. gymnastische Morgenübungen der »Willensausdruck einer starken Nation«.

China als starke, rote Basis für die Weltrevolution hat »Pflichten gegen die Menschheit«. Dazu hat es nationale Opfer zu bringen. Es muß sich auf alle Möglichkeiten, auch den Atomkrieg vorbereiten. Das Gerede von »Koexistenz« und »friedlichem Übergang« sind »Trug und Schwindel«. Denn der Gegner gibt nicht auf, wenn er nicht »mit Gewalt zerschlagen« wird. Es scheint, daß im China Mao Tsē-Tungs das Nationalbewußtsein in dem Maße gestiegen ist, wie das Sippenbewußtsein an Bedeutung verlor. Mao entwickelt eine Kriegslehre und Waffentechnik (»Guerilla-Krieg«), mit der auch überlegene Großmächte unterlaufen und mattgesetzt werden sollen. [464] Seine Entdeckung besteht darin, daß in der Kleinwelt des Dorfes und in den bäuerlichen Massen gewaltige nationale Kriegsenergien stecken. Mao weist den russischen Vorwurf des »Nationalismus« zurück [465] und kontert mit der Feststellung, daß die Russen es seien, die dauernd »Profite auf Kosten anderer« machten, also selber Nationalismus betrieben. [466] Mao wirft den Russen eigenen »Großmacht-Chauvinismus« vor, weil sie unter dem Vorwand einer »internationalen Arbeitsteilung« die Selbständigkeit und Souveränität der »Bruderländer« verletzten. [467] Jedes »Bruderland« könne sich aber beim Aufbau des Sozialismus »auf die eigenen Kräfte« stützen. [468]

Der alte chinesische Reichsgedanke

Das moderne Wort »Nationalismus« ist für die alten chinesischen Verhältnisse nicht ganz das richtige Wort, die Sache aber geht in diese Richtung. Gemeint ist die Vorstellung, China (= »tien hsia«, das »Land unter dem Himmel«) sei die Quelle aller Kultur, das Zentrum der Welt, das »Reich der Mitte«. Andere Staaten waren in der chinesischen Vorstellung schon immer nur barbarische »wai guo«, jene Gruppe, die sich um das Reich der Mitte herumgruppiert, das vom Kaiser als dem Sohn des Himmels regiert wird. Bereits seit der Kanonisierung der alten Schriften unter der Han-Dynastie (206 vor bis 220 n. Ch.) sah sich die chinesische Herrschaft als eine Art Weltherrschaft, der andere Völker Tribut zollen sollten, wenn oft auch nur symbolisch. Noch bis in das 19. Jahrhundert hinein hatten sich westliche Staaten daran zu halten. Und sie haben sich in Äußerlichkeiten daran gehalten, um sich in China halten zu können. So gab es formelle Tributgesandtschaften an den »Sohn des Himmels«, der sie dafür mit seinen Geschenken bedachte. Sie aber, so meinte diese Fiktion, kamen von der Gnade des Weltenherrschers. Einheit nach innen und Universalität nach außen blieben immer das Ziel der chinesischen Politik.

Als das mandschurische Kaiserhaus im Jahre 1911 zusammenbrach, schlug seltsamerweise eine Woge nationalistischen Gedankenguts über China herein. Daraus geht hervor, daß der Nationalismus mit dem alten chinesischen Reichsgedanken nicht identisch sein konnte. Trotz des Zusammenbruchs des alten Kaiserreichs war der Nationalstolz der Chinesen, verbunden mit dem Prestige und der Würde der langen Vergangenheit Chinas, nicht so leicht abzuschütteln. Auch die vielen früheren Aufstandsbewegungen in der chinesischen Geschichte waren, obschon gegen das Reich gerichtet, doch mit dem Nationalgedanken »China« immer verbunden geblieben. So folgte auch dem Zusammenbruch des Kaiserreichs zunächst eine Periode der »Lords« (»War-Lords«) bis zum Jahre 1927, jenem Jahr, in dem Chiang-Kai-shek diese »Lords«, in denen das alte nationale Rittertum wiedererstanden zu sein schien, überwand. Auch als das Reich als kaiserliche Hierarchie zerbrach, blieb der alte Reichsgedanke in seiner nationalen Substanz bestehen. Die Formen des alten Reiches zerbrachen und wurden abgelöst. Aber China blieb auch als das »neue China« das »Reich der Mitte«. In den chinesischen Intellektuellen zerbrach das alte Nationalgefühl des »Reiches« nicht, sondern im Gegenteil: Es belebte sich. Ein gewisser Widerspruch scheint darin zu liegen, daß die chinesischen Intellektuellen jener Zeit doch den Marxismus und damit scheinbar die Ideen der Internationale nach China brachten. Aber gerade die einflußreichsten Gruppen unter ihnen wollten im Zuge der marxistischen Neuordnung der Welt gleichzeitig China neu zum Reich der Mitte machen. Gerade weil der Reformer zugleich mit ihren marxistischen Ideen auch national waren, hatten sie Anziehungskraft im Volk.

Das alte Reich starb, sein Nationalgedanke lebt

Das alte Reich starb im Jahre 1911. Die nationale Idee aber, Jahrtausende vorher damit verbunden, lebte im Glauben an das »Neue China« fort. Sie erstreckte ihre Wirkungsmacht bis in die Gedankenwelt der »Reformer« hinein, die Anfang der zwanziger Jahre auftraten. Mindestens durch die Vermittlung der Person des Liang Chih-chao hindurch und auch durch den Einfluß des Kang-Yu-wei auf Mao dürfte der chinesische Nationalismus in Mao Tsē-Tungs Gedankenwelt eingegangen sein und weiter in ihm leben. Die Idee vom »Neuen China« geht zwar nicht nur auf Liang Chi-chao zurück, von dem schon die Rede war. Aber er hat sie neu popularisiert. Dieser chinesische Reformer und Freund Maos war besonders zunächst durch den unbedeutenden englischen Soziologen Kidd beeinflußt,[469] den er für noch wichtiger hielt als Marx und Huxley. Kidd war besonders von der Evolutionstheorie H. Spencers eingenommen und hatte Herbert Spencer in China volkstümlich gemacht.[470] Dazu aber hat Liang Chih-chao vor allem die Idee vom »Neuen China«, dem neuen Volk Chinas, das die Zukunft selber in die Hand nehmen sollte, vorwärts getrieben. Es kann also gar keine Rede davon sein, daß erst durch Mao Tsē-Tung der Begriff »Neues China« aufkam. Mindestens seit dem Fall der Ching-Dynastie geht in China die Rede vom »Neuen China« um. Dabei dachte man wohl an ein durch Übernahme von Errungenschaften der europäischen Naturwissenschaften modernisiertes China, hegte auch Umsturzbewegungen gegen das Kaisertum. Aber die treibende Kraft war immer der Gedanke geblieben, daß China eben als die »Mitte« der Welt auch der Nabel der Kultur bleiben müsse. In diesem Sinne war auch Mao Tsē-Tung von Anfang an »national«, natürlich nicht in dem Sinne, daß er dem altchinesischen Kaisertum noch irgendeine Bedeutung zuschrieb.

Der Einfluß Liangs und Kangs

Liang Chih-chao lebte von 1873 bis 1929 und prägte die Geister in China mit – gerade zu der Zeit, da Mao noch ganz kleiner Hilfsarbeiter in der Universitäts-Bibliothek und später Bauernorganisator der dritten Führergarnitur war. Er war es auch, der unermüdlich forderte, das »Neue China« könne nicht mehr in der alten Kuwēn-Sprache der Han-Zeit reden, sondern müsse eine neue, den modernen Gedanken angepaßte Schriftsprache haben. Seine Ideen vom »Neuen China« brachte er vor allem in Zeitschriften, reformerischen Blättern mit nationalem Anstrich zum Ausdruck. Liang erstrebte einen chinesischen Nationalstaat, der zum Weltstaat führen müsse. Das war nicht einmal etwas Revolutionäres, denn derartige Anklänge hatte es bereits in den alten Klassikern gegeben, wovon sogleich zu reden sein wird. Im Anschluß an Auffassungen Liangs von der Sprache kam es zu der sog. »Pai-hua«-Bewegung. Die Gelehrten sollten künftig in der Pai-hua-Sprache, d. h. der Volks- und Umgangssprache schreiben. Seit der Bewegung vom 4. Mai 1919 wurde diese »Pai-hua«-Forderung fast zu dem Ausdrucksmittel eines großen sich erhebenden Nationalismus.

Es ist interessant, feststellen zu müssen, daß diese »nationale« Bewegung, die die Gebildeten und auch das Volk erfaßte, hauptsächlich von (später) überzeugten Kommunisten (wie z. B. Li-Ta-chao) geleitet wurde. Aber es dominierte noch eine gewisse Plan- und Ziellosigkeit in der Forderung nach dem »Neuen China«. Tieferblickenden wie Lu Hsün war diese planlose Forderung etwas unheimlich. Der Kommunismus hat sie aufgegriffen, sich zunutze gemacht und sich in ihr Gewand gekleidet. Das Ergebnis ist der Nationalismus des Mao Tsē Tung.

Da nun aber Liang chih-chao seinerseits unter dem Einfluß von Kang Yu-wei stand und aus dessen Schule hervorgegangen war, muß zweifellos auch Kang auf Mao eingewirkt haben. Kang (1858–1929), von dem ebenfalls im Kapitel über die »Reformer« bereits die Rede war, hatte ein Anfang der zwanziger Jahre in China weitverbreitetes Buch geschrieben (das sog. »Ta T'ung Shu«, in dem er in seinen politischen Ansichten an altchinesische Vorstellungen anknüpft. [471] Auf der Suche nach älteren, glaubwürdigen Texten der Klassiker war man neu auf Vorstellungen [472] gestoßen, die seit alter Zeit bereits in China im Schwange gewesen waren. Er wärmte den Begriff »Ta-t'ung« (Große Gemeinsamkeit) wieder auf, der in China eine lange Tradition hatte und bis auf das Li-Gi zurückgeht.

Kang Yu-wei war kein Kommunist, aber vieles von dem, was er sagte, muß Mao wie Musik in den Ohren geklungen haben. Er brauchte diese Melodie nur geringfügig zu ändern, mit neuen Vorzeichen zu versehen, »marxistisch-leninistisch« zurechtzustutzen und damit seinem Denk- und Glaubenssystem einzufügen. Damit wird keineswegs gesagt, daß die altchinesische Teleologie, oder ein Stück von ihr, auf das man nun unweigerlich zu sprechen kommen muß, genau in der Weise, wie sie gemeint war, oder auch nur in der Weise, wie sie von zeitgenössischen »Reformern« vertreten wurde, noch in Mao Tsē-Tung wirkt. Es ist im intentionalen Erlebnis der Aufnahme geistiger Akte (bildlich gesprochen) zweierlei zu unterscheiden: der gehörte Ton, das Wahrnehmungsobjekt, und das Hören des Tones, der Wahrnehmungsakt. Im Wahrnehmungsakt fassen wir gleiche Empfindungsinhalte einmal so und das andere Mal anders auf.

Der von seinen Ideen besessene Kommunist Mao Tsē-Tung »aktualisierte« nach seiner Disposition und verwob in den Antrieben seiner Bewußtseinsinhalte die Willensimpulse und Willensfunktionen gewisser Glaubensmomente der altchinesischen Zukunftserwartung mit marxistischem Gedankengut. Es handelt sich um psychologische Vorgänge, die E. Husserl (in seinen »Logischen Untersuchungen«, 1913) gültig aufgezeigt hat, wonach das menschliche Bewußtsein »apperzipierende Akte« kennt, in denen die dargebotenen Gegenstände geistiger Art »intentional« erfaßt, d. h. vergleichend unter die eigenen Begriffe gebracht und in eigenen Willensimpulsen »aktualisiert« werden.

»Ta-t'ung«, die »Große Gemeinsamkeit«, geht von China aus

Die Idee der »Großen Gemeinsamkeit« geht durch die ganze chinesische Geschichte und reicht zuletzt zurück auf eine Stelle im Buche Li-Gi, dem »Buche der Sitte«, über deren Alter gestritten wird. Vielleicht stammt sie aus dem 3. oder 4. Jahrhundert v. Chr. Es handelt sich um Li-Gi III, 2 (bei R. Wilhelm, Seite 30/31). Dazu darf aber gleich gesagt werden, daß der Konfuzianismus aufs Ganze gesehen so sehr das Li-Gi auch Verehrung genoß, doch in dem Gedanken der »Großen Gemeinsamkeit« eine Utopie und die Forderung nach idealer Anarchie sah. Der Konfuzianismus hatte Blick für das Wirkliche. Er war daher jedem Fanatismus in der Verwirklichung utopischer Ziele abhold und wollte vielmehr auf »Maß und Mitte«, die »mittlere Linie« hinaus. Die »mittlere Linie« aber behält immer Kontakt mit der Wirklichkeit. Das kann man nun freilich von der Idee der »Großen Gemeinsamkeit«, die immer einmal wieder die Phantasie der Chinesen angeregt hat und wohl auch zuletzt im »Taiping-Aufstand« eine Rolle gespielt haben dürfte, nicht sagen. Es wird zweckmäßig sein, die entsprechenden Worte des Li-Gi zu zitieren. Die Stelle lautet (in der deutschen Übersetzung nach R. Wilhelm), in der R. Wilhelm das Wort »Tao« immer mit »der große Weg« übersetzt, wie folgt:

»Zur Zeit, da der große Weg herrschte, war die Welt gemeinsamer Besitz. Man wählte die Tüchtigsten und Fähigsten zu Führern. Man sprach die Wahrheit und pflegte die Eintracht. Darum liebten die Menschen nicht nur ihre eigenen Eltern und versorgten nicht nur ihre eigenen Kinder. Die Alten konnten in Ruhe ihrem Ende entgegensehen. Die kräftigen Männer hatten ihre Arbeit. Die Witwen und Witwer, die Waisen und Kinderlosen und die Kranken hatten alle ihre Pflege, die Männer hatten ihre Stellung und die Frauen ihr Heim. Die Güter wollte man nicht ungenützt verlorengehen lassen, aber man suchte sie nicht unter allen Umständen für sich selbst aufzustapeln. Die eigene Kraft wollte man nicht unbetätigt lassen, aber man arbeitete nicht um des eigenen Vorteils willen. Mit allen Listen und Ränken war es zu Ende, man brauchte sie nicht. Diebe und Räuber, Mörder und Totschläger gab es nicht. Darum hatte man zwar draußen Tore, aber man schloß sie nicht. Das war die Zeit der Großen Gemeinsamkeit.«

Das Li-Gi fährt dann im nächsten Abschnitt (III, 3) fort: »Da aber der große Weg sich verborgen hat, ist die Weltherrschaft Familienerbe geworden. Jeder liebt zunächst seine Eltern, jeder ist besorgt um seine Kinder. Die Güter und die Arbeit dienen nur dem eigenen Nutzen. Daß Herrscher ihre Macht auf Söhne vererben, ist nun Sitte. Man baut

Mauern und Türme, Gräben und Teiche, um die Städte zu sichern. Man gebraucht die Sitte und das Recht als Grundlage, um das Verhältnis von Fürst und Diener zu ordnen ... um Regeln und Ordnungen zu schaffen ... Es kamen Listen und Pläne infolge davon auf, und Waffen erhoben sich deshalb ...« Die »große Gemeinsamkeit besteht also zunächst in einem Zustand, der einmal in der Vergangenheit war. Der Idealzustand verging dadurch, daß das »Tao« sich »verborgen« hat. Fortan müssen die »Fürsten dem Volk zeigen, »daß es feste Regeln gibt«. Durch die »Sitte« konnte zwar die Welt »im kleinen Wohlstand« dank Staat und Familie teilweise wieder in Ordnung gebracht werden, aber die Zeit des großen Friedens und der großen Gemeinsamkeit war doch die bessere, nämlich eine Art von »Urkommunismus«, der hier angesprochen wird.

Diese Stelle hat natürlich das besondere Interesse der Kommentatoren gefunden, sie ist »exegetisch« viel bearbeitet worden. Sie hat mehr im Denken der Konfuzianer, eine andere dagegen, bei Chuang-tse, und zwar im XIII. Buch, 1—5 (besonders 5)[473] im Denken der Taoisten gewirkt. Der Begriff »Tai-p'ing« (Großer Friede) kommt in der Chuang-tse-Stelle vor, allerdings ist hier nur von der »Ordnung aller Dinge« bei Auswahl der »rechten Männer am rechten Platz« die Rede und davon, daß »Obere und Untere einander dienen«.[474] Beide Stellen reden aber von Idealzuständen, die früher herrschten. Es will für chinesische Denkweise wenig besagen, daß solche Zustände in der grauen Vergangenheit vorfindlich waren. Denn das »Tao« — in den neukonfuzianischen Philosophien der späteren Zeit auch T'ai-chi, das »Große Letzte« oder Yüan, der »Urgrund«, genannt — ist ein so dynamisches Prinzip, daß sein Anfang und sein Ende sich ständig wiederholen. Für das dialektische chinesische Denken ist es fast selbstverständlich, daß »das Große«, was in grauer Vergangenheit war, auch wiederkommen kann, so daß diese Vorstellungen gleichzeitig zukunftsweisende Bedeutung haben. Das große Tao, das sich »verborgen« hielt, kann jederzeit wieder erscheinen.

Das zyklische Zeitdenken der Chinesen läßt solches ohne weiteres zu. Für ein politisches Programm waren allerdings sowohl der Gedanke Ta-t-ung (Große Gemeinsamkeit), als auch der T-ai-p'ing-Gedanke (Großer Friede), der sich ohnehin nur auf die innere und äußere Ruhe der Gesellschaft beziehen sollte, zu wenig konkret.[475] Es kann auch hier wieder nicht behauptet werden, daß aus diesen alten Passagen der Klassiker ein direkter, unmittelbarer Einfluß auf Mao Tsē-Tung erfolgte. Hier ist kein Beweis möglich.

Was gesagt werden soll, ist dies: Es besteht eine gewisse Wahrscheinlichkeit, daß diese uralten chinesischen Gedanken vom Jahre 1918 ab und dann im Verlaufe der zwanziger Jahre durch Reformer wie Kang

Yu-wei und Liang Chih-Chao auch den Kommunisten Mao Tsē-Tung beschäftigt haben. Es ist möglich, daß er diese Gedankenwelt nach der Disposition seiner Bewußtseinsinhalte »aktualisierte« und sie mit marxistisch-leninistischen Gehalten auffüllte. Wir wissen – und das mag als indirektes Indiz gelten – daß Mao sich mit dem Gedanken der »Großen Gemeinsamkeit« beschäftigt hat und dabei zu dem Schluß kam, daß Kang Yu-wei »unter den gegebenen Verhältnissen« den »Weg« zur »Großen Gemeinsamkeit« nicht hätte finden können. [476]

Kang war noch Berater des Kaisers Kuang-hsü gewesen, der 1898 starb. Sein Buch, genannt »Buch von der Großen Einheit« hatte er bereits 1885 geschrieben. Er wurde etwas später von der Kaiserin-Witwe abgesetzt und eingesperrt, dann des Landes verwiesen. Er kehrte erst unter Chiang-kai-shek nach China zurück. [477] Da hatten sich die Verhältnisse schon geändert, ganz zu schweigen von der großen Wandlung, die durch Mao Tsē-Tung kam. Kang war für radikale Forderungen, z. B. für Ehe auf Zeit, staatliche Erziehung der Kinder und andere soziale Reformen, auch für Gütergemeinschaft, eingetreten. Es ist durchaus denkbar, ja höchstwahrscheinlich, daß Mao die alten Gehalte des durch Kang und Liang neu interpretierten »Ta-T'ung«-Begriffs vor den Wagen seiner Revolution spannte und darunter die »Diktatur des Proletariats« verstand. Das »Proletariat«, der »Vortrupp«, die »Avangarde«, ist auf dem Vormarsch zur »Großen Gemeinsamkeit«. In einer Rede über die »Diktatur der Volksdemokratie« spricht Mao Tsē-Tung das Buch von Kang Yu-wei nachweislich direkt an und sagt: »Kang Yu-wei schrieb das Buch über die »Große Gemeinsamkeit, aber er fand keinen Weg zu ihr zu gelangen, und konnte auch keinen finden ... Der einzige Weg führt über eine Volksrepublik unter Führung der Arbeiterklasse«. [478]

Das Heil kommt aus China

Reformer wie Kang, besonders aber Liang dachten an die Errichtung eines Weltstaats, zugleich aber waren sie nationalistisch. Daß die Gründung dieses Weltstaats von China ausgehen und China als sein Zentrum haben würde, daran gab es für sie überhaupt keinen Zweifel. Zwar spricht man von »Abschaffung der Nationen« und von einer »Weltregierung«. Aber daß diese »Weltregierung« in China ihren Sitz haben würde und nirgends anders sonst, ist selbstverständliche Voraussetzung. Man sieht an dieser Utopie, bis zu welchem Radikalismus der Konfuzianismus vordringen konnte. Die Denkvoraussetzungen Kangs sind aber noch alles andere als marxistisch-leninistisch oder gar maoistisch. Denn nicht der Klassenkampf, sondern das sittliche Prinzip der »Menschengüte« bleibt ihm noch oberstes Gebot; und von brutalen Eingriffen in die Seele des Menschen mit Gewalt ist keine Rede. Trotzdem ist sicher, daß das nationale Moment in Mao Tsē-Tung über ihn und über Liang und andere Nationalisten sowie über die »Pai-hua«-Bewegung eindrang, von dem allgemeinen, in ihm selbst verwurzelten »Nationalismus« des Chinesen ganz zu schweigen.

So wurde auch im Glauben Mao Tsē-Tungs das Universalreich China zur künftigen klassenlosen Gesellschaft des Kommunismus. Die »Große Gemeinsamkeit« für die Welt wird aus China hervorbrechend wiederhergestellt. »Licht für die Welt« kommt aus China, dem Idealreich, zu dem die Welt unter dem Kommunismus aufschauen wird. China ist die »Rote Basis« für die »Große Revolte«, die mit der Notwendigkeit eines kosmischen Zyklus die Welt verändern wird. [479]

Das ist im Grunde der von Mao »weiterentwickelte« und auf eine »völlig neue Stufe gehobene« Marxismus–Leninismus. Mao selbst und seine obersten Funktionäre z. B. Lin Biao, reden beständig von der »Weiterentwicklung« und der »höheren Stufe«, die der »Marxismus–Leninismus durch Mao erfahren haben soll. Ist es nicht aber auffällig, daß niemand im Grunde sagt (auch Mao selbst nicht), worin eigentlich zuletzt die »Weiterentwicklung« und »neue Stufe« besteht? Ist es nicht auffällig, daß danach nicht einmal gefragt wird? Man betont dauernd die Übereinstimmung mit Marx und Lenin, redet aber doch von einer »neuen Stufe« des Marxismus–Leninismus unter Ablehnung des europäischen. Dieser Widerspruch löst sich nur durch unseren Blick auf jene irrationalen Momente, die aus der Glaubenswelt Chinas stammen, hier dem Nationalglauben China, die Quelle des Fortschritts und Heils für die Welt. Das braucht den Chinesen nicht erst gesagt zu werden, es ist ihnen selbstverständlich.

Zwar hat auch Lenin, wie er sich im Jahre 1918 ausdrückte, das Ziel einer »einheitlichen Weltgenossenschaft« gehabt. [480] Aber über die »Umwandlungen«, die das Staatswesen in einer kommunistischen Gesellschaft erleiden wird, hat er, und auch Marx, immer nur das eine gesagt, daß dieser Staat die »Diktatur des Proletariats« darstelle. [481] Ausmalungen dieses Staatswesens oder einem aus Rußland kommenden Heile für die Weltgesellschaft haben beide vermieden. Das heutige »Programm« der SED sagt: »Im Kommunismus werden die Nationen sich auf Grund der vollständigen Gemeinsamkeit ihrer wirtschaftlichen, politischen und geistigen Interessen und ihrer brüderlichen Freundschaft und Zusammenarbeit in jeder Hinsicht ständig näher kommen.« [482] Das Letztere ist natürlich auch eine Utopie, was die »vollständige Gemeinsamkeit« betrifft. Denn Spannungen wird es immer geben. Aber die Äußerungen der europäischen Kommunisten meiden jene irrationale Emphase, mit der die maoistischen Chinesen sich selber und Maos China als die Avantgarde der Welt beim Vormarsch zum innerweltlichen Heilziel preisen. Sie kennen nicht die Verfeinerung des Marxismus—Leninismus durch den Glauben des Mao Tsē-Tung, der nichts anderes als eine Sinisierung bedeutet.

So entstand eine Art von neuem nationalem Mythos aus der Umarmung von Marxismus—Leninismus und chinesischem Denken. Die moderne Persönlichkeitspsychologie hat gezeigt, [483] daß die menschliche Persönlichkeit eine integrierte Ganzheit von in bestimmter Weise strukturierten hierarchischen Schichtungen im Innengefüge ist. Es war daher eine Illusion anzunehmen, daß die Theorien des Marxismus—Leninismus aus den Straßen und Fabrikhöfen europäischer Großstädte und Arbeiterbezirke sich verpflanzen und in der gleichen Struktur auch in China, in den Köpfen und Herzen chinesischer Bauern, Arbeiter und Volksschullehrer ansiedeln lassen. So sehr diese, an Erkenntniskritik des eigenen Denkens nicht gewöhnt, ihre »Übereinstimmung« mit dem Marxismus—Leninismus auch beteuern mögen — und selber vielleicht daran glauben — bewirkt doch ihr ganz anderer geistiger Personenkern (der »enthothyme Grund« im Menschen [484]) eine andere Sinnbezogenheit der apperzipierten Inhalte. [485] Von daher ist verständlich, daß für die Chinesen der Anspruch auf Führung im Weltkommunismus natürlich bei China liegen muß. Nur China kann berechtigt und in der Lage sein, die Lehre in einem für alle verbindlichem Sinne auszulegen. Denn Chinas Volk stellt fest, was angesichts kosmischer Urgründe die Weltenstunde geschlagen hat und wohin der Wind weht. Das ist eine Art Glaubensurteil, für andere verwunderlich, ja befremdlich. Für die Chinesen aber ist es selbstverständlich, etwa so wie China das größte und volkreichste Land der Erde ist. Wenn es um China geht, scheut sich Mao nicht einmal Meng-tzse zu zitieren: »Unter dem Himmel wird es keinen Gegner geben, der uns an Stärke gleichkäme«. [486]

Da dies kein politisches Buch ist, kommt es lediglich darauf an zu verstehen, daß noch »Altes« in Mao Tsē-Tung wirkt. Es wirkt in ihm bei und trotz aller Abweisung des »Alten« das uralte chinesische Glaubensurteil: China, das »Reich der Mitte«, das Zentrum der Welt, ist vom Weltengrunde her prädisponiert, berufen und auserwählt der gesamten übrigen Welt voranzuleuchten und ihr »Vortrupp« zu sein. Dieses Glaubensurteil ist ein besonderes Kennzeichen des maoistischen Nationalismus. Es unterscheidet den maoistischen »Vortrupp« von der »Avantgarde« des europäischen Kommunismus und ist das dritte jener großen irrationalen Momente, die altes und »neues« China trotz allem noch miteinander verbinden.

Fünfter Teil

Die Glaubensmomente des Maoismus in religionsgeschichtlich-phänomenologischer Sicht

Vorfragen darüber, was »Religion« sei

Trotz des tiefgehenden Bruchs mit der chinesischen Tradition waren doch auch irrationale, aus religiösen Wurzeln herrührende Restbestände im Denken Mao Tsē-Tungs feststellbar. So kann durchaus bestätigt werden, daß sich »in den chinesischen Marxismus ein diesem fremdes Element einschlich, das religiöse«. [487] Nochmals sei dabei mit Nachdruck betont, daß keine Unlogik darin gesehen werden kann, daß auf der einen Seite von einem »Bruch« mit der Tradition, auf der anderen aber von »Restbeständen« aus der Tradition gesprochen wird. Es handelt sich vielmehr sowohl um einen »Bruch«, als auch um »Restbestände«. Es liegt in der Eigenart der Materie, daß dieses »sowohl als auch« gilt. Verständlich kann das allerdings nur werden, wenn die Restbestände des »Glaubens« genauer fixiert, erläutert, abgegrenzt und ihr Wesen näher bestimmt werden kann. Es gilt etwas tiefer in das Wesen dieser religiösen Momente [488] einzudringen.

Was heißt »Religion«? Verschiedene Antworten

Sowohl in der Abgrenzung, also in den Aussagen, was nicht »Religion« sei, als auch in den positiven Definitionen gibt es noch heute verschiedene Auffassungen. So erhebt sich z. B. immer wieder die Frage, ob Magie und Mythologie bereits »Religion« ist, oder ob es sich dabei nur um Elemente der allgemeinen Völkerpsychologie handelt, die, zum Wesen der echten Religion nicht gehörig, diese nur umranken. [489] Was ist »echte« Religion, wo sitzt ihr Nerv, welches sind ihre Strukturtypen und Lebensgesetze?

Die von der speziellen christlichen Offenbarungstheologie zu unterscheidende allgemeine und vergleichende Religionswissenschaft, die hier allein gemeint ist, und die über alle Grenzen von Kirchen und Konfessionen hinausblickt auf das verschiedenartige religiöse Leben in den gewachsenen Religionen der ganzen Welt, ist ein Kind der neueren Zeit und existiert im Grunde erst seit der Aufklärung. Sie hat gewiß verschiedene Antworten bezüglich dessen gegeben, was Religion ist. So hat es Versuche gegeben, Wesen und Ursprung der Religion rein rational oder psychologisch aus dem Furchtmotiv zu erklären, [490] oder sie wurde aus frühzeitlichen Gemeinschaftsbindungen wie z. B. dem Totemismus, der Magie oder dem Geisterglauben »erklärt«. Es sei erinnert an die Evolutionstheorie W. Wundts, [491] an die Illusionstheorie L. Feuerbachs oder an die Neurosenlehre S. Freuds. Eine der irrigsten Auffassungen ist jedenfalls die marxistische, die das Wesen der Religion in ihrer Abhängigkeit von wirtschaftlich bedingten Klassenunterschieden »erklären« will. [492] Das tatsächlich bestehende und nicht in Zweifel zu ziehende Moment der Beeinflussung der geschichtlichen Religion durch soziologische Verhältnisse wird bei Marx und Lenin zum bestimmenden Quellpunkt der Religion gemacht.

Keine Eintrittskarte zur himmlischen Seligkeit

Es ist ein Fehler des Marxismus–Leninismus bezüglich seiner Religionsauffassung, daß Gesellschaftskritik und Religionskritik nicht unterschieden werden. Die Religion spiegelt nach Auffassung von Marx und Lenin lediglich die ökonomische Machtsituation der »Ausbeuterklassen« wider. Wann werden heute die Marxisten endlich lernen, daß der Sturz der Besitzenden nicht auch den Sturz der Religion bedeutet? Die Religion erwächst nicht nur aus materiellen Verhältnissen und bedeutet nicht nur eine Eintrittskarte zur eingebildeten und erhofften himmlischen Seligkeit. »Religion« ist nicht der »geistige Fusel«, den die herrschenden Klassen ausgaben, um sich an der Macht zu halten. Karl Marx berühmtes Wort: Religion sei »Opium des Volkes« stammt von einem Mann, der fast völlig empfindungslos für das eigentliche Phänomen des Religiösen war. [493] Religionskritik des Marxismus ist zu niedrig gegriffen. Franz Skoda hat darauf hingewiesen, [494] daß selbst heute in den Augen der Sowjetideologen die These des historischen Materialismus, wonach Religion nur der Überbau der Gesellschaft ist, der auf den Produktionsverhältnissen basiert und sie widerspiegelt, ganz allmählich an Wert zu verlieren scheint.

»Unbrauchbarer als Exkremente«

Natürlich hat, vordergründig betrachtet, Mao Tsē-Tung seine Religionsauffassung von den europäischen Lehrmeistern vollständig übernommen. Religion ist nach ihm der ideologische Überbau der Ausbeuterklasse, der mit dem Verschwinden der Ausbeutung von selber mit verschwindet. In einer Rede vom 1. 2. 1942, gehalten zur Eröffnung einer Parteischule, setzte sich Mao selber mit dem Gedanken auseinander, daß der Marxismus–Leninismus oder gar sein System einen »mystischen Sinn« haben könnte. Er sagt hier: »Der Marxismus–Leninismus wird nicht studiert, weil er einen mystischen Sinn hat, wie die Lehren der Tao-Priester, die auf den Tschü-yung steigen, um zu lernen, Teufel und böse Geister zu beschwören. Der Marxismus–Leninismus hat weder einen Schönheitswert noch einen mystischen Wert. Er ist nur außerordentlich nützlich«. [495] Mao setzt hinzu: »Jeder, der im Marxismus–Leninismus ein religiöses Dogma sieht, verrät blinde Unwissenheit.« [496] Einem solchen Menschen müsse man offen sagen: »Dein Dogma ist nutzlos oder, um es weniger höflich auszudrücken: »Dein Dogma ist unbrauchbarer als Exkremente.« Dabei scheut sich Mao Tsē-Tung nicht vor einem Vergleich, indem er wörtlich sagt: »Wir sehen, daß das Exkrement des Hundes die Felder düngt und das des Menschen den Hund ernähren kann. Und ein Dogma? Es düngt kein Feld und füttert keinen Hund. Zu was ist es gut?« [497] Fernab von jeder Religion will Maos Lehre kein »Dogma« sein, sondern »eine Anleitung zum Handeln«. [498]

Nochmals: Was heißt »Religion«?

Angesichts solcher Beurteilung aller Religion durch Mao selber, erhebt sich dringlich die Notwendigkeit, die Frage zu beantworten, was echte Religion sei und was unter »Glauben« zu verstehen ist. Erst dann kann sinnvoll die Frage erörtert werden, worin die religionsphänomenologische Eigenart jenes Restes an »Glauben« und das Wesen des darauf gründenden Maoismus besteht.

Natürlich kann nur das Wichtigste dazu gesagt werden. Seit dem ersten Aufkommen einer allgemeinen außerchristlichen Religionswissenschaft durch die Aufklärung, welche in einem nur rationalem Verständnis verharrte, kam es schon durch Leibniz, Lessing, Herder und Schleiermacher mehr zur Erfassung des Irrationalen im Wesen und Erscheinungsbilde der Religion. Durch systematische philologische Quellenerschließung, eingeleitet durch Max Müller in Oxford und dessen großes Quellenwerk »The Sacred Bocks of the East«, kam es dann zunächst zu einer streng philologisch, später psychologisch orientierten Forschungsrichtung. Der eigentliche Fortschritt der modernen Religionswissenschaft bestand aber darin, daß man begann, die Frage nach einer Begriffsbestimmung der Religion nicht mehr in der Weise zu stellen, daß man fragte, welches das ideale »Wesen« der Religion sei. Man begann vielmehr nach dem innersten, geheimen Leben der religiösen Erscheinungen, ihrer Strukturen und Formen zu fragen. Damit wurde dem irrationalen Charakter des Objektes »Religion« noch mehr Rechnung getragen und erkannt, daß »Religion« ihrem Wesen nach nicht im exakt und unmittelbar Feststellbarem liegt, sondern in einer eigentümlichen Erlebniskategorie »sui generis«. Es wurde erkannt, daß »Religion« nicht nur ein schlau berechnetes Priesterkunststück oder Produkt ökonomischer Verhältnisse ist, vielmehr ein eigenständiges Phänomen bedeutet, das aus nichts anderem ableitbar ist.

Die moderne Religionswissenschaft des Verstehens knüpft an E. Husserl, W. Dilthey und Rudolf Otto an und erkannte die spezifische Eigenart des Erlebnisses des »Heiligen« als den Nerv und das Wesen echter Religion. In der Erfahrung des »Heiligen« liegt, nach R. Otto, die Eigenart religiösen Lebens. Der Mensch erfährt die Irrationalität eines in allen Lebensbezügen unheimlich wirksamen Bruchs. Er erfährt das Unzulängliche seines gesamten Lebenszusammenhangs in Natur, Geschichte und seinem eigenen Leben und Tod. Zugleich aber ist das Streben nach dessen Überwindung in ihm angelegt. »Religion« ist danach nicht nur rationale Anschauung, zeiträumlicher Ritus, Fürwahrhalten von Dogmen, sondern ein spezifisches Stück Leben eine in der Seele des Menschen angelegte Kategorie »sui generis«, der man mit der Anwendung empirischer »exakter« Forschungsmethoden nie ganz beizukommen vermag. Es handelt sich um die Erfahrung der letzten Wirklichkeit als einer »heiligen«, der der Mensch nur in ehrfürchtiger Scheu gegenüberstehen kann. Diese ehrfürchtige Scheu ist nicht dasselbe wie gewöhnliche Furcht, sie ist vielmehr »heilige« Scheu, die zu anbetender Verehrung drängt. Ohne dieses Moment gibt es keine echte Religion im Sinne der Religionsgeschichte. Ihm entspricht das Moment der Unheiligkeit auf seiten des Menschen, des Profanen gegenüber dem Sanctum. Von hier aus kommt es dann in der echten Religion zur Erfahrung der Sühnebedürftigkeit und Sünde, auch zu Vorstellungen der rituellen Reinheit und Unreinheit. Die jeweilige Ethik, die jede echte Religion aus sich hervorbringt, steht mit diesem Ausgangspunkt im Zusammenhang.

In diesem Sinne wird heute die Definition der Religion als »Erlebnis des Heiligen und antwortendes Handeln darauf« allgemein anerkannt (van der Leeuw, Joachim Wach, Friedrich Heiler, Raffaele Pettazoni, Gustav Mensching und viele andere). Der Vorwurf des »Psychologismus« gegen diese Auffassung trifft die Sache nicht, wie ich selbst früher dargelegt habe. [499] Daß diese Auffassung in scharfem Kontrast zu der in der sogenannten »dialektischen Theologie« K. Barths betriebenen Dämonisierung und Abwertung aller »Religion« im Gegensatz steht, ist selbstverständlich. Rudolf Otto hat uns, unbeschadet gewisser Verbesserungsbedürftigkeiten in seinen Auffassungen, im Ganzen doch mit seiner Analyse des »Heiligen« als innerstem Nerv der Religion eine Sicht dessen, was »Religion« sei, beschert, die immer noch in der Sache unübertroffen ist, mag auch die Forschung nicht stille stehen und nie bei einem einzelnen Theoretiker halt machen.

Erlebnis des Heiligen

Daß »Religion« »Erlebnis des Heiligen und antwortendes Handeln des Menschen hierauf« sei, ist immer noch die beste aller Definitionen. Dieser Versuch einer Definition vermag jedenfalls alles einzubeziehen, was angefangen von der Welt der Primitiven bis hin zu den sublimsten Formen der Hochreligion über die ganze Erde hin an echter »Religion« lebt, und zwar in allen ihren objektiven Fakten wie Kult, Ritus, Opfer, Gebet und den verschiedenen Glaubensweisen. Das heißt, es lebt in aller Religion als ihr eigentlich Inneres ein Etwas, ohne das keine »Religion« existiert: Dieses Etwas ist das Erlebnis des Numinosen, das sich qualitativ von allen anderen Erlebnisweisen und Gefühlen des Menschen abhebt. R. Otto [500] spricht in diesem Sinne, und hierin liegt die Bedeutung seiner Leistung für die Religionswissenschaft, von einer »Kontrastharmonie«, einem »Mysterium tremendum et fascinans«, das er verstehend zu analysieren versuchte, indem er die einzelnen Komponenten dieser Kontrastharmonie aufzuspüren suchte und von verschiedenen »Momenten des Numinosen« sprach. Auf diese »Momente des Numinosen« ist bei der Erörterung der Frage, ob Mao Tsē-Tungs Restbestände an Glauben, bzw. das Phänomen des heutigen Maoismus »Religion« sei, besonderes Augenmerk zu legen. Hier liegt auch der eigentliche Maßstab für die vielverhandelte Frage, ob eigentlich der alte Konfuzianismus und der Taoismus »Religion« seien.

Konfuzianismus und Taoismus: »Religion« – oder nur Moralsystem?

Es ist oftmals schon behauptet worden, daß insbesondere der Konfuzianismus keine Religion im üblichen Sinne, sondern nur eine philosophische Morallehre sei. Dabei glaubt man sich auch auf Konfuzius selber berufen zu können. Nun soll keineswegs behauptet werden, daß alles im Konfuzianismus in Bausch und Bogen als »Religion« erklärt werden kann. Hat er doch zu den verschiedenen Zeiten ein verschiedenes Gesicht mit verschiedenen Lehrweisen gehabt. Man kann aber ebensowenig dem Konfuzianismus in seiner Gesamtheit den Charakter der Religion absprechen. Er dürfte vielmehr im überwiegenden Teile seiner Erscheinungsformen der Religionswelt zuzurechnen sein. Das gilt auch für den Taoismus. Gewiß kann man nicht sagen, daß der Konfuzianismus eine religiöse Glaubenslehre wie Islam und Christentum darstelle und Konfuzius ein »Religionsstifter« wie Mohammed oder Christus sei. Man erkennt das schon, wenn man sich an den oft sehr aufschlußreichen Sprachgebrauch, die Verwendung der Begriffe hält.

Die chinesische Sprache dürfte kein Wort besitzen, das den Begriff »Religion« in unserem Sinne ausdrückt. Zur Not gibt es hierfür zwei Worte, nämlich das Wort »Li«, d. h. Riten oder Bräuche. Dies bezieht sich aber nur auf die äußeren Formen des Kults und zugleich auch auf Bräuche nichtreligiösen Charakters wie etwa die konventionellen Formen höfischer Etikette und militärische Vorschriften. Das andere der beiden Worte als Notbehelf für »Religion« heißt »kiao«, ursprünglich ein Verbum mit der Bedeutung von »lehren«, »unterweisen«. Christentum im Chinesischen heißt daher »Jesu-kiao« (=Jesuslehre), womit mehr der Protestantismus bezeichnet wird, während der Katholizismus mit »T'ien-chu-kiao« (Lehre vom Himmelsherrn) übersetzt wird. Der chinesische Ausdruck für den Konfuzianismus aber ist »ju-kiao«, d. h. die Lehre der Literaten oder Gelehrten, womit die Anhänger des Konfuzius gemeint sind.

Nun ist es gewiß richtig, daß sich diese »Lehre« im Konfuzianismus nicht auf eine Gottheit beruft, die die Moralgebote erlassen hätte. Außer dem himmlischen Gesetzgeber fehlen auch Vorstellungen vom Leben nach dem Tode usw. Es ist auch richtig, daß Konfuzius nach einer Aussage eines seiner Jünger im Lun-yü nicht gern über Götter und Geister redete. Als ihn dieser Schüler fragte, wie man Göttern und Geistern dienen solle, antwortete er ausweichend: »Du weißt noch nicht, wie Du den Menschen dienen sollst, wie wolltest Du wissen können, wie man den Geistern zu dienen habe.« [501] Konfuzius hielt sich an die schriftliche Tradition, und diese enthielt über den Inhalt des religiösen Glaubens wenig, um so mehr aber über die strikte Einhaltung der Riten. Keinesfalls hat aber Konfuzius die Religion abgelehnt, im Gegenteil, er bejahte den Ahnenkult [502] und das Opferwesen. [503] Sein Religionsbegriff spricht aus den Worten des Lun-Yü: »Da sprach jemand: Wer will behaupten, daß der Sohn des Mannes von Dsou die Religion kennt, da er sich beim Betreten des großen Tempels erst nach jeder einzelnen Verrichtung erkundigt? Der Meister hörte es und sprach: Das eben ist Religion.« [504] Gewiß fehlt bei Konfuzius das begeisterte oder begeisternde Eintreten für bestimmte Glaubensvorstellungen. Es fehlt auch jede Intoleranz gegenüber Andersgläubigen, aber wenn er weder die Realität der Götter und Geister in Zweifel zieht, noch die Wirksamkeit von Opfern und Riten bestreitet, so kann man nicht sagen, daß ihm der religiöse Aspekt fremd sei. Konfuzius soll gesagt haben: »Ein Mensch ohne Glauben, ich weiß nicht, was mit einem solchen zu machen ist. Ein großer Wagen ohne Joch, ein kleiner Wagen ohne Kummet, wie kann man den voranbringen?« [505] Ähnlich liegen die Dinge bei Lao-tze und im Taoismus. Es gab drei Worte für »Gebet«: »Chu«, »Tao« und »K'i«,, wobei »Chu« einen Menschen darstellt, der sich mit der Rede seines Mundes an die Gottheit wendet, »Tao« das Zeichen für »Gottheit und langes Leben« bedeutet und »K'i« ein aus Gottheit und einem Beil zusammengesetztes Schriftzeichen ist. Das alte China, wie auch Konfuzianismus und Taoismus, kannten echte Bitt- und Dankgebete, damit aber auch »Religion«.

Verwurzelung im Transzendenten

Der Konfuzianismus ist religiös, weil seine Morallehre eine Verwurzelung im Transzendenten kennt. Das »Tao« ist die Quelle des Seins und Lebens. Es wird nicht etwa ein dialektischer Entwicklungsgang erkannt, von der toten über die lebende bis zur bewußtseinsfähigen Materie, eine Entwicklung, die dann zur Norm der wissenschaftlichen Erkenntnis gemacht und durch die ratio zum Dogma erhoben wird. Konfuzius und Taoismus glauben vielmehr an das heilige Walten unverfügbarer Ureinflüsse, wenn auch die monotheistisch-personalistische Gottesidee fehlt. Dabei waltet nicht nur ein rein philosophischer Gedanke, denn die Annahme des Waltens eines ewigen Weltensinns ist verbunden mit einer existentiellen Beugung unter diesen heiligsten Wert. Deshalb handelt es sich um »Divination« im Sinne des Religionsbegriffs der modernen Religionswissenschaft. Es handelt sich um »Ergriffensein vom Numinosen«, das echt »religiös« immer dann ist, wenn damit »innerste obligatio«, demütige Beugung unter heilige Werte und Selbsthingabe an diese verbunden ist. Er hatte die Erfahrung der letzten Wirklichkeit als einer heiligen. Seine Haltung ist darum religiös, wenn Konfuzius auch über das Wesen des »Tao« der Götter und der Ahnen aus Ehrfurcht geschwiegen hat.

Die Tendenz zur Übereinstimmung mit den kosmischen Grundkräften bedeutet »Religion« im Sinne von Einklang des Endlichen mit dem Unendlichen und »Heiligen«, wobei das Heilige das »Ganz andere« ist, das anerkennende Beugung, Ehrfurcht und »antwortendes Handeln« (Ethik) des Menschen verlangt. Mit diesem Heiligen sucht der religiöse Mensch Kontakt. Hier liegt die Verwurzelung sowohl des Konfuzianismus als auch des Taoismus im Transzendenten und in der Religion. Daher ist die verbreitete Auffassung, Konfuzius habe die Religion in eine Philosophie umgewandelt nur sehr bedingt richtig. Denn es bleibt in dieser »Philosophie« die religiöse Hinwendung zum Unbedingten und die Hingabe an das letzte Mysterium des Weltensinns. Dabei spielt es hier kaum eine Rolle, daß die religiösen Komponenten im Taoismus stärker ausgeprägt sein mögen als im Konfuzianismus. Es bleibt nicht nur »Morallehre« philosophischer Art, sondern auch »Religion«. In der dargestellten Weise wirkt aus der chinesischen Tradition heraus ein Rest von Glaubensdenken noch in der kommunistischen Wirklichkeit des Mao Tsē-Tung von heute. Damit ist freilich noch nichts gesagt über das Ausmaß der Verdünnung, Modifizierung oder Pervertierung solchen »Glaubens« im Maoismus. Es bedarf vielmehr der näheren Explikation eines gewissen Strukturwandels der aufgezeigten religiösen Restbestände.

Die Wandlungen der religiösen Restbestände

Als die drei Hauptelemente religiösen Restbestandes sind festzuhalten: 1. Glaube an den »Wandel« im Sinne einer inneren Dialektik im elementaren Wesen der Dinge selbst; d. h. der Marxismus–Leninismus wird verbunden mit einem Glauben an das ewige, unumstößliche kosmische Gesetz, das der Welt und dem Universum innewohnt. 2. Glaube an das »proletarische Wesen« des Menschen, an einen besonderen Wert des Geistes der Massen, der fast zu einem heilvollen (heiligen) Geiste wird. 3. Glaube an das »Neue China« als die Avantgarde der Menschheit, der die Zukunft gehört.

Dabei ist schon Gesagtes zu unterstreichen: Mit dem, was durch die Appelle des Marxismus–Leninismus bei ihm erweckt ist, erhebt Mao seinerseits unter dem Vorverständnis der ihn tragenden Sinngehalte seinen Appell und sein Ansinnen an sich selber, sein Volk und die Welt. Er ist dabei subjektiv selbst davon überzeugt, einmal den Marxismus–Leninismus in seiner »Reinheit« zu vertreten, zum andern aber alle metaphysischen Reste abgestreift zu haben. Objektiv ergibt sich jedoch ein anderes Bild. Die religiösen Restbestände bleiben allerdings nicht in den strukturtypischen Zusammenhängen, aus denen sie übernommen sind. Sie gehen in Mao und die chinesischen Kommunisten nicht ein, ohne sich zu wandeln. Es erfolgt eine strukturtypische Umschichtung, auf die jetzt einzugehen ist, wenn die Erscheinungsform des Maotsetungglaubens religionsphänomenologisch einsichtig werden soll.

Die Strukturwandlung dargestellt am »Großen Wesen der Dinge«

Es ist religionsphänomenologisch grundlegend zu unterscheiden zwischen »Volksreligion« und »Weltreligion. Die Strukturen sind typologisch grundverschieden. In der »Volksreligion« wird die Vitalgemeinschaft, das Volk, der Verband als numinoser Grundwert apperzipiert. Der einzelne Mensch ist demgegenüber sekundär, sein Wohl, auch im religiösen Sinne, hängt ausschließlich vom Wohle der Gemeinschaft ab, die religiöse Würde hat. In solcher »Volksreligion« ist das Heil der Gesamtheit durch kultische Betätigung (z. B. Opfer) des jeweiligen Führers, Königs oder Kaisers, zu pflegen und zu gewährleisten. Der Kult ist Pflicht aller Volksgenossen um der Existenz und Dauer des Ganzen willen. [506] »Volksreligionen« in diesem Sinne sind daher natürlich immer in bestimmter Weise »national«. Das liegt in ihrem Wesen.

Im Unterschied dazu hat das Phänomen der »Universal«-»Welt-« oder »Hochreligion« eine andere Struktur. Hier ist nicht mehr Sippe oder Volk primärer Träger der Religion, sondern der einzelne Mensch, der sich selbst als Individuum entdeckt hat und sein Heil nicht mehr im Sippenheil sucht. Diese »Weltreligion« wendet sich mit einer universalen Botschaft an alle, ist übervölkisch geartet und bietet Heil und Heilung für alle Welt an.

Es ist nun die Eigenart der Religionswelt gerade in China, daß beide Strukturen für lange Zeiten nebeneinander her bestanden. Konfuzius wurde zwar im Rahmen eines volksreligiös gearteten Staatskults mit verehrt. Das ändert aber nichts daran, daß sein eigenes ethisch-religiöses System (und auch das Laotzes) im Grunde nicht volksreligiös, sondern weltreligiös (universal- oder hochreligiös) geartet war. Das, was manchem als die Verwandlung der Religion in Philosophie bei Konfuzius erscheint, war zu einem guten Teile nur Übergang von volksreligiösem zu weltreligiösem Denken. Denn Konfuzius wendet sich an alle Menschen, ohne betonten Bezug auf den Volksnomos. Das wurde bereits bei der Darstellung der Ethik und der Soziallehren des Konfuzius erwähnt. Es war, wie gesagt, die Eigenart der religiösen Systeme Chinas, daß beides weite Strecken des Geschichtsverlaufs nebeneinander her bestand. Die große Wirkung des Konfuzius in die übrige Welt hinein und das große Ansehen, das der chinesische Geist durch ihn gewann, beruhte auf seinem weltreligiös strukturierten gemeinmenschlichen Anliegen.

Trotzdem hatte sich in China die volksreligiöse Struktur im Staatskult immer existent erhalten und damit auch der besondere chinesische Heroenglaube und Nationalgedanke. Der Typus der Welt- oder Universalreligion appelliert immer an das Gewissen des Einzelnen. Konfuzius selbst gehört mit seinen Appellen an den Einzelnen und dessen guten Willen mehr das Typus des Universalreligiösen an. Das von Mao Tsē-Tung aus der Tradition übernommene Glaubensmoment vom »großen Wesen der Dinge«, das er auf seine Weise als »Gesetz des Widerspruchs« deutet, gehört nun zwar in China beiden Strukturtypen der Religion an. Denn auf das Walten des ewigen »Tao« bezog sich jede Form von »volksreligiöser« Art schon vor Konfuzius (auch der eigentliche Staatskult), wie aber auch das ethisch-religiöse System des Konfuzius (mit seiner Tendenz auf alle Menschen in der Welt). Es kann aber keinem Zweifel unterliegen, daß sowohl der Konfuzianismus wie auch der Taoismus auf das Individuum und die ganze Welt in universalreligiöser Weise tendierten. Beide haben den Glaubensgedanken vom großen Wesen der Dinge (»Tao«) in besonderer Weise gepflegt, weit mehr als die volksreligiösen Formen, die oft in Opfer und Ritus erstarrten.

Wenn nun Mao Tsē-Tung aus der Tradition den Glaubensgedanken vom »großen Wesen der Dinge« übernimmt, das er auf seine Weise als das »Gesetz des Widerspruchs« deutet, so übernimmt er damit ein Glaubensmoment, dem in besonderer Weise der Charakter und Typus des Universalreligiösen zukommt.

Die damit verbundene Ethik, die dieses Glaubensdenken aus sich hervorgebracht hatte, läßt er fallen. Während das »Tao« umfassende Menschenliebe [507] fordert und Konfuzius demütig sein Nichtwissen bekannte, sogar opferte und das Göttliche in heiliger Scheu verehrte, ohne Aussagen darüber machen zu wollen, [508] läßt Mao solche Haltung als Aberglauben fallen. Statt dessen hält er sich selbst in seinen Gedanken in Einklang mit dem »großen Wesen der Dinge« und sieht in seinem Wissen und in der Anwendung seines Wissens ein geeignetes Mittel zur Herstellung eines ökonomischen Heils der Diesseitigkeit, erst für China und dann für die Menschheit. In vollem Einklang und Kontakt mit der »Dialektik« im »großen Wesen der Dinge« bringen die »Maotsetungideen« das Volk mit Sicherheit auf eine politische Siegerstraße, sozusagen nach einem kosmisch verbrieften Gesetz.

Dieser »Glaube« Mao Tsē-Tungs ist weder rein »volksreligiös« an Götterglauben und Kult orientiert, noch steht er weiter im Zusammenhang mit den hohen Werten des »weltreligiösen« Denkens. Letzteres deshalb nicht, weil die großen Irrationalitäten des Daseins, die Realitäten des Bösen, des Schmerzes, der Sünde und des Todes unbeachtet beiseite geschoben bleiben. Was ist das dann aber für ein Stück »Glaube«, der da geblieben ist, religionsphänomenologisch gesehen? Wenn er nicht rein »volksreligiös« an Götterglauben und Kult orientiert ist, wie wir oben sagten, und wenn er auch keinen »universalreligiösen« Charakter hat, was bedeutet er dann? Wie ist er religionsgeschichtlich–phänomenologisch einzuordnen?

Die Erscheinung eines bestimmten, charismatisch begabten Individuums als Führer eines Kollektivs, der sein besonderes Wissen zum Nutzen des Kollektivs anwendet und verbreitet und ihm dadurch eine religiös anmutende Verehrung zuteil wird, ist dem weiten Felde der Religionsgeschichte nicht neu. Das ist vielmehr ein wohlbekanntes Phänomen, sogar in China selbst seit alten Zeiten eine wohlbekannte Erscheinung. Ein besonders Wissender, der große Mann, der Held, der den anderen voranleuchtet und die Verhältnisse ordnet – war er in China nicht schon immer Gegenstand nicht nur der Sehnsucht und Wunscherfüllung, sondern auch der religiösen, kultischen Verehrung? Haben wir im Laufe der bisherigen Darlegungen nicht davon schon viel gehört?

Man bedenke, was über den Kult des Konfuzius gesagt werden konnte. Mao ist zwar kein neuer Konfuzius, aber er ist eine Art Held, und wenn man fragt, wie sein eigener Glaube und der seiner Anhänger an ihn religionsgeschichtlich und phänomenologisch einzuordnen sei, so muß man an die alte chinesische Heldenverehrung denken, die hier in einem neuen Gewande auftritt. Es handelt sich letzten Endes um Heroenverehrung und Heroenkult, aber in einer von den bisher bekannten Formen etwas unterschiedenen Form.

Heroenverehrung alter Art

Schon in früher Vorzeit hat es bei vielen Völkern außerhalb Chinas (über die ganze Welt verbreitet) »Heroen« gegeben, die als ungewöhnliche Menschen sich z. B. als Urheber und Erfinder hervorgetan hatten, wobei sie dem Glauben nach mit übermenschlichen Kräften begabt waren. Prometheus hat Menschen zuliebe den Göttern das Feuer entwendet, Dionys hat ihnen die Gabe der Weinrebe gebracht, Triptolemos hat den Griechen das Pflügen gelehrt und Hephaistos die Schmiedekunst. Heroen bringen ein Stück Kultur zu ihrem Volk oder Stamm. In der Mythologie der Indianer spielen derartige Kulturbringer eine bedeutende Rolle. Der große Mann mit hervorragendem Einfluß war kein gewöhnlicher Mensch. Er wird noch am Grabe verehrt und das allmähliche Gerücht, er sei viel mehr als ein Mensch gewesen, verdichtet sich, so daß es zu Wallfahrten kommt und sein Grab eine Pagode oder einen Tempel erhält. Später wird dem Heroen auch eine göttliche Herkunft angedichtet. Das Altertum hat sogar Reliquien von Heroen verehrt, z. B. Pelops Schulterblatt, deren Kraft in diesem Körperteil noch immer anwesend gedacht wurde. Die siegreiche Kraft der »Heroen« kannten Germanen und Kelten ebenso wie Vorderasiaten; die ersteren in Gestalt von Drachentötern und Kriegshelden oder wiederkommenden Königen, letztere in der Gestalt von Schlangenbezwingern oder Urmenschen mit Heroencharakter, wie z. B. Adapa in Babylonien. Die »Heroen« sind meistens Helfer im Kampf gegen alles, was das Lebensglück bedroht.

Auch in China hat es seit alter Zeit Heroenkult gegeben. Er hat sich dort natürlich aus dem Ahnenkult entwickelt. Aber schon in grauer Vorzeit verehrte man den Hou-tsi, einen Heroen, der dem Volke als Ackerbaumeister unschätzbare Dienste getan hatte.[509] Der spätere Heroenkult in China ist, wie auch anderswo meistens, im Glauben an die einstige lebendige und im Tode weiterbestehende Macht eines Mächtigen entsprungen, dessen Hilfe sich auf Land und Volk erstreckte.

Heroen in China haben innerhalb des Taoismus eine gewisse Rolle z. B. in Form der »pa sien«, der »Acht Genien« gespielt. Das waren geschichtliche Persönlichkeiten aus der Tang-Zeit (7. bis 9. Jahrh. n. Chr.), die durch Vereinigung mit dem Tao höherer Kräfte teilhaftig geworden waren. Später verwandelten sie sich im Volksglauben zu Glücksgöttern. Der Heroenkult in China wurde dadurch besonders gefördert, daß – wie schon dargelegt – im Jahre 174 vor Chr. Konfuzius selber zu einem »Heroen« erklärt wurde. Das geschah in der Weise, daß der regierende Kaiser an seinem Grabe opferte. Konfuzius hat durch vorbildliche Geltung seiner Persönlichkeit den Grund zu solcher Verehrung gelegt.

Was nun die heutige Gestalt des Mao Tsē-Tung betrifft, so springt zwar die Parallele mit dem alten Heroenkult ins Auge, trotzdem stand dieser außerhalb Chinas und auch in China selbst meist mit dem Götterglauben und dem Kult im Zusammenhang und war insoweit strukturtypisch volksreligiös geartet. Das gilt auch noch bis zu einem gewissen Grade für den Kultus des Heroen, der Konfuzius heißt, wenn die Gedankenwelt des Konfuzius auch die engen volksreligiösen Bindungen sprengte und im Grunde universalreligiös geartet war. Dadurch, daß der regierende Kaiser am Grabe des Konfuzius opferte und damit den Grund zu seiner kultischen Verehrung als »Heros« legte, wird erkenntlich, daß China seinen Heros in volksreligiös bestimmter Weise für sich in Anspruch nahm. Tatsächlich waren später die Opfer für Konfuzius und die Opfer für China und sein Wohlergehen ein und dasselbe.

Das Heroentum des Mao gilt auch in erster Linie seinem Lande China. Trotzdem unterscheidet es sich in mehreren Momenten religionsphänomenologischer Art von dem des Konfuzius. Es vollzog sich eine nicht zu übersehende Strukturänderung. Denn der noch aus der Tradition übernommene Glaubensrest bezüglich der Dialektik als innerstes großes Wesen der Dinge verband sich in Mao Tsē-Tung und in seiner Bewegung mit den politisch-ökonomischen Ideen des Marxismus–Leninismus. Diese Verbindung konnte nicht fruchtbar sein, weil mit dem Fortfall des eigentlichen religiösen Nervs dieses Glaubensrests, der sich in den Marxismus–Leninismus einschlich, das echt religiöse Moment der innersten Verpflichtung vor dem menschlichen Gegenüber, dem Unbedingten und allein Heiligen, zerbrach. Was übrig blieb, war die schlaue Indienstnahme eines vorgestellten großen Gesetzes des Widerspruchs im Wesen der Dinge zugunsten eines bestimmten politisch-ökonomischen Systems. Dieses Gesetz genau zu kennen und das ökonomische und politische Handeln in der realen Welt der Erscheinungen danach einzurichten, ist das große »Wissen« und die besondere charismatische Begabung des großen Helden und »rechten Mannes«, das eigentlich Faszinierende an ihm. Er wendet sein Wissen an zu Nutzen und Glück des Kollektivs und hat damit auch gewisse Erfolge. Ein Milieu von Enthusiasmus und Terror erzeugt eine Art magisches Lebensmilieu und zugleich den fast missionarischen Anspruch auf Weltgeltung des Wissens und der Möglichkeiten des großen Helden.

Damit sind die beiden Momente genannt, die religionsgeschichtlich den Heroenkult um Mao von dem um Götterglauben und Kult gewachsenen Heroenkult alter, volksreligiöser Art unterscheidet. Auf der einen Seite ist im Heroenkult um Mao neuerdings, wie noch nachgewiesen werden wird, ein fast magischer Einschlag zu konstatieren, der eher an gewisse Verhältnisse in Frühkulturen erinnern mag, also weniger an die Verhältnisse in den ausgeprägten Volksreligionen, sondern an den dritten Typus, in dem »Religion« in der Menschheitsgeschichte auftritt, nämlich an den der frühen Naturreligion. Auf der anderen Seite wird aber zugleich ein damit niemals zu vereinbarender Anspruch missionarischer Art auf Weltgeltung und Weltveränderung zum Heile der Welt und ihrer Ordnung erhoben, der wieder an den universalreligiösen Typus erinnert. Insoweit muß also gesagt werden, daß die Strukturänderungen des Heroenkults um Mao heterogener Art sind und religionsgeschichtlich auf keinen einheitlichen Nenner gebracht werden können. Damit muß man sich bescheiden, um der Sache keine Gewalt anzutun.

Dabei wird das missionarische Moment, der Anspruch über China hinaus auf Weltgeltung, von niemanden in Zweifel gezogen werden. Wie aber steht es mit dem anderen Moment eines gewissen magischen Einschlags? Hier könnte sich beim Leser Überraschung einstellen und man könnte eine gewisse Übertreibung vermuten. Daher erscheinen sorgfältige, literarisch nachprüfbare Nachweise erforderlich. Es entfaltet sich tatsächlich in der neueren Entwicklung in China ein enthusiastisches Milieu, deren Mittelpunkt die »Maotsetungideen« darstellen und signifikante Kennzeichen des magischen Vorstellungskreises aufweist. Dabei muß natürlich gesagt werden, daß nur von der gegenwärtigen Situation gesprochen werden kann. Wie sich die Verhältnisse in China weiter entwickeln werden, kann niemand voraussehen. Das Gemeinte ist aber heute an gewissen öffentlichen Verlautbarungen des Pekinger Staatsverlages nachweisbar, und zwar in Äußerungen, die – in europäischen Sprachen verfaßt – für den Export bestimmt sind und daher nicht nur primitivste Propaganda für den inneren Gebrauch darstellen können.

Die »Maotsetungideen«

Die Wortbildung »Maotsetungideen« stammt nicht vom Verfasser dieses Buches. Die Wortbildung entnehme ich deutschsprachigen Erzeugnissen, die in letzter Zeit in der Volksrepublik China gedruckt wurden.[510] Es handelt sich dabei um die »Gedanken (»Ideen«) des Vorsitzenden Mao Tsē-Tung. Sie nehmen zur Zeit in der Volksrepublik China immer mehr den Charakter des »heiligen Wortes« an. Hier wird eine enthusiastische Wertung von Worten und Aussprüchen eines lebenden Menschen getrieben, der zunächst an den Umgang mit dem persönlichen heiligen Worte des Sehers, Propheten oder Heilandes erinnern mag.

Es scheint sich immer mehr der Glaube herauszubilden, daß das Heldentum Maos seinen Grund darin hat, daß seine Gedanken im Einklang und Kontakt mit der großen inneren Dialektik im »Wesen der Dinge« stehen, wodurch sie mit Sicherheit hilfreich für alle sind und irrtumslos dem Volk und der Welt das weltlich-politische Heil verbürgen.

Die »Maotsetungideen« werden als der »Urquell der Weisheit und der Kraft« gepriesen.[511] Sie gelten als »unbesiegbar und unwiderleglich«, als »immer siegreich«.[512] Sie sind die »Morgensonne im Herzen, die der bitteren Kälte trotzt, die Eis und Schnee schmilzt«.[513] Auf einem Empfang führender Genossen in Peking werden Lieder gesungen, die Mao verherrlichen, und dann ruft man, die roten Worte des Vorsitzenden Mao Tsē-Tung in der Hand schwingend, begeistert im Chor: »Hoch der immer siegreiche Marxismus–Leninismus, hoch die immer siegreichen Maotsetungideen!«[514] Die »Worte des Vorsitzenden« soll man

»bei sich tragen«. In der in Peking gedruckten Ausgabe »China im Bild« (Ausgabe 11. November 1969) sieht man die »Maotsetungideen« als rotes Buch in der Hand von Studenten, die darüber »gewissenhaft diskutieren«,[515] in der Hand eines Lehrers und auf der Schulbank der vor ihm sitzenden Schüler,[516] in der Hand »revolutionärer Intellektueller«, die von »erfahrenen Arbeitern« »mit Hilfe der Maotsetungideen zusammengeschlossen, erzogen und umerzogen werden«,[517] auf dem Schreibtisch des Genossen Yang, der »bis zur letzten Minute seines Lebens beharrlich die Werke des Vorsitzenden Mao studierte«,[518] in der Hand einer Lehrerin der landwirtschaftlichen Mittelschule beim politischen Studium,[519] in der Hand eines Stationsleiters der Armee in weitentfernten Viehzuchtgebieten, der an einem Tische mit dem Maobild ein Beispiel gibt, »die Maotsetungideen unter den tibetischen Viehzüchtern zu verbreiten«,[520] in der Hand von Soldaten, die die Maotsetungideen mit ihren Kommandeuren »lebendig studieren« und »ihre Erkenntnisse dabei darlegen«, in der Hand von Jugendlichen auf der Straße, in der Hand einer landwirtschaftlichen Arbeiterin auf dem Felde, in der Hand einer »Kampfgenossin und Pferdezüchterin in der Steppe«, in den Händen einer Hirtengruppe, in den Händen einer Großmutter mit Enkelin, in den Händen von Bauern, die auf dem Felde Arzneipflanzen anbauen.[521] Es nimmt kein Ende, alle Hefte der Jahrgänge 1968/1969 sind voll dieser für den Export bestimmten Beiträge und Bilder. Wie muß dann erst das den Chinesen im Lande dargebotene Propagandamaterial sich in der Anpreisung der »Maotsetungideen« überschlagen.

»Ewig erstrahlen die Maotsetungideen«

Da die Maotsetungideen »ewig erstrahlen«,[522] wie es in der »Pekinger Rundschau« heißt, ist es kein Wunder, wenn zu ihrer Ehre liedartige Hymnen gesungen werden. Ein Beispiel hierfür:

»Die strahlende Sonne der Maotsetungideen
Leuchtet den Völkern der Welt voran.
Entschlossen den Maotsetungideen folgend,
Greifen die Proletarier zu Schwert und Gewehr.
Unüberwindlich und immer siegreich
Verbreiten die Maotsetungideen Glanz.«[523]

Die »Maotsetungideen« sind anzuwenden zur »Umgestaltung von Literatur und Kunst«.[524] Weil sie die »Quelle des Mutes und der Weisheit« sind, erringt man durch sie auch »neue medizinische Triumphe«.[525] »Erleuchtet von den Maotsetungideen wurde die Akupunktur wiederbelebt.«[526] Die mit den Maotsetungideen »gewappneten« Menschen »sind die größte Kampfkraft«.[527] Die Maotsetungideen sind »die machtvollste Waffe«.[528] Durch die Aneignung der Maotsetungideen »verdoppelt« sich derart der »Mut der Truppe«, daß sie nicht davor zurückscheut, »es mit überlegenen Gegnern aufzunehmen«.[529] Die siegreichen Maotsetungideen waren ein so enormer Kraftquell für eine Gruppe von Viehzüchtern, so daß sie wegen ihrer Erfolge sogar vom Stellvertreter Maos, dem Genossen Lin Biao, empfangen wurden. Diese Viehzüchter hatten täglich, »noch im Reiten«, die Maotsetungideen »studiert«. Und noch abends »im Reiten« pflegten sie (offenbar von Pferd zu Pferd) »Aussprachen über die Maotsetungideen«.[530] Von der Genossin Ma-Yi erzählt uns »China im Bild«, daß sie vor einer Krebsoperation sich enthusiastisch zu den Maotsetungideen bekannt habe, und als sie dann nach erfolgreicher Operation aus der Narkose erwachte und wieder bei voller Besinnung war, habe sie als erstes ausgerufen: »Es lebe der Vorsitzende Mao!«[531] Auf einem Bilde sieht man, wie die genesene Frau Ma-Yi zusammen mit den barfüßigen Ärzten die »Maotsetungideen« studiert.[532] Es werden »medizinische Arbeitstrupps für die Maotsetungideen« organisiert, die in Kompaniestärke in Dörfer und Fischereisiedlungen zur Propagierung der Maotsetungideen gehen, zugleich erteilen sie die »Weisungen des Vorsitzenden Mao über das Gesundheitswesen«.[533] Andererseits lernen aber auch Militärpersonal und Ärzte »bescheiden« die Heilweise und alten Rezepte der »Volkskommunebauern«, wenn sie mit ihnen gleichzeitig die Maotsetungideen studieren.[534] Die »Peking Rundschau« lehrt uns, daß die Maotsetungideen »als Kompaß« zu benutzen seien,[535] daß »gute politische und ideologische Arbeit bedeutet, den Maotsetungideen das Kommando einzuräumen«,[536] daß sie eine »Revolutionierung des menschlichen Denkens bewirken«, daß die Maotsetungideen die »Politik der Politik, »die Seele der Seelen«, der »Kern der Kerne« sind.[537] Gemäß den »Ideen« Mao Tsē-Tungs gehen Soldaten daran, an Orten, die als völlig unfruchtbar gelten, z. B. in 4800 m Höhe, zur Selbstversorgung Gemüse anzupflanzen, und siehe da: Es wächst![538]

Das hier vorliegende erstaunliche Phänomen ist nur religionsphänomenologisch erklärbar; denn Urteile wie »Fanatismus« oder »Enthusiasmus« reichen nicht mehr aus. Nach den bis jetzt vorgestellten Belegen könnte man immer noch an das Phänomen des »heiligen Wortes« im universalreligiösen Sinne denken. Aber auch hier gewahrt man bei näherem Zusehen das totale Abgleiten in strukturtypisch ganz andere Vorstellungsreihen. Es waltet die Tendenz, die »Maotsetungideen« nicht nur als geistige Kraftquelle persönlicher Art, sondern als direkt heilgeladen aufzufassen. Damit aber erreicht man faktisch nichts anderes als eine Denkweise, die die Religionswissenschaft und Völkerpsychologie als »magische« Denk- und Glaubensweise zu bezeichnen sich angewöhnt hat. Man vergegenwärtige sich z. B. die Tatsache, daß vom Denken Maos als einer »Wunderwaffe« [539] gesprochen wird, die »zur Überwältigung des Feindes« bestimmt ist, daß die Maotsetungideen zu einer »materiellen Gewalt« erklärt werden, die die von ihr ergriffenen Volksmassen »vorwärts treibt«, [540] daß sie »giftigen Einfluß beseitigen«. [541] Daß das alles nicht nur in übertragenem Sinne gemeint ist, sondern daß tatsächlich bereits eine dringliche Auffassung waltet, erkennt man daraus, daß geglaubt wird, sie könnten in kritischen Situationen ihre reale Macht entfalten. So wird uns tatsächlich erzählt, daß jemand mit Taschenlampe und den »Maotsetungideen« erfolgreich gegen ein Rudel Wölfe besteht: Während zwei junge Mädchen Pferde hüten, überfällt sie »ein Rudel Wölfe aus einer Bergschlucht«. Die weidenden Pferde werden scheu und laufen auseinander. »Kaltblütig aber strafften die beiden Mädchen die Zügel ihrer Reitpferde, gemeinsam rezitierten sie zur gegenseitigen Ermutigung die Worte des Vorsitzenden Mao: ›Was wir brauchen, ist Begeisterung, aber auch Besonnenheit, ist sowohl intensive wie gut geregelte Arbeit. Fest entschlossen sein, keine Opfer scheuen und alle Schwierigkeiten überwinden, um den Sieg zu erringen‹. Furchtlos sprengten sie dann auf das Wolfsrudel zu, die eine leuchtete mit der Taschenlampe, während die andere mit ihrer Peitsche wuchtig auf die hungrigen Wölfe einschlug. Nach einer Stunde waren die Wölfe vertrieben, von den Pferden fehlte kein einziges, und ein Siegeslächeln umspielte die schweißbedeckten Gesichter der Mädchen.« Es handelte sich um solche zwischen 17 und 21 Jahren. Sie waren gekommen, »um die proletarische revolutionäre Linie des Vorsitzenden Mao zu verteidigen und die Zucht von Militärpferden im Großmaß zu erweitern«. [542]

So wird uns wörtlich erzählt. Es kann keine Rede davon sein, daß es sich um nicht ernstzunehmende Volkspropaganda handelt. »China im Bild« ist eine hochoffizielle von der Regierung getragene, bebilderte Zeitschrift, die für die ganze Welt bestimmt ist. Sie erscheint in Peking nach den eigenen Angaben dieser Zeitschrift in folgenden Sprachen: Chinesisch, Koreanisch, Russisch, Englisch, Deutsch, Französisch, Japanisch, Vietnamesisch, Indonesisch, Hindi, Spanisch, Arabisch, Schwedisch, Suaheli, Italienisch und Urdu. Hier handelt es sich nicht »nur« um Randerscheinungen einer nicht ernst zunehmenden Propaganda, sondern um die Sache in ihrer zentralen Gestalt, in der sie offenbar auch auf Intellektuelle, besonders unruhige Studenten, der ganzen Welt Eindruck machen soll. Die Tatsache, daß man derartiges dem Auslande in aller Welt zumutet, läßt darauf schließen, um wieviel primitiver noch die wirkliche, nur für das Volk im Innern bestimmte Propaganda sein muß.

Daß hier tatsächlich der Vorstellungskreis der kraftgeladenen Energiespendung erreicht ist, zeigt uns auch »China im Bild« aus dem Staatsverlag in Peking mit folgender Geschichte:

Eine Kolonne macht sich – »die Worte des Vorsitzenden Mao Tsē-Tung bei sich tragend« – auf, eine schwierige Wegstrecke hinter sich zu bringen. Ausgerüstet ist sie, außer mit den »Worten des Vorsitzenden« noch »mit Thermosflaschen, Trockenrationen, Medikamententaschen und Hacken«. Dann heißt es wörtlich: »Je weiter sie gingen, desto schwerer wurde es ihnen, der Schnee reichte ihnen bis an die Knie, der Wind heulte und die Temperatur sank auf 20 Grad unter Null; dazu kam noch die dünne Luft auf solcher Höhe; so daß jeder Schritt vorwärts sie keuchen machte. Wie aus einem Munde rezitierten sie die Worte des Vorsitzenden Mao: ›Fest entschlossen sein, keine Opfer scheuen und alle Schwierigkeiten überwinden, um den Sieg zu erringen‹.« [543] Dadurch gestärkt, marschieren sie weiter und erreichen das Ziel.

Zu dinglichen Vorstellungen von heilgeladener Kraft in den »Maotsetungideen« kommt es auch in folgenden Äußerungen: Sie sind Mittel und »Garantie für den Sieg,« [544] »ihr Glanz erhellt die tibetische Hochebene«, [545] sie helfen »im Kampf gegen die Natur«. [546] Ein gewisser Tan Dja-djin ist Buchhalter der Produktionsbrigade Wutsou. Als solcher arbeitet er aber nur nachts, am Tage wirkt er mit als Arbeiter auf der Baustelle. In einem kritischen Moment sagt er sich gewisse Worte des Vorsitzenden vor: da durchströmt ihn plötzlich ein Glücksgefühl und neuer Mut ergreift ihn. Diese Muteinflößung geschieht augenblicklich, denn er ergreift daraufhin ein Bündel Stroh und springt in eine Strömung, um ein Loch zu stopfen. [547]

An anderer Stelle wird erzählt, daß eine Frau »im Gedenken an das revolutionäre Heldentum ihres älteren Bruders, der im Kampf gegen den Imperialismus tapfer sein Leben hingegeben hatte«, eine ähnliche Heldentat vollbringt. Diesmal geht es um eine kritische Situation bei Windstärke 6. Sandsäcke und Schlamm werden herbeitransportiert, denn ein Deich ist gebrochen. Die Fischer aber rezitieren dabei die heiligen »Maotsetungideen«: »Sollten die Chinesen da Schwierigkeiten sehen, wenn sie nicht einmal den Tod fürchten . . .?« [548] Augenblicklich ist ihnen geholfen.

Derartige Berichte erscheinen uns seltsam und grotesk. Wir stehen aber vor dem sehr ernsten nur religionswissenschaftlich zu verstehenden Phänomen eines Umschlagens politischer Vorstellungen in ein magisches Lebensgefühl, und zwar unter dem Zwangs-Psychismus des Kollektivs. Ohne Kenntnis dieses magischen Schlüssels bleibt das Phänomen unverständlich. Der vor- und frühgeschichtliche Mensch kannte bereits vielfach die Macht des heilgeladenen Worts: Das menschliche Wort kann zu einem »Mana«-Wort werden, d. h. es kann besondere Kräfte sogar dinglicher Art entbinden. Dieses magische Wort trägt den Charakter der höchsten Scheinweisheit. Dazu ist es mit Macht begabt, so daß es dingliche Wirkungen durch das bloße Ausgesprochenwerden hervorbringt, und zwar sofort, automatisch.

Die Möglichkeit des Abfalls in magische Vorstellungen begleitet den menschlichen Geist bis in hochzivilisierte Verhältnisse hinein, wie die Macht des Aberglaubens auch bei uns noch zeigt. Es kann daher nicht wundern, wenn der vom Zwange einer Diktatur ausgeübte Griff in den menschlichen Geist in einem großen Kulturvolke wie den Chinesen, denen die Menschheit viel verdankt, derartige Verheerungen anrichten kann. Um dies zu erhärten, ist festzustellen, ob zugleich mit magisch anmutenden Vorstellungen auch ein gewisser Dynamismus gegeben ist, weil nach den religionsphänomenologischen Einsichten und Erfahrungen ein solcher immer dem magischen Vorstellungskreis zugehört. Das ist in klarer Eindeutigkeit der Fall, wie der nächste Abschnitt zeigen wird.

Die Strukturwandlung dargestellt am Glauben an den ›proletarischen Menschen‹

Zum religionsartigen Restbestande im Glauben Mao Tsē-Tungs gehörte, wie ausführlich dargelegt, die Wertung des »proletarischen Wesens des Menschen«. Aber auch hier läßt sich ein Strukturwandel dieses Glaubenselements, analog dem bereits dargelegten Wandel nachweisen. Der Glaube an das »proletarische Menschenwesen« ist ganz anders strukturiert als die Humanitätsideale der Hochreligionen. Er ist auch total gewandelt gegenüber den Humanitätsidealen des Helden, der Konfuzius heißt. Der ideale Mensch des Konfuzius strebt nach »Harmonie« im Sinne von jenem inneren Gleichgewicht, das den Menschen befähigt, Unparteilichkeit im Urteil zu erlangen. Der enthusiastisch fanatisierte Kollektivmensch Maos dagegen betrachtet die Gemeinschaft, in die er selber sich integriert sieht, als das alleinige Subjekt und Agens der Geschichte und ist dabei als Klassenmensch grundsätzlich parteilich. Diese Haltung des Kollektivs gebiert eine gewisse agitierte Dynamik, einen Dynamismus der darin besteht, daß man mit Hilfe der bewußt gewordenen Kraftquelle zu großen Taten kommt. Im Kontakt mit den Energien und der Macht des Kraftträgers wird das gesamte Lebensgefühl beeinflußt und es kommt zu einer Dynamik des Kollektivs in Richtung auf die Verwirklichung der vitalen Interessen, Wünsche und Ziele. Diese Gestimmtheit kennt die Religionsgeschichte sehr wohl als typischen Bestandteil einer enthusiastisch–magischen Ordnung. Voraussetzung dafür ist, daß dem Kollektiv eine beflügelnde Kraftquelle bekannt ist. Das ist hier der Fall. Es sind die »Ideen« eines kraftvollen Helden geistiger Art, der in Verbindung mit den Urgründen der Dinge wissend die Welt ordnet.

Die »glanzvolle Menschengestalt«

Der gemeinte Dynamismus entzündet sich an der angeblich höchsten Heldengestalt und tiefsten Kraftquelle, die die Welt je erfahren hat. Mao wird im neuesten Schrifttum mit Attributen belegt wie: »Erhabene, reife, glanzvolle Menschengestalt«,[549] »himmelstürmender, proletarischer, revolutionärer Held«.[550] Seine Werke »müssen jeden Tag studiert werden«.[551] Er ist »die Morgensonne im Herzen«, die ein »rotes Herz« schenkt, das »den Maotsetungideen grenzenlos treu ist«.[552] Mao Tsē-Tung gerät in die Erlöserrolle des Gerechten, der berufen ist, den ontologischen Zustand der Welt zu verändern. Man versteigt sich zu Aussagen wie: »Das Südmeer kommt an Tiefe nicht Deiner Güte gleich!«[553] Was liegt näher, als daß nun diesem Helden nachgeeifert werden muß? Auf diese Weise kommt es zu jenem »Dynamismus«, der das ganze Kollektiv ergreift, so daß sogar die älteste Großmutter sich enthusiastisch zu den »Maotsetungideen« bekennt: Bei einem »Familienstudienkreis«, den eine »Gruppenleiterin« abhält, so wird aus Peking verkündet, habe die siebzig Jahre alte Großmutter Tan

Wu-ma sich plötzlich zu den »Maotsetungideen« bekannt und beteuert, »sie will ihnen ihre Kraft widmen«. [554] Auf einem Bilde sieht man sie dann zusammen mit einer Enkelin die »Maotsetungideen« studieren. [555] Bilder von großer Groteskheit zeigen z. B. wie Gruppen im Freien auf dem grünen Rasen sitzen, Männer, Frauen und Kinder, und alle betrachten zutiefst betroffen ein Bild von Mao Tsē-Tung im Großformat, ein Bild, das sie tausendfach kennen. [556]

Der Dynamismus gebiert Helden

Unter dem Stichwort aus den »Maotsetungideen: »Weder Härte noch Tod fürchten«, [557] kommt es zu einer Nacheiferung des großen Helden. Alle Chinesen, besonders alle Jugendlichen und Kinder, sollen Maos werden, d. h. sie sollen in ihrem Lebenskreise und Arbeitsplatze die von ihm ausgehenden Energien »anwenden« und »entwickeln«. So wird z. B. berichtet, daß »in Verbindung mit den revolutionären Funktionären und dem technischen Personal« und »erleuchtet von den glanzvollen Gedanken des Vorsitzenden Mao«, im Vertrauen auch auf die eigene Kraft, gewisse arme und niedrige Bauern eines bestimmten Landstrichs »eine Reispflanzmaschine bauten«, und zwar »mit maschinellem Antrieb vom Typ ›Ostwind 2‹«. [558] Von gewissen Viehzüchtern wird gesagt, daß sie »in Treue zum Vorsitzenden Mao Tsē-Tung« für ihn »die Reitpeitsche schwingen«, und daß sie ihm die Treue halten, »selbst wenn das Meer austrocknete und der Stein brüchig würde«. [559] Auf dem Hochlande von Khachita liegt eine Einheit der chinesischen Volksbefreiungsarmee. Die Luft, so wird berichtet, sei »dünn«, die Witterung »hart«, es komme zur »Höhenkrankheit«, »Schwindel,« »Keuchen« und »Atembeschwerden«. Doch »die Kommandeure und Kämpfer« sagen voll Stolz: »Wir sind Kämpfer des Vorsitzenden Mao und fürchten keine Härte . . .« »Sie bringen Eis zum Schmelzen, um sich Wasser zu bereiten, tragen auf den Rücken Steine herbei, um sich Behausungen zu bauen und abends entzünden sie ein Lagerfeuer und betten sich auf Reißig . . .« [560] Sie verlassen sich auf die »siegreichen Maotsetungideen« und nehmen mit ihnen den »Kampf mit Himmel und Erde« auf. [561]

Zehn Mädchen in einer »Hauptabteilung für rückwärtige Dienste der Befreiungsarmee« kämpfen »gegen Gestrüpp, Unkraut und Sumpf« und studieren dabei die »Werke des Vorsitzenden«. [562] Dabei arbeiten sie weiter, so heißt es, »auch wenn wir Blasen an den Händen haben«. Wenn ihre Schultern anschwellen, so beweist das nur, daß sie sich »stählen müssen«. Wenn die Haut abgerieben wird, so beweist das

»bürgerliche Verweichlichung«. Sie aber erwerben die »revolutionäre Standhaftigkeit«.[563] Und wenn auch »bei 40 Grad unter Null den Mädchen der Wind durch Mark und Bein schneidet«, so machen sie weiter. Dabei »stillen sie ihren Durst mit ein paar Händen voll Schnee und den Hunger mit ein paar Bissen Trockenration«. Und sie sagen: »Pelzjacken und Hosen kommen gegen Kälte nicht auf, aber der Glanz der »Maotsetungideen« erwärmt unser Herz von innen heraus«.[564] Dabei sind die Pferde »mit Rauhreif bedeckt und ihr Atem ballt sich zu Wolken«. »Aber die Mädchen machen abwechselnd ihren Dienst im Freien und graben mit den Händen, damit ihre Pferde Futter finden ...«[565]

Der dynamische proletarische Held und Aktivist wird auf alle erdenkliche Art vorgestellt und gepriesen. Überall, in den Betrieben, Schulen, in der Landwirtschaft, unter den Soldaten und selbst in den eigenen vier Wänden erweist der »proletarische Held« seine Kraft und Dynamik. Neuerdings hat man einen »Plan« ausgearbeitet, wie Schriftsteller und Theater für eine »allseitige Charakterisierung des Helden« besser zu gewinnen wären. Sie sollen mehr und besser »die Hauptgedanken und Charakterzüge« des proletarischen Helden schildern, »sein glanzvolles Innenleben aufs eindringlichste bloßlegen«.[566] Dabei müssen »negative Charaktere« als »Hintergrund« dienen. Dies sind dann Angehörige der »Bourgeiosie«, die als gemeine und verdorbene Lügner, Banditen und Mörder geschildert werden sollen.[567] Großer Wert wird dabei darauf gelegt, daß der »Heldencharakter« ein Produkt der Arbeit eines »heldenhaften Kollektivs« ist. Aus den »Helden des Kollektivs« soll jeweils ein »Hauptheld« hervorgehen: »Nur aus einem heldenhaften Kollektiv kann ein großer Held hervorgehen«. Dieser ist »kein Übermensch«, kein »Phönix unter der Hühnerschar«, sondern er ist »gewöhnlich«, aber doch eine »erhabene Gestalt«. Seine »unerschöpfliche Kraftquelle« sind die »Parteiführung und die Kampfgefährten«.[568] Und diese beziehen ihre Kraft natürlich aus den »Maotsetungideen«.

In einer neuen, im Herbst 1969 in Peking aufgeführten Oper, von der noch in anderem Zusammenhange zu sprechen sein wird, ist der Gang der Handlung nur der einzigen Darstellung eines solchen Heldencharakters des von Dynamik und Aktivismus strotzenden »proletarischen Menschen« gewidmet. Wenn dieser Held, dort Yang genannt, erscheint, ertönt der Hymnus: »Der Osten erglüht, die Sonne geht auf ...«[569]

Im Abschnitt über die Bedeutung der Erziehung und das Wesen des Menschen wurde das besondere Menschenbild Mao Tsē-Tungs mit seiner Aufspaltung des menschlichen Wesens in »proletarisches« menschliches Wesen und anderes, unterwertiges »menschliches Wesen« aufgezeigt. Es überrascht daher nicht, daß der soeben erörterte Dynamismus des »Helden« das eigentliche proletarische Menschenwesen darstellt. Erschreckend ist, daß dem politischen Gegner, dem das »proletarische menschliche Wesen« nicht anhaftet, zugleich das menschliche Wesen überhaupt abgesprochen wird. Hierin zeigt sich, daß Mao Tsē-Tungs Auffassung vom Menschen ohne Ehrfurcht ist. Hier liegt der ganz starke Bruch mit der chinesischen Tradition vor, und man kann von hier aus wirklich verstehen, daß die Chinesen auf Formosa eine Beleidigung ihrer alten Kultur darin sehen, wenn jemand meint, es habe sich im Grunde in China nichts geändert.

Bereits in seiner Theorie vom menschlichen Wesen hatte Mao den »volksfeindlichen« Charakter des Wesens der »kleinbürgerlichen Intellektuellen« herausgestellt, [570] vom Wesen der Großgrundbesitzer, Kapitalisten und Imperialisten ganz zu schweigen. Sie alle zusammen werden als »Tiere«, als »Bestien« qualifiziert. Es kann gar nicht anders sein, als daß das mit Wissen und Willen und unter der ausdrücklichen Billigung Mao Tsē-Tungs geschieht. Damit aber bestätigt sich dasselbe Bild, das die vorigen Abschnitte boten: Das ausgesprochene Freund-Feind-Denken erinnert an die Phänomenologie der primitiven Naturreligion. »Freund« ist der Angehörige des Kollektivs, »draußen« ist der Feind, das Wertlose, das Schädlich-Giftige, das zu Vernichtende.

Die schon erwähnte neue Oper, die im Oktober 1969 in Peking groß herausgebracht wurde, trägt den etwas seltsamen Titel: »Mit taktischem Geschick den Tigerberg erobert«. Es wird darin der Kampf der »Volksbefreiungsarmee« gegen »Banditen« verherrlicht, und im Mittelpunkt steht die Figur des »proletarischen Helden« Yang, der wahre Gipfel an Heldentaten vollbringt. Der Text dieser Oper stammt nicht von irgend jemanden. Hieran scheint Mao Tsē-Tung selbst mitgearbeitet zu haben. Auf jeden Fall »ist sie das Ergebnis einer Kollektivarbeit, von der die Peking-Rundschau« bestätigt, daß sie endlich nach mehreren Fassungen »unter der herzlichen Anteilnahme unseres großen Führers Mao« jetzt als die »beste und reifste« Fassung zur Aufführung gelangt sei. [571]

Man muß also annehmen, daß der Text dieser Oper ganz bestimmt Maos Auffassungen widerspiegelt. Darin fällt auf, daß niemals von gegnerischen »Soldaten« gesprochen wird, sondern immer nur von

»Banditen«, »Banditenhäuptlingen«, »Kompanieführer der Banditen«, »Adjutanten des Banditenhäuptlings« usw. Diese Gegner werden als grausam hingestellt. Sie begehen »himmelschreiende Verbrechen«. Es wird in der »Oper« dargestellt, wie sie »sengen, morden und plündern«. [572] Der »Banditenkompanieführer« reißt einer Frau das Kind weg und schleudert es brutal den Felsen hinab. Die Frau wird erschlagen. Kein Wunder, daß dann der Chor singt: »Wut brennt mir wie Feuer in der Brust, Rache, Rache ...« Demgegenüber wird gezeigt, wie sich die Kämpfer der Volksbefreiungsarmee gegen die Bevölkerung ganz anders, nämlich hilfreich und edel, verhalten.

In der 5. Szene der »Oper« wird dargestellt, wie der Held Yang, der sich als »Bandit« verkleidet hat und »wie ein Dolch« in deren Festung als Spion eindringen will, voller Klassenhaß Heldentaten vollbringt. Eine der Szenen zeigt, wie er plötzlich mit seinem Pferde stolpert. Das Pferd brüllt gleichzeitig auf, denn es zeigt sich ein Tiger im Gelände. Kaltblütig zieht der Held die Pistole – und hat natürlich gut getroffen: Der Tiger stürzt tot um. Da fallen plötzlich noch andere Schüsse. Der Held stutzt und sagt bei sich: »Schüsse?« – »Das heißt die Banditen sind vom Berge heruntergekommen. (Ruhig.) Grade habe ich eine Bestie getötet, und nun rückt ein ganzes Pack davon an. Ich werde zusehen, daß sie das gleiche Schicksal trifft.« [573] Man kann das nicht als eine einmalige Entgleisung in bildlicher Redensart des Textes auffassen. Denn später heißt es wieder im Blick auf einen militärischen Führer der Gegner: »Für das Volk werd ich's mit diesem Ungeheuer aufnehmen.« [574] Es wird ein Signal gegeben »zum Angriff auf die Bestien«. [575] Wir hören Bekenntnisse wie: »Ich will von jetzt an unbeirrt mit der KP ziehen, diese Bestien zu verjagen.« [576] »Voller Klassenhaß« zu sein »auf die Bestien« [577] ist ein Wesensmerkmal der »glänzenden Gestalten proletarischer Helden«. [578] In der »Oper« wird in der 9. Szene gesungen:

> »Wie ersehn' ich Tag für Tag die Stunde,
> Wo die Bestien abgeschlachtet
> Und die Blutschuld beglichen.
> Voll tiefsten Hasses am Morgen und Abend
> Schärf ich mein Schwert und öl' mein Gewehr.« [579]

Der Mythos vom »proletarischen Menschen«

Keine Bestie, sondern eine »lichte Gestalt« ist dagegen der »proletarische« Mensch. Die Rede Mao Tsē-Tungs vom »proletarischen Wesen«

des Menschen, an dem nicht alle Menschen teilhaben, dessen Verbreitung aber von China ausgehend der Welt einen Zustand des Friedens und Glücks bringen wird, ist ein neuer Mythos. Dabei ist es hier kaum notwendig, das Wesen des Mythosbegriffs zu klären. In unserem Zusammenhang ist indessen wichtig, daß mythologisches Denken immer auch dort aufzutreten pflegt, wo das Kollektivbewußtsein in den magischen Vorstellungskreis eintritt und Dynamismus erzeugt. Daher rückt die Spaltung des Menschen in proletarische Wesen und solche, die nicht »Menschen« sind, von selber in die Nähe primitiver Vorstellungen, die davon ausgehen, daß zum eigentlichen menschlichen Leben noch etwas anderes gehört als nur das Geborenwerden. Man denkt hier unwillkürlich an die Initiationsriten gewisser Naturvölker, die nur innerhalb der von ihnen gestifteten kollektiven Einheit das wahre Leben vermitteln.

Der Mythos vom »proletarischen Menschen« ist so strukturiert, daß die Welt grundsätzlich verfügbar gedacht wird und alles in der Welt Begegnende auf einen gemeinsamen Nenner gebracht werden kann. Dieser Nenner ist der »Kampf auf Leben und Tod« zwischen »zwei Klassen«, »zwei Wegen« oder »zwei Linien«. [580] Das hervorstechendste Merkmal des »proletarischen Menschen« ist darum sein »Klassenhaß«. Dazu wird als neue unbewiesene und unbeweisbare Behauptung erstellt, daß der »bitterste Klassenhaß« heilvolle »Kräfte« entbinde. Der »bitterste«, »flammende« Haß »erzeugt eine unerschöpfliche revolutionäre Kraft«, die dann die »erhabenen, reifen und glanzvollen proletarischen Helden« hervorbringt. [581] Die edelsten Taten der Volksbefreiungsarmee bestehen darin, daß sie »mit Klassenhaß im Herzen« die »Ausrottung der Reaktionäre« geloben und betreiben. [582] Yang, der Idealtyp des »proletarischen Menschen«, zeichnet sich aus durch »Klassengefühle zwischen ihm und den Werktätigen«, durch die »klassenmäßigen Züge in seinem Innenleben«. [583] Auf der anderen Seite faßt er »tiefste Zuneigung zu den Klassenbrüdern«. [584] Die »Solidarität« der »Klassenbrüder« ist das Gegenstück zum »Klassenhaß«. Wie rührend pflegen die Volksbefreiungsarmisten »eine arme, alte Frau«! Dazu wird in der Oper gesungen:

»Sie heilen unsere Leiden
Und retten uns das Leben,
Sind voll herzlicher Teilnahme für uns,
Sind freundlich und zugänglich.« [585]

Nicht unerwähnt soll bleiben, daß den Soldaten der chinesischen Volksarmee »3 Hauptregeln der Disziplin« und »8 Punkte zur Beachtung« eingetrichtert werden, die u. a. Diebstahl, Belästigung von Frauen und Gefangenenmißhandlung verbieten. Offen bleibt freilich, wie weit sich bei dem geforderten »bitteren Klassenhaß« derartige Vorschriften in ihrer Geltung praktisch erstrecken. Grundsätzlich gilt für den »proletarischen Menschen die Vernichtung des Gegners: »Wir sind die Söhne von Arbeitern und Bauern, hergekommen, die Reaktionäre zu vernichten und die Welt zu ändern ... mit der KP und dem Vorsitzenden Mao als Wegweiser.« [586]

Mythischen Charakter trägt die Theorie vom »proletarischen Menschen« durch die pauschale Identifikation des »proletarischen Menschen« mit dem »Licht«, der anderen aber mit der »Finsternis«. Wer z. B. als Chinese sich aus Nationalchina absetzt und von Formosa auf das Festland kommt, »entspringt dem Meer der Bitternis«. Er »faßte den Entschluß, die Dunkelheit zu verlassen und ins Licht überzusetzen«. [587] Er wird feierlich empfangen, weil er »übers Meer geschwommen kam aus der Dunkelheit ins Licht«. Er bekommt dann die »Werke des Vorsitzenden« geschenkt, und er gelobt, die »Maotsetungideen« zu studieren. Außerdem werden Dispositionen für seinen Lebensunterhalt getroffen. [588] Er verspricht feierlich, »seine Weltanschauung umzugestalten« und von nun ab gegen »USA-Imperialismus« und »Sozialimperialismus« zu kämpfen. Es besteht die Möglichkeit, ein »proletarischer Mensch« zu werden, wenn man es bisher nicht war. Notwendig ist dazu aber Umkehr der bisherigen Ansichten, Selbstkritik, Bekehrung zu den »Maotsetungideen«. Dadurch wird der bisherige untermenschliche Klassenfeind eingeweiht zu einem besseren Menschsein »im Licht«.

»Der Feind verfault mit jedem Tag, während es uns täglich besser geht«

Mythisch ist die Vorstellung vom »proletarischen Menschen« nun aber vor allem durch die Verknüpfung mit Zukunftserwartungen, die das verheißene Land oder den irdischen »Himmel« des Maoismus bedeuten. Nachdem »mit scharfer Klinge die Ungeheuer erschlagen« sind, [589] wird »dem Volke eine Hochflut endlosen Glücks« beschert sein, [590] eine »neue Welt« (d. h. eine Welt ohne Imperialismus, Kapitalismus und Ausbeutungssystem) wird »aufgebaut« werden. [591] Dieser »unvermeidliche Sieg des Neuen über das Alte« ist bereits im Gange, diese Zukunft hat schon begonnen, denn »der Feind verfault mit jedem Tag, während es uns täglich besser geht«.[592] Die Verwirklichung der »Maotsetungideen« ist das »unendlich strahlende und schöne höchste Zukunftsideal«.[593] Diesen »Frühling« sollen wir »willkommen heißen«, weil er »die Welt der Menschen ändert«.[594] Trotzdem wird freilich der Klassenkampf »nie« ganz aufhören.[595] Da das Gesetz der Dialektik das innerste Wesen der Dinge ist, muß man immer mit dem Umkehrphänomen rechnen. Hier liegt die geheime Angst des Systems im Blick auf den »Faktor Mensch«, dem »ständige Aufmerksamkeit«[596] im Sinne einer »Lösung« der immer neu auftauchenden »antagonistischen« und »nichtantagonistischen Widersprüche« zu schenken ist. In diesem stets bleibenden, auch im irdischen Paradies des Maoismus nicht ersterbenden Kampf, der »ewig« ist wegen der bleibenden Dialektik im großen Wesen der Dinge, gilt das heilige Rezept der »Maotsetungideen«: »Mit der Weisheit des Kollektivs werden wir den Feind besiegen.«[597]

Auch in bezug auf den religiösen Restbestand in der Anthropologie ist also eine Strukturänderung gegenüber dem alten Heroentum des Konfuzius nachweisbar. Wohl ist Mao Tsē-Tung selber das Vorbild und Urbild des »proletarischen Menschen«, der immer im Einklang steht mit dem »großen Wesen der Dinge«, und insoweit steckt im Maoismus die alte chinesische Heldenverehrung. Mao ist ein Heros, und alle eifern ihm nach in »revolutionärem Heroismus«. Alles das, was dem Heroen alter Art zuteil wurde, nämlich Huldigung, Lobpreis und Dank, wird heute Mao Tsē-Tung zuteil. Man könnte freilich meinen, es fehlten die alten Opfergaben an den Heros. Sind aber nicht die üblichen »Selbstverpflichtungen« zu Ehren des Helden Mao Tsē-Tung den einstigen Opfergaben vergleichbar?

Mit Konfuzius hat Mao gemeinsam, ein geistiger Heros zu sein, im Unterschied zu vielen Heroen der Religionsgeschichte, deren Machttaten oft nur im Vollbringen körperlich-materieller Wunder bestanden. Auf der anderen Seite aber ist sein Heroentum von dem des Konfuzius durch Welten getrennt. Der Heroenkult des Konfuzius war ein Teil des volksreligiös gearteten chinesischen Staatskults. Als »Weltheros« hat Konfuzius nie kultische Verehrung genossen. Das Opfer in den Konfuziustempeln innerhalb der Staatsreligion galt dem Heile Chinas und dem Genius des Konfuzius insoweit, als er die große Ordnungsmacht für das Volk Chinas mit dem sakralen Kaiserhaus an der Spitze war. Und wenn sich China auch immer selber als das Zentrum der Welt gesehen hat, so war doch der Konfuziuskult als Heroenkult immer »volksreligiös«, nie universal- oder weltreligiös bestimmt.

Bei dem Helden, der Mao Tsē-Tung heißt, hat sich das gewandelt. Hier stehen wir vor einem Kult gegenüber einem Heroen, dessen Angebot und Anspruch die Welt erfaßt und die Welt faszinieren und bekehren will. Zugleich aber, und das ist wieder der innere Widerspruch, wird die Grenze zu den Denkweisen der frühen Naturreligion überschritten, wenn z. B. der Feind nicht mehr als Mensch angesehen wird. Die »anderen« sind dann im Grunde die »Stammesfremden«, das auszurottende Gegenüber. Damit stehen wir wieder vor denselben beiden strukturtypisch miteinander unvereinbaren Momenten. Der Maoismus ist, das bestätigt sich hier wieder, religionsgeschichtlich auf keinen einheitlichen Nenner zu bringen, so sehr ihm religiöse Momente anhaften. Bevor dazu gefragt werden kann, ob er echte »Religion« ist, bedarf es noch der Untersuchung jenes dritten Moments innerhalb der religiösen Restbestände.

Die Strukturwandlung dargestellt am Glauben an China

Die konfuzianische Staatsreligion hat bis in das Jahr 1911 existiert und immer für die Chinesen als Volk ihre große Bedeutung gewahrt: Der Kaiser als »Sohn des Himmels« opferte kraft der Gesetze der Pietät seinem Ahnherrn, dem »Himmel«, im größten und erhabensten Heiligtum des Reiches, dem Himmelstempel. Dieser Kult war »Volksreligion«, d. h. der Kaiser selbst opferte zum Heile des chinesischen Volkes, wie umgekehrt das Heil des chinesischen Volkes und Staats an die sakralen Funktionen des Herrscherhauses gebunden war. Es handelte sich um den in religiöser Scheu geahnten transzendenten Bezug der Vitalgemeinschaft, um den irrationalen Urgrund und Ursprung der Kollektivgemeinschaft, mag man diesen »Himmel«, »Gottheit«, »Tao« oder wie immer sonst nennen. Diesem numinosen Wert wird gedient, seinen Weisungen wird gehorcht, seine Satzungen werden erfüllt. Und zwar in Ehrfurcht, unter Vermeidung des Frevels, durch kultische und ethische Verpflichtungen, sowie in Aufrichtigkeit der Gesinnung. Mit der alten Idee von China, als dem »Reiche der Mitte«, waren also bestimmte Wertvorstellungen verbunden, wie mit aller echten Religion. Es ging um den Frieden der Volks- und Sippengemeinschaft nach innen und außen, um den Volksnomos, die heiligen Ordnungen des Volks und Staats in Übereinstimmung mit den Ordnungen des »Himmels«. Die Religion war »res publica« und verpflichtete zur Einhaltung des Volksnomos nach dem Willen der obersten numinosen Macht. Es gab Wertmaßstäbe innerster Verpflichtung und Verantwortung.

Als nun das volksreligiöse System des Staatskults in China im Jahre 1911 mit der Monarchie zusammenbrach, kam es nicht zu einer Art geistigem Vakuum, weil die alte Wertskala volksreligiöser Struktur sich mit Ideen auffüllen konnte, die in China schon immer daneben bestanden hatten. Man denke etwa an Sun Yat-sens Versuch der »Drei-Grundlehren vom Volk«. Jetzt wurde auf konfuzianischen Höchstwerten der Liebe, des Friedens und der Gerechtigkeit aufzubauen versucht, die schon immer in hohem Ansehen gestanden hatten. Das waren aber Werte, die sich nicht mehr auf die volksreligiöse Volks- und Sippengemeinschaft beschränkten, sondern weiterreichend auf Welt und Menschheit tendierten. Aber der alte Nationalgedanke, daß China die Basis alles entscheidenden Geschehens in der Welt sei, blieb. Er konnte deshalb bleiben, weil er schon lange in den universalreligiös strukturierten Idealen des Konfuzius und seiner Nachfolger mit wirksam gewesen war. Das Ideal des »Edlen« braucht hier nicht nochmals beschrieben zu werden. Jedenfalls aber ist der chinesische »Edle« Vorbild für alle, denn er ist »dem Himmel zugeordnet«, [598] er kennt die Menschheitsordnung, die in der Familienordnung vorgebildet ist, [599] er will »den Frieden auf Erden«, [600] er weiß, daß »Gerechtigkeit für ein Land Gewinn ist«. [601] Der chinesische Edle denkt stellvertretend für die anderen Menschen in der Welt und will sie führen. Er sucht »auf viele Geschlechter hinaus für die Welt einen Weg ...«, und zwar indem er nicht nur Vorbild ist, sondern der Welt »einen Maßstab setzt«. [602] Hier stehen wir auch vor dem chinesischen Nationalgedanken, aber in der Gestalt der universalreligiösen konfuzianischen Humanitätsreligion. In dieser Form übernahmen ihn nach 1911 die »Reformer«.

Was nun Mao Tsē-Tung betrifft, so tritt in seinem Glauben an das »Neue China« der alte chinesische Ethnozentrismus heute im Gewande des Marxismus–Leninismus auf. Zweifellos wird man sagen können, daß Mao dabei nicht etwa an den altchinesischen Reichsgedanken volksreligiöser Struktur anknüpft, der mit dem Kaisertum zusammenhing. Aber der uralte Glaubensaspekt, China sei die Basis alles entscheidenden Geschehens in der Welt, fand in jener anderen Gestalt über den Nationalismus der Sozialreformer, also von der universalreligiösen Struktur her, Eingang in sein System.

Dabei kam es freilich zu einer erneuten inneren Wertverschiebung. In der »volksreligiösen« Struktur war der Nationalgedanke in der Wertskala der Religion des »Himmelssohns«, des Nationalkults und der numinosen Vitalgemeinschaft integriert. In der zweiten Form, der universalreligiösen Struktur war er durch die nationalen Reformer den konfuzianischen Höchstwerten, die sich auf die ganze Menschheit beziehen, zugeordnet. Jetzt, in Mao Tsē-Tung, wird der Nationalgedanke in China auf einem dritten religionsartigen Sockel gehoben bzw. in ein neues System integriert. Jetzt tritt eine bestimmte politische Doktrin an die Stelle konfuzianischer Höchstwerte bzw. volksreligiöser Bindungen. Die Periode der Übernahme von den »Reformern« in universalreligiöser Gestalt war bei Mao Tsē-Tung kurz. Die völlige »Ausrottung des Alten« zerschnitt die Integration des Nationalgedankens mit den »überholten« Gedanken der Reformer. Der Marxismus–Leninismus, so wie ihn Mao verstand, schien jetzt zum Nährboden des Nationalgedankens zu werden. Der alte Nationalgedanke wurde einem neuen Nährboden aufgepfropft.

Mit dieser neuen Wandlung aber änderte sich wiederum die Struktur dieses Stückes »Glauben«. Der Nationalgedanke wurde damit in ein Glaubensmilieu eingesenkt, das weder das eine noch das andere Charakteristikum der beiden großen Strukturformen der Religion aufweist. Es fragt sich, wie nun hier dieses Stück »Glaube« strukturtypisch einzuordnen ist. Sollte sich herausstellen, daß es überhaupt nicht in die Strukturformen der Religionsgeschichte einzuordnen wäre, so dürfte es sich kaum noch um »Glauben« handeln. Dann dürfte hier auch nicht, was dieses Glaubensstück betrifft, von »Glauben« des Mao Tsē-Tung geredet werden. Es ist also von entscheidender Bedeutung für das Verständnis des »Glaubens« Maos, dessen Eigenart wir bestimmen wollen, welche Glaubensstruktur dem Glauben an das »Neue China« zugrunde liegt. Der Marxismus–Leninismus eines Marx, Lenin und Stalin reicht nicht aus zur Begründung der Glaubensthese, daß ausgerechnet China die Basis der großen roten Revolte sein soll, die »Himmel und Erde auf den Kopf stellen« wird. Die Gedanken der kommunistischen Väter reichen nur bis zur vagen, nicht näher ausgeführten Hoffnung, auf einen einstigen Weltstaat. Für Mao aber ist China weiterhin die Mitte der Welt, der Nabel der Kultur, die Basis des entscheidenden Geschehens in dieser Weltzeit, der »Vortrupp der Menschheit«, die »Avantgarde des Proletariats«, die »Hoffnung der Welt«.

Dieser Glaube nährt sich gewiß nicht nur aus den abstrakten ökonomischen Ideen des Marxismus–Leninismus, auch nicht aus einem allgemeinen, gefühlsmäßigen Patriotismus angesichts der Größe Chinas und seiner Menschenmassen. Dieser dürfte nicht ausreichen, um die religiöse oder mindestens scheinreligiöse Emphase zu verstehen, mit der das »Neue China« dargestellt und »begrüßt« wird. Es liegt also die Annahme nahe, daß hier eben der alte Konfuzianismus, vielleicht sogar zusammen und in Verbindung mit Erinnerungen an den ehemaligen volksreligiösen Kult, nachwirkt. Aber diese sehr naheliegende Annahme stimmt auch nicht. Denn der »Glaube« des Maoismus ist doch irgendwie anders geartet. Er hat nicht die volksreligiöse Struktur des alten Ethnozentrismus, der sich um den Staatskult herum gruppierte. Er hat auch nicht die universalreligiöse Struktur des an die konfuzianischen Höchstwerte anknüpfenden Glaubens.

Der Glaube an China auf neuem Boden

Der alte Glaube an China hat heute einen andersartigen Nährboden bekommen. Nachdem alle volksreligiösen Bindungen und die Verknüpfung mit konfuzianischen Höchstwerten abgetan sind und das Neue China meint, »religionslos« geworden zu sein, wurde die magische Ordnung der Kollektivseele die Pflanzstätte des Nationalgedankens. Jetzt lebt der überkommene Nationalgedanke aus einem ganz neuen Gefühl der Verbundenheit, dem Solidaritätsgefühl, das mittels der »Maotsetungideen« das »Neue China« schafft. Die »Klasse« im kommunistischen Sinne von heute ist zwar nicht identisch mit einer numinosen Sippengemeinschaft der Frühkultur. Aber es läßt sich nicht von der Hand weisen, daß sich bei den heutigen chinesischen Verhältnissen gewisse Ähnlichkeiten aufdrängen. Die dauernde Propaganda, nicht nur durch Zeitungen und Rundfunk, sondern von allen Wänden und in allen Winkeln, erzeugt eine fast numinose Gebundenheit, die enger zusammenschließt. Sie erzeugt eine Verbundenheit des »Wir«, die wiederum an primitivreligiöse Verhältnisse erinnert. Denn das betonte »Wir« grenzt auch gegen das Außen, das »Nicht-Wir«, ab. Das »Nicht-Wir« ist in der kollektivistischen Denkweise immer der »Feind« (oder der Gast). Trotz allen Absingens der Internationale und der Betonung der Solidarität mit den unterdrückten Völkern bleibt die Welt draußen die des »Nicht-Wir«, solange sie sich nicht dem Glauben des »Wir« unterstellt hat. Auf diesem Boden gedeiht der Nationalgedanke nun in ganz anderer Form.

Die Abgrenzung des »Wir« von dem »Nicht-Wir« liegt im Bewußtsein vom Besitz jenes Höchstwertes begründet, um den das »Wir« kreist: Ob jemand zum »Wir« oder zum »Nicht-Wir« gehört, entscheidet sich daran, ob er die »Maotsetungideen« teilt.

Wenn andere, außerhalb Chinas, sich diesen »Maotsetungideen« unterwerfen, sie im Glauben annehmen und wissend danach handeln, so tun sie das zu ihrem eigenen Vorteil und Nutzen: Sie erkennen, daß China die rote Basis ist, von der Heil für die Welt ausgeht, und nehmen teil am proletarischen Heil der zukünftigen Welt. Sie schließen sich damit dem Vortrupp der Menschheit an, und ihr Glück ist gesichert. Insofern hat sich nichts geändert: China ist noch immer das Reich der Mitte, das ideale Land, die Wiege und Quelle der Kultur.

Wenn sich das »Nicht-Wir« aber den »Maotsetungideen« entgegenstellt, ist es zu behandeln wie der »Feind«, d. h. zu vernichten. Auch das erinnert zumindest wieder an das Milieu vergangener Kulturen. Die Kämpfe gegen den »Feind« wurden dort immer blutig ausgetragen. Eben das sagt auch Mao Tsē-Tung: »Unsere chinesische Nation ist von dem Geist beseelt, die blutigen Kämpfe gegen ihre Feinde bis zuletzt auszufechten ...« [603] Und er setzt im Geiste des chinesischen Nationalismus hinzu: »Sind Armee und Volk vereinigt wie ein Mann, wer in der Welt kommt ihnen gleich?« [604]

Aggressionsgefühle

Es kommt in jeder kollektivbestimmten Vitalgemeinschaft zu einer Aufstauung von Bedrohtheitsgefühlen durch die Welt von »außerhalb«. Man glaubt immer an machtvolle Verschwörungen, gegen die man sich durch einen agitierten Dynamismus schützen müsse. So bewacht man z. B. eine Grenze, die von niemandem bedroht wird. Das Gefühl der Bedrohtheit durch Aggressionen gehörte immer schon zu dem kollektiven Milieu der magischen Ordnung. Es wundert daher kaum noch, auch bei Mao Tsē-Tung ähnliches zu finden: »Sollten der US-Imperialismus und der Sozialimperialismus in unser Vaterland einzudringen wagen, steht ihnen eine vernichtende Niederlage und der völlige Untergang bevor.« [605] »Die Zeit ist nicht mehr fern, in der alle Aggressoren zusammen mit ihren Kettenhunden auf der Welt begraben werden. Da gibt es für sie kein Entrinnen.« [606] Diese Zitate sind nur Beispiele einer fortgesetzten Verwendung des Wortes »Aggression« im maoistischen Sprachgebrauch. Die Aggression wird vom »Nicht-Wir« erwartet. Die Bilder von Frauen und Kindern, die deshalb zu Scharfschützen und »Meisterkanonierinnen« ausgebildet werden, sprechen hier eine beredte Sprache. [607] Man erwartet die »Aggression« mit jener Bestimmtheit, in der sie der vor- und frühgeschichtliche Mensch der Vitalgemeinschaft in einer bedrohten Welt ständig erwartete. Daß China »bedroht« ist, stärkt seine innere Solidarität und das Lebensgefühl des Kollektivs.

Es hat sich also auch eine strukturtypische Veränderung des noch bestehenden Glaubens an China vollzogen. Während der Nationalglaube in Verbindung mit den sakralen Funktionen des Kaisertums und den Opfern an den Heros Konfuzius volksreligiös geartet war, wurde er durch die Reformer ganz auf universalreligiösen Boden verpflanzt. Unter Mao Tsē-Tung dagegen lebt er von den Bedingungen der zwangsgesteuerten Kollektiv-Seele. Er lebt mit von der mysterischen Potenz an der Spitze, von der die gesamte vitale Dynamik jenes optimistisch-hybriden, faszinierenden Glaubens kommt: China ist die Basis der großen Revolte, die die Welt verbessern wird, China ist neu das Reich der Mitte, das Zentrum der Welt, die Wiege der Kultur, denn: Mao Tsē-Tung ist da!

Sechster Teil

Der Heroenkult neuer Art

Säkulare Religion der Weltverbesserung

Religionsphänomenologische Abgrenzung

Der Mao-Kult wurde bereits in einem der vorigen Kapitel gestreift, weil er einen Teil des Ausrottungsfeldzuges gegen das »Alte« bildet. Man muß dem Volke statt des Alten etwas Neues bieten. Wie ist aber nun das Heroentum des Mao Tsē-Tung abzugrenzen gegen andere Gestalten religiöser oder religionsartiger Verehrung? Man kann allenfalls davon sprechen, daß Mao eine »abgöttische« Verehrung genießt und sich kultartige Huldigungen gefallen läßt. Aber es wäre nicht richtig, von göttlicher Verehrung im Sinne der Religionsgeschichte zu sprechen. Es wird ihm keine anbetende Verehrung zuteil. Es gibt keine Gebete zu Mao. Daß er ein »Gott« sei, scheidet deshalb aus. Auch ist er keinesfalls ein »Prophet«. Ein »Prophet« ist in der Religionsgeschichte ein »Gottgesandter«, der vertiefte religiöse Erfahrung hat und entweder Glauben und Kult oder die soziale Ordnung von dieser religiösen Erfahrung aus bessern will. Zwar war Gerechtigkeit den sozial Schwächeren gegenüber z. B. das Postulat der altisraelitischen Propheten. Auch der Prophet Mohammed hatte soziale Anliegen. Im Iran verlangte um 500 n. Chr. ein gewisser Prophet Mazdak sogar eine Art religiösen Kommunismus, weil Gott die Menschen zu gleichen Anteilen an den Lebensgütern geschaffen habe. Aber allen diesen Propheten ist gemeinsam, daß sie sich als Werkzeuge, Boten und Sprachrohre des heiligen Willens ihres persönlichen Gottes fühlen und dessen ethische und glaubensmäßige Forderungen vertreten. Daher kann man bei Mao Tsē-Tung nicht von einem »Propheten« sprechen.

Auch ein »Erwählter« oder »Vollkommener« der Religionsgeschichte ist Mao Tsē-Tung nicht. Denn »Vollkommene« und »Erwählte« der

Religionsgeschichte entsagen allem, was »zur Finsternis der Welt« gehört, z. B. der Ehe, dem Fleischgenuß, dem Besitz, der weltlichen Arbeit usw. Sie entsprechen etwa dem buddhistischen Ideal des Arhāt, dem jainistischen Svrāvahat oder dem Vollkommenen der Manichäer. Auch das scheidet aus. Ein »Messias« ist er auch nicht. Denn »Messiasse« gibt es zwar nicht nur im jüdisch-christlichen Ideenkreis, sondern in der ganzen Religionsgeschichte, auch bei Naturvölkern. Aber die Messiasse als »Heilbringer« sind gewöhnlich Gestalten eines Kultdramas und mythologische Figuren, die ihren Gläubigen bevorzugte Stellungen im Totengericht verschaffen. Auch erscheint mancher »Messias« in der Rückkehr des verborgenen (nicht gestorbenen) Gottkönigs. Alles das kommt hier nicht in Betracht.

Das Alte Testament spricht bekanntlich von einer edlen Messiasgestalt, die Recht und Gerechtigkeit für alle Zeiten aufrichten und den Frieden sichern wird. Ein solcher »Messias« ist Mao Tsē-Tung bestimmt nicht, und zwar deshalb, weil der alttestamentliche Messias der »Gesalbte« Jahves ist, also des persönlichen Gottes Abrahams, Isaaks und Jakobs. Außerdem ist sein Friedensreich so umfassend, daß es nicht nur alle Menschen, sondern sogar noch die Tierwelt mit umfaßt.

Davon zu sprechen, daß er ein »Heiland« (Retter) im neutestamentlichen Sinne sei, verbietet sich fast von selbst. Ein »Heiland« im Sinne der Religionsgeschichte hat »Jünger«, die er aus einem Unheilzustand erlöst, aus dem sie sich selber nicht befreien können. Er befreit von mehr als nur sozialen Ungerechtigkeiten. Er rettet aus innerer Verlorenheit. Alles das ist Mao fremd.

Ist er dann ein religiöser »Lehrer«? Nein. Die großen Lehrer der Religionsgeschichte, z. B. der indische »Upanāyāna«, der Sufi-Lehrer im Islam, der Rabbiner der Juden und der »Theologe« im Christentum vermitteln göttliche Gesetze oder »Botschaft«, der buddhistische Guru den »Weg« zum Nirwāna. Alles das scheidet auch aus. Schon deshalb, weil in der Religionsgeschichte die Person des »Lehrers« zurücktritt hinter der Sache, die er verkündet und lehrt.

Ist er ein »Mahdi«? Nein. Die Idee des »Mahdi« entstand im Kalifenreich unter Abhasides (750–1258). Mit dem politisch-religiösen System unzufrieden, ersehnte man ein »besseres Reich«. Zentralgestalt dieser Sehnsucht blieb der »Mahdi«, ein zukünftiger, von Allah geleiteter theokratischer Herrscher. Dieser hat strukturell mit der Figur eines Mao Tsē-Tung schon deshalb nichts zu tun, weil der Mahdi auf Allah, dem Gotte des Koran und seinen Rechtsvorstellungen gründet. Auch die religionsgeschichtlichen Kategorien des »Priesters«, »Heiligen«, »Zauberers« und »Medizinmanns« scheiden aus. Wenn das alles ausscheidet, ist er dann ein »Meister« wie Konfuzius oder Laotze?

Es mag sein, daß sich Mao selber als einen solchen sieht, eingedenk der Worte aus dem I Ging, daß »der große Mann« alle »vier Weltgegenden erleuchtet«. Tatsächlich hat Mao Tsē-Tung, vordergründig gesehen, einige Ähnlichkeiten mit einem »Meister« im religionsgeschichtlichen Sinn. Der »Meister« verkündet neue, andersartige Werte als die, die bisher galten. Das ist bei Mao der Fall. Der »Meister« gilt für seine Gefolgschaft als der »Einzige«, er erhebt den Anspruch der Exklusivität. Das ist bei Mao der Fall. Das persönliche Leben ist ferner der Beziehungspunkt zwischen »Meister« und Gefolgschaft. Hier kann man zweifeln, ob Mao ein »Meister« ist. Daß Mao indessen kein »Meister« ist, wird uns aus der chinesischen Tradition heraus treffend gesagt: »Der Meister lockt freundlich Schritt für Schritt die Menschen.« [608] Der Meister ist kein »Diktator«, sondern man kann mit ihm um die Wahrheit ringen. Abweichende Meinungen sind dabei keine Verbrechen, denn der Jüngerkreis des »Meisters« ist kein Herrschaftsverband.

Also heißt es auch hier wieder: Nein. Dann aber entsteht die Frage: Wenn Mao das alles nicht ist, was ist er dann? Ist er dann überhaupt noch religionsphänomenologisch einzuordnen? Diese Frage ist zu bejahen, denn er ist religionsvergleichend betrachtet ein »Held«, ein »Heros«, wovon bereits mehrmals die Rede war. Der besondere Charakter eines »Heros« im religionsgeschichtlichen Sinne liegt darin, daß er immer für die Verhältnisse auf der Erde eintritt und kämpft, nie für einen metaphysisch (»himmlischen«) Bereich. Weiter besteht sein einmaliges Kennzeichen im Besitze besonderer Kräfte äußerer oder innerer Art. Beides ist in bezug auf Mao in ganz ausgeprägtem Maße der Fall: Er kämpft für innerweltliche Verbesserungen und Veränderungen, ausgerüstet mit der besonderen Kraft seiner »Ideen«.

Vielleicht könnte man einwenden, daß der Heroenkult ein Totenkult wäre und die Verehrung Maos schon deshalb kein »Heroenkult« sein könne, weil er noch lebt. Dem ist entgegenzuhalten, daß in der Religionsgeschichte auch Lebende bereits zu »Heroen« gemacht wurden (z. B. Heerführer und Richter).

Mit der Kennzeichnung der Mao-Verehrung als eines Heroenkults wird gleichzeitig die falsche Deutung abgewehrt, als wenn Mao in die Stellung der alten chinesischen Kaiser »eingerückt« sei. Davon kann keine Rede sein. Das »Heroentum« hat mit den gewachsenen sakralen Funktionen des Königtums (sowohl des charismatischen Frühkönigtums als auch des gottgeordneten Königtums und der Theokratie) nichts zu tun. Das Heroentum ist weniger eine Erscheinung der volksreligiösen Herrschaftsform als vielmehr des allgemeinen Volksglaubens: Der »Held« ist Sieger und befreit von den Mächten des Alten, so wie die Sonne aus nächtlichem Dunkel als »Held« hervorbricht.

Die allgemeine Heroenverehrung alter Art in der Religionsgeschichte wurde schon gestreift. Was die Heroenverehrung des Konfuzius betrifft, so wird zurückverwiesen auf unsere Darstellung im Teil über das alte China. Dort wurde bereits gesagt, daß die Heroenverehrung des Konfuzius nicht etwa eine Anbetung bedeutet, sondern nur eine Art religiöser Huldigung. Insoweit stimmt die Heroenverehrung des Konfuzius und die des Mao Tsē-Tung tatsächlich überein. Auch Mao werden Lobpreisungen und Huldigungen dargebracht. Eine gewisse Übereinstimmung besteht sogar darin, daß auch Konfuzius »Genossen« hatte, Schüler, die in seinem Geist lehrten und handelten und gleichfalls später als verehrungswürdig angesehen wurden, ferner darin, daß beide geistige Heroen sind und aus ihren Ideen Kraft geschöpft werden kann, die das Denken und Handeln der Menschen im Alltag beflügelt. Keine Übereinstimmung besteht darin, daß Konfuzius erst nach seinem Tode zum »Heroen« erklärt wurde, während Mao schon zu Lebzeiten die heroenhaften Lobpreisungen und Huldigungen genießt.

Der magische Einschlag

Der große Unterschied zwischen dem Heroentum des Konfuzius und dem des Mao Tsē-Tung beginnt aber bereits, ganz abgesehen von der inhaltlichen Substanz ihrer Lehren, mit dem fast magischen Einschlag in der Verehrung des Mao. Worte und Werke dieses »Helden« gelten zunächst als »unfehlbar«, »verbindlich«, »immer siegreich«, als »Quelle des Lichts« für alle Welt, als »wärmend«, »strahlend«, »erleuchtend« usw. Damit nicht genug! Es kommt zu Aussagen wie denen, daß die so verabsolutierten Worte und Ideen »Wunderwirkungen« verbreiten, etwa in der Art, daß sie gesteigerte Körperkraft, Heilkraft und erhöhte Willenskonzentration sowie Kräfte im Kampf gegen die Natur hervorrufen, so daß sie in einmaligen notvollen Situationen nur rezitiert zu werden brauchen, um zu helfen. Hier waltet dann nicht die Phantasie oder das unangemessene Urteil des Verfassers dieses Buches, wenn der magische Eindruck solcher Denkweise als Tatsache konstatiert werden muß. (Auf den Abschnitt über die Magie der »Maotsetungideen« muß hier zurückverwiesen werden.)

Nun mag man vielleicht einwenden wollen, daß dieser Eindruck doch nur aufgrund vereinzelter, übertreibender Aussagen entstehen könne, die nur eine Entgleisung der sich überschlagenden populären Propaganda bedeuten. Von hier aus könne man nicht so weit gehen, von einem magischen Einschlag zu reden. Dem ist entgegenzuhalten, daß gerade das ganze System es ist, das in der letzten Konsequenz diese Auswüchse hervorbringt. Klaus Mehnert berichtet in seinem Buche »Maos Zweite Revolution« (Stuttgart 1966, S. 75) von »Mitteln der Hysterie«, mit denen man den »neuen Menschen« schaffen wolle. Was Mehnert hier verständlicherweise als »Hysterie« deutet, ist in Wirklichkeit das Phänomen des magischen Denkens. Mehnert berichtet von »Glücksgefühlen« beim Berühren der Hand des Mao oder auch schon dann, wenn man einen Platz überschreitet, den zuvor Mao überschritt. Die »Peking Rundschau« berichtet, um ein letztes Beispiel noch zu nennen (in ihrer Ausgabe Nr. 34 vom 23. 8. 1966, S. 9 ff.), allen Ernstes davon, daß die Menschen aufeinander zugingen und sagten: »Kommt, schüttelt meine Hand. Meine Hand hat die des Vorsitzenden Mao berührt!«

Eine mystische Potenz an der Spitze erzeugt unter Unterdrückung der Meinungsfreiheit mit Gewalt einen Psychismus der Kollektivseele, der in einen Dynamismus einmündet, der die Strukturen der magischen Ordnung primitivreligiöser Mentalität zeigt. Das ist eine besondere Eigenart des Heroentums Mao Tsē-Tungs. Die Verehrung seiner Person artet immer mehr aus zu einer säkularen Religion der Weltveränderung und Weltverbesserung. Seine »Werke« und »Worte« erheben nicht nur den Anspruch der Irrtumslosigkeit, Allgemeinverbindlichkeit und Unfehlbarkeit, sondern sie werden in Wandsprüchen von ungeheuren Größendimensionen, wie ehedem die Zauberinschriften von übernatürlicher Kraft, an wichtigen Orten angebracht. Das Auswendiglernen und Aussprechen der Worte Maos ist ein Kampfmittel, denn sie wirken wie ehedem Segen und Fluch.

Nur so ist es zu verstehen, wenn Chinesen auf den Stufen eines Botschaftsgebäudes in einem westlichen Land stehen und, die »Rote Bibel« in den Händen, »Worte des Vorsitzenden« den Vorübergehenden zurufen. Uns völlig sinnlos erscheinend, hat das den gleichen Sinn wie die Dimension der Buchstaben in den Propagandaheften. Die Worte sind den Menschen ins Gesicht zu schleudern, denn sie wirken ihre Kraft nicht nur durch ihren Sinn, sondern auch »ex opere operato«! Das Aussprechen der Worte des Ordnungshelden gleicht fast dem Abdrücken einer Pistole! Er selbst aber ist »tabu«; ihn zu kritisieren wäre ein todeswürdiges Verbrechen.

Bildmagie

Von besonderer Bedeutung ist dabei das Herumtragen seiner Bilder. Die herumgetragenen und an Gebäuden angebrachten Riesenbilder

Maos erinnern an die Riesenbilder der indischen und mesopotamischen Religion, auch an die Riesenbuddhas in Thailand, Burma und China. Sie erinnern an das Herumtragen von Ikonen oder Heiligenstatuetten in Prozessionen. Es fehlt nur noch das Sichniederwerfen, der Kniefall, das Küssen und das Streicheln oder Salben der Bilder. Dafür aber gibt es die Akklamation, die das alles ersetzt.

Die Bilder werden offenbar beseelt durch eine zauberhafte Epiklese (Evocatio): Er ist im Bild gegenwärtig! Daß Maos Bild herumgetragen und -gefahren wird wie ein antikes Götterbild, kann auch den Sinn haben, durch seine Gegenwart im Bild Land und Volk zu segnen. Dazu wird der Zweck des alten Kultbilds erfüllt: Der Gläubige will den Gegenstand seiner Verehrung sehen, ja möglichst betasten. Von besonderer Bedeutung scheint auf den Bildern der immer unveränderte graue Rock zu sein, seine unscheinbare braun-graue Jacke ohne jedes Rangabzeichen, mit dem einfachen Kragen ohne bürgerliche Modesitten. Erinnert nicht der immer gleiche Rock auf den unzähligen Bildern an das Phänomen des »heiligen Gewands« in der Religionsgeschichte? Ist es der liturgische Rock des »proletarischen Menschen«?

Ovationen und Dank

Wie am Schlusse von Gottesdiensten ertönt am Ende der Parteiversammlung in den Städten und auf dem Lande das »Loblied«, der Hymnus auf den Helden. Ist das nicht wieder eine Reminiszenz an alte Fakten der Religionswelt? »Lobpreis« und »Dank« des Kollektivs haben ursprünglich den Sinn, den »Helden« immer neu mit Macht zu füllen. Mao empfängt täglich Ergebenheitsadressen und Huldigungsschreiben. Von ihm persönlich empfangen zu werden, bedeutet »höchstes Glück« und entbindet »ungeahnte Kräfte«. Wo er sich zeigt, bringt ihm das Volk donnernde Ovationen dar. In Tibet hatte das Volk nach seinen Werken »wie nach Wasser geschmachtet«. [609] Als sie endlich kamen, nahmen die Dankrufe der Menge – »Dank, Dank, Dank« – [610] kein Ende. Der Dank war so groß, daß nicht nur ihr Glück »keine Grenzen« kannte, [611] sondern der Umschlag in magische Vorstellungen alsbald eintrat: »Die Werke des Vorsitzenden sind ein Talisman«, so bekannten die Tibeter, »mit dem wir Himmel und Erde erschüttern und Sieg um Sieg erringen können.« [612] »Sie sind der goldene Meisterschlüssel zu zehntausend Schlössern.« Sie (die Tibeter) »wickelten das Buch in weiße Seide, lasen ehrfürchtig zu dreien zusammen jedes Wort«. [613]

Trotz des magischen Einschlags haften diesem Heroenkult in der schon mehrfach bemerkten zwiespältigen Weise wiederum Erscheinungsformen der universalreligiösen (hoch- oder weltreligiösen) Wahlgemeinschaft an. Es kommt zu Meditationen, Schulung, Beichte und Bekenntnis. Denn das Wort des großen Ordnungshelden hat Absolutheitscharakter und ist allgemeingültig. Daher redet er apodiktisch.[614] Sein Inhalt ist nicht in Zweifel zu ziehen, man darf darüber nur meditieren. Solche Meditation aber entbindet enorme »Kräfte« im alltäglichen Menschen. In diesem Sinne erinnern die Schulungskurse (was die Kraftvermittlung betrifft) an gewisse Unterweisungen in hellenistischen Mysterienreligionen oder den mystagogischen Katechesen eines Cyrill von Jerusalem. Man muß die »Maotsetungideen« überall bei sich tragen, denn sie bedeuten potentielle Wunscherfüllung, etwa im Sinne eines Fetischs, was wieder an die Magie erinnert.

Die »Maotsetungideen« sind bei möglichst vielen Gelegenheiten im täglichen Leben zu rezitieren. Dazu (wie zur Meditation) dient in erster Linie die kleine »Rote Bibel«. Sie dienen aber auch in Gruppenunterweisungen als »Lehrtext« wie die Apostelworte in christlichen Bibelstunden. Die Kurzform der in ihr enthaltenen Aussprüche (sämtlich aus dem Zusammenhang längerer Reden oder Schriften herausgerissene einzelne Sätze) mutet an wie die Darbietung gesammelter Weisheitsworte oder »Logien« der Religionsgeschichte. Die »Rote Bibel« dient dazu, das kraftgeladene Wort immer gegenwärtig zu haben, um es dem Feind entgegenschleudern zu können, damit er fällt, sich selbst aber damit zu erbauen. Bei jeder Schulung ist die »Erinnerung« an das Leben des großen Helden niemals zu vergessen, an seine Taten und Leistungen, z. B. den großen Kampf im »Langen Marsch«. Auch das erinnert an ein Faktum der Religionsgeschichte, nämlich an die christliche »Vita legenda«, die im Stundengebet vorzulesende Heiligenlegende. Selbstprüfung, Selbstkritik (Beichte) und das Gelöbnis, es zukünftig besser zu machen, werden als selbstverständlich gefordert. Schon primitive Völker kannten die Selbstkritik und das Schuldbekenntnis vor dem versammelten Kollektiv mit anschließendem Sühneritus.[615] Im Anschluß an die Selbstkritik im Maoismus, die nicht nur einmal, sondern wiederholt vorgetragen werden muß, sind Bekundungen unerschütterlicher Zuversicht und vollkommener Ergebung gegenüber Mao Tsē-Tung und seiner Lehre gefordert. Das Bekenntnis ist zu wiederholen. Hier fühlt man sich erinnert an das immer neu zu wiederholende Bekenntnis im Hināyāna-Buddhismus: »Ich nehme meine Zuflucht zu Buddha, zu seiner Lehre, zu seiner Gemeinde.« Die formale Analogie springt ins Auge: Zuflucht zum »Vorsitzenden«, seinen »Ideen« und der KPC.

Dabei ist zu beachten, inwieweit die »hochreligiös« anmutenden Phänomene wie »Meditation«, »Schulung«, Bekenntnis« und »Beichte« hier einen anderen Sinn haben können als in den gewachsenen Hochreligionen. In der hochreligiösen Ordnung dominiert das Moment des persönlichen Ergriffenseins, der individuellen Entscheidung und subjektiven Gewißheit eines inneren Überführtseins. Das antwortende Handeln des Menschen geschieht in der personenhaften Freiheit des Ich-Du-Verhältnisses. Im magisch-kollektiven Zwangsmilieu ist der Angeredete nicht wirklich Partner. Er ist überhaupt nicht der »Angeredete«, weil er nicht auf Erwiderung hin angesprochen wird, sondern nur auf Zustimmung hin. Er ist nicht der Angeredete, sondern mehr der »Beredete«. Der einzelne, wie das ganze Kollektiv, ist gegenüber dem großen Helden entweder zum Schweigen verurteilt oder zur Akklamation verpflichtet. Ein Drittes gibt es nicht, es sei denn Martyrium oder Selbstmord. Insofern sind Begriffe wie »Beichte«, »Bekenntnis« usw. nicht ganz sachgemäß. Der nicht wirklich als freier Partner angeredete, sondern nur auf Zustimmung hin beredete Mensch wird zum Objekt herabgedrückt, zum Teil eines Neutrums, des Kollektivs. »Bekenntnis« und »Beichte« werden als solche zunichte, wo sich der Mensch nicht in Freiheit dem Beredetwerden zu entziehen vermag.

Daher ist das antwortende Wort des Gläubigen in den Hochreligionen ein anderes als das an ihn ergehende Wort. Unter der Aura des kollektiv-magischen Milieus liegen die Dinge anders. Das vom »Helden« des Kollektivs ausgehende Wort kommt zu ihm zurück als dasselbe Wort. Hier kann man geradezu von einer Einheit des von ihm ausgehenden und zu ihm zurückkehrenden Wortes sprechen. Insoweit besteht innerhalb dieses Phänomens der Heroenverehrung ein gewisser strukturtypischer Zwiespalt: Auf der einen Seite zeigt sie den magischen Einschlag primitivreligiöser Verhältnisse, auf der anderen die Struktur einer weltreligiösen Wahlgemeinschaft. Dieser Zwiespalt weist auf das Unechte des Phänomens hin. Es handelt sich nicht um gewachsene Religiosität, sondern um eine Ersatzreligion, in die der Mensch künstlich hineinversetzt und hineingesteigert wird. Dadurch erklären sich die exaltierten Äußerungen, die in der Substanz einer primitiven Magie gleichkommen.

Das Werk des Helden:
Er ordnet, erst China, dann die Welt

Fragt man nach dem Werke des Heros, so ist unschwer zu erkennen: Er ordnet, und zwar zunächst China, dann die Welt. Die »Ordnung« geht durch Revolution und Umsturz als dem Wesen seiner »Ordnung« hindurch: Das Alte muß niedergerissen, das Neue aufgebaut werden. Dabei werden die Welt und selbst der Marxismus–Leninismus »auf eine völlig neue Stufe gehoben«. [616] Das sagt kein Geringerer als Lin Biao, denn er ist nach Mao Tsē-Tung, dem »größten Führer aller Zeiten«, im Augenblick »der Zweitgrößte«. [617]

Die Ordnung der Welt geschieht im Wege eines Umbildungsprozesses, der eine »Umbildung der Objektivwelt« wie auch der »Subjektivwelt« anstrebt. [618] Dabei müssen die »opponierenden Menschen« eine »Phase des gewaltsamen Zwangs durchmachen«. [619] Erst dann treten sie in die »Phase des Selbstbewußtseins« ein. [620]

Die Rede vom Umbildungsprozeß mittels Phasen gewaltsamer Umerziehung erinnert wieder an Praktiken und Denksysteme (Initiationsriten) des magischen Milieus. Aber das Ziel der gewaltsamen Umerziehung ist nicht (wie ehedem) der Nutzen oder die Sitte des Clans, Stammes oder der sonstigen Vitalgemeinschaft, sondern die Herbeiführung der Herrschaft des Kommunismus in der Welt. [621] Es ist das Wesen dieses einzigen großen Initiationsritus, daß dabei die »Umgestaltung« der Objektivwelt und der Subjektivwelt gleichzeitig vonstatten geht. Konkret stellt sich Mao das so vor, daß z. B. die »Anlage von Entwässerungsgräben« und die »Erziehung« zu einem sozialistischen Gewissen »begrifflich identisch« sind. [622]

Besondere Bedeutung kommt im Zuge des »Umbildungsprozesses« dem »Neubau der Kultur« zu. Der Weltordnungsheld »baut« eine neue »Kultur«. Die »neue Gesellschaft« wird »nicht nur eine neue politische Organisation und eine neue Wirtschaft, sondern auch eine neue Kultur ihr eigen nennen«. [623] Fragt man danach, wie diese neue Kultur aussieht bzw. welches ihr Wesen ist, so erfährt man: »Sie ist populären Charakters«, [624] d. h. sie muß »den werktätigen Massen der Arbeiter und Bauern dienen«, sie ist »eine mächtige revolutionäre Waffe des Volkes«, [625] sie ist »national«, »wissenschaftlich«, »volkstümlich«, »antiimperialistisch und antifeudalistisch«. [626]

Ist das nun »Religion«?

Ist dieser Heroenkult neuer Art nun »Religion«? Grundsätzlich kann gesagt werden, daß der Heroenkult als solcher, wie er im Rahmen der gewachsenen Religionen mit auftrat, durchaus als ein Phänomen der Religionswelt angesehen werden muß. So war auch die dem Konfuzius entgegengebrachte Heroenverehrung »Religion«, weil darin eine numinose Apperzeption des Genius des toten Konfuzius und der von ihm verkündeten Höchstwerte enthalten war. Um der irrationalen Momente willen, die ihm anhaften, und auch im Blick auf die Strenge seiner ihm eigenen ethischen Begriffswelt, muß man den Maoismus zweifellos als ein religionsartiges Phänomen ansehen, man kann ihm sogar das Prädikat einer weltlichen (säkularisierten) »Religion« zuerkennen, sofern man unter Religion einen Anruf zu verantwortlichem Leben in Verbindung mit irrationalen Aspekten versteht. Aber dem Maoismus fehlt in seinem Heroenglauben insgesamt (einschließlich Menschenbild, Geschichtsauffassung, Teleologie usw.) das eigentliche Wesen der echten Religionen, wie es die Religionsgeschichte zeigt. Das soll nicht etwa heißen, daß nur dort »Religion« sei, wo an Gott oder Götter geglaubt, ein Katechismus von Dogmen erstellt oder Kult, Gebet und Opfer veranstaltet werden. Einer so engen Religionsauffassung wird hier nicht das Wort geredet. Trotzdem muß gesagt werden, daß der Maoismus bei allem religionsartigem Charakter, der ihm anhaftet, keine echte Religion im Sinne der alten gewachsenen Religionen der Menschheit bedeutet. Denn »Religion« im echten Sinne ist nur dort, wo der Mensch das Unfaßbare, das Numinose, verspürt. Echte Religion ist nur dort, wo der Mensch vor den Rätseln der Welt und seines eigenen Seins erschauernd das Unerforschliche erfährt und in Demut und Ehrfurcht verehrt, wo er weiß, daß dem höchsten Gipfel des Glücks zur Seite ein Abgrund gähnt, so daß er nie mit Sicherheit weiß, ob bei seinem Handeln und selbst seinen wissenschaftlichen Fortschritten letzten Endes Heil oder Unheil herauskommt. Echte Religion ist nur dort, wo ein Empfinden für das ist, was die größten und tiefsten Geister der Menschheit das »Ungeheure« und das »Wunderbare« genannt haben, das Faszinierende als Erschreckendes, Forderndes und Beseligendes zugleich. Das hat auch Konfuzius gewußt, indem er den Göttern schweigende Verehrung darbrachte und Kult und Opfer bejahte.

Die alten religiösen Systeme Chinas waren keine »weltliche« Religion, wenn es auch so scheinen mag – wie von vielen behauptet wird – als habe Konfuzius sich nur mit dem Diesseits beschäftigt. Er anerkannte die Existenz von Gottheiten und bejahte Opfer, Gebete Kultus und Ritus. Er rechnete mit der Transzendenz und dachte mindestens im Ahnenkult über den Tod hinaus. Richtig ist, daß er aus demütiger Scheu dogmatische Aussagen über das Jenseits abgelehnt hat. Weder der chinesische Staatskult noch Taoismus, Buddhismus, Ahnenkult oder die Erscheinungen der vulgären Mischreligion waren in unserem Sinne »weltliche« Religiosität. Sie waren vielmehr echte »Religion«.

C. P. Fitzgerald hat in seinem Buche »Revolution in China« (aus dem Amerikanischen, Frankfurt 1956, S. 149) geurteilt: »In China hat sich die kommunistische Lehre als Religion etabliert.« Das ist grundsätzlich richtig, zugleich aber auch falsch, wenn nur in dieser Weise pauschal geurteilt und dabei der Begriff »Religion« nicht genau fixiert und nicht näher analysiert wird. Dadurch kommt es bei Fitzgerald zu unhaltbaren Aussagen, z. B. zu einem Vergleich der Erwartung der Urchristenheit von der Wiederkunft Christi mit der maoistischen Lehre von der künftigen klassenlosen Gesellschaft. In dieser Weise kann man nicht verfahren.

Der Maoismus ist zu eudämonistisch und zweckbestimmt, vom eigentlichen Erlebnis des Heiligen entleert und der innersten Verpflichtung des Gewissens, die die echte Religion überall erzeugt hat, zu wenig verpflichtet, als daß er als echte Religion im Kreise der ehrwürdigen Religionen der Menschheit in Ost und West bestehen könnte. Er ist vielmehr nur eine säkulare Quasi-Religion im Lebensmilieu der zwangsgesteuerten Kollektiv-Seele. Dieser Religionsersatz bedarf der näheren Erläuterung.

Der Maoismus: keine echte Religion

Es handelt sich im Grunde um eine populäre Weltanschauung politischen Charakters, ausgestattet mit einigen Restbeständen religiöser Provenienz, die zum Aufbau des Systems benutzt werden. Eine im Vergleich mit dem reichen Erbe primitive, künstlich aufgebaute Gläubigkeit erhebt Anspruch auf Weltgeltung. Dieser säkularen Religion der Weltverbesserung fehlt es nicht an Esoterik. Denn nur die Eingeweihten, die lange und intensive Schulungen durchgemacht haben, verstehen das System ganz, und es wird ein Anspruch auf Orthodoxie erhoben, der gegenüber es Abweichler und Irrlehrer gibt.

Unecht gegenüber den gewachsenen Religionen ist das Gebilde dieses weltlichen Glaubens wegen des schon erwähnten grundlegenden Mangels am Erlebnis des Heiligen, das »Religion« zur Religion macht. Dazu kommen aber weitere Aspekte. Dem System eignet eine psychische Unechtheit, denn die Anpassung an das Kollektiv wird zum

Dauerzustand, d. h. man tut so, als ob man denkt, fühlt und handelt, wie es erwartet wird. Die Eigenpersönlichkeit wird zum Erlöschen gebracht, und der einzelne hat nur noch die Rolle einer Ziffer im Heere der blauen Ameisen. Es handelt sich um Unechtheit, weil hier nicht persönliche Religiosität eigenster innerster Glaubensbesitz sein kann, sondern gerade die den einzelnen eigentlich bedrängenden Widerfahrnisse des Lebens, nämlich das Böse, Krankheit und Tod in den Fragen unterdrückt und aus der Sicht verbannt werden. Der im Grunde kernlose und nur abbildliche Glaube wird sicherlich von Millionen imitiert, vielleicht kann er sogar Menschen verwandeln, faszinieren und fanatisieren, aber im Grunde vermag er kein Gefühl der Geborgenheit zu schenken, das die vornehmste Gabe der echten Religion ist. Die echte Religion aller Zeiten und Zonen vermittelt zwar ein Innewerden der Grenzsituation des menschlichen Seins, dazu aber auch ein geistiges Sinngefüge, das Trost in der Trostlosigkeit, Halt in der Hinfälligkeit, Erlösung aus Schuld und Hoffnung über den Tod hinaus schenkt. Das Phänomen dieser säkularen Religion der Weltverbesserung aber verspricht zwar ein zukünftiges Glück und Heil, das in sozial-materieller Gesichertheit und besserer Gesellschaftsordnung besteht, aber den Menschen gerade bezüglich der tiefsten Fragen im Stiche läßt und ihn außerdem insoweit in ständiger Angst behält, als das Umkehrphänomen auch bezüglich der Gesellschaftsordnung eine ständige Bedrohung des Lebens bleibt. Unter einem solchen Glaubenssystem kann der Mensch nie wirklich »zu Hause« sein, auch schon allein deshalb nicht, weil er sich mit seinen letzten Fragen und eigentlichen Überzeugungen nicht hervorwagt, sondern sie verbergen muß vor den Ansprüchen jener Pseudoreligiosität, deren Numinosum nur die Ideen und Praktiken des Ordnungshelden sind. Diesen aber trennen Welten von jenen maßgeblichen Menschen, die echte Religiöse oder gar Religionsstifter waren.

Der Maoismus kann auch schon deshalb keine echte Religion sein, weil er den Haß predigt. In einer Art Glaubensbekenntnis (wörtlich zitiert nach der »Peking-Rundschau« Nr. 51/52 vom 30. 12. 1969, Seite 11) heißt es: »Die chinesische Revolution und die Weltrevolution zuende führen, weder Mühe noch Tod fürchten und den revolutionären Geist entfalten ... dem großen Führer Mao Tsē-Tung uneingeschränkt treu sein, unser sozialistisches Vaterland noch mehr lieben, den US-Imperialismus und Sozialimperialismus hassen, verachten ... unser Verständnis für die Vorbereitung auf einen Kriegsfall vertiefen ... kühn kämpfen und siegen«. In solchen Worten, Bekenntnissen und Gelöbnissen zeigt sich das Wesen dieser säkularen Religion der Weltveränderung und Verbesserung, auch ihr großer Glaube. Das Wesen und der Geist des echten Glaubens in den gewachsenen Religionen der Religionsgeschichte, einschließlich der chinesischen, ist aber ein anderer. Er hat es immer zu tun mit der Frage nach der Schuld und dem Leid, nach der Liebe und der Gerechtigkeit in der Welt, nach dem Sinn des Lebens und des Todes.

Auch sind sich die großen echten Religionen des Ostens und des Westens darin einig, daß nicht der Haß, sondern die Werte der Liebe, des Mitleids und der Güte die wahren menschlichen Werte sind. In diesem Sinne glauben (zwar nicht identisch, aber wenigstens vergleichbar) Jesus Christus (»Agape«), Buddha (»Maitri«) und Konfuzius (»Yen«). In ihren echten Glaubenssystemen spielt dabei die Wahrhaftigkeit und Aufrichtigkeit in allen Lebenslagen eine entscheidende Rolle.

»Säkular« (»weltlich«) und als Religion trotz des Weiterbestehens gewisser Glaubensmomente »unecht« ist die Erscheinung des Maoismus dadurch, daß zugleich mit der Zurückdrängung der im religiösen Sinne entscheidenden Werte ein anderes eine vordergründige Rolle spielt, und zwar eine von der religiösen Weisheit des Ostens wie des Westens in gleicher Weise abgelehnte Geisteshaltung, nämlich der Haß und die mögliche Wertung der Hinterlist als Waffe und Tugend. Daß der proletarische Mensch zum Haß erzogen werden muß, hörten wir schon. Dazu kommen aber gewisse Glorifizierungen der Hinterlist (und zwar in der Methode und amtlichen Verlautbarungen des Systems), die dieses Glaubenssystem einer Weltverbesserung von allem scheidet, was zu Recht den Namen echter Religion trägt. Als frappantestes Beispiel erinnert man sich an die sogenannte »Hundert-Blumen-Periode« im Mai/Juni 1957. Damals startete Mao Tsē-Tung persönlich in seiner berühmten Rede »Laßt hundert Blumen blühn« ein Manöver, »um den heimlichen Gegnern eine Falle zu stellen«.[627] Wie Mehnert als damaliger Augenzeuge berichtet, wurde offen und zynisch von höchster Stelle erklärt: Die Aktion sei nur inszeniert worden, um »die Opfer ins Netz zu locken«, damit die »Diktatur des Proletariats geschützt« werde. Damals schrieb die »Pekinger Volkszeitung«: »Dunkle Dämonen kann man nur vernichten, nachdem man sie aus dem Versteck herausgelockt hat. Giftpflanzen kann man bequem ausreißen, wenn man sie hat wachsen lassen.«[628] Genau in Übereinstimmung steht damit das große Ideal des neuen Volkshelden, der in jener schon erwähnten »Volksoper« dargestellt wird, an der Mao selbst mitgearbeitet hat. Der Held, dort »Yang« genannt, wird dadurch zum Helden, daß er sich mit Hinterlist in das Vertrauen des Feindes einschleicht, um ihn dann zu vernichten. Keine echte Religion kennt Hinterlist als ethisches Ideal.

Ein letztes Moment des Unterschieds zur echten Religion besteht darin, daß das maoistische Glaubenssystem weder Priester noch Heilige kennt. Man kennt zwar Funktionäre, die »verkündigen«, aber diese sind keine Priester, sondern Geheimpolizei. Sie sind eher »Kundschafter« als Heilige, sie kundschaften, um den Feind zu vernichten, wie in den Urformen der Kultur. [629]

Mao Tsē-Tung kein »Religionsstifter«

Es kann sicherlich keine Rede davon sein, daß Mao Tsē-Tung einen Heroenkult für seine Person geplant habe oder gar so etwas wie der Stifter einer »weltlichen« Religion sei. Er ist vielmehr am Anfang nur Politiker gewesen und will nach seinem eigenen Verständnis auch heute sicherlich nichts anderes sein. Auch ein Mann wie Mao wird von den Ereignissen mitgerissen und kann sich bestimmten Gesetzmäßigkeiten und Entwicklungen nicht entziehen, wenn diese einmal ins Rollen gekommen sind. Die Entstehung einer Art »weltlicher Religion« liegt in der Konsequenz seines Systems, nicht in den Absichten Mao Tsē-Tungs. Zwar ist dieses System aus seiner individuellen Leistung hervorgegangen, und es wird in seiner Eigenart von den dargestellten Glaubensresten in ihm ideologisch getragen. Aber sein Selbstanspruch will kein religiöser sein, auch nicht im Sinne einer »weltlichen« Religion. Im Gegenteil, Mao glaubt, alle »mystische« Denkweise zu meiden und nur Politiker zu sein. Trotzdem kam es zum »Heroenkult«, den er nicht nur duldet, sondern fördert.

Ausgangspunkt der Entwicklung war das politische Wirken des ersten Funktionärs der KPC. Dieser predigte die Gewalt und den Glauben an die Diktatur des »proletarischen Menschen«, an die Einheit des großen »Wir«. Das große »Wir« aber ist nicht realisierbar ohne ein Vorbild und Gegenüber. Nachdem Götter, Geister und Ahnen, der Kaiser und auch Konfuzius gestürzt waren, existierte das »Gegenüber« zunächst nur in der Gestalt des politischen Reformers und Revolutionärs. Er gewann Qualifizierung, Ansehen, Respekt, Geltung, Prestige. Je mehr aber die übermäßige Sozialisation, die zwanghafte Entpersönlichung und Kollektivierung des gesamten Volkes fortschritt, und zwar mit Gewalt, je stärker der Terror wurde – desto mehr entwickelten sich Ansehen und Prestige, bis hin zur mächtigen Glorifizierung. Es kam zu totaler Verherrlichung seiner Person. Solange der Fanatismus sich noch in gewissen Grenzen hielt, noch nicht völlig destruktiv und blind wurde und der widerstrebende einzelne noch nicht seiner Vernichtung entgegenging, gab es bemerkenswerterweise auch noch nicht die seltsamen »magisch« anmutenden Vorstellungen und Überspitzungen. Mit dem Aufkommen von verstärktem Terror aber, z. B. den Schockbrigaden, die als Kundschafter in die Wohnungen eindrangen und die »Klassenfeinde« abführten, kam es nicht nur zu einem Ausmaß von Leid, das nur von ferne geahnt werden kann, sondern zugleich zu inneren Abwehrreaktionen.

Entpersönlichung und Spannung

Der Mensch kann Angst, Ohnmacht und Erbitterung nur bis zu einem gewissen Grade und nur eine bestimmte Zeit lang ertragen, besonders wenn ihm zuvor noch zerschlagen wurde, was ihm bisher heilig war. Der Mensch, der eingebunden in die Peitsche des korporativen Kollektiv-Systems zu leben gezwungen ist, trägt einen gewissen Verlust an Persönlichkeit davon. Bei einer übermäßigen Sozialisation kommt es zu einem Abbau der psychischen Energien. Es ereignet sich eine Art Umweltsdominanz, die das Wachstum der eigenen Person hindert, dafür aber dynamische Beziehungen zwischen Individuum und Umwelt schafft, so daß es zu einem eigenartigen Dynamismus zwischen Person und Umwelt kommt.

Es geschieht eine Veränderung der Bewußtseins- und Seelenstruktur. [630] Die gleichzeitige Entpersönlichung und Kollektivierung bewirkt, in Verbindung mit Terror und Angst, nicht nur Störungen, sondern Erschütterungen und Aufruhr des menschlichen Wesens. Die Grenzen des Ich und des Nicht-Ich verschwimmen, der Mensch wird entsubjektiviert, es kommt zu einer geistigen Standortverschiebung. Die Erschütterung und der Aufruhr – und das ist das Seltsame an dem Phänomen – macht sich aber nun nicht, wie vermutet werden könnte, in Empörung und Aufruhr nach außen Luft, sondern kehrt sich in überraschender Weise nach innen. Bei konsequenter, gewaltsamer Zerstörung der Persönlichkeit hört der Mensch auf »Person« zu sein. Das hat Bruno Bettelheim in seinem Buche »Aufstand gegen die Masse« (München 1965) instruktiv dargelegt. Er hat auf das eigenartige Phänomen hingewiesen, daß es in den deutschen nationalsozialistischen Vernichtungslagern keine Aufstände gegeben hat. Es kam vielmehr zu der Erscheinung des Menschen, der sich nicht mehr zur Wehr setzt, obwohl ihn der sichere Tod erwartet. Ja mehr noch: Statt zur Empörung und Revolte kommt es zur Mitarbeit des Häftlings am Vernichtungswerk. Er erbietet sich, selber die Gaskammern zu säubern, am Vernichtungswerk mitzuarbeiten und wird als Häftling »des Häftlings schlimmster Feind«. [631] Mit anderen Worten, es kommt zu einem Dynamismus, von dem schon gesprochen wurde, der sonst nur das Kennzeichen primitiver Kulturen war.

Das Ich ist hier nicht mehr Herr im eigenen Hause, sondern das »Unter-Ich«, das »Man«, von dem die Psychoanalyse spricht, gebiert nach dem Verlust des Gleichgewichts der inneren Person eine Verhaltensweise, die alle Individualität aufgibt und sich vollständig in die Masse und die Intentionen der am Werke befindlichen Gewalt integriert.[632] Es stellt sich jener »Dynamismus« ein, der sich nicht nur willig in Dienst stellen läßt, sondern es im Dienste der Gewalt noch besser machen, das System hundertprozentig zufriedenstellen und die Intentionen des Terrors übererfüllen will.

Der Drang nach »Übererfüllung« liegt letzten Endes der normalerweise völlig unverständlichen Hypostasierung und Glorifizierung der »Maotsetungideen« zugrunde. Der Terror erzeugt den Drang nach Übererfüllung, zur Beschwichtigung, und zwar zur Übererfüllung und Beschwichtigung nach außen und nach innen. Von der Beschwichtigung nach außen braucht hier nicht gesprochen zu werden. In einer Art instinktiver Selbstregulierung nach innen besinnt sich der Mensch auf magisch-suggestive Wirkungen, die latent in ihm angelegt sind.

Durch Suggestionen und Vollzüge magischer Handlungen wurde dem Menschen seit Urzeiten eine gewisse innere Hilfe zuteil. Er wird dadurch, auch wenn die Wirkung und der Wert dieser Handlungen effektiv gleich Null ist, doch durch Überwindung unerträglicher und hemmender Vorstellungen und Gefühle in seinem inneren Zustand geändert. Auch wenn dadurch die äußeren Unerträglichkeiten nicht günstiger werden, so wird doch ein gewisses Maß an Sicherheitsgefühl, Zuversicht und Bereitwilligkeit zum Leben überhaupt, wiedergewonnen. Anstatt zu aussichtslosen Protestaktionen und Selbstmord kommt es zu instinktiven Beschwichtigungsversuchen, die Nachahmung finden und Suggestionskraft auf andere in der gleichen Lage haben. Daher kommt es zu Massen-Suggestionen, die wiederum an Erscheinungen der frühzeitlichen Völkerpsychologie erinnern, nämlich an die magischen Beschwichtigungsriten.[633]

Bedrängnis schwindet, Hoffnung bleibt

Zum vollen Verständnis des Vorgangs muß man sich noch folgendes vergegenwärtigen. Das System setzt nicht nur in Bedrängnis, sondern es offeriert auch »Hoffnung«, auch hat es Teilerfolge. Die eigentlichen beängstigenden Realitäten des Daseins, der Schmerz, der Tod und das Böse, werden durch die Formen der sozialen und psychischen Knechtung zurückgedrängt. Zugleich aber wird dafür ein Zukunftsreich ausgemalt, das auf Erden Herzenswünsche erfüllt und das menschliche Glück verbürgt. Zwischen Bedrängnis und Hoffnung kommt es zu einer kollektiven Leichtgläubigkeit, besonders aus dem Wunsche heraus, in der Anonymität nicht aufzufallen. Das Denken bleibt dabei nicht kausal, sondern wird voluntaristisch, aktivistisch, pragmatistisch. Die Selbstsucht wird in Ehrgeiz verwandelt, indem z. B. bei der Förderung der Produktion tatsächlich um jede Minute und Sekunde gekämpft wird. Durch Teilerfolge des Systems wird die Zuversicht und Bereitwilligkeit gehoben. Die Suggestionen tun ihre Wirkung: An den Heros wird geglaubt! Und auch bei solchen, die sich dagegen zu wehren suchen, kann die dauernde Spannung zwischen Bedrängnis und Hoffnung nicht für immer ertragen werden.

Der Mensch unter der Spannung sucht auch heute nach etwas, danach er seit eh und je in solchen Situationen gesucht hat. Er sucht nach innerer Abwehr der Spannung und ihrer Beschwichtigung. Eingespannt in das Zwangskollektiv und in die Dauerspannung zwischen Bedrängnis und Hoffnung sucht der chinesische Mensch nach Selbstausbalancierung (oben wurde gesagt: instinktive Selbstregulierung) seines gestörten personalen Bewußtseins. Dabei greift er zurück auf Mächte seines seelischen Innenlebens, die in der seelischen Ahnenreihe weit zurückliegen mögen, heute aber noch in gewissen Schichten seines Seelenflechtwerks vorzufinden sind. Sie drängen nun an die Oberfläche. Der Mensch besinnt sich auf einen Kraftzuwachs, der mit physikalischen Energieeinheiten nichts mehr zu tun hat, in ihnen nicht zu messen ist: Er durchstößt die innere Spannung mittels jener Kraft, die ohne rationale oder kausale Begründung das Negative in das Positive verkehrt. Mit andern Worten: Er besinnt sich auf das »magische Wunder« und empfängt dadurch Kraftzuwachs, indem er auf Kraftzuwachs vertraut. Dadurch löst sich jene innere Spannung: Bedrängnis schwindet, Hoffnung bleibt.

Daß demgegenüber alle Gesetze der Logik und der Kausalität versagen, spielt keine Rolle. Es kommt zu einem Sich-Verwandeln im Sinne eines Sich-Identifizierens mit dem negativen Pole der inneren Spannung. Dieses Sich-Identifizieren bringt die Spannung zum Verlöschen. Dadurch wird ein Kraftzuwachs erfahren, der dann jener Potenz zukommt, mit der sich das entpersönlichte Individuum identifiziert hat. Die erfahrene Kraft wird auf diese Potenz, mag sie auch widerwärtige Züge annehmen, anerkennend und positiv übertragen, ja ihr überschwenglich als Verdienst angerechnet.

Was sich hier ereignet, ist das, was Eduard Spranger einmal in anderen Zusammenhängen das »magische Urwunder« [634] genannt hat. In der Einsamkeit des Negativen und der Tragik der menschlichen Existenz gewinnt der Mensch magische Kraft im Dienste eigener Wunscherfüllung aus einem inneren Umbruch, und er traut anderem, Dingen oder Personen, magische Kräfte zu. Der Mensch kann in dauernder Angst und Spannung nicht leben: Sie muß beschwichtigt werden. Damit stehen wir vor einem unerklärbaren Urphänomen des Lebens und des Menschen.

Das ist nichts anderes als die instinktive Selbstregulierung, die schon die Primitiven der Frühkulturen kannten. Hier liegt der letzte Sinn ihrer magischen Riten. [635] Wollte man sagen, es liege ein Massenrausch vor, so wäre das nicht falsch, nur handelt es sich wesensmäßig nicht um Ekstase, eher um eine Art allgemeinen Abwehrzaubers. Wiederholt sei dabei, daß die Abwehr nach außen und nach innen gerichtet ist. Nach innen insoweit, als es nicht darauf ankommt, ob der magische Glaube eine objektive Wirkung in der Realität zeigt, sondern darauf, daß er sie nach innen hat: Das teilnehmende Subjekt gewinnt daraus Kraft für sich, gewinnt Kraft, indem es Kraft zutraut.

Diese Schichten der menschlichen Psyche sind es im letzten Grunde, aus denen die magisch anmutenden Erscheinungen des Maotsetungglaubens verstanden werden müssen. Wenn Parteiveranstaltungen den Charakter einer kultischen Handlung bekommen, wenn die »Maotsetungideen« geradezu dinglich als Segen für das Kollektiv, als Fluch aber für den »Feind« aufgefaßt werden, wenn in der Person des Mao Tsē-Tung, oder auch schon in seinem Bild, das Heil »da« ist, wenn jemand die »rote Bibel« als eine Art Amulett bei sich trägt, weil aus deren unzusammenhängenden Aphorismen »Kraft« kommt – so sind wir geneigt, darüber ein Lächeln zu zeigen. Solches ist fehl am Platze. Weder Überheblichkeit noch Verdammungsurteile, sondern mehr die Haltung eines teilnehmenden und erbarmenden Verständnisses ist hier angebracht. Denn wir sehen hier, wie in einem vorgehaltenen Spiegel, ein ernstes Urphänomen unseres eigenen Lebens und Menschseins. So sind wir. So sind Menschen in der tragischen Geworfenheit ihres Daseins. In den im Banne Mao Tsē-Tungs lebenden Chinesen und ihres »Glaubens« sehen wir im Grunde uns selbst: So ist der Mensch! Er, der durch Verwüstungen und Zerstörungen des Lebensverfalls, angerichtet durch seinesgleichen, in die letzten Abgründe schaut, weicht schaudernd davor zurück. Und da er keine andere Hilfe kennt, weil er in der Transzendenz keine mehr sucht, sucht er sich Entspannung und Erleichterung zu verschaffen aus sich heraus durch sich selbst in »weltlicher Religion«.

Die bedrängende Frage, ob nun das ganze chinesische Volk in den Bann dieser weltlichen Religion und ihres Heroenglaubens geraten ist, inwieweit das chinesische Volk »sich abgefunden« hat und in das

Kraftfeld des Maoismus wirklich auch innerlich integriert ist – diese schwere Frage kann heute noch nicht beantwortet werden. Selbst im Blick auf große Teile der Jugend ist das noch unklar. Sicher aber ist, daß ungezählte Millionen dieser säkularen Religion verfallen sein mögen. Denn auch in dem Menschen, der aus echten religiösen Bindungen herausfiel oder herausgeholt wurde, bleibt ein Verlangen nach etwas, daran er sein Herz hängt, bleibt das Streben nach der Heilheit seines eigenen Lebens und einer geordneten Welt. Sicher haben sich viele Millionen der inneren Spannung entledigt und dem Mao in Hoffnung ergeben. Sie sind zu Trägern des neuen Heroenkults geworden.

Vielleicht (oder sicherlich) gibt es auch einen Rest, der die innere Spannung noch mit sich herumträgt und noch nicht ganz den geistigen Personenkern verlor. Wie wird es heute in ihnen aussehen?

Die Chinesen kennen seit alters her den Begriff »Ming-I«, das heißt soviel wie »Verfinsterung des Lichts«. Zumindest werden die Älteren, die noch die kanonischen Schriften kennen, sich insgeheim dieses Begriffs erinnern. Und sie werden an jene alte tragische Geschichte denken, die das I-Ging erzählt: [636] »Die Geschichte vom Prinzen Gi.« Der Prinz Gi lebte zu einer Zeit der »Verfinsterung des Lichts« am Hofe des finsteren Tyrannen Dschou Sin. »Er war ein Verwandter dieses Tyrannen und konnte sich darum nicht vom Hofe zurückziehen. Er verbarg deshalb seine gute Gesinnung und stellte sich wahnsinnig. So wurde er denn als Sklave gehalten, ohne daß er durch äußere Unbilden sich in seiner Gesinnung hätte irremachen lassen. Hieraus ergibt sich die Lehre für diejenigen, die in ›Zeiten der Finsternis‹ ihren Platz nicht verlassen können. Sie bedürfen bei unbesiegbarer Beharrlichkeit im Innern nach außen doppelter Vorsicht, um der Gefahr zu entgehen . . .«

Einst Konfuzius – heute Mao Tsē-Tung

Wer dieses Buch bis hierher las, wird unschwer erkannt haben, daß es nicht sagen will, was einst Konfuzius war, »sei« heute Mao Tsē-Tung. Die Meinung, daß der Sieg des Marxismus in China im Grunde nur eine Rückkehr zum Alten in einem neuen Gewande bedeute, ist eine unhaltbare Verallgemeinerung eines in Wirklichkeit viel differenzierteren Vorgangs. Die Chinesen haben sich nicht einfach statt einer gelben eine rote Kappe aufgesetzt, um dabei die alten zu bleiben. Aber auch die ganz andere, entgegengesetzte Meinung, das alte und das neue China hätten gar nichts miteinander zu tun, ist nur bedingt richtig. Das Problem ist nur dialektisch zu beantworten. Einerseits vernichtet das neue China die Tradition. Andererseits lebt diese Tradition in der chinesischen Version des Marxismus–Leninismus noch fort und macht diesen zu einer säkularen Religion der Weltverbesserung und Weltveränderung unter der gläubigen Verehrung eines Heros religionsphänomenologischer Art. Dieser Sachverhalt erfordert am Schlusse eine Zusammenfassung jener Momente, in denen Unterschiede, Ähnlichkeiten und Übereinstimmungen (im Sinne von Gleichungen) konstatiert werden können.

Unterschiede ...

Die Darlegung der Unterschiede durchzieht im Grunde das ganze Buch. Um Wiederholungen zu vermeiden, bedarf es daher hier nur nochmals der Herausstellung des Hauptunterschieds. Er liegt in der Wertung der menschlichen Persönlichkeit, besonders ihres Freiheits- und Wahrheitsbewußtseins, und der Ablehnung der konfuzianischen Tugenden.

»Der Edle ist kein Gerät«

»Der Meister sprach: Der Edle ist kein Gerät.« [637] An diesem kleinen Satz — und an vielen anderen Sentenzen der kanonischen Schriften — läßt sich der tiefe Bruch des Maoismus mit den Grundtendenzen der Vergangenheit ablesen. Es handelt sich hier um mehr als Bruch, nämlich um Widerspruch, keineswegs aber um eine »Weiterentwicklung« zuvor gegebener ethischer und politisch-sozialer Daseinsformen des altchinesischen Weltverständnisses. »Der Edle ist kein Gerät«, d. h. der Mensch als Individuum ist Person und daher Selbstzweck. Es ist unvereinbar mit der Würde des Menschen, ihn als bloßes Werkzeug im Dienste von Zwecken zu gebrauchen. [638] Andere wahrhaft klassische Worte lauten: »Die Mittelmäßigkeit des Gemeinen besteht darin, daß er vor nichts zurückschreckt«, [639] ein anderes: »Der Mensch lebt durch Geradheit«, [640] ein anderes: »Der Edle hat für nichts auf der Welt eine unbedingte Voreingenommenheit ... Das Rechte allein ist es, auf dessen Seite er steht«, [641] ein anderes: »Der Edle ist nicht parteiisch«, [642] ein anderes: »Was du nicht willst, das man dir tue, das füge auch keinem anderen zu«, [643] noch ein anderes: »Wenn ich die Menschenliebe nur begehre, so ist die Menschenliebe schon da«. [644]

Solche konfuzianische Lehren von der ethischen Selbstbestimmung der sittlichen Persönlichkeit trennt tief den Konfuzianismus vom Maoismus. Es herrscht bei Konfuzius der Glaube, das Gute müsse als das dem Menschen Gemäße getan werden, und zwar von allen als ein Weg, dem Himmel zu dienen. Klassenkampf, Klassenhaß, physische Vernichtung Andersdenkender ist damit nicht vereinbar. Es wird nicht bestritten, daß es im Konfuzianismus sehr oft zu Machtmißbrauch, Intoleranz und Korruption gekommen ist. Es wird nicht bestritten, daß es auch schon im alten China Kampagnen gegen Intellektuelle und Schriftsteller gegeben hat. Im zweiten Teil dieses Buches mußte schon von einer Bücherverbrennung im Jahre 213 vor Christus berichtet werden. Es wird auch nicht bestritten, daß die Lehren des Konfuzius in der Gestalt bestimmter Ausleger (besonders des Chu-hi) lange Zeiten hindurch zu der vom Staat geforderten Gesinnung wurden, die jeder gute Beamte und Chinese haben mußte. Es wird nicht bestritten, daß es hier oftmals eine Gesinnungs-Schnüffelei gegeben hat.

Alle Ideale und jede Religion sind in dieser Welt auch Deckmantel für Unrecht gewesen. [645] Es hat aber z. B. auch in der Stadt Kanton einen Tempel gegeben, der »Tempel der zehn Meister« hieß, errichtet zur Erinnerung an zehn »Zensoren«, d. h. Beamte, die wegen ihrer Kritik an den Machthabern zu Tode gefoltert worden waren. [646] Wie anderswo auf der Welt gab es auch im Konfuzianismus »Märtyrer«, »Zeugen« gegen den Machtmißbrauch. An ihnen orientiert sich der humanistische Kerngehalt der konfuzianischen Lehre.

Konfuzius-Konferenz 1962

Die hohe Bedeutung der konfuzianischen Morallehren in der Geistesgeschichte der Menschheit konnte sogar gebildeteren Kommunisten in China nicht verborgen bleiben. Inmitten aller Traditionsfeindschaft und Kämpfe gegen die »feudale Kultur« etablierte sich daher auch Anfang der sechziger Jahre innerhalb der KPC eine Gelehrtengruppe, die von »vernachlässigten Elementen in der Volkskultur« sprach und diese zur Geltung bringen wollte. Man zielte hier auf den Versuch einer Neubewertung der Tradition, insbesondere der Person des Konfuzius selber. Das war nichts anderes als der Versuch, gewisse, direkte ideologische Verbindungsfäden zwischen Konfuzianismus und Maoismus zu knüpfen, und zwar mit Billigung der Partei. Dieser Versuch ist gescheitert. Ob in Zukunft weitere derartige Anstrengungen gemacht werden bzw. gemacht werden dürfen, bleibt abzuwarten.

Bei dieser »Konfuzius-Konferenz«, sicher mit Billigung Maos im Jahre 1962 veranstaltet, verdammten die meisten Teilnehmer Konfuzius als »reaktionär«. Einige vertraten jedoch die Ansicht, er habe »alte Formen mit neuem Inhalt gefüllt« und sei in einigen Gedanken »fortschrittlich« und »revolutionär«. Die letzteren zogen sich damit offenbar auf jenen Standpunkt eines weiterentwickelten Marxismus zurück, der heute von Sowjetideologen vertreten wird. Diese lehren neuerdings, daß es »allgemeine menschliche Sittennormen« gebe, die zeitlose Gültigkeit besitzen und deren Schöpfer stets das Volk gewesen sei. [647] Sie verändern damit aber etwas die klassische Lehre von Marx und Engels, wonach die »herrschenden Gedanken« immer nur der ideelle Ausdruck der herrschenden materiellen Verhältnisse sind.

Die altmarxistische Auffassung steht natürlich nicht im Einklang mit der schon dargelegten spezifisch chinesisch-maoistischen Lehre von den besonderen »geistigen Kräften«, die den »Volksmassen« immer innegewohnt haben. Hier scheint jedenfalls das strittige Problem bei der großen »Konfuzius-Konferenz« gewesen zu sein. Es ging dabei besonders um den Begriff »Yen« (Menschenliebe). Einige Teilnehmer behaupteten, dieser Liebesbegriff diene nur der ideologischen Verschleierung bestehender Klassengegensätze.[648] Der Philosoph Fung-Yu-lan aber vertrat die ganz andere Meinung, daß sich der Begriff normativ auf das ganze Volk beziehe. Die Idee der Menschenliebe habe bei Konfuzius einen gewissen »revolutionären Wesenszug« gehabt. Dieser Auffassung schloß sich der kleinere Teil der Teilnehmer an. Ganz einigen konnte man sich nicht. Es wurde die Forderung nach einer neuen Konfuzius-Biographie erhoben, die natürlich im Lichte des Marxismus–Leninismus und der Gedanken Mao Tsē-Tungs zu berichten und zu urteilen habe. Nach dieser »Resolution« und dem Auseinandergehen der Versammlung hat man, so weit ich sehe, noch nicht wieder öffentlich von der Angelegenheit gehört. Die »Kulturrevolution«, die dann bald folgte, und die Periode danach, in der wir noch stehen, waren nicht dazu angetan, die Entdeckung positiver Aspekte bei Konfuzius weiter zu fördern. Die Befürworter einer etwas positiveren Sicht des Konfuzius scheinen sich angesichts des eisigen Windes im Winkel verkrochen zu haben. Das schließt nicht aus, daß man zukünftig irgendwann einmal die Äußerung derartiger Gedanken auch wieder öffentlich zulassen könnte.

Der konfuzianische Humanismus

Eine solche Zulassung aber würde eine grundsätzliche Weichenstellung und Veränderung des dogmatischen Maoismus bedeuten, bei der es im Grunde um die Auffassung vom Menschen geht. Denn der größte Bruch zwischen der chinesischen Tradition und dem Maoismus liegt im konfuzianischen Humanismus, in der »Ehrfurcht« vor allem, was Menschenantlitz trägt. Damit herrscht in der Tat im alten Konfuzianismus ein Grundprinzip des Ideellen. Mao Tsē-Tung aber verwirft dieses ideelle Grundprinzip und will auch in der Wertung des Menschen »von der objektiven Praxis ausgehen«.

Mao erkennt ganz richtig, daß die Wertung des Menschen im Konfuzianismus »eine Erscheinung ideeller Kategorie« ist,[649] und er begründet seine Auffassung mit Sätzen wie: »In der Welt gibt es ebensowenig eine grundlose Liebe, wie es einen grundlosen Haß gibt.«[650]

Im allgemeinen Humanismus des Konfuzius sieht Mao lediglich ein Stück »bürgerlichen Individualismus« und predigt statt dessen den Wert des »proletischen Menschenwesens«, das »Klassencharakter« hat. Damit aber dürfte Mao Tsē-Tung seine eigenen Möglichkeiten und Erfahrungen überschätzen. Denn die gesamte geistige Elite der Menschheit ist sich doch wohl übereinstimmend darüber im klaren, daß es in dieser Welt sowohl eine grundlose Liebe als auch einen grundlosen Haß gibt. Darin gerade liegt das Einmalige, Abgrundtiefe, Dämonische und Heilige des Menschen zugleich, das Rätsel seiner Existenz. Wenn Konfuzius mit seinem Humanitätsidealen auf seine Weise dem Rätsel »Mensch« gegenüberstand, hat er die großartigste Kulturleistung des chinesischen Volkes begründet, deren Wert von der ganzen Welt anerkannt wurde.

Der große Unterschied zwischen Maoismus und Konfuzianismus liegt im Gegensatz der animalischen Feindschaft des proletarischen Menschen gegenüber der anderen »Klasse« in den Vorstellungen Mao Tsē-Tungs auf der einen Seite und der Ansicht des Konfuzius, daß »alle Menschen, die zwischen den vier Weltmeeren wohnen, des edlen Menschen Brüder sind« auf der anderen Seite. [651] Der konfuzianische Humanismus ist ein Edelgewächs menschlicher Kultur. Diktatur einer Klasse darf es danach nicht geben, nur freien Gehorsam aus besserer Einsicht. Der »edle« Mensch ist nicht vergleichbar mit dem Funktionär einer Klassenpartei. Mag auch das patrimonalische Rechtssystem des alten konfuzianischen China nicht unseren Systemen entsprochen haben, nicht nach unserem Geschmack gewesen sein und sogar Ungerechtigkeiten nach unserer Auffassung mit eingeschlossen haben, die tiefe Kluft zwischen Konfuzianismus und Maoismus bleibt. Es herrschte der Grundsatz, daß Macht nie in Gewalt, Diktatur und Menschenbeherrschung ausarten dürfe, sondern innerlich verbunden bleiben müsse mit den Grundsätzen des Rechts, der Gerechtigkeit und Meinungsfreiheit des Menschen. [652]

Nur Proletarier sind Menschen

Für Konfuzius sind alle Menschen »Brüder«, für den Maoismus nur die »proletarischen«. Das ist der große Unterschied. Wie im altchinesischen Humanismus gewiß ein Stück Glaube bezüglich des Menschen steckt — wie in jedem Humanismus —, so steckt auch in Maos Aufspaltung des Menschen und seiner Verehrung des »proletarischen Menschen« ein Stück »Glaube«, wie dargetan wurde. Der »Edle« hat für »nichts auf der Welt eine unbedingte Voreingenommenheit«, [653] er vermag nicht ein »proletarisches menschliches Wesen« des Klassenbewußtseins und -kampfes« vom übrigen menschlichen Wesen abzuspalten und das Abgespaltene zum eigentlichen menschlichen Wesen zu machen, um nur diesem Wert zuzusprechen. Für den »Edlen« gilt vielmehr gegenüber allen Menschen: »Innerer Wert bleibt nicht verlassen, er findet immer Nachbarschaft.« [654]

Ähnlichkeiten

Gewisse Ähnlichkeiten zwischen altem Konfuzianismus und den verschiedenen Arten von Neo-Konfuzianismen in Chinas Geschichte einerseits und dem Maoismus andererseits liegen aber trotz des tiefgreifenden Unterschieds auf der Hand und wurden schon mehrfach berührt. Man darf sie nur nicht zu direkten Gleichungen machen.

Die große Fehlanzeige

Zunächst ist offenkundig, daß eine Ähnlichkeit darin besteht, das Leben als eine Serie von Vorgängen zu begreifen, die kein unter ein transzendentes Ziel gestelltes Ganzes im Sinne westlich-europäischer oder indischer Glaubensweisen oder philosophischer Systeme kennen. Darin besteht zugleich die offenkundige Affinität beider zum europäischen Marxismus–Leninismus. Der persönliche Gott und seine Schöpfungsordnungen sind beiden unbekannt. Eine »Erlösung« begehrt weder der Konfuzianismus noch der Maoismus. Die letzte transzendente Verankerung fehlt zwar im Konfuzianismus nicht und auch im Maoismus ist, wie wir sahen, noch ein letzter Schatten davon da. Aber es dominiert die Idee, auf dieser Erde ein moralisch vollkommener Mensch zu werden, wenn im Maoismus auch in anderer Weise mit ganz anderen Moralbegriffen, was deren Inhalt angeht. Es fehlt die Konzeption des radikalen Bösen und die des jenseitigen Ziels, wie es nicht nur Christentum, sondern auch Islam, Hinduismus und (wieder in anderer Weise) vielleicht auch der Buddhismus kennen. Es fehlt beiden gemeinsam die Spannung zwischen der Überwelt und der kreatürlichen Welt. Es fehlt das Phänomen der prophetischen Religiosität im weltweiten Sinne. Es fehlen die sonst in der Welt verbreiteten Gedanken der Askese, der Kontemplation, der Weltflucht. Ein Sündenbewußtsein spielt nur insofern eine Rolle, als es sich im Konfuzianismus auf Verletzung überlieferter Bräuche, auf Eltern, Ahnen und Vorgesetzte der Amtshierarchie bezieht; im Maoismus dagegen auf die Pflichten aus dem Klassenbewußtsein und gegenüber dem Werte »Diktatur des Proletariats«. Es fehlt beiden die systematische Orientierung der Lebensführung an metaphysischen Zielen. Bei beiden findet sich dagegen eine betonte Anpassung nach außen hin an die Bedingungen der Welt. Auch dem Konfuzianismus eignet ein gewisser Geist der Diesseitigkeit.

Diesseitigkeit

Mit der Abneigung gegen die metaphysische Spekulation, ohne ihr ganz entrinnen zu können, paart sich bei beiden das Streben nach materieller Gesichertheit, Gesundheit, langem Leben, Hochschätzung der Praxis und Arbeit. Nirgends ist die materielle Wohlfahrt schon immer so sehr als letztes Ziel hingestellt worden wie in China. Rationale Sachlichkeit des Fortschritts im Sinne der Anpassung an die Welt und ihre Umgestaltung durch den perfekten Diesseitsmenschen war schon immer Lebensinhalt des Chinesen. Daran hat sich im Maoismus nichts geändert. Theorie und Praxis müssen übereinstimmen. Das lehren beide, Konfuzius wie Mao Tsē-Tung, wenn auch aus einem anderen Geiste heraus. Vom Diesseits und der Gegenwart erwartet man die Lösung der Weltprobleme. Ob die Ahnenverehrung damit im Zusammenhange steht, wie einige Sinologen glauben, wage ich nicht zu beurteilen. Es kann aber sein, daß sie der Ausdruck einer gewissen Weltzugewandtheit des chinesischen Charakters ist. Die Welt hier und jetzt ist wichtig. Daher tritt oft das historische und praktische Argument an die Stelle der Logik. Rechte und Pflichten der Regierenden setzen die Verwirklichung der Gedanken vor jede Theorie. Deshalb war schon immer die Frage, wie regiert werden soll, wichtigstes Thema in China. Daran hat sich im Maoismus nichts geändert. In allen diesen Dingen gilt tatsächlich: Einst Konfuzius – heute Mao Tsē-Tung.

Bedeutung der Norm und Beschränkung der Rechte des Individuums

Der Zug zur Norm und zum Bürokratischen und Totalitären hin war schon immer in China da. Dies brachte immer schon eine Beschränkung der Rechte des Individuums mit sich. Ein Unterschied dürfte freilich darin liegen, daß diese Eigentümlichkeiten im alten China, zwar nicht allein, aber besonders durch die Größe des Raumes, der Zeit und der Masse der Bevölkerung mit bedingt war. Das letztere hat sich natürlich im Maoismus nicht geändert, aber die Bedeutung der Norm und die Einschränkung der individuellen Rechte liegen doch hier viel mehr im System als im alten China. Es muß allerdings gesagt werden, daß es Verfolgung von Ketzerei auch schon früher in China gegeben hat, und zwar bezüglich politischer und religiöser Ansichten. Staatsfeindliche Häresien hat der chinesische Staat schon immer bekämpft, oft mit Feuer und Schwert.[655] Der ideale Menschentyp sollte in China schon immer kein Individualist sein, sondern er hatte sich der Norm anzupassen, sich in das Gesellschaftsgefüge einzuordnen. Beide, Konfuzianismus wie Maoismus, kennen ein universelles, genormtes Mittel zur Erziehung und Bildung, wenn auch ein ganz verschiedenes: einerseits die alten Klassiker – andererseits die Schriften des Marxismus–Leninismus. Vielleicht kann man sagen, daß seit 800 Jahren eine Art Erstarrung in einem legalistischen Regierungssystem eingesetzt hatte, die zwar geistige Regungen des chinesischen Volkes nicht erstickte, aber alle Alternativen vernichtet hatte.

Das Rechtssystem

Der im Abendland so wichtige Gedanke des Naturrechts fehlt bei Konfuzius und bei Mao Tsē-Tung. Eine Art göttliches Naturrecht gab es im Konfuzianismus nur in Form der heiligen Pflichten gegen die Geister der Ahnen. Es fehlt aber auch die große geistige Schöpfung einer Rechtsidee. Es fehlte der besondere Juristenstand in China, überhaupt der Sinn für die formale Entwicklung des weltlichen Rechts. Der chinesische Richter entschied nicht nach formalen Regeln »ohne Ansehen der Person«. Er entschied umgekehrt nach der konkreten Qualität der Personen und nach der konkreten Situation, d. h. nach Billigkeit und Angemessenheit des konkreten Resultats. Es liegt auf der Hand, daß damit eine salomonische Kadi-Justiz verbunden war, die unserem Rechtsverständnis Schrecken einjagen kann. Es gab keinen kalkulierbaren Rechtsgang. Zwar gab es kaiserliche Gesetzessammlungen, aber diese galten nur insoweit als unverbrüchlich, als sie zwingende magische Traditionen für sich hatten. Es fehlte die Spannung zwischen heiligem und profanen Recht. Es ist im Laufe der langen chinesischen Geschichte nie wirklich materiale Durchrationalisierung des Rechts versucht worden. Die Rechtspflege war eine Art von Wohlfahrtsjustiz, der oft die juristische Logik fehlte. Sie bedeutete vielfach die Herrschaft einer Amtspfründnerschaft, worauf der durch die ganze chinesische Geschichte offen oder insgeheim gellende Ruf nach »Reform« verständlich wird.

Nun soll hier nicht die alte Kadi-Justiz einfach leichthin mit der Justiz der heutigen Volksrepublik verglichen werden. Aber es kann gesagt werden, daß eine gewisse Ähnlichkeit der Rechtssysteme insoweit vorzuliegen scheint, daß da wie dort nach Billigung und Angemessenheit des konkreten Resultats entschieden wird. Die »konkrete Qualität«, nach der heute geurteilt wird, sind die »Interessen des Volkes«, der Partei und ihrer Funktionäre. Das positive, gesetzte Recht ist Ausfluß einer »Rechtsidee«, die nur auf ihre Fahnen geschrieben hat: »Zügelt die Reaktionäre.« Dabei muß man Mao Tsē-Tung freilich auch zugute halten, daß er nach einer Art sozialistischer Gerechtigkeit strebt und, jedenfalls offiziell, seinen Funktionären auch einschärft: »Strafandrohung und Einschüchterung sind keine Kampfmittel.« [656]

In Maos erster politischer Periode in den zwanziger Jahren hat er in einer »Untersuchung über die Bauernbewegung in der Provinz Hunan« (vom März 1926 und April 1927) ausgeführt, daß vor allem »der Sturz der Macht des Herrn Kreisvorstehers und seiner Lakaien« betrieben werden müsse. [657] Der »Herr Kreisvorsteher« war ja immer den Richtern in China »behilflich«. Mao Tsē-Tung schildert hier sehr glaubhaft die Ungerechtigkeiten, die damit verbunden waren. [658] Darauf sei nachdrücklich hingewiesen. Mao verurteilte mit Recht die jahrhundertelang üblichen Übergriffe bei der Eintreibung von Steuern, die Machenschaften bei der Heranziehung zu Dienstleistungen, Fälschereien und Erpressungen aller Art, bei denen die Polizei sich verkroch. Von daher ist es verständlich, daß Mao Tsē-Tung in seinem »Bericht« vor dem 7. Nationalkongreß der KPC am 24. 4. 1945 sagt: »Das chinesische Volk verlangt«, und dann folgen viele Angaben wie z. B. »das Recht demokratischer Selbstverwaltung, Sauberkeit der Verwaltung, Bestrafung betrügerischer Beamter« usw. Die Gesetzgebung Mao Tsē-Tungs nach der Machtübernahme bemühte sich, ein besseres Rechtssystem zu schaffen. Es kam zunächst zu einem »Gesetzentwurf« vom Dezember 1946, dann zum »Neuen Agrargesetz« vom 10. Okt. 1947, zum »Grundgesetz der Zentralen Volksregierung der Volksrepublik China« vom 27. 9. 1949 und schließlich zum »Bodenreformgesetz« vom Juni 1950.

Das »Grundgesetz« sagt in Artikel I: »Die Volksrepublik China ist als Staat eine volksdemokratische Diktatur. Sie wird von der Arbeiterklasse geführt.« [659] Nach dem Bodenreformgesetz wird das System des Grundbesitzes und der »feudalistischen Ausbeutung« durch die Grundbesitzerklasse abgeschafft, doch auch den ehemaligen »Gutsherren« Schutz ihrer »Rechte«, der bürgerlichen, politischen und ökonomischen, zugesichert. Aber die Mitglieder des »Obersten Volksgerichtshofes« und auch sein Präsident, wie auch alle anderen Richter, sind jederzeit »absetzbar«. [660] Denn die »Rechte« gelten nur für die, die nicht »Reaktionäre« sind. Die Rechtsprechung ist also der administrative Arm der Partei, wobei die Theorie herrscht, daß Partei und Zentrale Volksregierung die ausführenden Organe der »Arbeiterklasse« sind, die KPC aber deren »Avantgarde und Kern«. So mußte das chinesische Volk einen sehr hohen Preis für die Abschaffung der alten Kadi-Justiz zahlen.

Die »Ähnlichkeit«, von der wir sprechen, besteht lediglich darin, daß da wie dort – im Maoismus viel mehr als früher – der einzelne Mensch der Staatsgewalt unterworfen ist. Der Preis bestand in der Übernahme größerer Übel: erzwungene Linientreue, Sklavenarbeit für den Staat, Zwang in jeder Form mit allen den üblen Begleiterscheinungen, wie Spionage zwischen Kindern und Eltern, Nachbarn und Nachbarn. [661]

Soziale Fürsorge und Ernährung der Massen

Eine weitere Ähnlichkeit besteht in dem Streben nach sozialer Fürsorge und Ernährung der Massen. In beiden Systemen gilt die ungenügende ökonomische Versorgung als Grund für ungenügende Bildung. Dabei ist der Gedanke leitend, daß der Zustand materieller Gesichertheit nicht eine Quelle von Versuchungen ist, sondern der Moral. Das galt in China schon immer. Auch den Konfuzianismus kannte die sozialethische Fürsorge für die Ernährung der Massen mit dem Ziele der universellen Zufriedenheit. Der Unterschied ist nur, daß der Konfuzianismus der idealen Gesellschaft mit dem Blick in die Vergangenheit nachgetrauert hat, das Ideal aber immer gleichzeitig wieder durch die Werte und Ordnungen der Etikette (Sitte), Menschenliebe, Wahrhaftigkeit usw. zu erreichen suchte, während der Maoismus dieses Heil in ständiger Revolte sucht.

Das sind zwar ganz verschiedene Systeme, aber Ähnlichkeiten bestehen tatsächlich. Zweierlei hängt immer zusammen: Hier »Belehrung und Wohlstand« (Konfuzius), dort »Bildung und Agrarordnung« (Mao). Dabei sind Nützlichkeitserwägungen in beiden Systemen wichtig, ferner der Sinn für das Praktikable, Realisierbare. Daraus erklärt sich auch die im Jahre 1958 aufgebrachte Theorie Maos vom »Großen Sprung vorwärts«. Mao behauptete plötzlich – zum Erstaunen der Moskauer Genossen –, ein Rezept zur »Verwirklichung« des Kommunismus in absehbarer Zeit gefunden zu haben. In drei bis sechs Jahren könne der »wahre Kommunismus« verwirklicht werden. Denn, so begründete er, das Kollektiveigentum der Volkskommunen enthalte bereits »Elemente« des angestrebten Ziels. Das stand im Widerspruch zu der sowjetischen Lehre vom Entwicklungsweg zum Endzustand des Kommunismus. Die Sowjetideologen hielten Mao entgegen, dieser sei nicht mit der Wunderdroge »Volkskommune« zu erreichen. Die Sowjets rechnen hier mit einem langen Entwicklungsgang. Aber der Drang zum Praktikablen des Chinesentums drängt stärker vorwärts. Dabei beruft sich Mao auch hier wieder auf Lenin, der schon davon gesprochen habe, daß es in Asien »besondere Bedingungen« gebe, die den europäischen Nationen unbekannt seien. Freilich wurde Mao später (1958/59) wieder zurückhaltender mit seiner »vollen Verwirklichung« des Kommunismus und warnte seinerseits vor »überstürzten Entwicklungen«. Aber die Tendenz besteht latent weiter, und auch dieser Unterschied zu den Russen ist zu verstehen aus der Eigenart des chinesischen Geistes, der darauf drängt, die Theorie zu realisieren.

Fürsorge für die Ernährung der Massen war in China seit alten Zeiten das immer neue Problem der Zeit. Schon die alten klassischen Schriften beschäftigen sich damit. »Das Tao kleidet und nährt alle Geschöpfe«, sagt das Tao-teh-king. [662] Seit alters her ist so das Tao in China auch Vorbild für soziales Handeln. R. Wilhelm sagte mit Recht schon im Jahre 1920: »In China hat die soziale Psyche den Sieg davongetragen über die individuelle.« [663] Der Spott der Sowjets darüber, daß die Volkskommunen »wässerige Suppen« aus der »gemeinsamen Schüssel löffeln« und »nicht einmal Hosen zu tragen« [664] haben, könnte die Mentalität der Chinesen daher besonders getroffen haben (ausgesprochen in Verbindung mit der Frage: Wie können die Chinesen dann Kernwaffen herstellen? [665]). Der Spott könnte voreilig gewesen sein. Mao hat sich beeilt zu erklären, man würde trotzdem »nicht vor dem Befehlsstab der Sowjetführer kriechen«. [666] Das Streben nach sozialem Fortschritt im Sinne materieller Besserstellung und Sicherung der Ernährung der großen Volksmassen hat jedenfalls – selbst unter einem unduldsamen Legalismus alter und neuer Zeiten in China – immer bestanden.

Die alte chinesische Sehnsucht nach Erfüllung im Diesseits hat stets Impulse eines sozialen Verantwortungsgefühls hervorgebracht. Auch die »Reformer«, wie z. B. K'ang Yu-wei, haben sich auf soziale Motive bei Konfuzius berufen, und zwar in dem Sinne, daß Konfuzius von Klassenunterschieden und Privateigentum habe befreien wollen. [667] Tatsächlich heißt es schon im Lun-yü, die Staatsregierung habe für genügend »Nahrung« des Volkes zu sorgen.

Die Bedeutung der Gesellschaft

Eine weitere Ähnlichkeit besteht in der starken Betonung des Gedankens, der Mensch könne seine Natur nur voll entwickeln, wenn er sich harmonisch in die Gesellschaft einfügt, in ihr lebt und handelt. Letzteres ist ein gut konfuzianischer Gedanke, nur daß im Konfuzianismus die Familie, das Haus, die »Burg der Sippe«, d. h. die Anzahl von Gebäuden, die um einen Hof gruppiert sind, der Ausgangspunkt für Glück und Frieden und das Heil des Staates ist. Hier waltet das Ordnungsprinzip der »Sitte«. Bei Mao bedeutet dagegen »in der Gesellschaft leben« in einer bestimmten »Klassenstellung« in der Gesellschaft leben. Diese Klassenstellung nimmt bei Mao die fast religiöse Bedeutung der Sippe und Familie im früheren System ein. Bei Mao geht die Bedeutung der gesellschaftlichen Bindung des Menschen so weit, daß die Klassenstellung sogar Einfluß hat auf das Erkennen. Das ist gut marxistisch–leninistisch an ihm, denn die Grundthese des Marxismus ist ja, daß »das Sein das Bewußtsein bestimmt«. Darauf beruft sich Mao ausdrücklich. [668] Deshalb kann sogar das »wirkliche Tun in der Gesellschaft« nur der »Maßstab der Wahrheit« sein. [669]

Im Konfuzianismus ist die Bedeutung der Gesellschaft zwar ebenso groß — und nur darin besteht die »Ähnlichkeit« —, inhaltlich aber hat sie einen ganz anderen Sinn: Gesellschaftliches Leben bedeutet Leben in »Li«, d. h. innerhalb einer Sammlung von Regeln und Richtlinien der »Sitte«, die soviel wie den gesellschaftlichen Verstand, das Prinzip der Gesellschaft, bedeuten, damit aber auch Abgrenzung zwischen Schicklichem und Unschicklichem, Gleichem und Ungleichem, Rechtem und Unrechtem. Um das klarzumachen, lasse ich lieber einen Chinesen sprechen. F. T. Cheng aber, aus dessen Buche »China, das Werk des Konfuzius« [670] ich mir in diesem Sinne Aufschluß holen wollte, beruft sich auf eine andere Autorität, nämlich auf Meng-tze, und zitiert aus Meng-tze folgendes:

»Ein Mann fragte einmal einen Schüler des Menzius, ob beim Essen die (Übereinstimmung mit) Li wichtiger sei oder das Essen selbst. Der Schüler antwortete: (Übereinstimmung mit) Li ist wichtiger. Der Mann fragte weiter: Wenn einer, der in Übereinstimmung mit Li essen will, an Hunger sterben muß, während ein nicht in Übereinstimmung mit Li Essender Nahrung bekommt, muß er sich unter solchen Umständen (immer noch) an Li halten? Der Schüler, unfähig zu antworten, erkundigte sich am nächsten Tage bei Menzius, welcher erklärte: Wenn man sagt, Gold sei schwerer als Federn, bedeutet das, eine einzige Goldspange sei mit einer Wagenladung Federn zu vergleichen? Wenn du den Fall annimmst, das Essen sei lebenswichtig (wörtlich: gewichtig) und die Sache des Li unwichtig (wörtlich: leicht) und sie zusammen vergleichst, warum bloß erklären: das Essen ist wichtiger? Es kann in diesem Falle überhaupt kein Vergleich gezogen werden. Gehe hin und antworte dem Mann mit dieser Frage: Wenn du Speise bekommen kannst, indem du deines älteren Bruders Arm umdrehst und sein Essen wegschnappst, während du, wenn du das nicht tust, nichts zu essen haben wirst, willst du dann seinen Arm verrenken, um deine Eßlust zu stillen?« [671]

In vielen Jahrhunderten hat sich »Li« in diesem Sinne als die Grundlage des Staates und der Gesellschaft bewährt. Hier liegt das »Große Prinzip« der Gesellschaftsordnung des Konfuzius, das Ideal einer Gesellschaftsordnung. »Wenn du in einer chinesischen Stadt mißhandelt oder verhöhnt wirst, solltest du einem oder zwei der Angreifer grad ins Gesicht blicken und sagen: ›Eure Eltern haben wohl nicht auf eure Manieren geachtet, sie haben euch die Anstandsregeln (Li) nicht beigebracht‹. Darauf wird sich einer nach dem anderen beschämt davonschleichen.« [672] Derartige Aussagen zeigen die enorme Bedeutung der »Sitte« als Grundlage der Gesellschaftsordnung. Die Sitte aber, »Li«, so glaubt man, hat »ihre Wurzel im Himmel, ihr Wirkungsfeld auf der Erde«. [673] Durch sie kommen Staat, Familie und Gesellschaft in Ordnung, und zwar nicht zwanghaft-gesetzlich, sondern durch inneren, freiwilligen Gehorsam bzw. freiwillige soziale Bindung.

Der große Unterschied zum Maoismus liegt auf der Hand. Die »Ähnlichkeit« ist da, aber sie ist rein äußerlich. Klassenkampf und Revolte auf der einen, »Li« aber auf der andern Seite sind durch Welten getrennt. Wohl hat es auch vor Mao Tsē-Tung antikonfuzianische Perioden gegeben, die sich immer wieder mit Recht gegen die Auswüchse dieses Gesellschaftssystems gewandt haben. Gewisse Überspannungen der »Sitte« in der geheiligten Familienordnung war den moderner denkenden Chinesen schon seit langer Zeit ein Dorn im Auge. Diese Kritik bezog sich verständlicherweise besonders auf die veraltete Stellung der Frau in der Familienordnung, [674] ferner auch auf Übertreibungen der Forderung nach »Kindesliebe« und Pietät.

Was ersteres betrifft, so ist es heute in keiner Gesellschaft mehr möglich, daß Frauen sich, wie ehedem in China, vor den Männern verneigen, nur den Haushalt besorgen und nur innerhalb des Hauses sprechen dürfen. Über die »Kindesliebe« erzählte man sich lange schon in China die Anekdote von Tseng-tzse, einem Schüler des Konfuzius: Wie er seinen Vater, nachdem dieser ihn fast zu Tode geprügelt, fragte, ob er sich durch die Anstrengung auch keinen Schaden getan habe und ihm dann, um ihn heiter zu stimmen, ein Stück auf seiner Laute vorspielte. Konfuzius hatte diesen Tseng-tzse dann zum Erzieher seines Enkels gewählt. [675]

Eine Ähnlichkeit, die aber wiederum nur formal ist, besteht darin, daß im Konfuzianismus ein Handeln gegen die Gesellschaftsordnung eine Sünde ist, die die Quelle der Natur vergiftet. Im Maoismus handelt es sich bei Handlungen gegen die Gesellschaftsordnung gleichfalls um gravierende Sünden, aber mit der Begründung, daß der »Reaktionär« ein »Klassenfeind« ist.

Weitere Ähnlichkeiten

Es gibt noch eine ganze Reihe von mehr oder weniger äußeren oder formalen Ähnlichkeiten zwischen Konfuzianismus und Maoismus. So wäre z. B. auf den universalistischen Staatsgedanken bei Konfuzius und Mao hinzuweisen, also auf ein Phänomen, das Max Weber einst »Caesaropapismus« genannt hat. Man könnte auch auf das sowohl dem Konfuzianismus als auch dem Maoismus eigene Streben nach »würdigen Nachkommen« hinweisen. Immer sucht man den Sprung auf eine höhere Ebene durch Beeinflussung der Jugend und nächsten Generation. Bei Mao dürfte dabei allerdings auch seine ausgesprochene Angst vor dem Umkehrphänomen jener Dialektik eine Rolle spielen, an die er glaubt. Vielleicht waren gerade die »Jungen Garden« ein Zeugnis dieser Unsicherheit. Die Nachkommen sollen zu Maos werden. Das Streben nach Gewinnung der Jugend ist natürlich auch im europäischen Marxismus vorhanden. Aber die ständige Rede von den »würdigen Nachkommen der Revolution« klingt doch sehr konfuzianisch. Unter den drei höchsten Glücksgütern der Chinesen, den seit jeher in China sprichwörtlichen »san-fu« (Kindersegen, Reichtum und langes Leben) steht der Wunsch nach Nachkommenschaft oben an, wobei es immer eine würdige Nachkommenschaft sein soll. Darum beteten die Frauen schon in Konfuzius-Tempeln.

Aber der Unterschied ist der: Im Konfuzianismus wurde die Jugend »würdig« durch die Nacheiferung des Vorbilds des »Edlen«. Die Jugend Mao Tsē-Tungs wird »würdig« durch Erziehung zum Klassenkampf und Haß. Unerfahrenen Kindern werden z. B. die »Gefahren der Korruption und der Reaktion« durch Lehmstatuen von zu Skeletten abgemagerten Kindern und von in Lumpen gekleideten Bettlern dargestellt. Damit soll ihnen gezeigt werden, »wie es früher war«.

Vor allem ist die »Volksbefreiungsarmee« seit 1959 die große Schule Maos zur Erziehung einer »Würdigen Nachkommenschaft«. Aber gerade dieses Streben nach würdigen Nachkommen, so verschiedenartig dabei auch Methoden und Ziele sein mögen, zeigt da wie dort gemeinsam auch wieder jene echt chinesische Ähnlichkeit, die immer primär nach der menschlichen Person und ihrem Denken, nach dem Menschen unter Menschen fragt, und damit nach der Praxis des Lebens, nach der Gesellschaft und dem Staat. Demgegenüber treten weit in den Hintergrund alle jene Probleme, die die Menschen anderswo so stark beschäftigt haben, z. B. in kosmogonischen, philosophischen und theologischen Ideen. Schließlich kann man auch sagen, daß die politische Energie, die sowohl im Konfuzianismus oftmals waltete und die im Maoismus unübersehbar ist, so etwas wie eine Ähnlichkeit bedeutet, jene Energie, die auch heute schon in Rechnung stellt, daß der Schwung erlahmen und in alten Formen erstarren könnte, daher aber schon ihre Vorsorge treibt. Schließlich wäre bezüglich des Heroenkults zu fragen, ob nicht insoweit eine »Ähnlichkeit« vorliegt, als nach Auflösung der strengen Familienordnung der Staat so etwas geworden ist wie die erweiterte Familie, er aber, Mao, das große Familienoberhaupt dieses Staats, der »Vater des Volkes«, der große »Vorsitzende«, auf den sich die eingefleischte konfuzianische Ehrfurcht nun überträgt. Man könnte auch sagen, eine gewisse »Ähnlichkeit« bestehe darin, daß beide, Konfuzius wie Mao, einem gewissen Verfall entgegenwirken wollen und das »Bessere« erstreben.

Bei Konfuzius war das Bessere die alte ideale patriarchalisch-monarchische Lebensform, bei Mao ist es die Diktatur des Proletariats. Bei Konfuzius kam der »Verfall« von seiten der Chou-Dynastie und deren Versagen seit 600 Jahren. Mao sieht dagegen das Schlechte im »Imperialismus« und Kapitalismus. Man kann hinzufügen, daß in diesem Sinne beide tendenziös sind. Auch Konfuzius war tendenziös, mindestens in dem Sinne, daß er keineswegs alles aus dem Altertum guthieß. Er entnahm vielmehr dem Shi-king und Shu-king eine tendenziöse Auswahl aus der alten Quellenüberlieferung gemäß seinen eigenen Ansichten. Eine weitere »Ähnlichkeit« liegt darin, daß Konfuzius wie Mao Tsē-Tung, beide, in ihrer Person das Chinesentum vorbildlich zu verkörpern meinen. Das letztere läßt wiederum an den Heroenkult denken, der dem Konfuzius zuteil wurde, und an den Heroenkult, der Mao zuteil wird. Liegt nicht darin auch eine »Ähnlichkeit«? Wie auch darin, daß beide Heroen »Genossen« haben (hervorragende Mitstreiter, die dem Helden besonders nahestehen)?

Aber alle diese Ähnlichkeiten bleiben zumeist, wie gesagt, im Bereiche des Formalen und an der Oberfläche. Wie es mit diesen »Ähnlichkeiten« im Grunde bestellt ist, zeigt die letzte Ähnlichkeit in besonders klarer Weise, auf die hier noch hingewiesen werden soll: Im Konfuzianismus war die Kenntnis des kanonischen Schrifttums der alleinige Maßstab für die Befähigung zum Staatsdienst. Es erfolgte eine Verschmelzung des konfuzianischen Gelehrtentums mit den Trägern der Staatsgewalt. Im Maoismus ist die Kenntnis der marxistischen Klassiker und der Werke Mao Tsē-Tungs die Voraussetzung für den Staatsdienst zum Aufstieg in der Partei- und Staatshierarchie. Ein Gelehrter ist auch nur der (und Kultur hat nur jener), der die »Schriften« kennt.

Natürlich kann man in bezug auf solche »Ähnlichkeiten« den Slogan formulieren: »Einst Konfuzius – heute Mao Tsē-Tung!« Aber es dürfte auf der Hand liegen, daß damit weder über das »einst« noch über das »heute«, geschweige denn über das rechte Verhältnis beider zueinander, befriedigende Aussagen getroffen werden können.

Gleichungen

Die Frage nach Übereinstimmungen, also Gleichungen, die über die angedeuteten bloßen Ähnlichkeiten hinausgehen, bedarf besonders sorgsamer Abwägung. Es drängt sich hier noch einmal die Frage nach der Wirksamkeit des »Alten« in Mao Tsē-Tung auf. Dabei muß das entsprechende Kapitel des Buches sprechen. Sein Inhalt kann hier nicht wiederholt werden. Aber lassen sich darüber hinaus weitere Übereinstimmungen im Sinne von Gleichungen bezüglich des alten und neuen China treffen?

Vielleicht kann man eine gewisse Gleichung in dem Vorhandensein eines ausgeprägten sozialen Gewissens sowohl bei Konfuzius als auch bei Mao erblicken. Mao Tsē-Tung kämpft, wie er sagt, »gegen feudale wirtschaftliche Ausbeutung und Unterdrückung« und er erläutert dazu: »Die chinesische Bauernschaft fristete jahrhundertelang ein Sklavendasein. Der Grundbesitzer konnte die Bauern nach Belieben beleidigen, schlagen und sogar hinrichten.« [676] Dieses soziale Gewissen im Sinne der Überwindung der Armut und Ungerechtigkeit findet sich ebenfalls bei Konfuzius. Damit wird nicht gesagt, daß es sich auch immer im späteren vom Konfuzianismus theoretisch geprägten Staatswesen gefunden habe. Sonst hätte es solche Ungerechtigkeiten nicht gegeben, von denen Mao Tsē-Tung wohl mit Recht spricht. Aber in den Intentionen und der von Konfuzius verkündeten Ethik findet sich eben dasselbe soziale Gewissen. [677] »Nicht Gewinn, sondern Gerechtigkeit«, predigte Konfuzius ununterbrochen. Natürlich ist es mit Händen zu greifen und bedarf darum keiner weiteren Worte, daß die Methoden zur Überwindung dessen, an dem das soziale Gewissen Anstoß nehmen mußte, da und dort (bei Konfuzius und bei Mao) ganz verschieden sind. Aber das bloße Vorhandensein eines besonders ausgeprägten sozialen Gewissens ist zweifellos eine der Gleichungen, die konstatiert werden können

Eine zweite Gleichung scheint darin zu liegen, daß da wie dort die Auffassung waltet, die Regierung des Staates, und zwar die Zentralregierung, habe alle Lebensverhältnisse zu durchdringen mit einem einheitlichen Geist. Damit ist gar nichts gesagt über Inhalte und Methoden dieses Geistes. Aber so, wie der heutige Maoismus darauf bedacht ist, alles mit seinen Anschauungen bis in das Familienleben und die Hauswirtschaft hinein zu durchdringen, so waltete das gleiche Bestreben im Konfuzianismus schon immer, und zwar auch, bis zu einem gewissen Grade, in den Intentionen des Konfuzius selbst. Das gilt unbeschadet dessen, daß die totalitären Methoden des Maoismus ganz andere, tiefgreifendere sind. Das ändert aber nichts daran, daß die Methode des »Leitens« und des »Gängelns« des Volks schon immer in China Mode war. Dabei soll die Regierung immer »selber vorangehen«, das heißt aber dann auch, daß das Volk ihr zu »folgen« hat. In diesem Sinne gibt schon das Li-Gi [678] einen »Leitfaden für die Regierung«. Die Regierung hat die Aufgabe, »die Welt aus der Verwirrung in die Ordnung zurückzuführen«. Dieser Satz findet sich schon im I-Ging. [679] Könnte ihn nicht Mao Tsē-Tung auch ausgesprochen haben? Das Volk ist nach alter konfuzianischer Anschauung »unter der Regierung geborgen, wie das Wasser in der Erde«. [680] Das hatte aber auch zur Voraussetzung, daß die Regierung das Volk mit sehr starker Hand umschloß. Dabei hatte freilich die Regierung der alten Chinesen vorzugehen »wie ein alter Fuchs, der über Eis geht ... Er horcht auf das Krachen«. [681]

Eine dritte Gleichung, die früher schon gestreift wurde, aber hier nochmals aufzunehmen ist, liegt darin, daß die Rücksichtnahme und das Horchen auf des Volkes Stimmung, Bedürfnisse und Wünsche da wie dort das gleiche zu sein scheint. Das heißt wiederum nicht, daß dann mit den gleichen Mitteln und Methoden auch gehandelt oder auch nur gedacht wird. Aber das bloße »Horchen« auf des Volkes »Stimmung« ist bei Mao dasselbe wie bei Konfuzius. Mao sagt: »Von den Bedürfnissen und Wünschen der Massen ausgehen«, [682] sei immer die Aufgabe der Funktionäre. Für Konfuzius im Li-Gi [683] zählt das, was »mit des Volkes allgemeiner Stimmung übereinstimmt«. Das »Suchen nach dem inneren Kontakt mit der Volksseele«, empfiehlt schon das Lun-Yü. [684] Und das Li-Gi [685] empfiehlt, »zu lieben, was das Volk liebt, zu hassen, was das Volk haßt«. Kann man nicht, wenn man diese Worte hört, tatsächlich sagen: Einst Konfuzius – heute Mao Tsē-Tung?

Das gilt vielleicht auch bezüglich der Auffassung von der Unwandelbarkeit der eingeschlagenen Ordnung, in der eine gewisse Erstarrung liegt, worin aber gerade das Glück des Volkes gesehen wird. Daß das Glück in der Norm gefunden wird, ist zweifellos eine Gleichung, wobei wiederum nichts ausgesagt wird über den ganz verschiedenen Inhalt dieser Norm. Damit hängt natürlich auch der gemeinsame Glaube an die Perfektibilität des Menschen zusammen. Beide, Konfuzianismus wie Maoismus, wollen die Menschen sozusagen perfekt machen, und zwar durch Erziehung. Daß der gewöhnliche Mensch geführt und die Gesellschaft damit auf eine höhere Stufe gehoben werden muß, sagen beide in schönster Klarheit. Beide wollen »der Welt ein Vorbild und einen Maßstab setzen«. So Konfuzius.[686] Genau das will Mao auch, und zwar durch »Kritik, Aufklärung, Umerziehung«.[687] In beiden Systemen hat die öffentliche Gewalt das Volk zu diesen Zwecken zu »belehren«, zu »ermahnen« (so Konfuzius im Lun-Yü[688]). Von der Zentralgewalt her wird eine bestimmte politische Moral dem Volk eingetrichtert,[689] damit ein »lichtes und schönes Ideal in der Zukunft verwirklicht« werden kann;[690] beide Systeme wollen »Leitsterne« in die Zukunft sein. Sowohl Konfuzianismus als auch Maoismus fühlen sich als »Polarstern« bzw. »Leitstern« für die ganze Welt hinsichtlich der Vervollkommnung des Menschen.[691] Der tiefe Graben, der dabei trotzdem bezüglich inneren Intentionen beider Systeme besteht, ist genügsam erörtert worden.

Schließlich ist noch im Sinne einer Gleichung hinzuweisen auf die Bedeutung, die beide Systeme der »Praxis« zuweisen, und zwar vor der Theorie. Der »praktische Charakter« des Denkens, d. h. die Abhängigkeit des Zusammenwirkens von Theorie und Praxis, um den Leuten zu »zeigen, was verderblich ist, den Leuten klarmachen, was zu ihrem Nutzen dient« (so das I-Ging[692]), hat Konfuzius mit Mao gemeinsam. Diese Gleichung, das muß einschränkend gesagt werden, geht allerdings nicht so weit, daß die »gesellschaftliche Praxis«, wie Mao[693] meint, zum »Kriterium der Wahrheit« wird. Dabei scheiden sich die Geister wieder. Aber das betonte Wertlegen darauf, daß zu den Fortschritten im gesellschaftlichen Leben immer die Praxis gehört werden muß, haben beide zweifellos gemeinsam. Und zu diesen Gemeinsamkeiten gehört auch die echt chinesische Beharrlichkeit in der Verfolgung der Ziele, wenn es um die Gesellschaftsordnung geht.

Zu dieser Beharrlichkeit gibt es eine alte chinesische Parabel. Darin wird erzählt, daß einst in China ein Greis mit Namen Jü-yung lebte. Der Weg, der von seinem Hause nach Süden führte, wurde von zwei großen Bergen versperrt. Der Greis faßte den Entschluß, diese Berge zusammen mit seinen zwei Söhnen abzutragen. Ein anderer Greis lachte darüber. Aber Yü-yung erklärte, seine Enkel würden in endloser Reihe diese Berge abtragen. Um das, was wir abtragen, werden sie niedriger. Das rührte die Gottheit, und sie schickte zwei ihrer Heiligen auf die Erde, die diese Berge dann davontrugen ... Soweit diese Parabel. Mao Tsē-Tung kennt und zitiert sie.[694] Und er sagt hierzu:

»Die zwei Berge sind gegenwärtig der Imperialismus und der Feudalismus. Die KPC trägt die Berge ab, unermüdlich, und sie wird ›Gott‹ rühren. Dieser ›Gott‹ ist kein anderer als das chinesische Volk.« [695]

Wie steht es nun aber mit der Hauptgleichung, nämlich der These, daß sich im Maoismus ein neuartiger »Heroenkult« in China etabliert habe? Wie steht es mit der Annahme, daß an die Stelle des Heroen Konfuzius heute ein neuer Heroe namens Mao Tsē-Tung getreten sei? Handelt es sich dabei wirklich um eine echte Gleichung? Nun, es kann sich schon deshalb noch nicht um eine perfekte Gleichung handeln, weil Konfuzius als toter Heros verehrt wurde, Mao Tsē-Tung aber noch lebt. Darum kann es sich vorläufig (abgesehen von den zur Genüge aufgezeigten inhaltlichen und wissensmäßigen Verschiedenheiten dieser beiden Heroentümer) nur um eine bedingte Gleichung handeln, die nur zusammen mit Zukunftsaspekten besteht. Aber da die »Heldenverehrung« heiliger Männer und Frauen, die sich durch konfuzianische Tugenden und Gelehrsamkeit ausgezeichnet hatten, schon immer in China nach ihrem Tode durch noch steigende Verehrung ausgezeichnet wurden, so daß es eine ganze Reihe von Tempeln für die Edlen und Tüchtigen, die Treuen und Tapferen aller Zeiten gab, wie sollte das gerade bei dem so überschwenglich verehrten Mao Tsē-Tung nicht der Fall sein? Zwar wird man ihn gewiß nicht zum »Gotte« machen und ihm »Tempel« geben, wie es das Schicksal des Konfuzius in späteren Zeiten war. Aber das Heroentum Mao Tsē-Tungs wird sich einst zweifellos noch steigern, und die religionsartige Verehrung wird zunehmen, so daß der Charakter der Gleichung hier doch gewahrt sein wird, was die Formalien betrifft. Und dann wird es dazu kommen, daß die unterwürfige Verehrung dieses Helden das oberste Gebot im Staate sein wird und seine Lästerung ein todeswürdigeres Verbrechen als der Mord an einem Menschen.

So unverständlich das für unser Denken auch sein wird, gerade hier wird es sich dann doch um eine echte Gleichung handeln. Denn unter der Aufzählung des Li-Gi über die »5 großen Verbrechen« rangiert die »Lästerung der Weisen und Helden« gleich an zweiter Stelle hinter der »Empörung gegen Himmel und Erde«. An dritter Stelle rangiert in dieser Rangfolge als »Verbrechen« die »Empörung gegen die menschliche Gesellschaft«, an vierter die »Lästerung der Geister und Götter«, und erst an fünfter Stelle steht der »Mord eines Menschen«. Diese Belegstelle aus den kanonischen Schriften [696] beleuchtet nochmals mit aller Klarheit die hervorragende Bedeutung des chinesischen Heroenkultes und seine Fundierung in der Tradition. Diese Tradition wird in bezug auf Mao Tsē-Tung Vorbild bleiben, so daß in diesem Sinne wirklich gesagt werden kann: Einst Konfuzius – heute Mao Tsē-Tung.

ANMERKUNGEN

[1] Das kleine rote Buch ist in Deutschland auch in folgenden Ausgaben erschienen: Mao: Das rote Buch. Frankfurt, Fischer. Bd. 857, 1967. – Das Mao Tsē-Tung Brevier. Der Katechismus der 700 Millionen. Würzburg, 1967. – In der Pekinger Ausgabe, die mir vorliegt, Peking 1967 (deutsch) hat das Buch 370 Seiten und ist eingeteilt in 33 Kapitel. Einige der Kapitel behandeln: Klassen und Klassenkampf, Kritik und Selbstkritik, Berichtigung falscher Ansichten, Die politische Arbeit, Dem Volke dienen usw.

Die Religion wird in dem Buche zweimal gestreift, sonst aber gemieden. Auf Seite 348 wird die »religiöse Gewalt« als einer der »vier Stricke« bezeichnet, »mit denen das chinesische Volk, insbesondere die Bauernschaft, gefesselt ist«. – Auf Seite 82 wird der Name Buddhas erwähnt. Aber nur in der Weise, daß gesagt wird, daß »die Imperialisten bis zu ihrem Untergang ihr Schlachtmesser nie aus der Hand geben werden, sich nie in Buddhas verwandeln können«.

[2] Hier nur das Wichtigste: Im Jahre 1951 gab ein Komitee im Pekinger Staatsverlag erstmals in 3 Bänden in chinesischer Sprache seine Schriften gesammelt heraus. 1961 erschien dann diese Sammlung in einer 4-bändigen Ausgabe. Darin sind aber nur die Schriften bis 1949 enthalten. Der genaue Titel lautet: Mao Tsē-Tung, Hsüan-chi. 4 Bd., Peking, 1961. Auf Grund der ersten Ausgabe erschien bereits im Jahre 1956 im Dietz-Verlag Berlin eine deutsche Ausgabe in 4 Bänden. Auf diese Ausgabe ist der deutsche Leser im wesentlichen noch heute angewiesen. Zu beachten ist aber, daß diese Dietzsche Ausgabe nach der russischen Übersetzung der 1. Ausgabe von 1951 angefertigt worden ist, wobei sich – wissenschaftlich gesehen – natürlich Fehler einschleichen können. Ob die Ausgabe immer ganz zuverlässig ist, scheint daher nicht sicher. Trotzdem ist diese Ausgabe nicht zu umgehen, sie wird auch hier mit zitiert werden müssen. Es gibt aber im deutschen Sprachraum noch zwei ausgezeichnete Auswahlbücher aus Maos Werken, und zwar: Mao Tsē-Tung: Ausgewählte Schriften, hrsg. von T. Grimm, Frankfurt, 1963, und C. Brandt/B. Schwartz/J. K. Fairbank: Der Kommunismus in China, Eine Dokumentargeschichte, München, 1955. Die neuesten Dokumente in deutscher Sprache finden sich in dem Buche von K. Mehnert: Maos zweite Revolution. Stuttgart, 1966; es enthält Dokumente des Sommers und Herbstes 1966. Als Primär-Quellen müssen natürlich auch die Veröffentlichungen des Pekinger Staatsverlages in den verschiedenen europäischen Sprachen gelten. In deutsch wurde dort z. B. herausgegeben Mao Tsē-Tung: Die chinesische Revolution und die kommunistische Partei Chinas. Verlag für fremdsprachliche Literatur, Peking, 1962. Der gleiche Verlag brachte auch Auszüge aus Maos Werken in deutscher Sprache heraus, so z. B.: Maos militärische Schriften, und: Der Imperialismus und alle Reaktionäre sind Papiertiger. Peking, 1958. (Letzteres eine Rede auf der 8. Sitzung des Rates der Zentralen Volksregierung vom 28. 6. 1950, die international große Beachtung gefunden

hat.) Von besonderer Wichtigkeit in kultureller Hinsicht sind die Reden, die Mao auf der sogenannten Yenan-Konferenz im Jahre 1942 gehalten hat. Sie sind in der Dietz-Ausgabe enthalten, es gibt aber auch eine deutschsprachige Ausgabe des Pekinger »Verlag für fremdsprachige Literatur«. Sie erschienen dort 1961 unter dem Titel: Mao Tsē-Tungs Reden auf der Beratung über Fragen der Literatur und Kunst in Yenan. Darin wird als Hauptgedanke durchweg ausgeführt, daß jede Literatur und Kunst »den Massen, Bauern, Arbeitern und Soldaten« dienen müsse. Allen Intellektuellen wird dringend empfohlen, »aufs Land oder in die Fabriken zu gehen, um von den Massen zu lernen, um über deren Leiden und ethische Größe schreiben zu können«.

[3] Mao Tsē-Tung: 37 Gedichte. Hrsg. von J. Schickel, Hamburg, 1965.

[4] R. L. Walker: China unter dem Kommunismus. Stuttgart, 1956, S. 240.

[5] Am instruktivsten wäre sicher die in Peking erscheinende Zeitschrift: Hsüeh-hsi (Studium). Hrsg. von Ai Ssu-tschi. Sie lenkt das ideologische Leben der Kader und gehört heute zu den maßgebenden Blättern in China. Das erklärte Ziel des Blattes ist die »Veränderung des Denkens« im Sinne des Marxismus-Leninismus-Maoismus.

[6] Im Staatsverlag Peking erschien die Ausgabe Mao Tsē-Tung: Selected Works, 4 Vls., chinesisch und englisch, 1962–1964. – Ferner: Mao: On the correct Handling of Contradictions among the People. (Chinesisch und englisch), Peking, 1964, und Mao: Statement Opposing Aggression against Southern Vietnam. Peking, 1963 (alles im Verlag Foreign Language Press, Peking). Dazu: Mao: Statement Calling on the People of the World to Unite, Peking 1964. Der gleiche Pekinger Verlag hat auch den IV. Band der Selected Works im Jahre 1961 nur in englischer Sprache herausgebracht. Von den weiteren Pekinger Publikationen in westlichen Sprachen erscheinen wichtig: Maos Denkschrift über die »Diktatur der Volksdemokratie« vom 1. Juli 1949 unter dem Titel »On peoples Democratic Dictatorship, 1950[3], sowie einige Schriften, die von Lin Biao verfaßt sind, und zwar: The Brilliance of Mao Tsē-Tungs Thought illuminats the Whole World. 1965; The Great Socialist Cultural Revolution in China. 1966; The Origin and Development of the differences between the leadership of the CPSU and ourselves. 1963; ferner von Liu Biao in französischer Sprache: Vive la victorieuse guerre de peuple. 1965. Da gerade Lin Biao in jüngster Zeit stark in den Vordergrund trat, sind diese Veröffentlichungen wichtig. Sie geben interessante Einblicke in die »Rote Bibel« Maos allein auch schon auf Grund der zahlreichen Zitate aus Mao-Schriften und Reden. Interessant ist in diesem Sinne auch die Schrift von Fan Hsiu-chu: A struggle between two lines over the Questions of How to Deal with US-Imperialism. 1965. – Es existieren ferner zwei Quellensammlungen in englischer Sprache: W. W. Rostow: Prospects for Communist China, Cambridge (Mass.), 1954, und H. A. Steiner: Chinese Communism in Action. 3 vls., Los Angeles, 1953. Hier handelt es sich um eine sorgfältig aufgebaute Sammlung von Quellenauszügen und Dokumenten, zusammengestellt vom Generalkonsulat der Vereinigten Staaten in Hongkong.

An Sekundär-Literatur, der ein relativ hoher Quellenwert aber nicht abzusprechen ist, kommt in Betracht: Ohne Verfasserangabe: Le pseudocommunisme de Krouchtschev et les leçons historiques qu'il donne au monde. Peking, 1964. – The Strategy and Tactics of World Communism. Supplement III; Communism in China. Ed. US-House of Representativs,

Washington, 1948. – The China Missionary Bulletin. Hongkong. – S. Schram: The political Thought of Mao. London 1964. – Chen, J.: Mao Tsē-Tung and the Chinese Revolution. London, 1965. – Karol, K. S.: La Chine de Mao. Paris, 1966. –

7 Ein solcher Versuch ist, so weit ich sehe, noch nirgends durchgeführt worden. Auch das (mir vorliegende) 1954 in London erschienene Buch von H. G. Creel: Chinese Thought from Confuzius to Mao Tsē-Tung, ist kein solcher Versuch. Wer ihn auf Grund des Titels erwartet, ist enttäuscht. Das chinesische Denken wird darin zwar instruktiv dargestellt, aber nur in einem letzten Kapitel ist auf wenigen Seiten vom »Einfluß des westlichen Denkens« und von Mao kurz die Rede.

8 nach Payne, S. 47.

9 Payne, S. 103. P. meint, Mao habe sich selber dazu gemacht.

10 Dokumente, S. 348.

11 ib.

12 nach K. Mehnert: Maos Zweite Revolution, Stuttgart, 1966, S. 12. – M. zitiert nach Peking Review 26/1966.

13 nach Mehnert, a.a.O. S. 16.

14 ib. S. 90.

15 Hierzu wird verwiesen auf die Primärquellen zum Marxismus/Leninismus: K. Marx und F. Engels: Hist.-krit. Gesamtausgabe. 1927–35. – K. Marx und F. Engels: Werke. 1–8, 1956 ff.; W. I. U. Lenin: Gesamtausgabe. 40 Bände, 1941–52; Stalin, J.: Werke. 16 Bände, Moskau, 1952–54 (deutsch nur bis Band 13); Revolutionäre deutsche Parteiprogramme. Hrsg. vom Institut für Marxismus–Leninismus beim ZK der SED, Berlin, 1967.

16 Hier sei verwiesen auf das lehrreiche Buch G.-K. Kindermann (Hrsg.): Konfuzianismus, Sunyatsenismus und chinesischer Kommunismus. Dokumente zur Begründung und Selbstdarstellung des chinesischen Nationalismus. (Freiburger Studien zu Politik und Soziologie, hrsg. von Prof. Dr. A. Bergstraesser, Freiburg, 1963.) Das Buch ist eine ausgezeichnete Sammlung von 17 Dokumenten zur Geschichte und den Auffassungen National-Chinas. Die Einleitung und einige der Dokumente bezeugen ganz klar die Notwendigkeit der hier aufgegriffenen Fragestellung, auch geben sie dazu instruktive Hinweise.

17 Mao, T. Grimm, S. 161.

18 ib. 160.

19 Werke, IV, 18 u. öfter.

20 ib.

21 ib. 23.

22 Mao, Werke IV, 18.

23 Zur allgemeinen Orientierung verweise ich auf die neuere Darstellung von W. Eichhorn: Kulturgeschichte Chinas. Stuttgart, 1964. – Grundlegend zur Geschichte Chinas ist heute das fünfbändige Werk von Otto Franke: Geschichte des chinesischen Reiches. I–V, Berlin, 1966². – Ferner: R. Wilhelm: Geschichte der chines. Kultur. München, 1928. – C. P. Fitzgerald: China, a short cultural history. London, 1935. – Tsui Chi: A short history of Chinese civilisation. London, 1942. – R. Wilhelm: Die Seele Chinas. 1926. – Wolfg. Franke: China und das Abendland. 1962.

24 Claudius Ptolemäus (Astronom und Geograph) schrieb um 140 n. Chr. in Alexandrien. Sein Hauptwerk »Almagest« wurde Grundlage des astronomischen Wissens im Mittelalter.

[25] Johannes von Montecorvino (geb. 1247 in der Nähe von Salerno) starb 1328 in Peking. Er war seit 1279 Orientmissionar des Dominikanerordens und verließ 1289 Rom mit Briefen Nikolaus IV. an Fürsten des Orients, auch an den mongolischen Großkhan. Er wurde in Kambalek bei Peking erster Erzbischof der katholischen Kirche in China. Vgl. A. v. d. Wyngaert: Jean de Mont Corvin, Lille 1924. – C. Silvestri: La vera patria di Giovanni da Montecorvino. Rom, 1954.

[26] Zit. bei W. Vahlefeld, Pekings Kampfansage an die »vaterlandslosen Gesellen«, ADS Nr. 23 vom 5. 6. 1966.

[27] Vgl. hierzu W. Eichhorn, a.a.O., S. 159–194.

[28] Erste kritische Ausgabe: L. F. Benedetto, Florenz 1928. – In französisch durch L. Hambris, Paris 1955. – Grundlegend: L. Olschki: L'Asia di Marco Polo. Florenz 1957. – Das Buch von J. Witte: Das Buch des Marco Polo als Quelle der Religionsgeschichte, 1916, gilt als zu unkritisch.

[29] Vgl.: Die Briefe des Francisco De Xavier 1542–1552. Ausgewählt, übertragen und kommentiert von Elisabeth Gräfin Vitzthum, Leipzig 1941.

[30] In neuester Zeit hat man Orakelknochen und Broncegefäße der Frühzeit aufgefunden, die einigen Aufschluß (besonders auch mit über die Schriftentwicklung) geben. Vgl. H. O. E. Stange: Die älteste chinesische Literatur im Lichte der Ausgrabungsfunde. Asia Major, 1944.

[31] Das Yih-king, auch meist I-Ging oder Yi-king geschrieben, liegt englisch vor im XVI. Bande der SBE (Legge: The sacred books of China, Confuzianism, Prt. II) Oxford 1882. – Die anerkannt beste deutsche Übersetzung: R. Wilhelm: I Ging. Das Buch der Wandlungen. 2 Bde. Jena, 1921 und 1930. –

[32] J. Legge: The chinese Classics. Hongkong, 1861. Neue Ausgabe: The Chines Classics, with a translation, critical and exegetical notes ... 5 vols. (Hier Band III das Shu-king, Band II das Shi-king.) Hongkong, 1960.

[33] Das Shu-king ist ein umstrittenes Buch. Neuerdings überwiegt die Ansicht, daß nur einzelne Teile noch vor Konfuzius niedergeschrieben sein können. Sicher steckt sehr altes Gut darin, aber im Ganzen ist es kein Werk aus jener ganz alten Zeit, aus der die einzelnen Kapitel zu stammen vorgeben.

[34] Die Übersetzung von V. von Strauß: Schi-king. Das kanonische Liederbuch der Chinesen. Heidelberg, 1880, Nachdruck 1966. – Die einzelnen Lieder stammen aus verschiedenen Zeiten. Die frühesten wurden nach heutiger Erkenntnis zu Beginn der Chou-Zeit verfaßt. Karlgren nimmt an, daß die meisten der Lieder zwischen 1027 und 771 v. Chr. verfaßt wurden, einige später, jedoch nicht nach dem 6. Jahrh. vor Chr. Man kann annehmen, daß sie ihre heutige Gestalt vor Konfuzius bekommen haben.

[35] SBE XXVIII (ed. Legge) 1885. – Dtsche Übers.: R. Wilhelm, Jena, 1930.

[36] Sakrales Königtum mit Opferpflicht des Herrschers hat es vielerorts in der Religionsgeschichte gegeben, nicht nur in China. Vgl.: The Sacral Kingship, Contributions to the central theme of the VIII th International Congress for the history of Religions. Roma, 1955, ed. Pettazoni, Leiden, 1959.

Das Li-Gi enthält nach der Tradition die Satzungen des Herzogs Tan der Tschou. Heute glaubt aber niemand mehr, daß es ein Werk des Chou-Kung ist. Das dem Konfuzius bereits überlieferte und von diesem gepflegte Ritualsystem könnte allerdings darin enthalten sein. Neue Ausgabe in deutsch: Li-Gi. Das Buch der Sitte d. älteren und jüngeren Dai. Verdeutscht und erläutert von R. Wilhelm, 1958.

[37] Wichtige Literatur zu diesem Abschnitt:
W. Grube: Religion und Kultus der Chinesen. Leipzig, 1910, S. 1–47. – C. Hentze: Tod, Auferstehung, Weltordnung. Das mythische Bild im ältesten China. 2 Bd., Zürich, 1955. – A. Waley: Three ways of thought in ancient China. London, 1939. – O. Franke: Geschichte des chines. Reiches. Bd. 1, 1966 (Altertum). – H. O. Stange: Die Religion des alten China in anthropol. Sicht. In: Anthropologie religieuse (Supplement to Numen II, ed. C. J. Bleeker). Leiden, 1955, S. 133 ff. – H. Maspero: La Chine antique. 1955 [2]. – H. G. Creel: The Birth of China, 1936. – W. Eberhard: Lokalkulturen im alten China. 2 Bde., 1942. – Herb. Franke: Sinologie. Bern, 1953. – H. Köster: Symbolik des chines. Universismus. 1958.

[38] Verbreitetste deutsche Übersetzung die von R. Wilhelm: Kung-Futse. Gespräche (Lun-Yü). Jena, 1923, jetzt neue Ausgabe Düsseldorf, 1955. – Stange, H. O. H.: Gespräche des Konfuzius. 1953.

[39] Über das Ta-hio vgl.: H. Haas: Laotsze und Konfuzius. Einleitung in ihr Sprachgut. Leipzig, 1922.

[40] Vgl. z. B. schon E. Erkes in Ostasiatische Studien, 1917.

[41] Übersetzung von R. Wilhelm: Mong Dsi. Jena, 1921.

[42] Dazu vgl.: F. Heiler: Das Gebet. 5. Aufl. 1923. – Th. Ohm: Die Gebetsgebärden der Völker. Leiden, 1948.

[43] Vgl. zum Kultus des Konfuzius: W. Grube: Religion und Kultus der Chinesen. Leipzig, 1910, S. 63 ff.

[44] Lun-yü, I, 2. R. W. S. 1/2.

[45] Lun-yü, I, 7. – R. W., S. 3.

[46] Lun-yü, II, 5. R. W. S. 9.

[47] Lun-yü, III, R. W., S. 18 ff., und XII, R. W., S. 118 f.

[48] Lun-yü III, 17. R. W. S. 26. (Es ist immer dabei zu beachten, daß die freien Übersetzungen R. Wilhelms nicht wörtliche Wiedergabe bedeuten).

[49] Lun-yü II, 20. R. W. S. 15.

[50] Lun-yü, II, 3. R. W. S. 18.

[51] Lun-yü I, 5. R. W. S. 2.

[52] Lun-yü XV, 23. R. W. S. 176. – Die sogenannte »Goldene Regel« ist mehrfach in der Religionsgeschichte anzutreffen, auch im Neuen Testament.

[53] Lun-yü VIII, 2. R. W. S. 76.

[54] Vgl. G. Rosenkranz: Der Heilige in den chinesischen Klassikern. 1935.

[55] Lun-yü III, 1. R. W. S. 18.

[56] Lun-yü VIII, 13. R. W. S. 81.

[57] Lun-yü VIII, 10. R. W. S. 80.

[58] so R. Wilhelms Erklärung zu Lun-yü VIII, 10.

[59] Lun-yü, III, 3. R. W. S. 19.

[60] Lun-yü VII, 2. R. W. S. 119.

[61] Nach R. Wilhelms Erklärung von Lun-yü VII, 2. S. 119 f.

[62] Lun-yü IV, 15. R. W. S. 35. Die Übersetzung dieses Satzes ist umstritten. Nach R. Wilhelm kommt darin mindestens der »kantische kategorische Imperativ« zum Ausdruck.

[63] Lun-yü IV, 16. R. W. S. 35.

[64] Lun-yü XIV, 8. R. W. S. 186.
III, 12. R. W. S. 23.
III, 11. R. W. S. 23.
VI, 26. R. W. S. 59.

[65] Meng-tze bei Legge, Chin. Classics, Vol. II.

66 M. betont stärkstens das Gewissen, d. h. ein gutes, unverdorbenes, in seinem moralischen Urteil unbeirrbares Herz. Ohne Rücksicht auf Erziehung, nur durch Naturanlage, weiß der Mensch das Rechte und ist bestrebt, das Gute zu tun. Zur »Yen« kommt bei M. das »tse-ē yin«, d. h. die Anteilnahme für andere, und das »hsiu-wu«, die Scham und der Widerwille gegen das Böse.

67 Meng-tze, lib. I, 2, cap. VIII. – Berechtigten Umsturz nennt er »ko-ming«. Er konnte solchen zu einer Zeit vertreten, da das Herrscherhaus der Chou ein Schattendasein führte und fürchten mußte, bald gestürzt zu werden.

68 ib. lib. V, 1, cap. V.

69 So z. B. F. E. A. Krause, Yu-Tao-Fo, 1924, S. 83.

70 Mo-tzu war ein einfacher Mann des arbeitenden Volkes. Er verehrte Shang-ti, den höchsten Himmelsherrn, dessen Wille für gut und böse maßgebend und dessen besondere Eigenschaft die Liebe zu den Menschen ist. Der Himmel fordere Liebe und Gerechtigkeit. Die Ethik geht in Sozialpolitik über. Mo-tzu forderte auch einfache Lebensführung und stellte sich gegen den Pomp der Riten. Vgl. Mei Yi-Pao, The Ethical and Political Works of Motse, London 1929. Derselbe, Motse, The Neglected Rival of Confuzius, London 1934. – H. H. Rowley, The Cinese Philosopher Motse, BJRL 31, 1948, H. 2.

71 Dschuang-Dsi: Das wahre Buch vom südlichen Blütenland. Aus dem Chinesischen verdeutscht u. erläut. von R. Wilhelm, Jena, 1920.

72 Wichtige Literatur zu diesem Abschnitt:
Ch'i Jün Chang: A life of Confuzius. Taipei, 1954. – Tehyi Hsieh: Confuzius. Zürich, 1954. – H. G. Creel: Confuzius, the Man and the Myth. London, 1951. – Worte des Konfuzius. Bearbeitet und eingeleitet von R. Wrede. Goldmanns Gelbe Taschenbücher, Bd. 914, München o. J. – F. T. Cheng: China das Werk des Konfuzius. Zürich, 1949. – Ku Hung Ming: The Discourses and Sayings of Confuzius. Shanghai, 1898. – Kung Tsu Chia Yu: The school Sayings of Confuzius. Leiden, 1950. – Legge, James (Hrsg. u. Übers.): The Chinese Classics. With a translation, critical and exegetical notes, prolegomena and copious indexes, 5 Bde., Hongkong, 1895. Neudruck der Ausgabe von 1895: Hongkong 1960. – Max Weber: Gesammelte Aufsätze zur Religionssoziologie, Bd. I, Tübingen, 1947. – K. Jaspers: Die maßgebenden Menschen. Sokrates–Konfuzius–Jesus. München, 1964. – Konfuzius, Schulgespräche, jetzt in Diederichs Taschenausgabe, Bd. 24, 1961. Wilhelm Grube: Religion und Kultus der Chinesen. Leipzig, 1910. – J. J. M. de Groot: Universismus. Berlin, 1918. – H. Maspero: La Chine antique. 2. Aufl. 1955. – Creel, H. G.: Chinese Thought from Confuzius to Mao Tsē-Tung. Chicagi, 1953. (Dieses Buch sagt viel von Confuzius, enttäuscht aber jeden, der besonders von Mao etwas wissen will.) – J. K. Shryock: The origin and development of the State-Cult of Confuzius. New York, 1932. K. S. Latourette: The Chinese and their culture. 2 Bd., 1946. – Konfuzianische Bildung und Bildwelt. Ausgew. u. übertragen von V. Contag, 1964. – J. Gripekoven: Confuzius et son temps. Neuchâtel, 1955. – Liu Wu Chi: Confuzius. New York, 1955.

73 Deutsche Ausgaben: R. Wilhelm: Laotse, Tao-te-king. Das Buch des Alten vom Sinn und Leben. Verdeutscht und erläutert. Jena, 1919. – Laotse, Tao-te-king. Übertragen v. F. Fiedler. Hannover, 1922. – Laotse. Hrsg. von Lin Yutang. Fischer-Bücherei, Bd. 89. Frankfurt, 1955, und mehrere andere.

74 Nach Übersetzung von Hans Haas.

75 Graham, A. C.: The book of Lieh-tzu (A new translation), London, 1960. – R. Wilhelm: Dschuang Dsi. Das wahre Buch vom südlichen Blütenland. Jena, 1921.

76 Viele populäre ethische Traktate zur Erlangung langen Lebens finden sich in SEB Bd. 40.

77 Vgl.: de Groots grundlegendes Werk: Universismus. Berlin, 1918.

78 Von einem solchen, dem Demiurgen Panku weiß nur die Volksreligion, nicht aber der Konfuzianismus.

79 Vgl. W. Bauer in: China, Reich der Mitte. St. Augustin, 1966, S. 9 ff., ders. auch in: Chinas Vergangenheit als Trauma und Vorbild. Stuttgart, 1968, 26 ff.

80 Englische Übersetzungen bestehen seit langem in den einschlägigen Bänden der SEB, ed. M. Müller, 1894 ff. – Die beste deutsche Übersetzung ist noch immer anerkanntermaßen: Karl Seidenstücker: Der Palibuddhismus in Übersetzungen. München, 1923[2]. Ferner: K. E. Neumann: Die Reden des Gotamo Buddha. 3 Bd., Zürich/Wien, 1956/57[2]. – Eine gute Auswahl bei zuverlässiger Übersetzung bietet M. Winternitz: Der ältere Buddhismus nach Texten des Tipitaka, RL, 11, 1929[2].

81 Die wichtigsten sind: Das Lalitavistāra, das Mahāvastū, die Avadānas und die Mahāyāna-Sūtras. Will man sie kennen, so muß man sich die Mühe machen, sie in englischer Sprache zu lesen. Die noch immer besten Übersetzungen finden sich in den SEB. Im übrigen ist das heilige Schrifttum des Mahāyāna unermeßlich groß, bis heute noch keineswegs vollständig kodifiziert.

82 Die Japaner nannten diese Sekte später »Shingon«.

83 Vgl. Hans Haas: Amida Buddha unsere Zuflucht. Leipzig, 1910.

84 Eine große Rolle im chinesischen Buddhismus spielt auch Yao-shih-Fo, der heilende Buddha, der »große Arzt«, den das Volk in Krankheitsnöten anruft.

85 F. Loofs: Nestoriana. 1905. – G. Rosenkranz: Die älteste Christenheit in China in den Quellenzeugnissen der Nestorianertexte der Tang-Dynastie. 1939.

86 Vgl. J. Stewart: Nestorian Missionary Enterprise. Edinburgh, 1928.

87 Der 1912 zum 1. Präsidenten der Republik gewählte Sun Yat-sen war aber Christ und blieb es bis zu seinem Tode. Er hat sich zwar als Christ nie betont exponiert, aber auch nicht losgesagt. Er verlangte vor seinem Tode ein christliches Begräbnis. Auch Chiang Kai-shek bekannte sich zum Christentum und erwartete von ihm viel für die Zukunft Chinas.

88 Pekinger Volksblatt vom 13. 4. 1951.

89 Peoples Cina, Peking, vom 16. 1. 1952, S. 19–23. – Vgl. auch einen Artikel: The crime of Medical Missions, in: Peoples China, Peking, vom 1. 2. 1952. Danach seien in den Krankenhäusern die Menschen wie Meerschweinchen zu Versuchen mißbraucht worden, und es gebe keine ärztliche Ethik bei ihnen.

90 Laut: Mission Bulletin. Hongkong, April 1952. S. 323.

91 Mission Bulletin. Hongkong, Januar 1954.

92 Walker, S. 217.

93 Das ist nur eine Auswahl der Verpflichtungen. Vgl. dazu: Evang. Missions-Ztsch. 16, April 1959, Heft 2, S. 54 ff.

94 G. Rosenkranz: Die Christenheit im heutigen China. In: Universitas 13, Januar 1958, Heft 1, S. 60.

95 Vgl. Chow Tsē-Tung: The May Fourth Mouvement. Intellectual Revolution in Modern China. Cambridge (Mass.) 1960. –W. Franke: Chinas kulturelle Revolution. Die Bewegung vom 4. 5. 1919. München, 1957.

96 Mao Tsē-Tung: Über Literatur und Kunst. Volksverlag für Belletristik, Peking, 1961, S. 26–27.

97 Mao Tsē-Tung: Selected Works. Londoner Ausgabe, 1954, Band III, S. 141.

98 Vgl. zu den Einzelheiten: W. Schüler: Abriß der neuen Geschichte Chinas. Berlin, 1912. Ein Autor, der diesen Ereignissen sehr nahe steht.

99 Mao, Werke III, S. 168.

100 Vgl. hierzu W. Eichhorn: T'ai-p'ing und T'ai-p'ing-Religion. Mitt. d. Instit. f. Orient-Forsch. 1957.

101 Mao: Werke III, 169 ff.

102 Allein auf Seite der evangelischen Mission starben 175 Missionsangehörige, sowie über 2000 chinesische Christen. Das Verhalten der westlichen Sieger förderte das Vertrauen zum Christentum nicht. Der Haß gegen das Christentum und gegen den imperialistischen Westen schwelte weiter.

103 Kindermann, S. 90 ff. bringt die wesentlichsten Teile aus Suns: Grundlehren.

104 Kindermann, S. 114.

105 ib.

106 Vgl. A. S. Whiting: Sowjet Policies in China 1917–1924. New York, 1954.

107 Vgl. Mao (T. Grimm) S. 189. –
Aufschlußreich sind Maos Ausführungen über sein Verhältnis zu Sun Yat-sen im III. Band der Werke (in der Dietzschen Ausgabe, 1956), S. 157/158. Mao setzt hier Suns Programm mit dem kommunistischen Minimalprogramm gleich, betont aber auch die Unterschiede. Diese bestünden in 4 Punkten: Die konsequente Agrarrevolution fehle bei Sun, die kommunistische Gesellschaftsordnung fehle ihm, die Begründung auf den dialektischen Materialismus fehle Sun, und schließlich fehle ihm überhaupt die konsequente Revolution.

108 ib. S. 156. – Dazu aber wird das Bündnis mit der Sowjetunion und mit der KPC zum gleichen Range erhoben wie das mit Sun.

109 Das klassische Dokument dieses seltsamen Bündnisses ist das »Joffé-Manifest« von 1923 (Dokumente, 43 ff.).

110 Mao: Werke III, 156.

111 Mao: Werke III, 157–158.

112 Mao (T. Grimm), S. 189.

113 Vgl. Chow The-Tung, a.a.O.

114 Man vergleiche hierzu die instruktive englische Studie von C. H. Hsü, Liang ch'i-Ch'ao: Intellectual trends in the Ching Period. London, 1959.

115 Bestätigt hat Hu seine Auffassungen zuletzt noch in einem Aufsatz: The Chinese Tradition and the Future. In: Free Review Bd. X, Nr. 8, August 1960, S. 7–12.

116 Z. B. Mao: Selected Works. London, 1954, Bd. II, S. 41–100.

117 Mao (T. Grimm) S. 158.

118 ib. 173.

119 Die Novellen des Lu Hsün sind spannende Erzählungen, die auch in deutscher Sprache erschienen sind, und zwar unter dem Titel: J. Kalmer: Die Reise ist lang. Aus dem Chinesischen übersetzt, Düsseldorf 1955. Das Buch wird im folgenden abgekürzt zitiert mit »Lu Hsün«. Die Zahlen bedeuten die Seitenzahlen in der Übersetzung von Kalmer.

120 Lu Hsün 12.
121 Lu Hsün 80.
122 Lu Hsün 21.
123 Lu Hsün 246.
124 Lu Hsün 448.
125 Payne, S. 85. – Vgl. auch C. Wang, The Youth Mouvement in China, New York 127, S. 98.
126 Lu Hsün 449.
127 Weitere wichtige Literatur zu den Reformern: W. Eichhorn: Zur Vorgeschichte der chinesischen Arbeiterbewegung. Saeculum XII 1962. – A. S. Whiting: Soviet Policies in China 1917–1924, New York 1954. – Th. W. de Bary: Sources of Chinese Tradition. New York, 1960. – D. Bodde: Chinas Cultural Tradition. New York 1959. – R. Payne: China awake. New York, 1949. – Teng Ssu-yu: New Light on the history of the Taiping-Rebellion. Cambridge, 1950.
128 Vgl. Werner Schilling: Feuerbach und die Religion. München, 1957.
129 Dokumente, S. 27 ff.
130 Foreign Language Press Peking, 3. Aufl. 1950, S. 25.
131 Suyin, S. 134.
132 Mao, Werke, 167.
133 Mao, Werke IV, 207.
134 Mao, Werke IV, 207.
135 Mao, Werke IV, 120.
136 Mao (T. Grimm), 286.
137 Suyin, S. 172.
138 ib.
139 Pekinger Volkszeitung v. 13. 6. 1956, nach T. Grimm, S. 379.
140 Mao, Werke IV, 120.
141 Vgl. Payne, S. 386. – Vgl. ferner Maos Schrift: Zur Frage der richtigen Lösung von Widersprüchen im Volk (bei T. Grimm) S. 78 ff.
142 Mao, Werke I, 359.
143 Vgl. Suyin, S. 197 ff.
144 Dokumente, S. 323.
145 Offener Brief aus Moskau. Prawda vom 14. 7. 1963. Nach: Schisma, S. 261.
146 ib.
147 ib.
148 ib.
149 ib. S. 278.
150 ib. S. 253.
151 Antwort des ZK der KPC vom 14. 6. 63. Schisma, S. 235 ff.
152 Prawda (Moskau) am 7. 1. 1963, nach Schisma S. 134–135.
153 Mao, Werke III, 167.
154 Dokumente, S. 63.
155 Mao, Werke I, 355. – Gemeint ist hier besonders die metaphysische Denkweise des Taoismus, zitiert doch Mao dazu den spezifisch taoistischen Satz Dung Dschung-shus (179–104 vor Chr.): »Der Himmel ist unveränderlich, unveränderlich auch das Tao«. Es kann aber keinem Zweifel unterliegen, daß Mao auch an den Konfuzianismus denkt.
156 Mao, Werke III, 179.
157 Ta-kung-Pao, Shanghai, vom 26. 5. 1952.
158 Mao, Werke IV, 314.

[159] Mao (T. Grimm), S. 196.
[160] Lun-yü I, 7 (R. W. 3).
[161] Lun-yü I, 2 (R. W. 1).
[162] Mao, Werke IV, 295/296.
[163] Lun-yü I, 7 (R. W. 3).
[164] Vgl. Kindermann, S. 25.
[165] Vgl. Walker, S. 406.
[166] Lun-yü I, 5 (R. W. 3); II, 6 (R. W. 10).
[167] Vgl. Walker, S. 95.
[168] Mao, Werke IV, 296.
[169] Mao, Werke I, 49.
[170] Mao, Werke I, 48.
[171] Mao, Werke I, 49.
[172] Die Macht des Ehemanns war in den armen Familien stets geringer als in den reichen. Das gibt Mao selber zu: Werke I, 51.
[173] Mao, Werke III, 183.
[174] Mao, Werke III, 184.
[175] Mao, Werke I, 52.
[176] Mao, Werke I, 50.
[177] ib.
[178] Stuttgarter Nachrichten Nr. 172 v. 23. 7. 1966.
[179] ib. Nr. 160 v. 9. 7. 66.
[180] ib. Nr. 135 v. 10. 6. 66.
[181] Mao, Werke I, 51.
[182] ib.
[183] ib. 52.
[184] ib.
[185] ib. 53.
[186] ib. 50.
[187] ib.
[188] Volksverlag für Belletristik, Peking, 1961, S. 26–27.
[189] Mao Tsē-Tung: Selected Works. London, 1954, Band III, S. 141.
[190] Ztschr. Hsüeh-hsi (Studium, Geisteswissenschaften), 4/1957 (Herausgeber: Ai Ssu-tschi). – Die Zeitschrift lenkt das ideologische Leben der Kader und gehört zu den maßgebenden Blättern Chinas.
[191] Vgl. Kindermann, S. 65.
[192] Ihre Titel lauten: Study of the Society of Ancient China, The Bronze Age of China, Ten Critical Essays.
[193] Christian Roll (in: Allgem. Dtsch. Sonntagsblatt Nr. 21 vom 22. 5. 1966) bezweifelt, daß Kuo-Mo-jo in Ungnade gefallen sei: »Vielleicht wollte er nur Selbstkritik zeigen, um mit gutem Beispiel voranzugehen.«
[194] Mao, Werke III, 167.
[195] ib. 167/168.
[196] ib. 168.
[197] Mao, Worte, S. 338.
[198] ib.
[199] ib. S. 50.
[200] ib.
[201] Bei T. Grimm, S. 160 ff.
[202] Nach Klaus Mehnert: Maos Zweite Revolution. Stuttgart, 1966, S. 11.
[203] ib. S. 12. – Mehnert berichtet nach Peking Review, 26/1966, S. 19.

[204] Nach Mehnert, S. 18.
[205] ib. S. 51.
[206] ib. S. 16.
[207] ib. S. 15.
[208] ib. S. 18.
[209] ib. S. 69. Mehnert zitiert nach Pekinger Rundschau Nr. 33 v. 16. 8. 66.
[210] ib. S. 46 nach Pekinger Rundschau Nr. 23 v. 7. 6. 66.
[211] So Wolfgang Leonhard in »Die Zeit«, Nr. 24 v. 10. 6. 66.
[212] So Wilhelm Vahlefeld in Dtsch. Allg. Sonntagsblatt (DAS) Nr. 23 v. 5. 6. 66.
[213] So Christian Roll in DAS Nr. 21 vom 22. 5. 66.
[214] W. Vahlefeld, DAS Nr. 37 v. 11. 9. 66.
[215] ib.
[216] Giselher Wirsing: Mao Tse-Tungs Schattentheater. In: Christ und Welt, Nr. 15, XXII. Jahrg. S. 3. – Ob sich wohl eine mit Maos Ideen liebäugelnde Jugend in europäischen Ländern darüber im klaren ist, wie eine Diktatur dieses Ausmaßes mit ihrer Freiheit verfahren würde?
[217] Mao, Worte, S. IV.
[218] Wortlaut der Resolution in »Appraisel of Confuzius«. In: Survey of China, Mainland Press, 30. 11. 62. – Bei Kindermann, S. 239, Anm. 132.
[219] So Günter Mittag im Neuen Deutschland, Ostberlin, vom 18. 9. 1966.
[220] Nach Derk Bodde, Peking Diary, New York, Schumann, 1950, S. 184.
[221] Current Background 169, 2. (Hrsg. v. Gen.Konsulat der Vereinigten Staaten, Hongkong. Nach Walker S. 239.
[222] Walker, S. 240.
[223] ib. S. 239.
[224] So liest man z. B. in dem Buche von A. de Riencourt: Die Seele Chinas, Hamburg, 1962, auf Seite 51: Der Triumph des Marxismus in China deute weitgehend eine »Rückkehr zu Vergangenem an«, und »eine neue marxistische Orthodoxie ist an die Stelle der alten konfuzianischen getreten«.
[225] Mao (T. Grimm), S. 224.
[226] Vgl. R. T. Bryan: I come back from a Red Death Cell. Saturday Evening Post, Jan./Febr. 1953. – M. Higgins, New York Herald Tribune v. 1. Okt. 1951. – Vgl. ferner die Beschreibung des Terrors bei Walker, S. 244 bis 262.
[227] A. Gehlen: Der Mensch. 1940, S. 337 f.
[228] Blumenfeld: Verstehen und Deuten. III, 1927–28, S. 85 ff.
[229] C. G. Jung: Seelenprobleme der Gegenwart. 1946, S. 323.
[230] N. Hartmann: Teleologisches Denken. 1951.
[231] H.-G. Gadamer: Wahrheit und Methode. 1960. – Vgl. auch O. F. Bollnow: Das Verstehen. 1949. Noch immer wichtig: J. Wach: Das Verstehen. I–III, 1926–33.
[232] z. B. Mao, Werke I, 52.
[233] Mao, Werke I, 56.
[234] Mao, Werke IV, 296.
[235] Mao, Werke III, 275.
[236] Mao, Werke III, 314.
[237] Mao, Werke I, 219.
[238] Mao, Werke I, 218.
[239] Mao, Werke IV, 221.
[240] Mao, Werke IV, 195.
[241] Mao, Werke IV, 286.
[242] Mao, Werke I, 370.

243 Mao, Werke II, 183 (damit will er aber nicht etwa Buddha preisen, sondern die Macht der Volksmassen und ihre revolutionäre Kraft).
244 Mao, Werke I, 370 und 471.
245 Mao, Werke IV, 106.
246 Mao, Werke I, 65.
247 Mao, Werke I, 443, Anmerkung 185.
248 Mao, Werke I, 359.
249 Mao (T. Grimm), 67. – Der Satz ist meiner Meinung nach eine Erinnerung Maos an Lao-tze, vgl. den 2. Spruch des Tao-teh-king!
250 R. Wilhelm: Laotse, Tao-te-king. Das Buch des Alten vom Sinn und Leben. Aus dem Chinesischen verdeutscht und erläutert. Jena, 1919, S. 4.
251 Vgl. W. Grube: Religion und Kultus der Chinesen. Leipzig, 1910, S. 179.
252 On the correct Handling of Contradictions among the People (1957), vgl. Suyin, S. 165, vgl. Mao, Werke I, 353 ff.
253 Mao, Werke I, 353 ff.
254 Lenin in: Zur Kritik der Vorlesungen Hegels über die Geschichte der Philosophie, Lenin-Werke Bd. I, Berlin 1954, S. 188.
255 Vgl. Suyin, S. 166.
256 Nachzulesen in: Schisma, S. 228 ff.
257 Nachzulesen in: Schisma, S. 235 ff.
258 Vgl. D. S. Zagoria: Der chinesisch-sowjetische Konflikt 1956–1963. München, 1964. D. Floyd: Die feindlichen Genossen. Der russisch-chinesische Konflikt. München–Zürich, 1964.
259 Schisma 238.
260 ib.
261 ib.
262 Revolutionäre Deutsche Parteiprogramme. Dietz-Verlag. Ost-Berlin, 1967, S. 50 ff. – Vgl. auch Marx/Engels: Ausgewählte Schriften. Bd. II. Verlag für fremdsprachige Literatur. Moskau, 1960, S. 25 ff. (nachfolgend genannt: »Parteiprogramme«).
263 Parteiprogramme, S. 73.
264 Parteiprogramme, S. 68.
265 Schisma, S. 237.
266 Schisma, S. 244 ff.
267 Schisma, S. 245.
268 Über die »antagonistischen« und »nichtantagonistischen« Widersprüche vgl. Mao, Werke I, 353 ff. – Über die »richtige Behandlung der Widersprüche im Volk« vgl. Mao, Worte, S. 55–69.
269 Ausgabe im Dietz-Verlag, Ost-Berlin, 1946.
270 Engels a.a.O. S. 40/41.
271 Mao, Werke I, 359.
272 Mao, Werke I, 367 ff.
273 ib.
274 Mao, Werke I, 353.
275 So Lenin in: Zur Kritik der Vorlesungen Hegels über die Geschichte der Philosophie. Bd. I, Berlin, 1954, S. 188.
276 Mao, Werke I, 353.
277 F. Engels hatte einmal eine Arbeit über »Die Dialektik der Natur« angefangen, aber nicht beendet. Lenin hat zwar von seinen Anhängern eine einheitliche weltanschauliche Haltung gefordert und jede Ergänzung des Marxismus durch andere philosophische Richtungen abgelehnt. Daher

bleiben entscheidende Fragen offen. Das dürfte auch für die neueste ideologische Grundsatzschrift des Marxismus–Leninismus gelten, die im Jahre 1958 unter dem Titel »Grundlagen der marxistischen Philosophie«, herausgegeben von der sowjetischen Akademie der Wissenschaften Moskau, auch in deutscher Sprache erschien.

278 Die Frage nach der »widerspruchsvollen Natur, die in den Dingen selbst wohnt«, scheint jene Grundsatzfrage zu sein, von der aus das Wesen des Maoismus und seine Unterschiede zur Sowjetideologie anvisiert und fixiert werden müssen. Von hier aus ergibt sich die ganze, später zu erörternde, Serie von neuen Perspektiven hinsichtlich der einzelnen unterschiedlichen Auffassungen zwischen Russen und Chinesen heute.

279 Mao, Werke I, 339.

280 Mao, Werke I, 340–350.

281 Mao, Werke IV, 207.

282 Mao, Werke IV, 113.

283 ib.

284 ib. 114.

285 ib.

286 ib.

287 Mao, Werke IV, 115.

288 ib. 114.

289 ib. 115.

290 Die Zahlen in Klammern bedeuten die Seitenzahlen in Mao, Worte, deutsche Ausgabe, Peking 1967.

291 Mao, Werke IV, 314.

292 Zit. in: Takung-Pao. Honkong, nach Suyin S. 183.

293 Vgl. Mao in: Über die Praxis, Werke I, 349 ff.

294 Lun-yü II, 3, RW 8.

295 Lun-yü XVII, 10, RW 204. – Lun-yü ib. 15, RW 204.

296 Lun-yü XVII, 3, RW 202.

297 Li-Gi XVII, 16, RW (Li-Gi) 205.

298 I Ging III, 2, 6 RW (I Ging) 37.

299 Li-Gi XVII, 9, RW (Li Gi) 204.

300 Li-Gi XV, 7, RW (Li Gi) 193.

301 Li-Gi V, 2, RW (Li-Gi) 67.

302 Li-Gi V, 2, RW (Li-Gi) 27.

303 ib. und Li-Gi I, 2, 10.

304 RW (Li-Gi) 17.

305 Li-Gi I, II, 3, RW (Li-Gi) 11.

306 I-Ging I, 7, RW (I-Ging) 24.

307 Richard Wilhelm in Erklärung zu I-Ging I, 42 RW (I-Ging 121).

308 So Richard Wilhelm in seiner Erklärung zu I-Ging I, 36 (Seite 88): »Ming-Licht im Menschenwesen«. I-Ging I, 11, RW (I-Ging) 34.

309 Li-Gi I, 2, 12, RW (Li-Gi) 12.

310 Li-Gi I A, RW (Li-Gi) 3.

311 I-Ging III, 4, RW (I-Ging) 31–32.

312 Li-Gi III. – Vgl. G. Mensching: Allgemeine Religionsgeschichte. Heidelberg, 1949^2, S. 136.

313 Vgl. I-Ging I, 30, RW (I-Ging) 88.

314 Lun-yü II, 8, RW 8.

315 Vgl. Li-Gi I, 26, RW (Li-Gi) 15.

[316] Vgl. E. Betti: Zur Grundlegung einer allgemeinen Auslegungslehre. In: Festschrift für E. Rabel. Bd. II, Tübingen, 1954, ferner: J. Wach: Das Verstehen. I–III, Tübingen, 1926–1933. – E. Husserl: Logische Untersuchungen. Bd. II, 1922³. – W. Dilthey: Gesammelte Schriften. Bes. Bd. V, 1923–1926.

[317] Schisma S. 240 (Antwort an das ZK der Sowjetunion vom 4. 6. 1963).

[318] Mao, Worte, 89.

[319] Schisma, S. 131.

[320] ib.

[321] Vgl. F. E. A. Krause: Ju-Tao-Fo. Die religiösen und philosophischen Systeme Ostasiens. München, 1924, S. 218.

[322] Mao, Werke I, 333–352.

[323] Mao, Werke I, 353–400.

[324] Vgl.: Grundlagen der marxistischen Philosophie. Ed. Akademie d. Wissenschaft. Moskau, deutsch, 1958.

[325] W. I. Lenin, Werke Bd. 31, Aus. 1952, S. 54/55.

[326] ib.

[327] Mao, Werke I, 360–363.

[328] Schisma, S. 240.

[329] Schisma, S. 237.

[330] ib.

[331] ib.

[332] Schisma, 33. – H. Hamm verweist dabei auf K. Marko, Sic et Non, Wiesbaden 1962, S. 247 ff. und Bochenski, Diamat, Bern/München 1960, S. 94.

[333] Schisma, S. 99.

[334] Schisma, S. 90.

[335] Zur Erhaltung der »Reinheit« des Marxismus/Leninismus vgl. Rote Fahne, Peking, v. 16. 11. 1962, nach Schisma, S. 64–70.

[336] Vgl. Lenin-Werke, Bd. 27, S. 56.

[337] Schisma, S. 92.

[338] Mao, Werke III, 183.

[339] Mao (T. Grimm) S. 72.

[340] Mao (T. Grimm) 58.

[341] Mao (T. Grimm) 72.

[342] Lenin, Werke Bd. I, Berlin 1954, S. 188.

[343] Zur Yin/Yang = Vorstellung. Vgl. besonders F. E. A. Krause, a.a.O. S. 219.

[344] Mao, Werke I, 358.

[345] Mao, Werke I, 358.

[346] ib.

[347] Vgl. R. Wilhelm, Tao-te-king, S. 27. Als Bild für das Tao wird gern das Wasser gebraucht, siehe Tao-te-king 6, RW (TAO) 92. –
Neben dem »Tao« gibt es die uralte Vorstellung vom »Wu-Gi«, dem »Geheimnis aller Geschehnisse«, der letzten Einheit, aus der die Zweiheit »Tai-Gi« mit der Teilung in Yin und Yang hervorgeht.

[348] Vgl. Th. Lersch: Handbuch der Psychologie, 12 Bd., München, 1959.

[349] Hsiung: Hsin Wei-shi-lung, S. 113/114, nach: Wing Tsit Cham: Religiöses Leben in China. München, 1955, S. 39 und 247.

[350] Vgl. W. T. Chan, a.a.O. S. 39–41.

[351] W. T. Chan, a.a.O. 38/39.

[352] Fung-Yu-lan in: Hsiu-li-hsueh (neue rationale Philosophie), nach W. T. Chan, S. 250.

[353] W. T. Chan, a.a.O. S. 246, Anm. 61.

[354] Religiös ist allein schon die von beiden gelehrte Methode der »Aufrichtigkeit«, die zur Erlangung der »wahren menschlichen Natur« ganz abgesehen von der numinosen Apperzeption des »Urgrundes des Seins«.
[355] W. T. Chan, a.a.O. S. 48.
[356] Lun-yü V, 11. XII, 2, XV.
[357] Tao-te-king 54.
[358] Vgl. Nagasawa Kikuya: Geschichte der chinesischen Literatur. Zweite Auflage neubearbeitet und erweitert von P. E. Feifel, SVD, Darmstadt, 1959.
[359] Mao, (T. Grimm), S. 77.
[360] Suyin, S. 194.
[361] R. L. Walker: China unter dem Kommunismus. Stuttgart, 1956, S. 79/80.
[362] So Mao an die Adresse der Russen, nach Schisma, S. 244.
[363] Rote Fahne, Peking, v. 16. 12. 1962, nach Schisma, S. 66.
[364] Schisma, S. 244.
[365] ib. 245.
[366] ib. 240.
[367] ib. 239.
[368] ib. 239/240.
[369] ib. 246.
[370] ib. 245.
[371] ib. 245.
[372] Vgl. Training Successors for the Revolution. Peking, 1966.
[373] Immer wieder wird im Blick auf Moskau der Jugend erzieherisch eingehämmert, daß man praktischen Vorteilen keine Prinzipien opfern darf. Auch zur Erziehung höherer Leistungen wird das verworfen. »Opportunismus« und Aufkommen persönlicher Interessen hätten in der Sowjetunion »machtgierige Cliquen« geschaffen, Manager der Schwerindustrie usw. Demgegenüber meint Mao, immer wieder die »Massenfront« durch rechte *Erziehung* herbeiführen zu können.
[374] Rote Fahne, Peking, v. 16. 12. 1962, nach Schisma S. 66.
[375] Schisma, S. 66.
[376] ib. 67.
[377] Schisma, S. 151 (in der Rede Chruschtschows auf dem VI. Parteitag der SED in Berlin, nach: Neues Deutschland v. 17. 1. 1963).
[378] So schon im Februar 1960 auf der Tagung der Warschauer-Pakt-Staaten, vgl. Schisma, S. 35.
[379] ib.
[380] Dieses Wort eines engen Vertrauten Maos namens Ju Tschao-li zitiert H. Hamm in Schisma, S. 35, nach der Roten Fahne, Peking, v. 19. 4. 1960.
[381] Schisma, S. 35. – Hier wird dazu verwiesen auf Rote Fahne, Peking, v. 19. 4. u. 26. 4. 1960. Dazu: Peking Review Nr. 24 v. 8. 6. 1960.
[382] ib.
[383] Man kann hinzufügen, daß ein gewisses Maß sozialer Verantwortung schon immer zu den Zielen chinesischer Erziehung gehört hat.
[384] Vgl. James Legge, The Chinese Classics, Vol. II, The Work of Menzius, Oxford, 1894.
[385] Vgl. T. Richard in: ERE (Encycl. of Religion and Ethics, ed. J. Hastings, 1908–26), Band XI, 313.
[386] Vgl. Werner Schilling: Religion und Recht. Stuttgart, 1957, S. 134 ff.
[387] So wörtlich, wie schon erwähnt, in dem Buche von Amaury de Riencourt; Die Seele Chinas. Aus dem Amerikanischen übers. von A. R. C. Gurland,

Berlin, 1962, S. 9 (das Buch erschien zuerst 1958 bei Coward in New York).

388 Lun-yü IV, 10, RW 33. / Vgl. über den chinesischen »Edlen« die Darstellung von G. Rosenkranz: Der Heilige in den chinesischen Klassikern, 135.

389 Lernen kann man das nach wie vor aus dem noch immer wichtigen Buch von J. J. M.de Groot: Universismus, 1918. – Vgl. auch G. Mensching: Gut und Böse im Glauben der Völker, 1950². S. 32 ff.

390 Wer darin den logischen Widerspruch sieht, muß sich sagen lassen, daß das chinesische Denken in Bezug auf das Tao kein im Ganzen befriedigendes logisches System kennt. Gerade aber das kennzeichnet auch wieder den im Grunde religiösen Charakter der Tao-Vorstellung. Das »Numinose« ist nicht das logisch Begreifbare.

391 Lun-yü XII, 16, RW 127.

392 Lun-yü IX, 24, RW 94.

393 Lun-yü XVI, 8, RW 186.

394 ib. IV, 10, RW 33.

395 ib. I, 2, RW 1.

396 ib. XII, 16, RW 127.

397 ib. XV, 31, RW 179.

398 ib. XV, 20, RW 176.

399 ib. IX, 16, RW 92.

400 ib. XVI, 8, RW 186.

401 Laotzse: Tao-te-king, c. 30, RW (Tao) 32.

402 ib. 64, RW (Tao) 69.

403 Lün-yu II, 1, RW 8 (vgl. auch: Stange: Gedanken und Gespräche des Konfuzius (Lun-yü), München, 1953, S. 34. –

404 Lun-yü IV, 4, RW 31.

405 Lun-yü II, 12, RW 12.

406 T. Grimm, S. 170

407 ib.

408 ib. 165.

409 ib. 165.

410 ib. 166.

411 ib. 169.

412 ib. 169.

413 ib.

414 Vgl. F. E. A. Krause: Ju-Tao-Fo. München, 1924, S. 149.

415 Vgl. Li-Gi, ed. Legge, SBE XXVIII, S. 220 und SBE XXVII, S. 38 ff. – Vgl. ferner dazu die Ausführungen bei Krause, a.a.O. S. 147 bis 150.

416 Vgl. L. H. Morgan: Forschungen. Zürich, 1884.

417 Engels propagiert in seiner Schrift »Der Ursprung der Familie, des Privateigentums und des Staates« die Auffassungen Morgans.

418 Vgl. Werner Schilling: Feuerbach und die Religion. München, 1957.

419 Mao, nach Suyin S. 166.

420 Nach D. S. Zagoria: Der chinesisch-sowjetische Konflikt. München, 1964, S. 457.

421 Zagoria, a.a.O. 460.

422 Zagoria, a.a.O. 461.

423 Offener Brief der Prawda, Moskau, an die Chinesen v. 14. 7. 1963, nach Zagoria, S. 472.

424 Vgl. Zagoria, a.a.O. S. 502.

425 Vgl. W. I. U. Lenin: Was tun? 1902, und: Ein Schritt vorwärts – zwei Schritte zurück. 1904.
426 So G. Voigt: Unsere erste Sorge der Mensch. Berlin 1961, S. 15.
427 Vgl. R. Wilhelm: Laotse (Tao-te-king), Jena 1919, S. 98.
428 Tao-te-king 27. – RW (Tao) 100.
429 RW (Tao) 90.
430 Payne, S. 56.
431 ib.
432 Bauer, a.a.O. S. 41.
433 ib. S. 43.
434 Vgl. G. Rosenkranz: Der Heilige in den chinesischen Klassikern. Leipzig, 1935.
435 Mao, Worte, 202.
436 Mao, Worte, 205.
437 Mao, Worte, 204.
438 Mao, Worte, 175.
439 Mao, Worte, 254.
440 So im Programm der KPD, in: Parteiprogramme, S. 188.
441 Parteiprogramme 318.
442 ib. 325.
443 ib. 318 (SED-Programm).
444 ib. 322 ff.
445 ib. 325 unten.
446 ib. 324/325.
447 Mao, Werke IV, 314 ff.
448 Mao, Werke IV, 316.
449 Chieh-fang-Pao, Peking, v. 6. 6. 1966, nach K. Mehnert, S. 55.
450 Mao, Werke IV, 18.
451 Mao, Werke III, 182–183.
452 Mao, Worte, S. 1.
453 Mao, Worte, S. I.
454 Mao, T. Grimm, 160.
455 ib.
456 ib. 161.
457 ib.
458 ib. 162.
459 ib. 161.
460 ib. 163.
461 ib. 163.
462 Zit. in Takung Pao, Hongkong, v. 14. 9. 1966, nach Suyin, S. 183.
463 Schisma 243.
464 Mao: Theorie des Guerilla-Kriegs. Hrsg. v. S. Haffner, rororo Nr. 886, Hamburg 1966. –
Man beachte, daß Maos Kriegslehre drei Voraussetzungen hat: 1. Eine arme, elende und verzweifelte Masse. 2. Die Agrarwirtschaft. 3. Ein unzugängliches Land. Vgl. a.a.O. S. 28.
465 Schisma 241.
466 ib. 242.
467 ib. 241.
468 ib.
469 Vgl. Payne, S. 58.

470 Vgl. E. H. Hughes: The Invasion of China by the Western World, New York, 1938.

471 In Englisch ist es zugänglich in: L. Thompson: Ta T'ung Shu, The one world Philosophie of Kang Yu-wei. London, 1958.

472 So wurde z. B. eine Gestalt der Prähistorie, »Shun«, zum Ideal ausgebildet. Shun ist der *Mann aus dem Volke*, der trotz aller widrigen Verhältnisse an die *Spitze des Weltreichs* kommt. – Vgl. Richard Wilhelm: Li-Gi. Einl. S. VIII.

473 Dschuang-Dsi. Aus dem Chinesischen verdeutscht von Richard Wilhelm. Jena, 1920, S. 99.

474 Vgl. Vinant Shih: The Taiping Ideology. Seattle, 1967.

475 Ein goldenes Zeitalter als Rückkehr zur Natur verheißt auch Tao-Te-king 80. Vgl. RW (Tao) 113.

476 Vgl. Payne, 35–37.

477 Aus der Schule K'ang Yu-weis ging auch T'an Ssu-tung hervor, der hingerichtet wurde, dazu auch Ch'i-ch'ao, der in der politischen Philosophie gleichfalls eine große Rolle gespielt hat.

478 Mao (T. Grimm) 179.

479 Natürlich wirkt hier der universalistische Staatsgedanke des Konfuzianismus nach. Die Sowjetideologen werfen hier Nationalismus und »avantgardistische Ziele« vor. Vgl. Erklärung der Sowjetregierung vom 21. 9. 1963, nach D. S. Zagoria: Der chinesisch-sowjetische Konflikt. München, 1964, S. 481.

480 Lenin-Werke, Band 28, S. 336.

481 Marx-Engels Werke, Band 19, Berlin 1962, S. 27–29.

482 Parteiprogramme, S. 333.

483 Vgl. E. Rothacker: Die Schichten der Persönlichkeit. 2. Aufl. 1952.

484 Vgl.: Das große Handbuch der Psychologie. Hrsg. in 12 Bänden von Ph. Lersch u. a., 1959, besonders die darin enthaltenen Beiträge von Lersch selber.

485 Vgl. hierzu G. Anschütz: Psychologie, 1953, und A. Welleck: Die genetische Ganzheits-Psychologie, 1954.

486 Mao, Werke IV, 195.

487 so W. Bauer, a.a.O. 56.

488 ib. 56. / ib.

489 Vgl. zum Problem, ob Magie bereits »Religion« sei: K. Beth: Religion und Magie. 1926.[2] C. H. Ratschow: Magie und Religion. 1947.

490 So z. B. Comte und Durkheim.

491 W. Wundt: Elemente der Völkerpsychologie. Leipzig, 1913.

492 So auch Kautsky und Maurenbrecher.

493 Das hat schon E. Troeltsch festgestellt. Vgl.: Der Historismus und seine Probleme. Tübingen, 1922, S. 318.

494 In dem wichtigen Buche: Die sowjetrussische philosophische Religionskritik heute. (Questiones Disputatae 36), Freiburg 1968, S. 153.

495 Dokumente, S. 291.

496 ib.

497 ib.

498 ib. 292.

499 Werner Schilling: Das Phänomen des Heiligen. In: Ztschr. für Religions- u. Geistesgeschichte 1949/50, Heft 3, 206–222.

500 Rudolf Otto: Das Heilige. 25. Auflage 1936, 1964[6].

[501] Nach W. Grube: Religion und Kultus der Chinesen. Leipzig, 1910.
[502] »den Eltern opfern, wie es sich ziemt«, Lun-yü II, 5, RW 9.
[503] Lun-yü III, 11, RW 23.
[504] Lun-yü III, 15, RW 25.
[505] Lun-yü II, 22, RW 16.
[506] Den strukturtypischen Unterschied von Volksreligion und Weltreligion hat G. Mensching grundlegend aufgezeigt in: Volksreligion und Weltreligion. Leipzig, 1938.
[507] Tai-te-king 31.
[508] Vgl. Lun-yü III, 11 (RW 23), 12 (RW 23/24), VI, 26 (RW 59), XVI, 8 (RW 186).
[509] Vgl. R. Grube, a.a.O.
[510] Peking Rundschau, englisch, deutsch, französisch, spanisch und japanisch, erscheint wöchentlich, Peking, ohne Verlagsangabe. Ich verwende die letzten deutschen Ausgaben, Abkürzung in den folgenden Anmerkungen: PR – Ferner: China im Bild. Peking, Verlag: China im Bild. Erscheint in 16 Sprachen, darunter deutsch. Ich verwende die letzten Hefte, besonders Heft 11/1969.
[511] PR 1969, Nr. 51/52, S. 40.
[512] ib. S. 45.
[513] ib. S. 31.
[514] PR ib. S. 3.
[515] China im Bild, 11/1969, S. 7.
[516] ib. S. 8/9.
[517] ib. S. 9.
[518] ib. S. 13.
[519] ib. S. 15.
[520] ib. S. 28.
[521] Ich verzichte auf weitere Belege, das ganze Heft China im Bild 11/1969, wie auch die vorhergehenden, sind voll davon.
[522] PR 1969, Nr. 51/52, S. 30.
[523] ib. S. 47.
[524] PR 1969, Nr. 31, S. 14.
[525] PR 1969, Nr. 28, S. 17.
[526] PR 1969, Nr. 44, S. 15.
[527] PR 1969, Nr. 33, S. 15.
[528] PR 1969, Nr. 51/52, S. 45.
[529] ib. S. 45.
[530] China im Bild, 11/1969, S. 36.
[531] ib. S. 16.
[532] ib.
[533] ib. S. 42.
[534] ib.
[535] PR 1969, Nr. 51/52, S. 9.
[536] ib. S. 10.
[537] ib.
[538] China im Bild 11/1969, S. 30/31.
[539] PR 1969, Nr. 49, S. 20.
[540] PR 1969, Nr. 51/52, S. 46.
[541] China im Bild, a.a.O. S. 7.
[542] ib. S. 35.
[543] ib.

544 PR 1969, Nr. 51–52, S. 30.
545 PR 1969, Nr. 41, S. 23.
546 PR 1969, Nr. 45, S. 5.
547 China im Bild, 11/1969, S. 40.
548 ib. S. 11.
549 PR 1969, Nr. 51/52, S. 39.
550 ib.
551 ib. S. 12.
552 ib. S. 39.
553 China im Bild, a.a.O. 44.
554 ib. 40.
555 ib. 40.
556 ib. 29.
557 PR 1969, Nr. 32, S. 3.
558 China im Bild a.a.O. S. 26.
559 ib. 36.
560 ib. 30/31.
561 ib.
562 ib. 35.
563 ib. 36.
564 ib.
565 ib.
566 PR 1969, Nr. 51/52, S. 42.
567 ib.
568 PR a.a.O.S. 44.
569 ib. 14 ff.
570 Mao, Werke IV, 113/114.
571 PR, a.a.O. 14 ff.
572 Inhalt der »Oper« siehe Peking Rundschau 1969, Nr. 51/52. Es handelt sich weniger um eine »Oper«, sondern um ein Schauspiel mit Gesangeinlagen in der Art von Hymnen zur Verherrlichung des Maoismus und des im Sinne Maos wirkenden Haupthelden der »Oper« namens Yang.
573 PR 1969, Nr. 51/52, S. 23.
574 ib. S. 24.
575 ib. S. 30.
576 ib. S. 29.
577 ib. S. 33.
578 ib. S. 38.
579 ib. S. 33.
580 PR 1959, Nr. 51/52, S. 44.
581 PR, ib. S. 41.
582 ib. 40/41.
583 ib. 41.
584 ib.
585 PR, a.a.O. S. 28.
586 ib.
587 China im Bild, a.a.O. S. 41.
588 ib.
589 PR, a.a.O. S. 22.
590 ib.
591 PR 1969, Nr. 38, S. 2.

592 PR 1969, Nr. 29, S. 2. Nr. 46, S. 2.
593 PR 1969, Nr. 51/52, S. 40.
594 PR, a.a.O. S. 23.
595 ib. S. 10.
596 ib.
597 ib. S. 23.
598 Li-Gi I, 2, 12 RW (Li-Gi) 18.
599 Li-Gi XIX, 2, RW (Li-Gi) 214.
600 Li-Gi II, 16, RW (Li-Gi) 27.
601 Li-Gi II, 6, RW (Li-Gi) 29.
602 Li-Gi I, 2, 10, RW (Li-Gi) 17.
603 Peking Rundschau Nr. 39/1969, S. 2 und Nr. 43/1969, S. 2.
604 Peking Rundschau Nr. 32/1969, S. 22 ff.
605 Peking Rundschau, ib. S. 12.
606 Peking Rundschau Nr. 49/1969, S. 2, und Nr. 50, S. 2.
607 Z. B. in der im Pekinger Staatsverlag (auch in deutscher Sprache) herausgegebenen Zeitschrift: China im Bild. Besonders Jahrgang 1969.
608 Lun-yü IX, 10.
609 nach K. Mehnert, a.a.O. S. 88. M. zitiert nach Peking Rundschau Nr. 34 v. 23. 8. 1966, S. 14–18.
610 ib. 89.
611 ib. 89.
612 ib. 90.
613 ib. 90.
614 So ähnlich wie Buddha: »Die Erlösung vom Tode ist gefunden!« (Mahavagga I, 6).
615 Zur nichtchristlichen Beichte vgl. die große Monographie von R. Pettazoni in 3 Bänden: La confessione dei peccati. Bologna, 1929–1936.
616 Mao, Worte, S. I.
617 nach K. Mehnert, a.a.O. S. 75.
618 Mao (T. Grimm), S. 46/47.
619 ib. 47.
620 ib. 47.
621 ib. 47.
622 ib. 46.
623 Dokumente, 197.
624 ib. 208.
625 ib. 208.
626 ib. 208.
627 Klaus Mehnert: Peking und Moskau. 1962, S. 241 f.
628 Ausgabe v. 1. 7. 1957 (zitiert nach H. Hamm, Schisma, S. 22).
629 Vgl. R. Benedict: Die Urformen der Kultur, Hamburg, 1955 (bes. Sl 151 ff.).
630 Darauf hat schon der 1767 in Lausanne geborene, 1830 in Paris gestorbene Benjamin Constant in seinem noch heute lesenswerten Buche hingewiesen: Über die Gewalt. Vom Geist der Eroberung und der Anmaßung der Macht. Deutsche Ausgabe: Stuttgart 1948. Constant spricht auf Seite 113 von dem »Gift«, das in den Menschen eindringt, wenn er in seinen edelsten Bereichen angegriffen wird.
631 B. Bettelheim, a.a.O. S. 203.
632 Zum Phänomen des Dynamismus vgl. auch Cl. Kluckholm/H. Murray, Personality, New York 1947.

[633] Vgl. T. W. Danzel, Der magische Mensch, 1928, S. 81.
[634] Eduard Spranger: Magie der Seele. Berlin, 1947.
[635] Danzel a.a.O. S. 47. Vgl. dazu auch L. Lévy-Bruhl, La Mentalité primitive, Paris 1922, und L'Ame primitive, Paris 1927.
[636] I-Ging I, 35–37 (RW 106).
[637] Lun-yü II, 12, RW 12.
[638] nach der Erklärung von Richard Wilhelm, a.a.O. 12.
[639] Li-Gi I, B 1, RW (Li-Gi) 4.
[640] Lun-yü VI, 17, RW 56.
[641] Lun-yü IX, 10, RW 33.
[642] Lun-yü XV, 21, RW 75.
[643] Lun-yü XV, 23, RL 72.
[644] Lun-yü VII, 29, RL 70.
[645] Vgl. Werner Schilling: Religion und Recht. Stuttgart, 1957.
[646] Kindermann, S. 229.
[647] Programm der KP der Sowjetunion, Moskau 1961 (deutsch), S. 117. – Vgl.: Grundlagen der marxistischen Philosophie. Berlin, 1960, S. 634. – Wetter, G.: Sowjetideologie heute. Frankfurt/Main, 1962, S. 263–264.
[648] nach Kindermann, S. 62.
[649] Mao, Werke IV, 114.
[650] ib.
[651] Lun-yü XII, 5, RW 121.
[652] I-Ging I, 34, RW (I-Ging) 99.
[653] Lun-yü IV, 10, RW 33.
[654] Lun-yü IV, 25, RW 37.
[655] Man denke etwa an das »heilige Edikt« vom Jahre 1672 mit dem Gebot der Ablehnung »falscher Lehre«. Auch zeugt die Existenz von Gemeingesellschaften zu allen Zeiten in China von der Einschränkung der individuellen Freiheit.
[656] Mao, Merke IV, 66.
[657] Mao, Werke I, 47.
[658] Mao, Werke I, 48.
[659] Brandt/Schwartz/Fairbank: Der Kommunismus in China. Eine Dokumentargeschichte. München, 1955, S. 210.
[660] ib. 354.
[661] ib. 368.
[662] Tao-te-king 34, RW (Tao) 101.
[663] RW (Tao), S. 97 (in Erläuterung zu 20).
[664] Peking Review Nr. 36 v. 6. 9. 1963, nach Zagoria a.a.O. 481.
[665] ib.
[666] ib.
[667] Vgl. W. Franke: Die staatspolitischen Reformversuche K'ang Yu-weis und seiner Schule. In: Mitteil. d. Seminars f. Orienta. Sprachen a. d. Universität Berlin, 38, 1935.
[668] Mao (T. Grimm), 170.
[669] ib. 31.
[670] Englische Ausgabe unter dem Titel: China moulded by Confuzius. 1947. Deutsche Übers. Zürich, 1949.
[671] Meng-tze VI, II. Teil, Kap. 1.
[672] bei F. T. Cheng: China, das Werk des Konfuzius. Zürich, 1949, S. 40.
[673] I-Ging III, 4 RW (I-Ging) 31–32.

674 Zur Stellung der Frau vgl. Eichhorn; Kulturgeschichte Chinas. Urban-B. 76, Stuttgart, 1964.
675 Nach W. Grube: Religion und Kultus der Chinesen. 1910, S. 85.
676 Mao, Werke III, 89.
677 Vgl. z. B. Li-Gi II, 6 (RW 29): »Nicht Gewinn, sondern Gerechtigkeit«.
678 Li-Gi XVII, 16 (RW 205).
679 I-Ging I, 62 (RW 187).
680 I-Ging I, 7 (RW 24).
681 I-Ging I, 62 (RW 187).
682 Mao, Werke IV, 296.
683 Li-Gi XV, 7 (RW 193).
684 Lun-yü II, 3 (RW 8).
685 Li-Gi II, 6 (RW 27).
686 Li-Gi I, 2, 10 (RW 17).
687 Mao, Werke IV, 295.
688 Lun-yü II, 20 (RW 15).
689 Mao, Werke IV, 49.
690 Li-Gi XIX, 2 (RW 214).
691 Mao, Werke III, 155. – Vgl. dazu: Lun-yü II, 1 (RW 8).
692 I-Ging III, 26 (RW 37).
693 Mao, Werke I, 335.
694 Mao, Werke IV, 414.
695 ib.
696 Li-Gi XXIII, 10 (RW 249).

Literatur-Verzeichnis

Auf die ausführlichen Literaturangaben im Text und in den Anmerkungen wird verwiesen. Hier werden nur nochmals in Auswahl die besonders wichtig erscheinenden einschlägigen Literaturwerke des In- und Auslandes aufgeführt. Gleichzeitig wurden einige Titel ergänzt, die im Text und in den Anmerkungen nicht erschienen, aber trotzdem von Bedeutung sind.

DIE QUELLEN

1. Die klassischen Quellen

Graham, A. C.: The Book of Lieh-tzu. (A new Translation.) London, 1960.

Haas, Hans: Das Spruchgut Kung-tzes und Laotzes. Leipzig, 1920.

Laotse. Hrsg. von Lin Yutang. Fischer-B. Bd. 89, 1955.

Legge, James (Hrsg. u. Übers.): The Chinese Classics. With a Translation, Critical and Exegetical Notes, 5 Bände, 1885. Neudruck: Hongkong, 1960.

Sacred Books of the East, ed. J. Legge, The Texts of Confuzianism: Bd. III (1879), XVI (1882), XXVII–XXVIII (1885). – The Texts of Taoisms: XXXIX (1891).

Stange, H. O. H.: Gespräche des Konfuzius. 1953.

Strauß, Victor von: Shi-king. Das kanonische Liederbuch der Chinesen. Heidelberg, 1880.

Wilhelm, Richard: I-Ging. Das Buch der Wandlungen. 2 Bände, Jena, 1921. Deutsch und erläutert.

Wilhelm, Richard: Kungfutse Gespräche (Lun-yü). Jena, 1923 (jetzt auch in Diederichs Taschenausgabe 24, 1961). Deutsch und erläutert.

Wilhelm, Richard: Dschung-Dsi. Das wahre Buch vom südlichen Blütenland. Deutsch und erläutert. Jena, 1920. Neuauflage: Düsseldorf, 1951.

Wilhelm, Richard: Laotse. Tao-te-king. Verdeutscht und übers. Jena, 1919.

2. Die politischen Quellen:

a) Republikanische und Nationalchinesische Quellen

The Constitution of the Kuomingtang. Taipei, 1957.

Chiang Kai-Shek: Selected Speeches and Messages. Taipei, 1957.

Tsung-Li Ch'üan-shu: Vollständige Ausgabe der Schriften Sun Yat-sens. 10 Bände. Taipei, 1953.

Sun Yat-sen: Die Drei Grundlehren vom Volkstum. Hrsg. von Tsan Wan. Berlin, 1927.

b) Die maoistischen Quellen

Worte des Vorsitzenden Mao Tsē-Tung (deutsch). Peking, 1967.

Maos Werke in Chinesisch. Erschienen unter dem Titel: Mao Tsē-Tung: Hsüan-chi. I–IV. Peking, 1961.

Mao Tsē-Tung: Selected Works. 4 Vls. Chinesisch und Englisch. Peking, 1962 bis 1964.
Mao Tsē-Tung: Selected Works. London, 1954.
Mao Tsē-Tung: Ausgewählte Schriften. Bd. I bis IV. Ostberlin, 1956.
Mao Tsē-Tung: The Chinese Revolution and the Chinese Communist Party. Peking, 1962.
Mao Tsē-Tung: Talks at the Yenan Forum on Literature and Art (1950). Peking, 1962.
Mao Tsē-Tung: 37 Gedichte. Hrsg. v. J. Schickel. Hamburg, 1965.

Tileman Grimm: Mao Tsē-Tung. Aus dem Chinesischen übersetzt. Herausgegeben u. eingeleitet in Zusammenarbeit mit Christine Herzer und Bodo Wiethoff. Berlin, 1964.

Zeitschriften: Peking Rundschau. Peking (seit etwa 1960) und China im Bild. Peking (seit 1966). Beide auch deutsch.

c) Zeitdokumente und Quellen zum europäischen Marxismus-Leninismus

Brandt/Schwartz/Fairbank: Der Kommunismus in China. Eine Dokumentargeschichte. München, 1955.

Hamm, Harry / *Kun,* Joseph: Das rote Schisma. Hrsg. vom Bundesinstitut zur Erforschung des Marxismus-Leninismus. Bd. 2. Köln, 1963.

Zagoria, D. S.: Der chinesisch-sowjetische Konflikt 1956–1963. Aus dem Amerikanischen von H. Bründer. München, 1964.

Floyd, D.: Die feindlichen Genossen. München/Zürich, 1964.

Kindermann, K.-G. (Hrsg.): Konfuzianismus, Sunjatsenismus und chinesischer Kommunismus. Freiburg, 1963.

Handbuch des Weltkommunismus. Hrsg. von J. M. Bochenski und G. Niemeyer, 1958 (mit reicher Literatur!). – Revolutionäre Deutsche Parteiprogramme. Vom Kommunistischen Manifest zum Programm des Sozialismus.

Herausg. vom Institut für Marxismus-Leninismus beim ZK der SED. Berlin-Ost, 1967. – J. W. Stalin: Werke in 10 Bänden. Berlin, 1952. – Karl Marx: Über China. Berlin, 1955. – L. Trotzky: Problems of the Chinese Revolution. New York, 1931. – J. W. Stalin: Fragen des Leninismus, Berlin, 1954. – F. Engels: Grundsätze des Kommunismus (1847). Berlin, 1928. – Geschichte der KPdSU (B). Deutsche Übersetzung. Berlin, 1951[8]. – K. Marx u. F. Engels: Werke in 7 Bänden. Berlin, 1956ff. *Lenin*, W. I.: Gesamtausgabe. 40 Bände. Moskau (deutsch), 1941/52.

MONOGRAPHISCHE DARSTELLUNGEN UND LEHRBÜCHER

Baly, Jean: La Grande Controverse Sino-Sovietique. Grasset, 1960.
Beauvori, Simone de: La Longue Marche. Paris, 1958.

Chang Chi-yun: A life of Confuzius. Taipei, 1953.
Cheng Yen-Shih: Lenins fight against Revisionism and Opportunism. Peking, 1965.
Chen, Jerome: Mao Tsē-Tung and the China Revolution. London, 1965.
Cheng, F. T.: China, das Werk des Konfuzius. Zürich, 1949.
China Yearbook: Taipei (Formosa), 1953.
Chu, Valentin: Ta-Ta-Tan. Die Wirklichkeit Rot-Chinas. Düsseldorf/Wien, 1964.
Ch'i-Yün Chang: A life of Confuzius. Taipei, 1953.
Creel, H. G.: Confuzius, the man and the myth. London, 1951.

Danzel, Th. W.: Der magische Mensch. Potsdam und Zürich, 1928.
Djilas, Milovan: The new class. London, 1967.
Dumont, René: Revolution dans les campagnes chinoises. Paris, 1957.

Eichhorn, W.: Kulturgeschichte Chinas. Stuttgart, 1964.
Eliade, Mircea: Das Heilige und das Profane. Vom Wesen des Religiösen. Hamburg, 1957.
Erkes, Eduard: Geschichte Chinas von den Anfängen bis zum Eindringen des ausländischen Kapitals. Berlin, 1956.

Farquher, Mc. R.: The hundred flowers. London, 1960.
Fitzgerald, C. P.: Revolution in China. Frankfurt, 1956.
Friese, H.: Das Dienstleistungs-System der Ming-Zeit. 1953.
Franke, Otto: Geschichte des chinesischen Reiches. 5 Bände. Berlin, 1930 bis 1952.
Franke, Herbert: Sinologie. Bern, 1953.
Franke, Wolfgang: Chinas kulturelle Revolution und die Bewegung vom 4. Mai 1919. München, 1957.
Franke, Wolfgang: Das Jahrhundert der chinesischen Revolution 1851–1949. München, 1958.

Graebner: Das Weltbild der Primitiven. Leipzig, 1920.
Gripehoven, J.: Confuzius et son temps. Neuchâtel, 1955.

de Groot, J. M.: Universismus. Berlin, 1918.
Grube, Wilhelm: Religion und Kultus der Chinesen. Leipzig, 1910.

Haas, Wilhelm S.: The Destiny of Mind. London, 1956.
Han Lih-wu: Taiwan today. Taipei, 1958.
Heiler, Friedrich: Erscheinungsformen und Wesen der Religion (Die Religionen der Menschheit. Ed. Chr. M. Schröder. Bd. I. Stuttgart, 1961.
Hinton, W.: Forum on the Great Proletarian Cultural Revolution. New York, 1967.
Herrfahrdt, H.: Sun Yat-sen, der Vater des neuen China. 1948.
Halubnychy, V.: Der dialektische Materialismus Mao Tsē-Tungs. In: Vierteljahresheft der Friedrich-Ebert-Stiftung, September 1962.
Hudron, G. F., *Loewenthal*, R. and *Mc.Farguhar:* The Sino-Sovietic Dispute. New York, 1961.

Karol, K. S.: La Chine de Mao. Paris, 1966.
Krause, F. E. A.: Ju-Tao-Fo: Die religiösen und philosophischen Systeme Ostasiens. München, 1924.
Krause, F. E. A.: Geschichte Ostasiens. 2 Bd. Göttingen, 1925.
Kuo Mo-yo: Culture and Education in New China. Peking, 1950.

Maspero, H.: La Chine Antique. Paris, 1955 [2].
Maser, Werner: Genossen beten nicht. Der Kirchenkampf des Kommunismus. Köln, 1963.
Mehnert, Klaus: Peking und Moskau. Stuttgart, 1962.
Mehnert, Klaus: Maos Zweite Revolution. Stuttgart, 1966.
Mehnert, Klaus: Peking und die neue Linke in China und im Ausland. Stuttgart, 1969.
Mende, Tibor: China, Indien und die Welt. Hamburg, 1965.
Mende, Tibor: Die chinesische Revolution. Köln, 1963.
Mensching, Gustav: Soziologie der Religion. Bonn, 1968 [2].
Moreas, Frank: Report of Maos China. New York, 1953.

Nagasawa Kikuya, Geschichte der chinesischen Literatur. Zweite neubearb. Aufl. von P. Eugen Feifel. SVD, Darmstadt, 1959.

Payne, R.: Mao Tsē-Tung. Hamburg, 1965.
Poloczi/Horvath: Der Herr der blauen Ameisen Mao Tsē-Tung. Frankfurt, 1962.

de Riencourt, A.: Die Seele Chinas. Berlin, 1958. (Aus dem Amerikanischen von A. R. L. Gurland).
Rosenkranz, Gerhard: Der Heilige in den chinesischen Klassikern. Leipzig, 1935.
Rötting, G. J.: Rot oder tot. Die Christen in Rot-China. Ludwigshafen, 1967.
Rostow, W.: Prospects for Communists China. Cambridge (Mass.), 1954.

Schelochowzew, A.: Chinesische Kulturrevolution aus der Nähe. Stuttgart, 1957.
Snow, Edgar: Gast am andern Ufer. Rot-China heute. München, 1964.
Snow, C. P.: Die zwei Kulturen. Stuttgart, 1967.

Schram, S.: The political Thought of Mao. London, 1964.
Spranger, Eduard: Magie der Seele. Berlin, 1947.
Steiner, H. A.: Chinese Communism in Action. 3 Bände. Los Angeles, 1953.
Suyin, Han: Das China Mao Tsē-Tungs. München, 1968.

Tehyi Hsieh, Confuzius. Zürich, 1954.
Teng Ssu-yu: New Light on the history of the Taiping Rebellion. Cambridge, 1950.
Thiess, F.: Plädoyer für Peking. Stuttgart, 1966.
Thompson, L.: Ta T'ung-Shu. London, 1958.

U Kiaw Min: Through the Iron. Rangoon (Burma), 1952.

Wach, Joachim: Vergleichende Religionsforschung. Stuttgart, 1962. (Urban-B. 52).
Weber, Max: Gesammelte Aufsätze zur Religionssoziologie. Bd. I, 4. Aufl. Tübingen, 1947.
Wilhelm, Richard: Die Seele Chinas. 1926.
Wing Tsit-Chan: Religiöses Leben im heutigen China. München, 1955.
Wittfogel, K. A.: Oriental Despotism. London, 1957.

ZUR TRANSKRIPTION CHINESISCHER NAMEN

Zur *Transkription chinesischer Namen* gibt es bis heute kein allgemein verbindliches System. Ein vielgebrauchtes Verfahren ist das von *Rudenberg* in seinem »Deutsch-Chinesischen Wörterbuch« (2. Aufl. 1936), das zurückgeht auf die Vorarbeiten von R. Wilhelm (1910). Im englischen Sprachraum weitverbreitet ist das System von *Wade*. Die Dietzsche Ausgabe der Werke von Mao Tsē-Tung, Berlin 1947, unternimmt den neuen Versuch, eine Transkription zu bieten, die die Leser angeblich in den Stand setzen soll, »die chinesische Sprache so auszusprechen, daß sie der heute in der Volksrepublik als Standardsprache geltenden Volkssprache möglichst nahekommen« (Band IV, S. 464).

Für eine Entscheidung, welches der vielen bestehenden Systeme das sachgemäßeste sei, ist der Verfasser nicht zuständig. Er übernimmt die ihm geläufige Schreibweise seiner im Vorwort genannten Lehrer, ohne damit andere Schreibweisen in ihrer Berechtigung anzuzweifeln. –

Zur *Aussprache chinesischer Wörter* im Deutschen: Die stimmlosen Konsonanten werden fast wie die entsprechenden stimmhaften im Deutschen gesprochen. Sehr viel schärfer aspiriert als im Deutschen werden die mit dem Aspirationszeichen versehenen Konsonanten, z. B. »T' ien« (Himmel), gesprochen wie »T' hiän«. Für die konsonantischen Verbindungen gilt die Aussprache:

hs wie ch (in »ich«)
ch' wie tsch
tz wie ts
ch wie dsch
sh wie sch
ss gibt ein stimmloses s an

ABKÜRZUNGEN

Dokumente	Der Kommunismus in China. Eine Dokumentargeschichte. Bearbeitet v. Conrad Brandt, Benjamin Schwartz und John K. Fairbank mit einer Einführung von Robert Borchardt. München, 1955.
ed.	edidit (hat es herausgegeben).
ff.	folgende Seiten (Jahre).
ib.	ibidem (ebenda).
I-Ging	Siehe unter RW (I-Ging).

KPC	Kommunistische Partei Chinas.
KMT	Kuomingtang (Nationale Partei Chinas).
Kindermann	K.-G. Kindermann (Hrsg.): Konfuzianismus, Sunjatsenismus und chinesischer Kommunismus (Freiburger Studien zur Politik und Soziologie. Ed. A. Bergstraesser). Freiburg, 1963.
Li-Gi	siehe unter RW (Li-Gi).
Lun-Yü	siehe unter RW.
Mao, Werke	Mao Tsē-Tung: Ausgewählte Werke. Band I bis IV. Ostberlin, 1956.
Mao, Worte	Worte des Vorsitzenden Mao Tsē-Tung. Peking, 1967 (Deutsch.)
Mao (T. Grimm)	Mao Tsē-Tung: Ausgewählte Schriften. Herausg. von Tileman Grimm in Zusammenarbeit mit Chistine Herzer und Bodo Wiethoff. Frankfurt, 1963.
Payne	Robert Payne: Mao Tsē-Tung. Eine Biographie. Hamburg, 1965.
Parteiprogramme	Revolutionäre Deutsche Parteiprogramme. Herausgegeben und eingeleitet von L. Berthold und E. Diehl. Ostberlin, 1967. (Veröff. d. Instituts für Marxismus-Leninismus beim ZK der SED.)
PR	Peking Rundschau. Peking.
RGG	Die Religion in Geschichte und Gegenwart. 3. Aufl. Bd. I bis VI, 1957 ff.
RL	Religionsgeschichtliches Lesebuch. Ed. A. Bertholet. Bd. 6 von Erich Schmitt (Die Chinesen). 2. Aufl. 1926 ff.
RW	Kungfutse Gespräche (Lun-yü). Aus dem Chinesischen verdeutscht und erläutert von Richard Wilhelm. Jena, 1923.
RW (Li-Gi)	Li-Gi, das Buch der Sitte des älteren und jüngeren Dai. Aus dem Chinesischen verdeutscht und erläutert von Richard Wilhelm. Jena, 1930.
RW (I-Ging)	I-Ging, das Buch der Wandlungen. 1. und 2. Buch aus dem Chinesischen verdeutscht und erläutert von Richard Wilhelm. Jena, 1924.
RW (Tao)	Laotse. Tao-te-king. Das Buch des Alten vom Sinn und Leben. Aus dem Chinesischen verdeutscht und erläutert von Richard Wilhelm. Jena, 1919.
SBE	The Sacred Books of the East. Ed. F. M. Müller. Oxford, 1879–1910.
Schisma	Harry Hamm und Joseph Kun: Das rote Schisma (aktuelle Studien. Hrsg. vom Bundesinstitut zur Erforschung des Marxismus-Leninismus. Bd. 2. Köln, 1962.
Suyin	Han Suyin: Das China Mao Tsē-Tungs. München, 1968.
T. Grimm	Siehe Mao (T. Grimm).
Textb.²	Lehmann/Haas: Textbuch zur Religionsgeschichte, 2. Aufl. Leipzig, 1922.
Walker	R. L. Walker: China unter dem Kommunismus. Stuttgart, 1956.

PERSONEN-VERZEICHNIS

(Die Namen in den Anmerkungen sind *nicht* aufgeführt)

ÜBER DEN AUTOREN

WERNER SCHILLING wurde 1910 in Naumburg/Saale geboren. Nach dem Studium der Theologie und außerchristlichen Religionswissenschaft sowie Völkerkunde war er im Kirchendienst in Sachsen und Bayern tätig. Er promovierte im Jahre 1948 an der Universität Leipzig zum Doktor der Philosophie und 1966 an der Universität Erlangen/Nürnberg zum Doktor der Theologie. Er schrieb viele wissenschaftliche Abhandlungen und Rezensionen in Fachzeitschriften. Auch hielt er Referate auf mehreren religionswissenschaftlichen Kongressen der letzten Jahrzehnte und ist Mitarbeiter an bekannten Sammelwerken, z. B. der RGG. Darüber hinaus verfaßte er folgende Bücher: »Feuerbach und die Religion« (München 1957), »Religion und Recht« (Stuttgart 1957), »Glaube und Illusion« (München 1960), »Christus unter Brot und Wein« (München 1960), »Gotteslästerung strafbar?« (München 1966). Der Autor hatte mehrere Jahre lang Lehrauftrag an der Universität Erlangen/Nürnberg. Zweck und Ziel der gesamten Arbeit von Werner Schilling ist ein sachgemäßer Dialog, keine synkretistische Vermischung zwischen christlicher Theologie und den anderen Weltreligionen sowie dem neuzeitlichen Atheismus.

Inhaltsverzeichnis